国家出版基金项目
NATIONAL PUBLICATION FOUNDATION

上海高校服务国家重大战略出版工程

臧克和　郭瑞　主编

秦汉六朝字形谱

第十二卷

华东师范大学出版社

乚部

【乚】

《説文》：，玄鳥也。齊魯謂之乚。取其鳴自呼。象形。凡乚之屬借从乚。

【鳦】

《説文》：，乙或从鳥。

【孔】

《説文》：，通也。从乚从子。乚，請子之候鳥也。乚至而得子，嘉美之也。古人名嘉字子孔。

春晚·秦公鎛

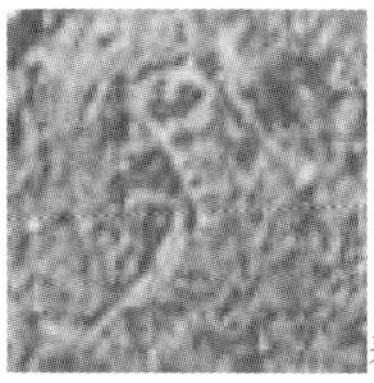
春早·秦子簋蓋

漢銘·巨孔種

睡·日甲《盜者》69

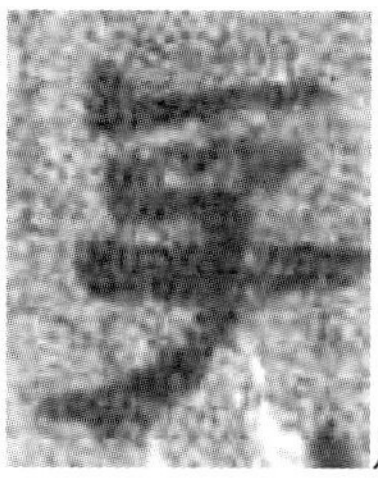
馬壹 15_11 上\104 上

○不利孔子

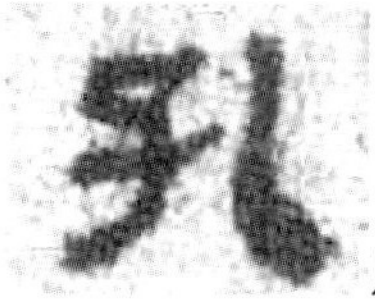
馬壹 13_1 上\94 上

張·奏讞書 214

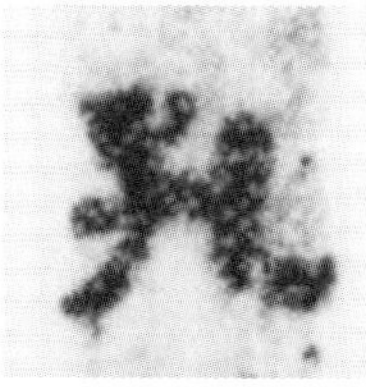
銀壹 620

北貳·老子 176

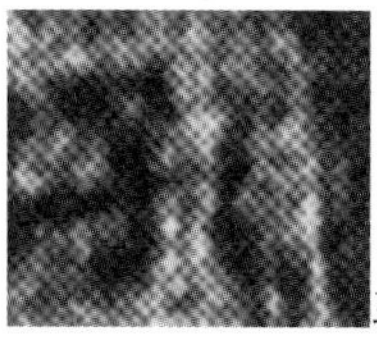
敦煌簡 1833

○高孔長孫

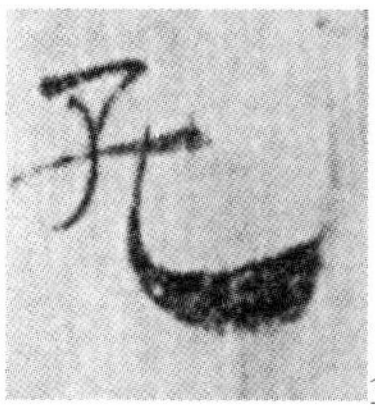
金關 T09:056B

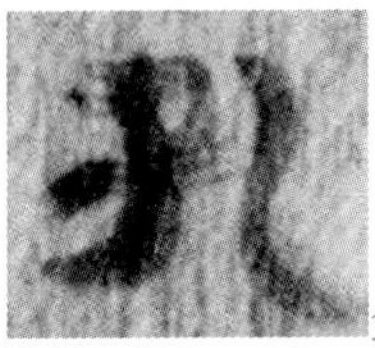
金關 T21:444

○札八孔

廿世紀璽印二-SY

秦代印風

秦代印風

廿世紀璽印三-SY

○孔緩

漢印文字徵

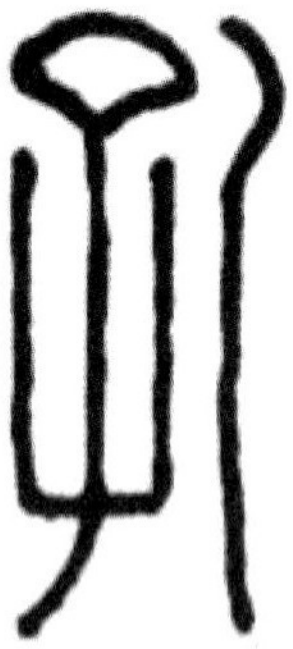
漢印文字徵

漢印文字徵

漢印文字徵

○闞孔子

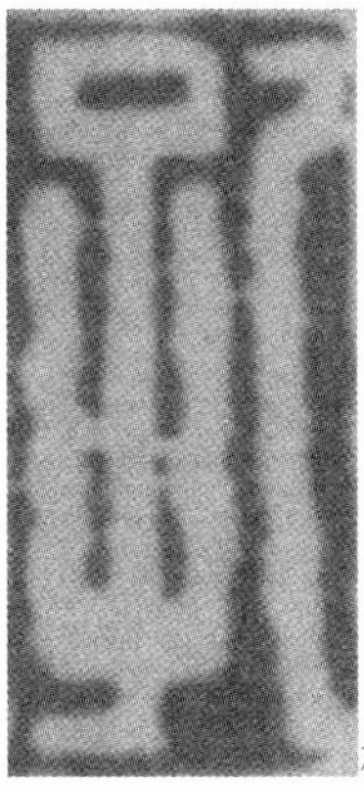
柿葉齋兩漢印萃

漢印文字徵

歷代印匋封泥

漢晉南北朝印風

漢晉南北朝印風

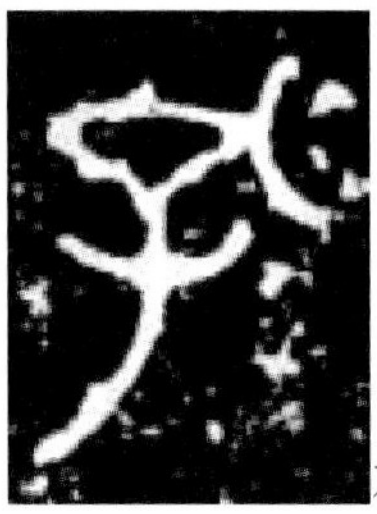
石鼓・汧殹

東漢・禮器碑側

○魯孔昭叔祖百

東漢・楊震碑

東漢・禮器碑陰

東漢・孔宙碑陽

東漢・孔宙碑陽

東漢・史晨後碑

東漢・曹全碑陽

○感孔懷

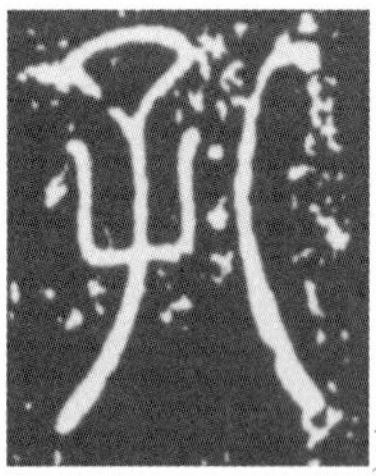
東漢・泰山都尉孔宙碑額

東漢・乙瑛碑

西晉・趙氾表

〇神鑒孔明

北魏・王普賢誌

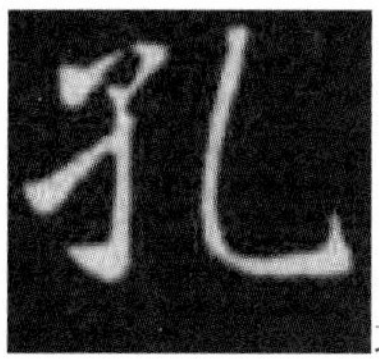
北魏・元誨誌

北魏・賈瑾誌

〇入孔公之富室

北魏・元文誌

【乳】

《説文》：，人及鳥生子曰乳，獸曰産。从孚从乚。乚者，玄鳥也。《明堂月令》：“玄鳥至之日，祠于高禖，以請子。”故乳从乚。請子必以乚至之日者，乚，春分來，秋分去，開生之候鳥，帝少昊司分之官也。

睡・日甲《詰》29

關・病方 314

馬壹 174_34 下

馬壹 124_46 上

馬貳 212_6/107

馬貳 62_11

張・脈書 25

銀貳 1186

○治爲乳（亂）奇

金關 T23:495A

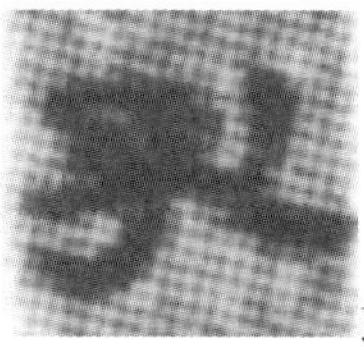
武・儀禮甲《服傳》54

○乳母何以緦也

西晉・徐義誌

○永保乳晉皇后

北魏・元延明誌

不部

【不】

《説文》：，鳥飛上翔不下來也。从一，一猶天也。象形。凡不之屬皆从不。

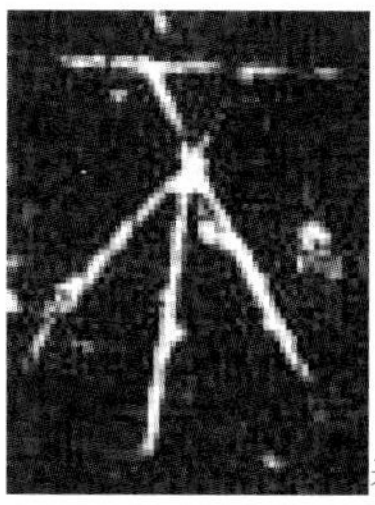
春早・秦公鐘

西晚・不其簋

西晚・不其簋

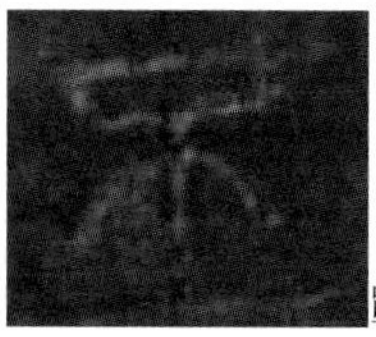
戰晚・二十六年始皇詔書銅權

○度量則不壹

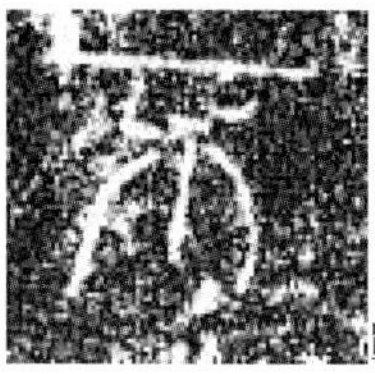
戰晚・五年呂不韋戈（一）

春晚・秦公鎛

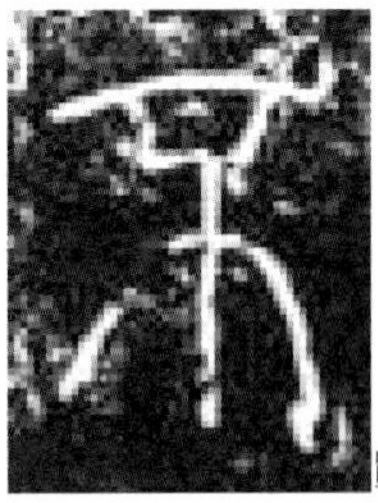
戰中・商鞅量

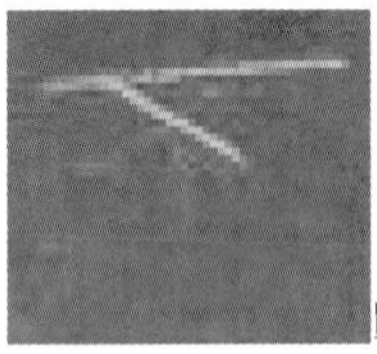
戰晚・年相邦呂不韋戈

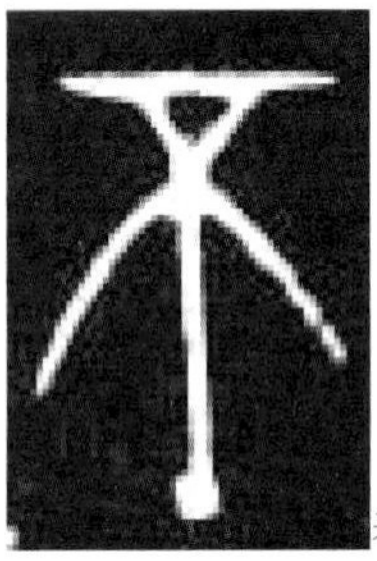
春早・秦公鐘

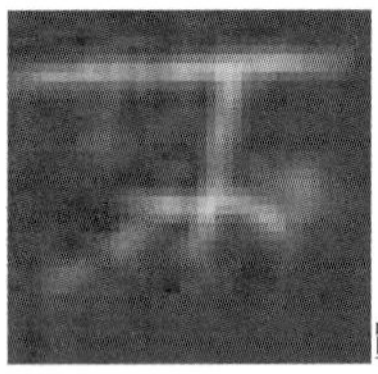
戰晚・八年相邦呂不韋戈

戰晚・五年相邦呂不韋戈

春晚・秦公鎛

秦代・大騩銅權

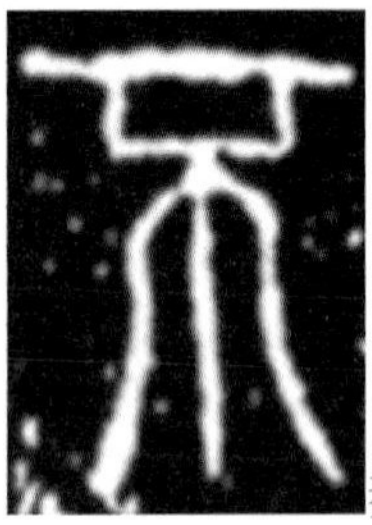
秦代・始皇詔銅權三

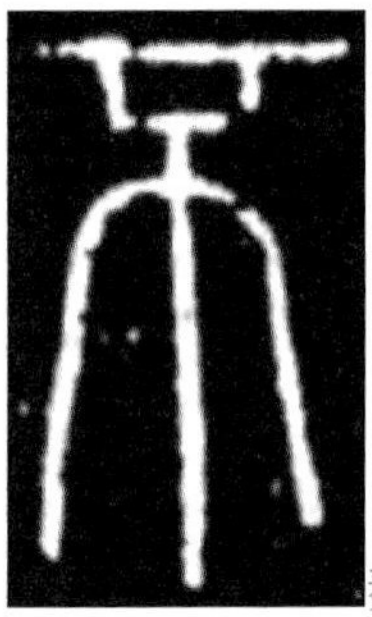
秦代・始皇詔銅橢量四

漢銘・丞不敗殘杯

漢銘・臨晉鼎

漢銘・竟寧鴈足鐙

睡・語書 10

睡・秦律十八種 5

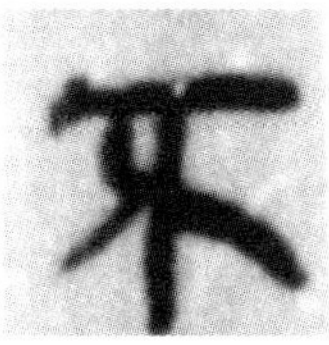
睡・效律 18

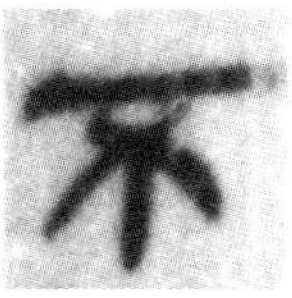
睡・效律 26

睡・法律答問 98

睡・封診式 92

○甲等不肯來

睡・為吏 29

睡・為吏 2

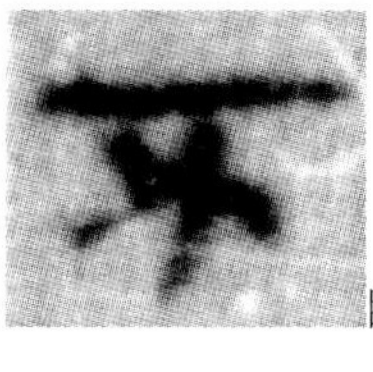
睡・日甲《吏》162

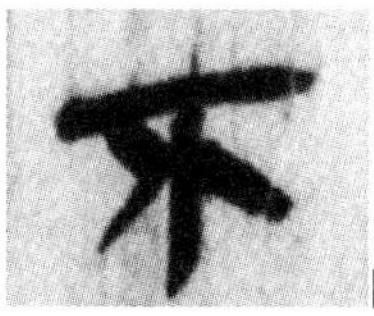
睡・日甲 3

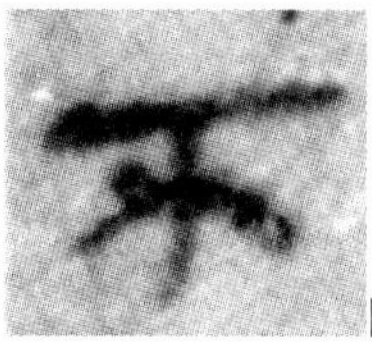
睡・日甲《入官良日》162

○入官不計去

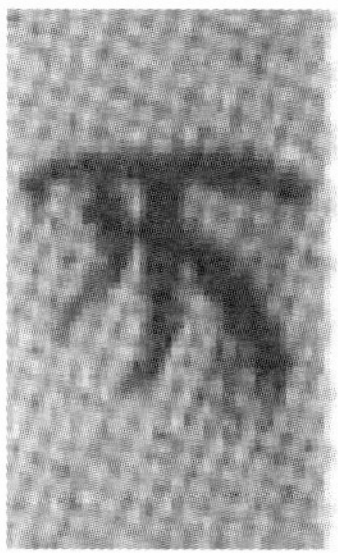
關・日書 224

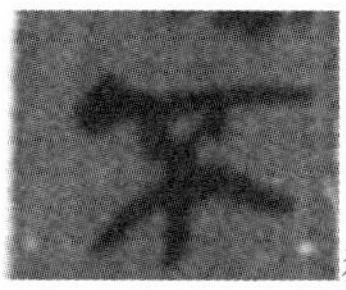
嶽・質日 3422

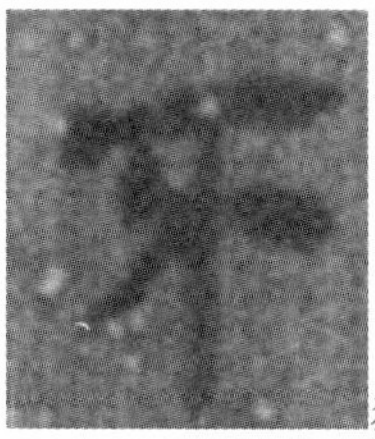
嶽・為吏 11

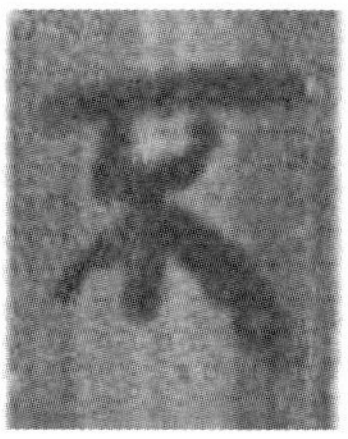
嶽・占夢書 40

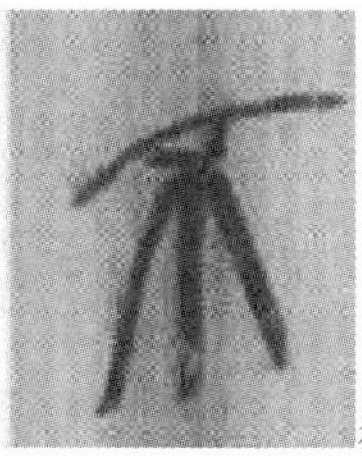
嶽・暨過案 99

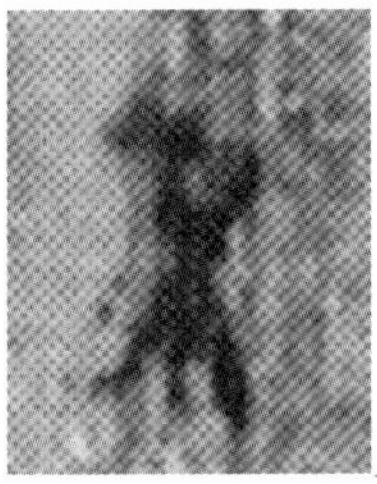
里・第五層 6

○□報不報

里・第六層 10

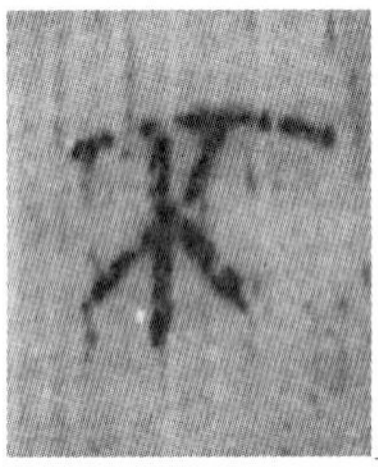
里・第八層 42

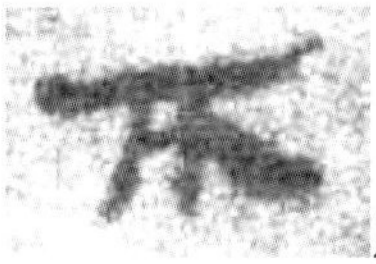
馬壹 7_34 上

○于石不終日

馬壹 36_31 上

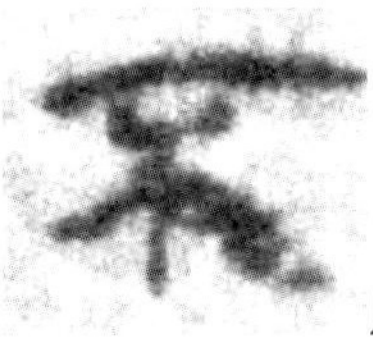
馬壹 106_82\251

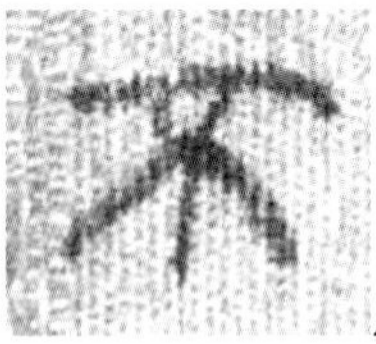
馬壹 272_6 下

馬貳 294_407/407

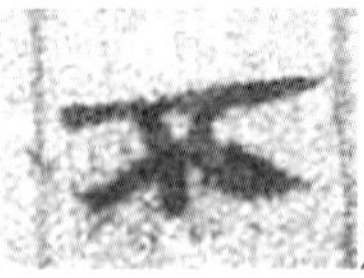
馬貳 34_38 上

馬貳 216_2/13

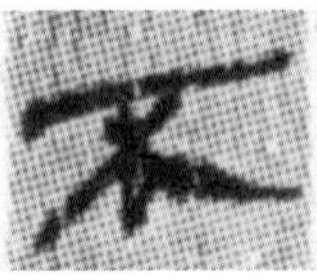
張・賊律 1

張・奏讞書 190

張・脈書 52

張・脈書 52

銀壹 518

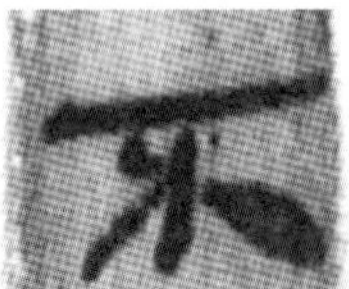
銀貳 1473

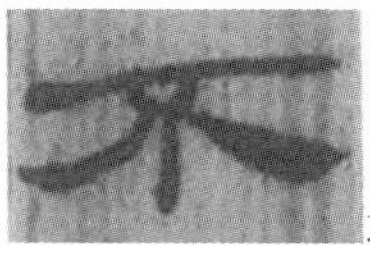
北貳・老子 45

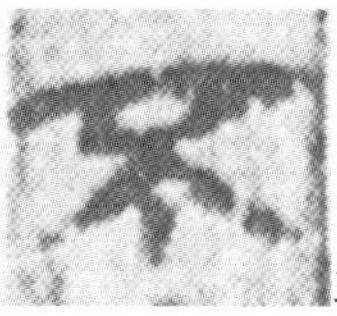
敦煌簡 1645

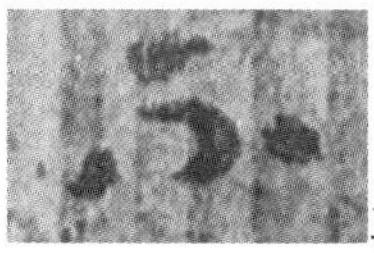
敦煌簡 0049

○期於不失利

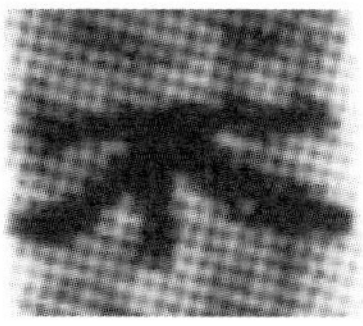
武・儀禮甲《士相見之禮》2

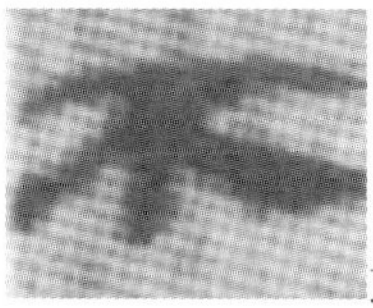
武・儀禮甲《服傳》4

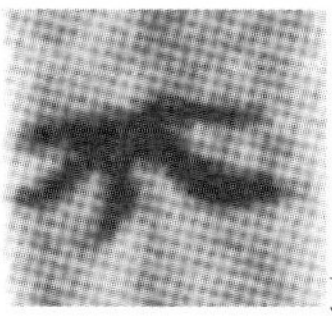
武・甲本《泰射》17

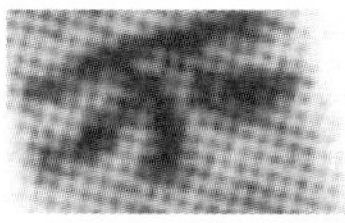
武・乙本《服傳》12

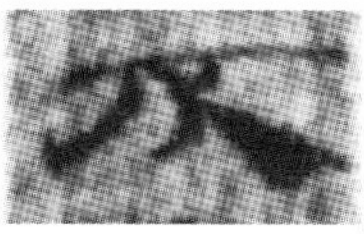
武・日忌木簡丙 7

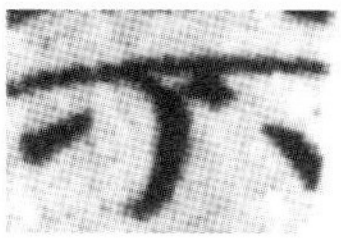
武・日忌木簡丙 6

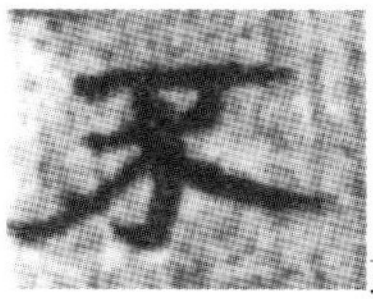
武・王杖 6

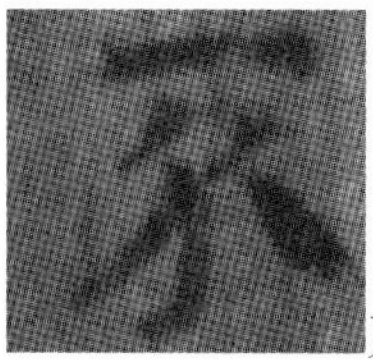
東牌樓 012

○賦民不輸入冀蒙赦

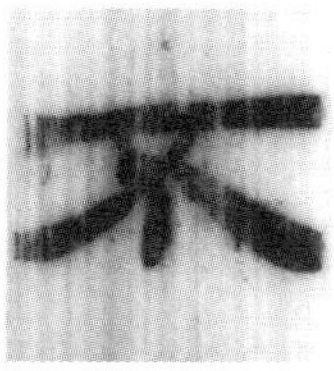
北壹・倉頡篇 1

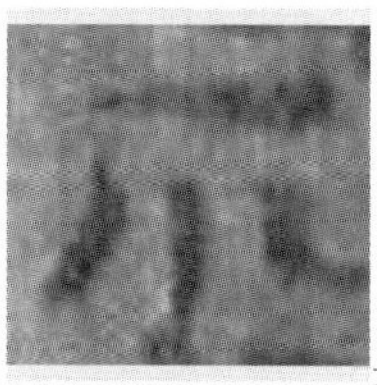
吳簡嘉禾・五・七九六

○旱敗不收

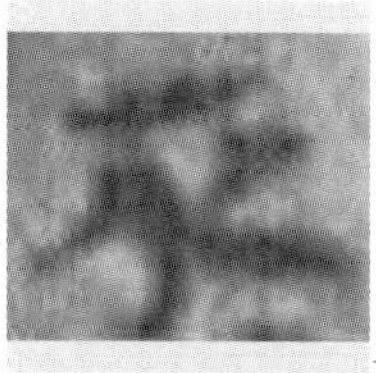
吳簡嘉禾・五・一〇四五

○旱不收

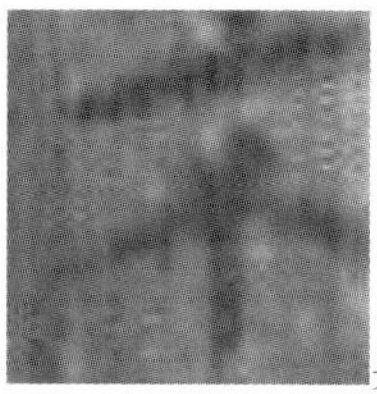
吳簡嘉禾・五・一〇〇三

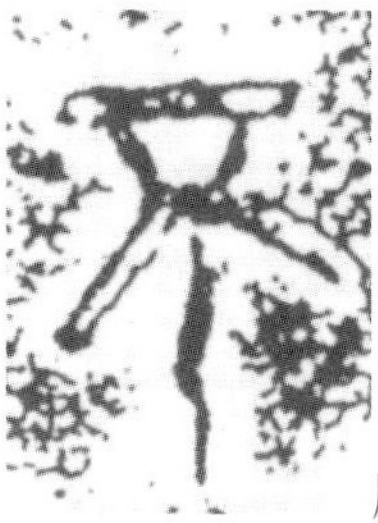
歷代印匋封泥

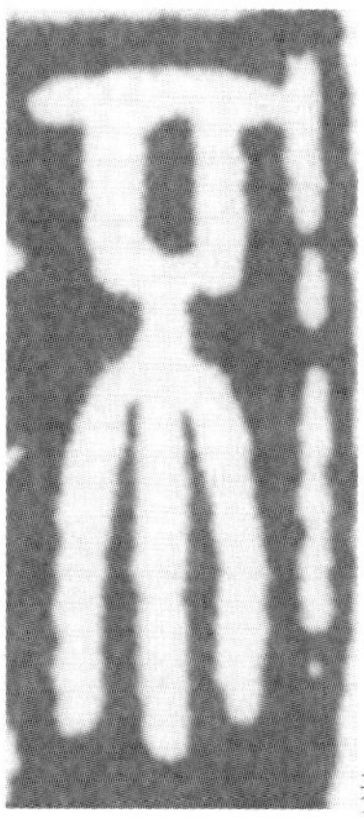
秦代印風

秦代印風

廿世紀璽印三-SY

○談不涎

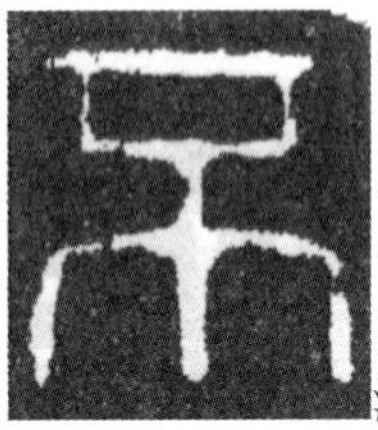
漢代官印選

○不其令印

歷代印匋封泥

柿葉齋兩漢印萃

漢印文字徵

○不廣之印

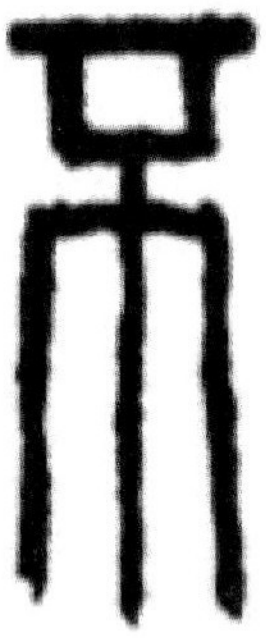
漢印文字徵

漢印文字徵

○田不虞

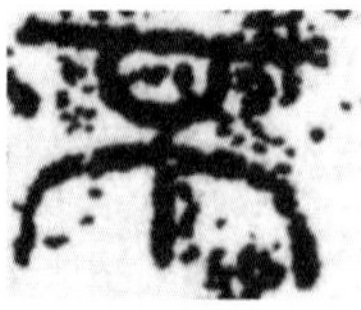
歷代印匋封泥

漢印文字徵

○吳不疑

漢晉南北朝印風

漢晉南北朝印風

漢晉南北朝印風

○不廣之印

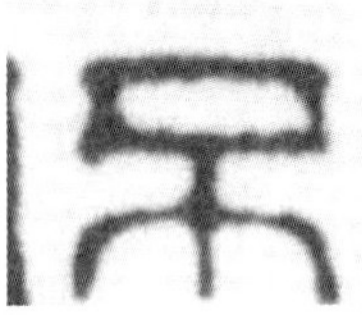
漢晉南北朝印風

○趙不侵印

漢晉南北朝印風

○朱不毋

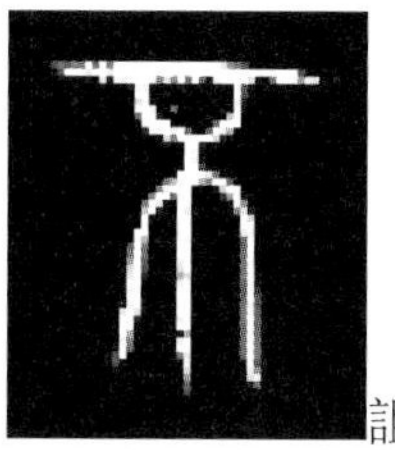
詛楚文・沈湫

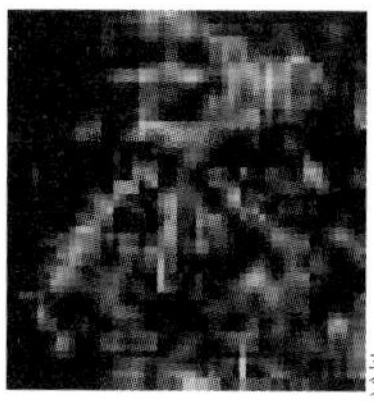
秦駰玉版

○不得氒（厥）方

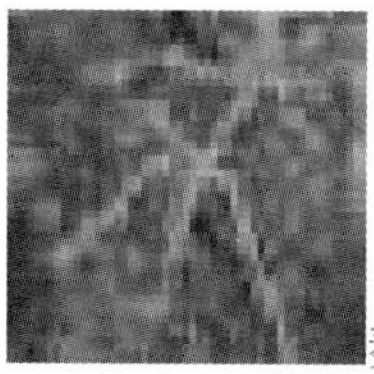
秦駰玉版

○不得氒（厥）方

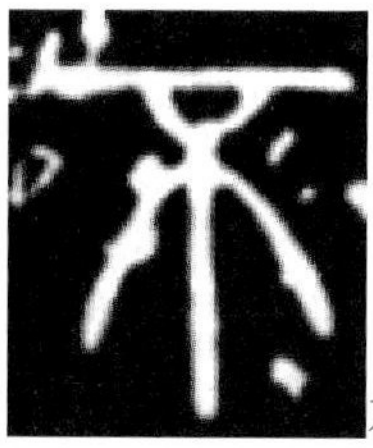
石鼓・而師

秦公大墓石磬

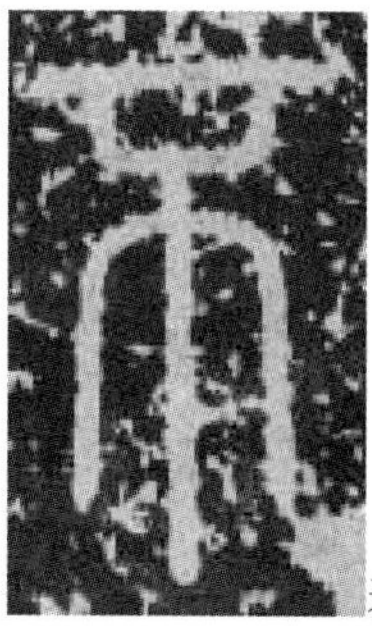
泰山刻石

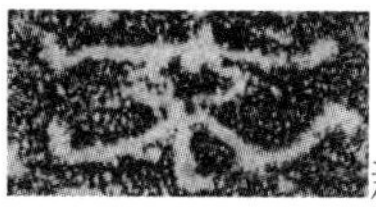
新莽・馮孺人題記

○千歲不發

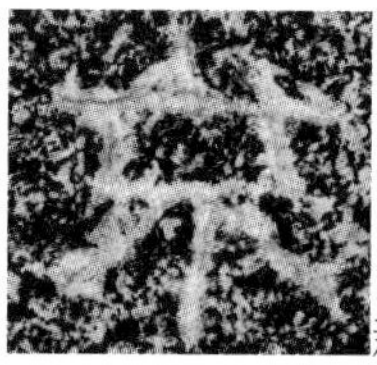
新莽・禳盜刻石

○疾設不詳

東漢・利水大道刻石題記

○永不上渠道

東漢・路公食堂畫像石題記

○不逾

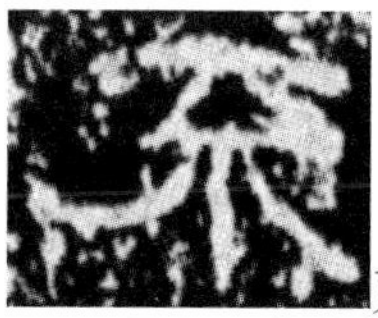
東漢・三老諱字忌日刻石

○所諱不列

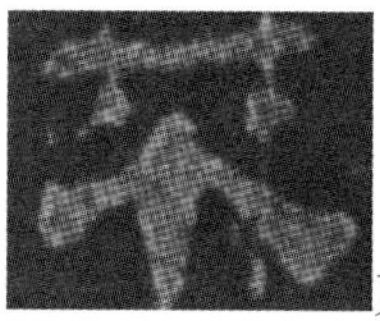
東漢・楊統碑陽

○不稱請求

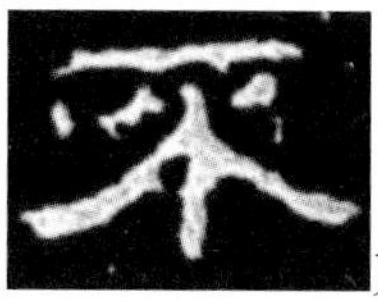
東漢・楊震碑

○易世不替

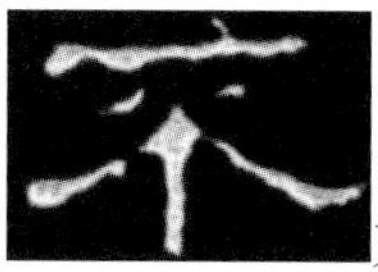
東漢・楊震碑

○靡不欷歔垂涕

東漢・韓仁銘

○不幸短命喪身

晉·黃庭內景經

三國魏·孔羡碑

○四時不睹烝嘗之位

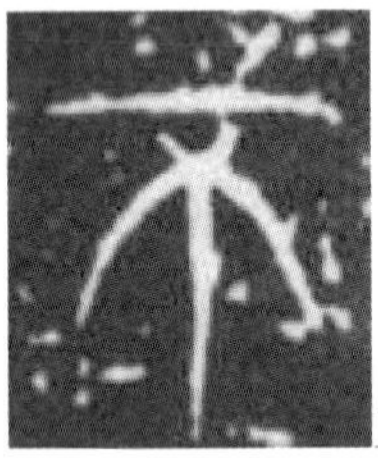
三國魏·三體石經尚書·古文

三國魏·三體石經尚書·隸書

○兄若時不商

三國魏·三體石經尚書·篆文

○命不易天難忱

西晉·司馬馗妻誌

○以塋域不夷

西晉·臨辟雍碑

○王綱有所不張

北魏·辛穆誌

○故久而不徙

北齊·和紹隆誌

○秀而不□

【否】

《説文》：，不也。从口从不，不亦聲。

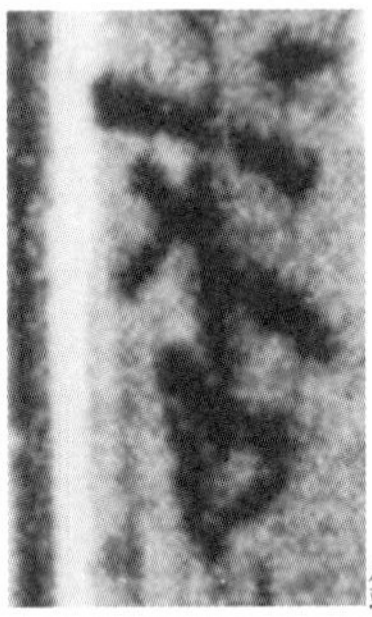
銀壹 834

東漢·從事馮君碑

三國魏·張君殘碑

北魏·王悅及妻郭氏誌

北魏・檀賓誌

東魏・李挺誌

○獻可替否

〖⿰不土〗

春晚・秦公簋

○⿰不土嚴龏(恭)

〖甭〗

北齊・賀拔昌誌

○鳴琴甭弦

至部

【至】

《說文》：，鳥飛从高下至地也。从一，一猶地也。象形。不，上去；而至，下來也。凡至之屬皆从至。

【𡉀】

《說文》：，古文至。

漢銘・安成家鼎

漢銘・嘉至搖鍾

漢銘・建昭鴈足鐙一

漢銘・壽成室鼎二

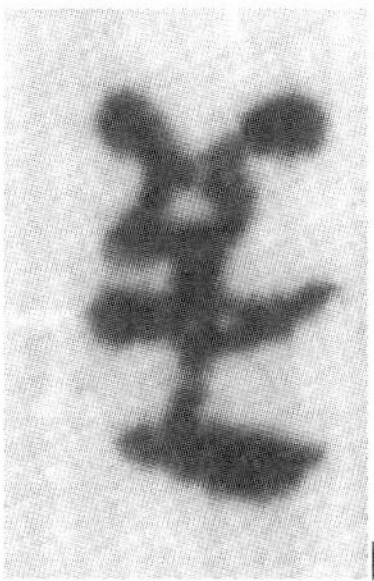
睡・秦律十八種 175

睡・日甲《行》129

○大必至有爲而禺

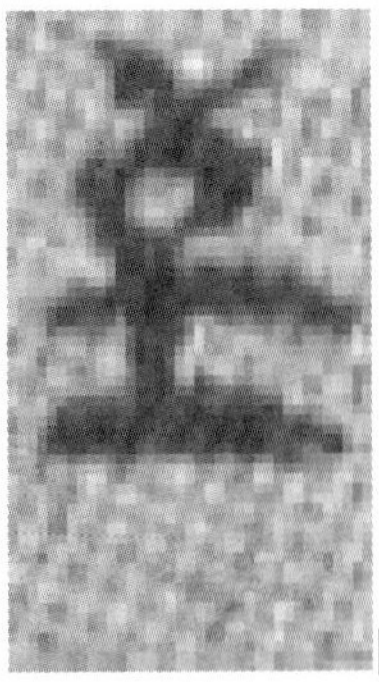
關・日書 190

嶽・為吏 33

嶽・占夢書 5

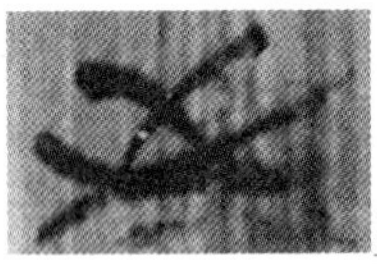
里・第五層 10

○具箸至日

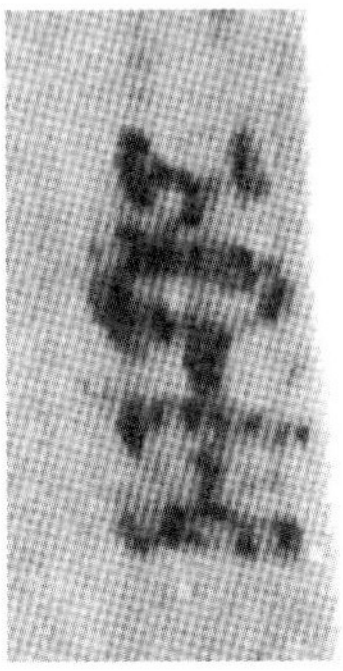
里・第八層 1495

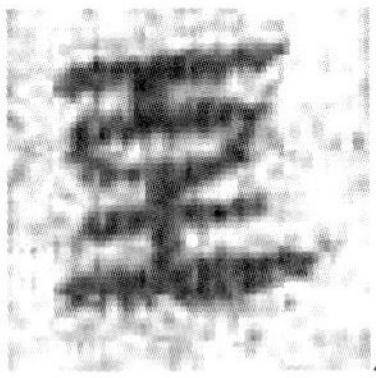
馬壹 226_70

馬壹 36_27 上

馬壹 176_48 下

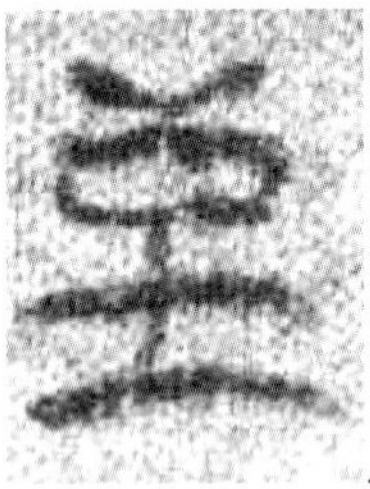
馬壹 248_2-3 欄

馬壹 105_57\226

馬貳 216_3/14

○其體至多暴事而毋

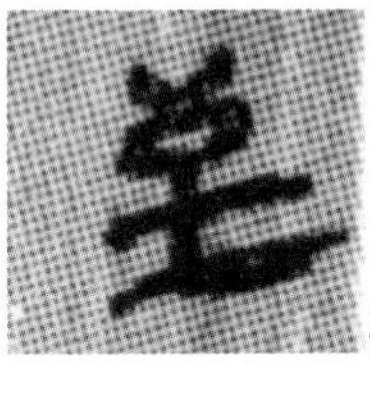
張・賜律 284

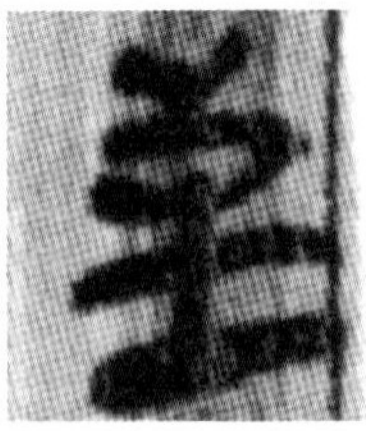
張・蓋盧 35

張・引書 90

○循（揗）之至項

銀壹 117

銀貳 1663

○松柏竹箭椒至陰

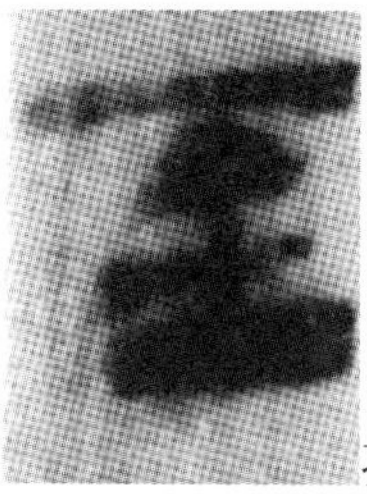
孔・曆日 32

○丙午夏至

敦煌簡 2337A

金關 T25:009

金關 T01:123

○至五年

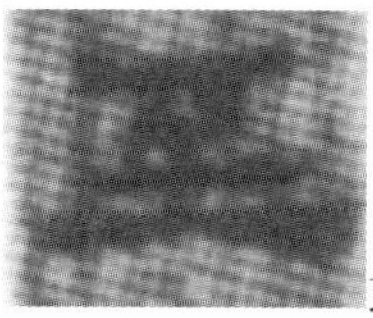
武・儀禮甲《服傳》13

東牌樓 051 正

○復至

秦代印風

○至講

廿世紀璽印三-SY

○趙曼至印

廿世紀璽印三-SY

漢印文字徵

○左詡之印宜身至前迫事毋閒願君自發封完印信

漢印文字徵

漢印文字徵

漢晉南北朝印風

○李樂至

漢晉南北朝印風

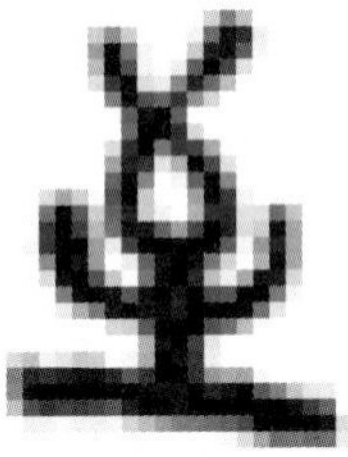
秦駰玉版

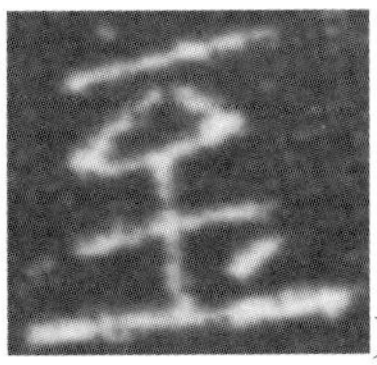
東漢・石祠堂石柱題記額

○遂至掩忽不起

東漢・鮮於璜碑陰

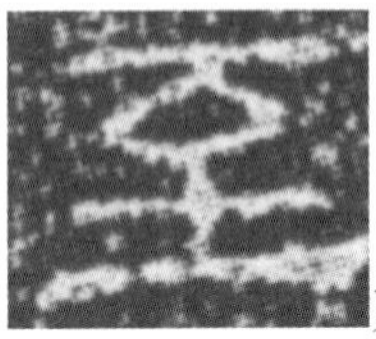
東漢・趙寬碑

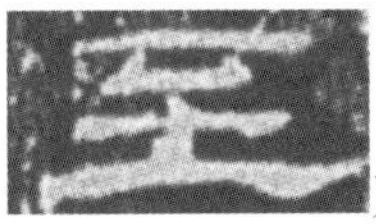
東漢・乙瑛碑

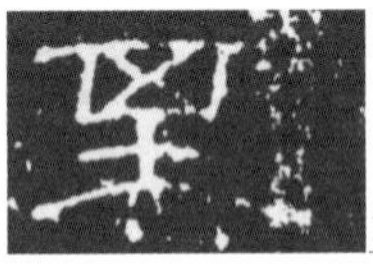
三國魏・何晏磚誌

○運糧至此

三國魏・三體石經春秋・古文

○公至自齊

三國魏・三體石經春秋・隸書

三國魏・三體石經春秋・篆文

西晉・徐義誌

【到】

《說文》：到，至也。从至刀聲。

漢銘・劉少君高鐙

睡・秦律十八種 11

○其致到日稟之勿深

睡・效律 3

關・日書 264

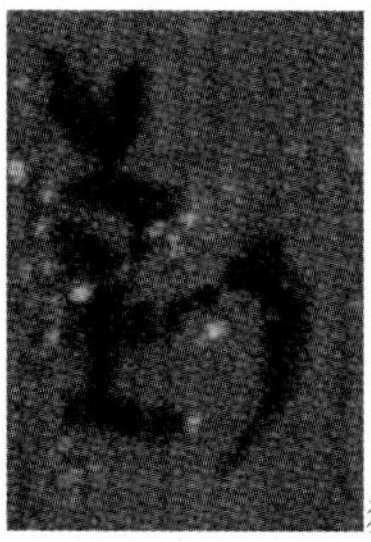
嶽・質日 2713

○丁亥到介丙戌乙酉

嶽・尸等捕盜疑購案 41

里・第八層 41

○令書到亟

里・第八層背 702

○到八十人

馬貳 261_34/50+408

○讎到此

馬貳 119_192/191

○敢到晝所者

馬貳 36_53 上

張・傳食律 235

○千石到六百石毋

張・奏讞書 176

○一錢到廿錢罰金一

張・算數書 127

○問日到炭幾何曰日

敦煌簡 1450

○檄到禽寇

敦煌簡 2146

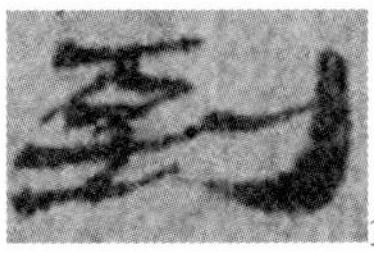
金關 T21:103

金關 T06:014B

○櫝書到

東牌樓 066 正

○中□到

東牌樓 117 正

魏晉殘紙

廿世紀璽印三-SP

○襲到

漢印文字徵

漢印文字徵

東漢・馮緄碑

東漢・夏承碑

東漢・西岳華山廟碑陽

北魏・李超誌

北齊・雲榮誌

【臻】

《説文》：臻，至也。从至秦聲。

東漢・肥致碑

北魏・□伯超誌

○用臻平康

北魏・寇臻誌

北魏・淨悟浮圖記

○臻舍利以勖

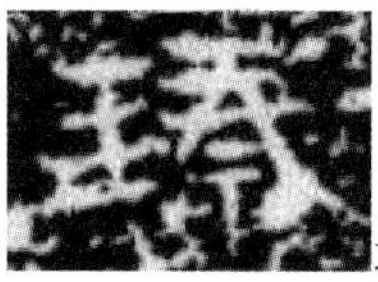
北齊・董淵造像

○千孤覺臻

【臸】

《説文》：臸，忿戾也。从至，至而復遜。遜，遁也。《周書》曰：“有夏氏之民叨臸。”臸，讀若摯。

【臺】

《説文》：臺，觀，四方而高者。从至从之，从高省。與室屋同意。

漢銘・上林昭臺廚銅鋗

岳・善等去作所案 208

○楊臺苑中

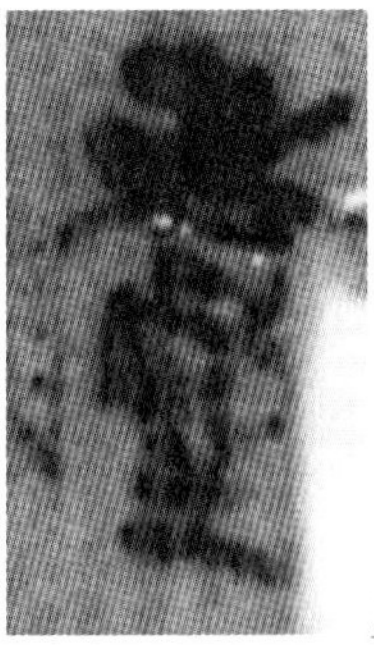
里・第八層 2137

○冰州臺赤

馬壹 86_160

○拔支臺

馬壹 146_57/231 上

○春登臺我博（泊）

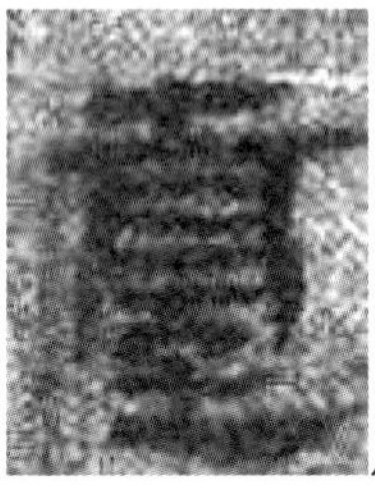
馬貳 37_44 下

○有君臺者欲目上如

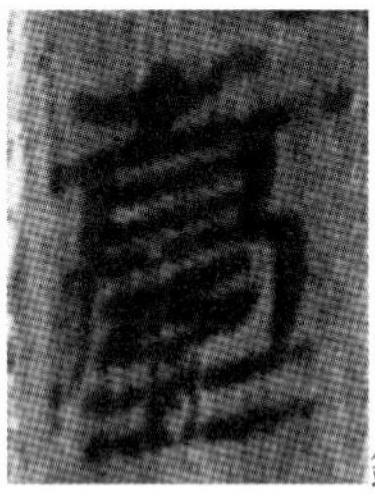
銀貳 1705

○國臺廟將有焚者君

銀貳 1933

○水居漸臺

北貳・老子 75

○成之臺作於絫

居・EPT51.489

○臺里公乘蘇

金關 T24:261

○傿陵臺里傅固

武・王杖 6

○在蘭臺石室之中

武・王杖 1

○蘭臺令

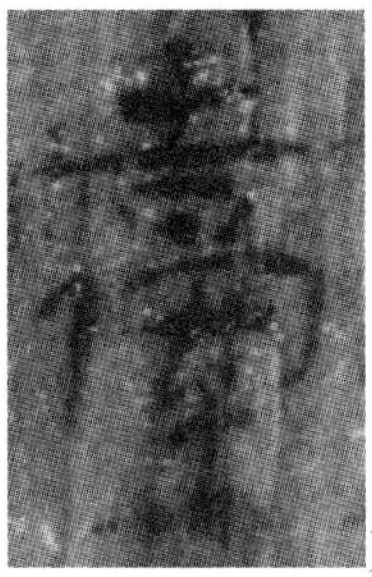
東牌樓 030 正

○漢臺

魏晉殘紙

○奉臺使

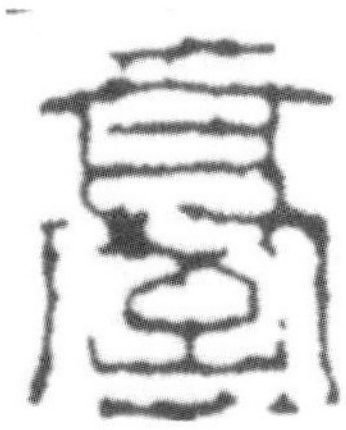
歷代印匋封泥

秦代印風

○楊台

廿世紀璽印三-GP

漢晉南北朝印風

○漢匈奴姑塗黑台耆

廿世紀璽印三-GP

○臺鄉

廿世紀璽印三-GP

歷代印匋封泥

○臺鄉

漢印文字徵

○北海劇暨澄敬臺私印

漢印文字徵

漢印文字徵

○臺矦相印

漢印文字徵

○漢匈奴姑塗□臺者

漢印文字徵

漢代官印選

○曲臺署長

漢印文字徵

○王安臺

漢晉南北朝印風

○觀雀臺監

東漢・成陽靈臺碑

○名曰靈臺

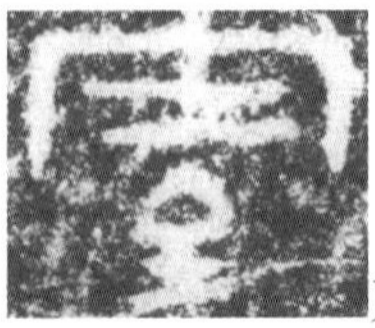
東漢・七言摩崖題記

○蘭臺

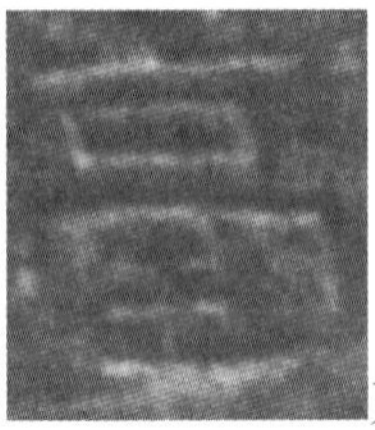
東漢・趙儀碑

○字臺公

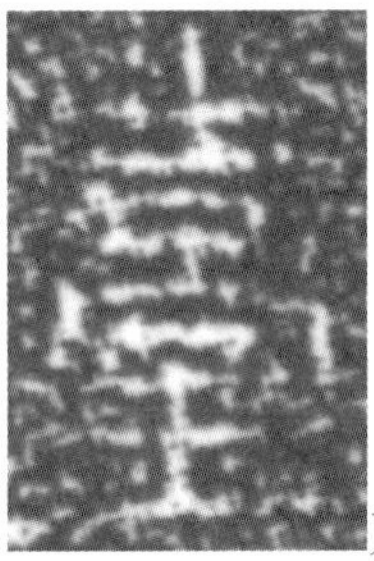
東漢・許安國墓祠題記

○臺閤參差

三國吳・天發神讖碑

○蘭臺東觀

北魏・元朗誌

○兼行臺尚書節度關右

北魏・元譿誌

○奠酒空臺

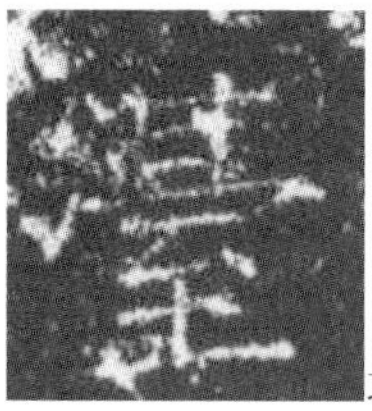
北魏・盧子真夫人誌石

○魂赴泉臺

北魏・郭顯誌

○十州臺使

北魏・懷令李超誌

○憲臺誤聽

北魏・寇治誌

○行臺尚書

北魏・元暐誌

○行臺齊王

北魏・薛慧命誌

○禮脩臺讚

北魏・長孫盛誌

○爲行臺尚書

北魏・元詮誌

○中勞留臺公卿

東魏・元玕誌

○夜臺何已

北齊・石奮門銘

○造銅雀臺石奮之門

北齊・高阿難誌

北齊・赫連子悅誌

【臸】

《説文》：臸，到也。从二至。

〖臷〗

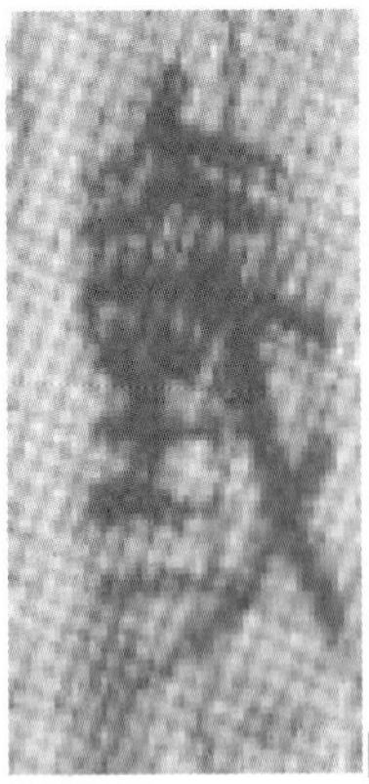
關・病方 337

○不智而咸臷

〖⿰金存〗

北魏・穆紹誌

○憂虞⿰金存及

西部

【西】

《説文》：，鳥在巢上。象形。日在西方而鳥棲，故因以爲東西之西。凡西之屬皆从西。

【棲】

《説文》：，西或从木、妻。

【卥】

《説文》：，古文西。

【卤】

《説文》：，籀文西。

戰晚・信宮罍

○古西共左

西晚・不其簋

○伐西

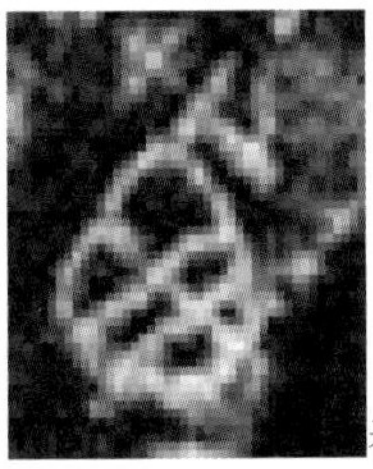
春早・秦政伯喪戈之一

○⿿政西旁

春晚・秦公簋

○西元器一斗

戰晚・二十年相邦冉戈

○西工師旬

漢銘・西鄉鈁

漢銘・西鼎

漢銘・齊大官盆

漢銘・二年酒鋗

漢銘・西壺

漢銘・上米壺六

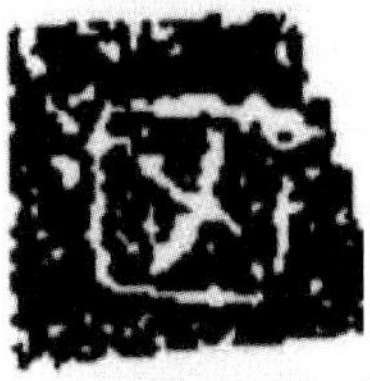
漢銘・上米壺三

漢銘・上米壺一

漢銘・西佅鍾

漢銘・西鄉鼎蓋

漢銘・交阯釜

睡・日甲 16

○西南之西

關・病方 363

○越火西行越金北行

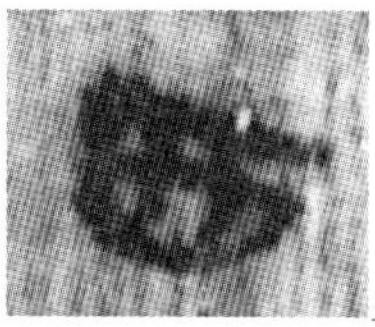
里・第八層 1450

○陽陵西就曰駋廿五

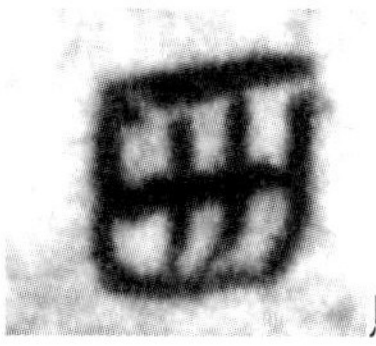
馬壹 87_169

○天下西舟（輈）而

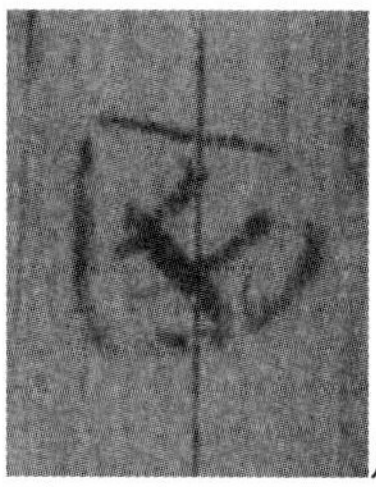
馬貳 215_8

○取東西鄉（嚮）犬

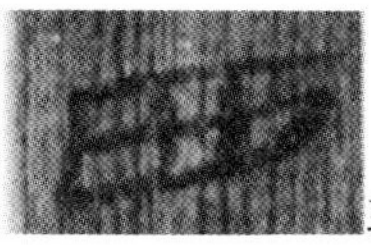
敦煌簡 1276

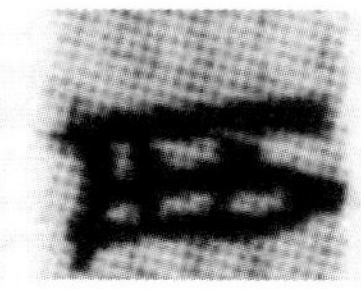
武・甲《少牢》37

睡・秦律雜抄 35

○尚有棲

馬壹 89_215

○國壹棲（捷）然則

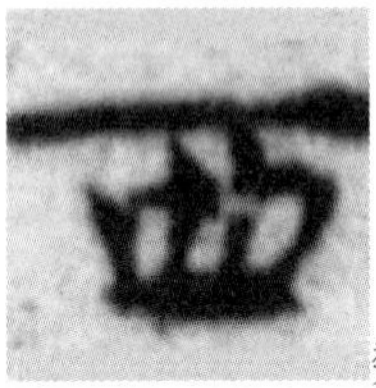
魏晉殘紙

廿世紀璽印二-GP

○西道

廿世紀璽印二-GP

○西府

廿世紀璽印二-SP

廿世紀璽印二-SY

○西方疾

歷代印匋封泥

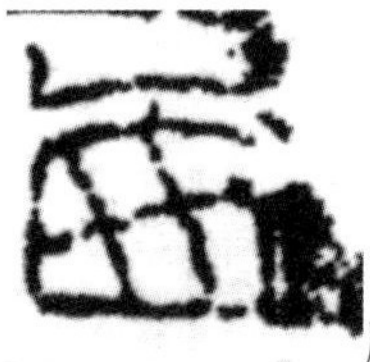
歷代印匋封泥

○西中謁府

歷代印匋封泥

秦代印風

○西鄉

廿世紀璽印三-SY

漢晉南北朝印風

漢晉南北朝印風

漢晉南北朝印風

廿世紀璽印三-GY

廿世紀璽印三-GP

漢晉南北朝印風

廿世紀璽印三-GY

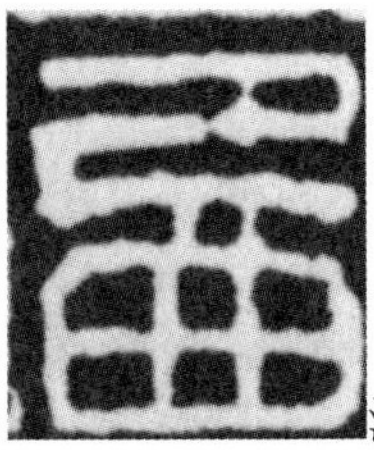
漢晉南北朝印風

漢晉南北朝印風

○西都三老

漢晉南北朝印風

歷代印匋封泥

漢印文字徵

漢代官印選

漢代官印選

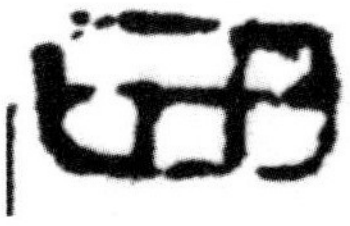
歷代印匋封泥

○西□

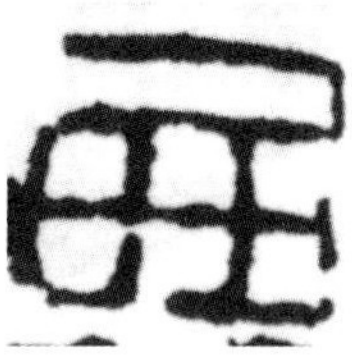
歷代印匋封泥

○壯西

歷代印匋封泥

漢代官印選

柿葉齋兩漢印萃

漢印文字徵

漢印文字徵

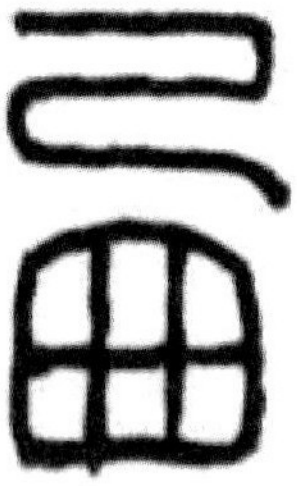
漢印文字徵

漢印文字徵

漢印文字徵

○西市

漢印文字徵

○西平

歷代印匋封泥

○西昌鄉印

漢晉南北朝印風

漢晉南北朝印風

漢晉南北朝印風

〇西城令印

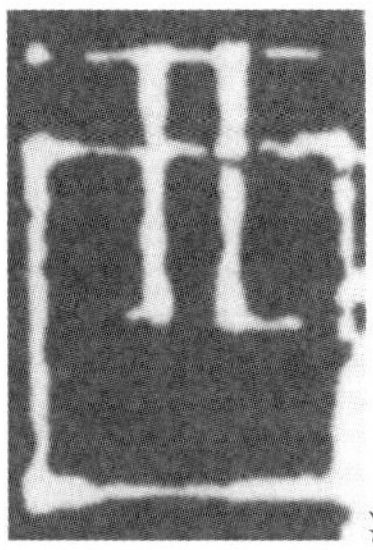
漢晉南北朝印風

石鼓・吳人

〇槸西槸北

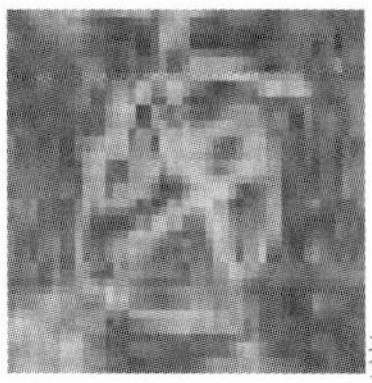
秦駰玉版

〇西東

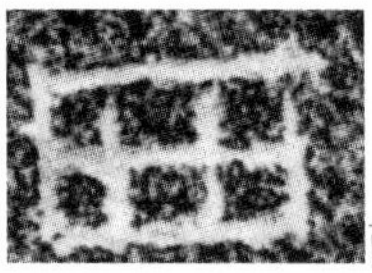
西漢・李后墓塞石

〇西宮東北旁第二一

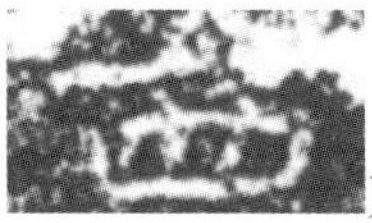
東漢・石門頌

東漢・鮮於璜碑陽

東漢・祀三公山碑

三國魏・何晏磚誌

三國魏・曹真殘碑

三國魏・曹真殘碑

東晉・朱曼妻薛氏買地券

〇西極庚辛

北魏・溫泉頌

〇安西將軍

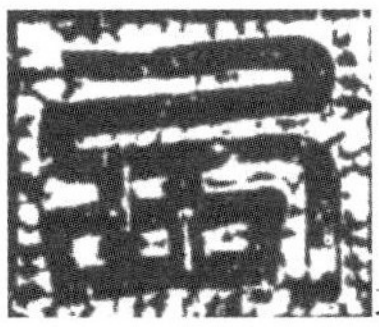
北齊・徐之才誌蓋

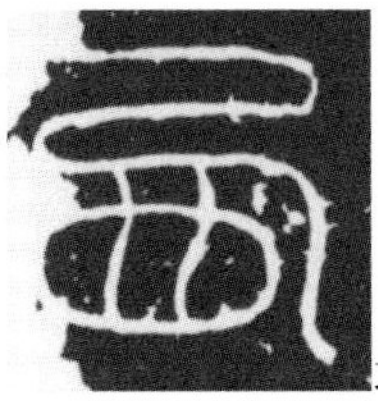
北周・華岳廟碑額

北周・李賢誌蓋

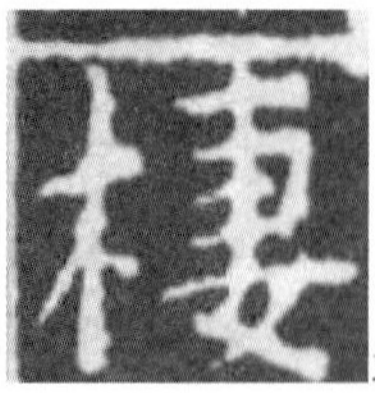
北魏・淨悟浮圖記

○香花師棲兹寺

北魏・李蕤誌

○松關棲霧

北魏・元秀誌

○棲遲道藝之圃

東魏・叔孫固誌

○乘輿棲幸

【覀圭】

《説文》：覀圭，姓也。从西圭聲。

〖栖〗

敦煌簡 0408

○保亭栖居常畏

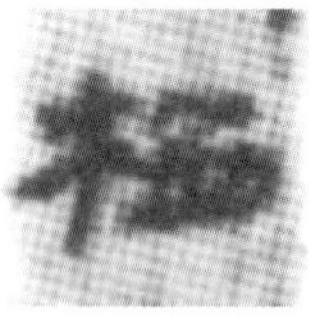
武・甲《燕禮》32

秦代印風

○栖仁

北魏・元侔誌

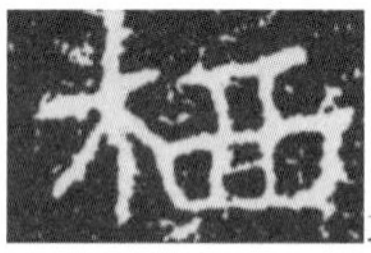
北魏・東堪石室銘

北齊・法懃塔銘

○栖禪照智

〖⿱覀鄉〗

歷代印匋封泥

○右攸□□⿱覀鄉（鄉）

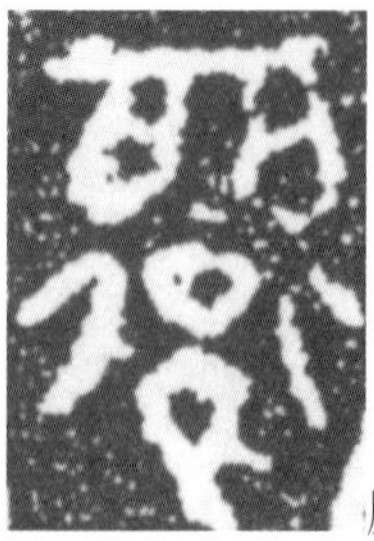
歷代印匋封泥

○左南郭□𨟻（鄉）

歷代印匋封泥

○匋□𨟻（鄉）

歷代印匋封泥

○匋□𨟻（鄉）

鹵部

【鹵】

《説文》：，西方鹹地也。从西省，象鹽形。安定有鹵縣。東方謂之㡿，西方謂之鹵。凡鹵之屬皆从鹵。

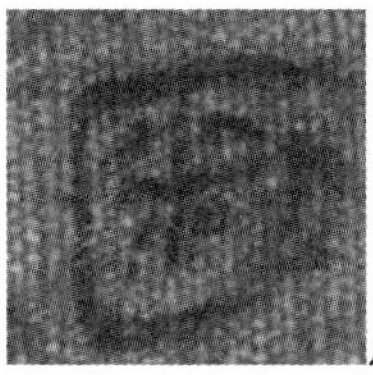
馬貳 84_325/315

○蒸鹵土

張・蓋盧 41

○人出鹵（虜）毋

東牌樓 048 背

○粗鹵

北壹・倉頡篇 61

○駁瑣漆鹵氐羌

廿世紀璽印二-GP

○鹵市

廿世紀璽印二-GP

○鹵市

漢印文字徵

漢印文字徵

漢晉南北朝印風

○蓮勺鹵鹹印

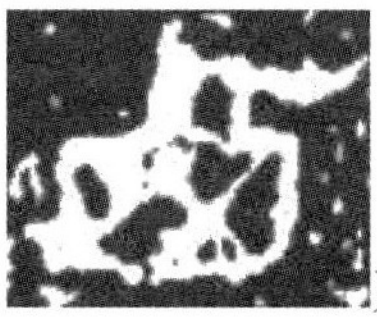
東漢・燕然山銘

○經磧鹵

【䲁】

《説文》：⿱差鹵，鹹也。从鹵，差省聲。河内謂之⿱差鹵，沛人言若虘。

【鹹】

《説文》：鹹，銜也。北方味也。从鹵咸聲。

漢印文字徵

○蓮勺鹵鹹督印

〖⿰鹵戔〗

廿世紀璽印二-SP

○里⿰鹵戔

鹽部

【鹽】

《説文》：鹽，鹹也。从鹵監聲。古者，宿沙初作煑海鹽。凡鹽之屬皆从鹽。

睡・秦律十八種 182

○羹鹽廿二分

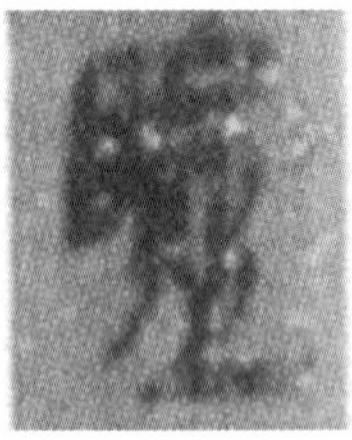
嶽・數 120

○共買鹽一石

里・第八層 650

○買鹽

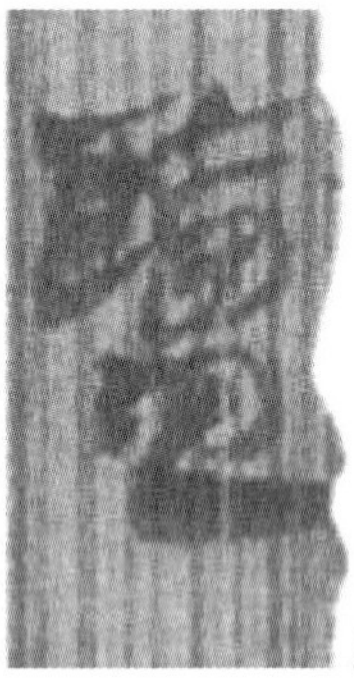
馬貳 238_195

○醬鹽

張・賜律 293

○鹽廿分升

張・奏讞書 181

〇巴縣鹽教人不李

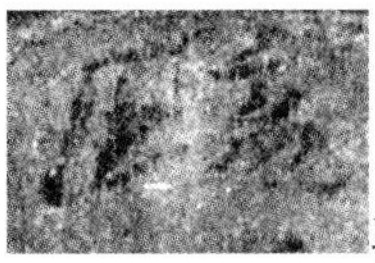
敦煌簡 1125

〇鹽臨泉二千五百

金關 T08:029

〇鹽直

箕直

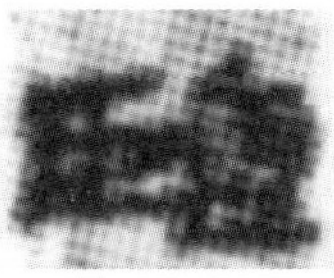
武・甲《特牲》50

〇豆鹽

武・甲《少牢》30

〇進末鹽在右

歷代印匋封泥

廿世紀璽印三-GP

漢晉南北朝印風

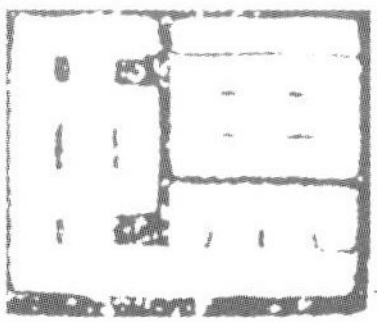
廿世紀璽印三-GY

〇左鹽主官

漢晉南北朝印風

廿世紀璽印三-SP

〇鹽達

漢印文字徵

漢印文字徵

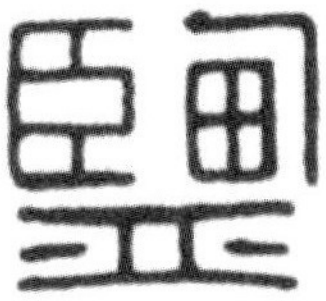
漢印文字徵

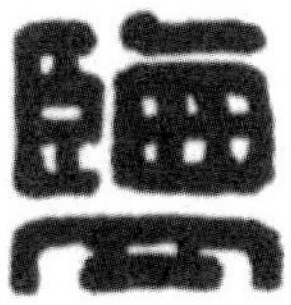
漢印文字徵

〇鹽母之印

漢印文字徵

漢印文字徵

○鹽疵

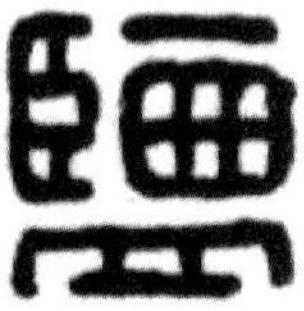
漢印文字徵

○鹽毋之印

漢印文字徵

東晉・高句麗好太王碑

○至鹽水上

北魏・元欽誌

○鹽梅大羹

北魏・元宥誌

北魏・穆紹誌

○乃作鹽梅

北魏・元乂誌

○鹽梅在茲

東魏・高盛碑

東魏・元悰誌

北齊・元始宗誌

○鹽梅不能論

【盬】

《説文》：盬，河東鹽池。袤五十一里，廣七里，周百十六里。从鹽省，古聲。

【鹼】

《説文》：鹼，鹵也。从鹽省，僉聲。

戶部

【戶】

《説文》：戶，護也。半門曰戶。象形。凡戶之屬皆从戶。

【𢩢】

《説文》：𢩢，古文戶从木。

漢銘・御當戶錠

漢銘・漢城帳構

睡・秦律十八種 169

睡・效律 29

睡・為吏 9

睡・日甲《門》143

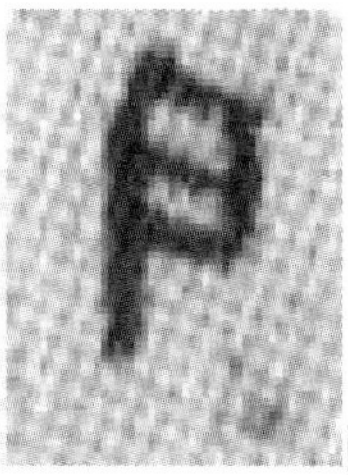
關・病方 354

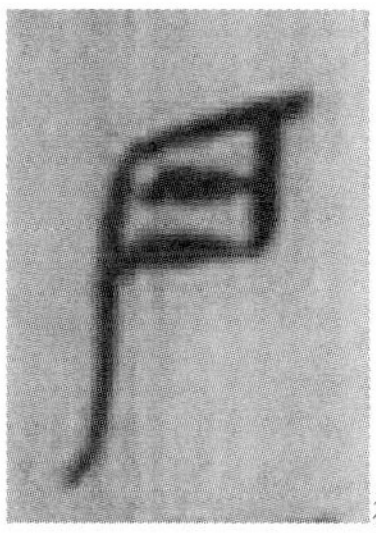
嶽・識劫案 115

里・第八層 1

里・第八層背 65

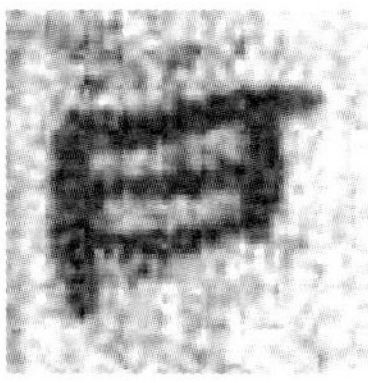
馬壹 37_40 下

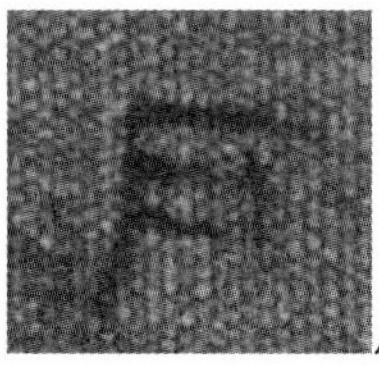
馬貳 90_452/442

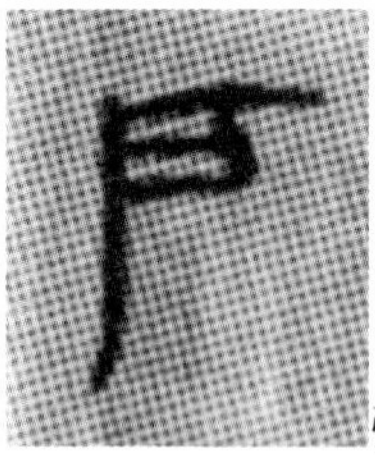
張・金布律 429

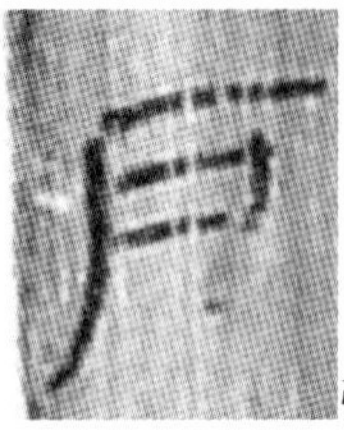
張・脈書 52

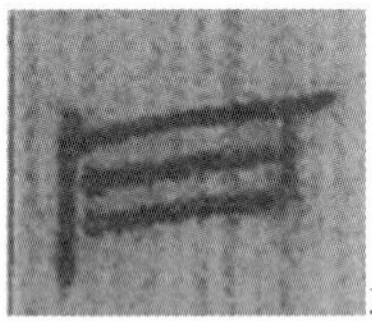
北貳・老子 27

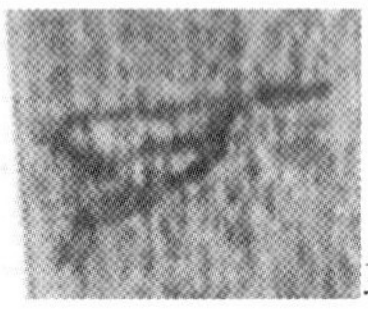
敦煌簡 1361A

○二百戶五百騎以上

武・甲《特牲》45

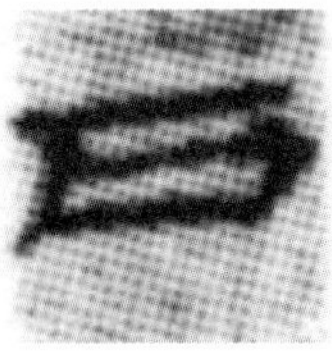
武・甲《少牢》37

○于房戶婦贊者

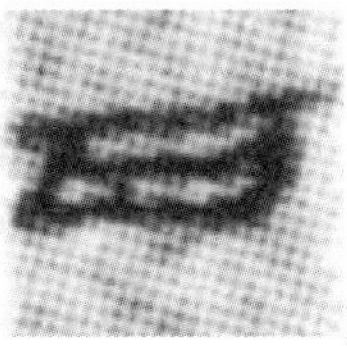
武・甲本《有司》68

○受賓戶西北面

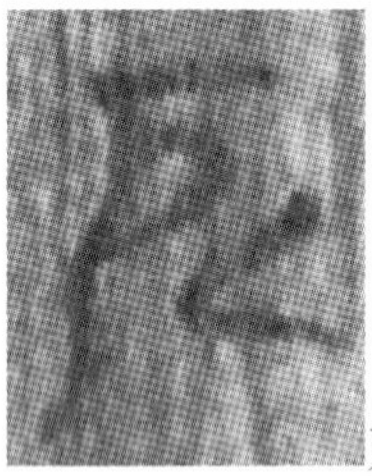
東牌樓 079

○成里戶人公乘某卅

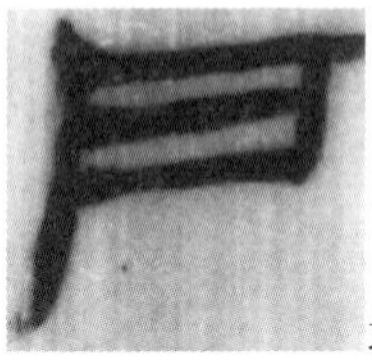
北壹・倉頡篇 54

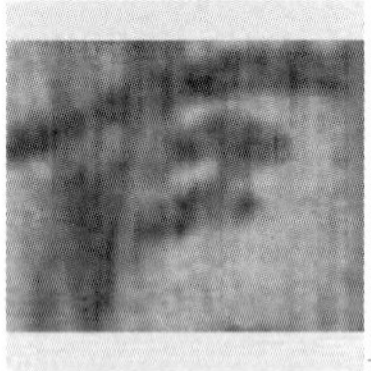
吳簡嘉禾・五・一〇二七

○戶曹

吳簡嘉禾・四・三〇一

○田戶經用

吳簡嘉禾・四・一六五

廿世紀璽印三-SY

漢晉南北朝印風

漢晉南北朝印風

○文竹門掌戶

漢印文字徵

漢印文字徵

○文竹門掌户

漢印文字徵

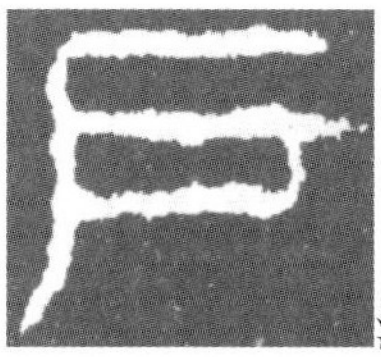
漢代官印選

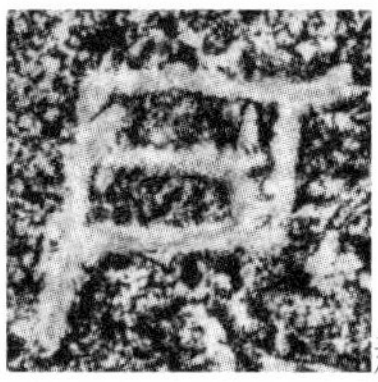
新莽・禳盜刻石

新莽・禳盜刻石

○使絕毋戶

東漢・靜仁等字殘碑

東漢・史晨後碑

東漢・成陽靈臺碑

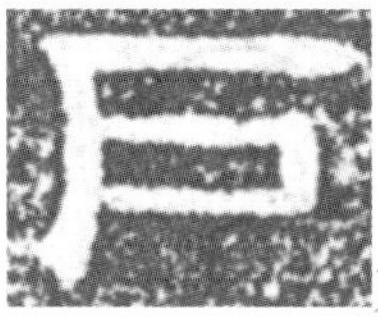
東漢・從事馮君碑

北魏・元詮誌

北魏・元維誌

北魏・笱景誌

北魏・元文誌

○食邑一千戶

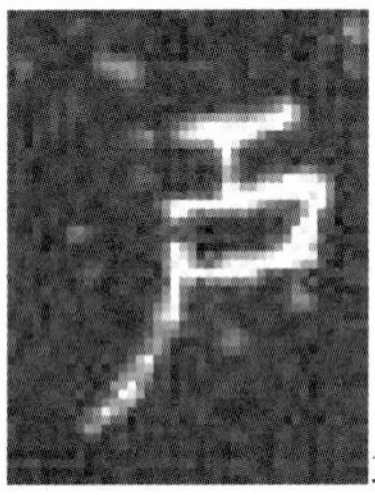
北齊・庫狄迴洛誌

○增邑一百戶

北齊・元賢誌

○食邑一百戶

北齊・高潤誌

北周・叱羅協誌

○前後增邑二千五百戶

【扉】

《說文》：扉，戶扇也。从戶非聲。

東晉・黃庭經

北魏・鄯乾誌

【扇】

《說文》：扇，扉也。从戶，从翄聲。

睡・法律答問 150

里・第八層 1386

○闢諜扇

馬貳 246_280

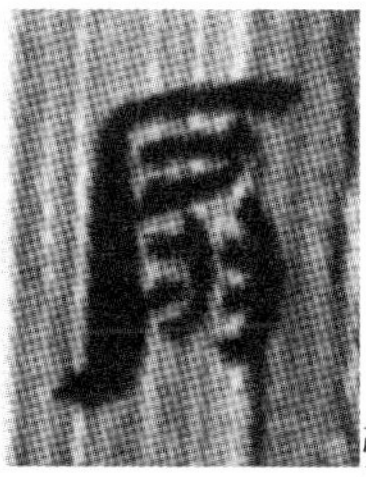
張・奏讞書 172

北壹・倉頡篇 37

北魏・王普賢誌

北魏・元顯俊誌

北魏・元澄妃誌

北魏・暉福寺碑

【房】

《說文》：房，室在旁也。从戶方聲。

漢銘・上林宣曲宮鼎

睡・封診式 73

睡・日甲《玄戈》49

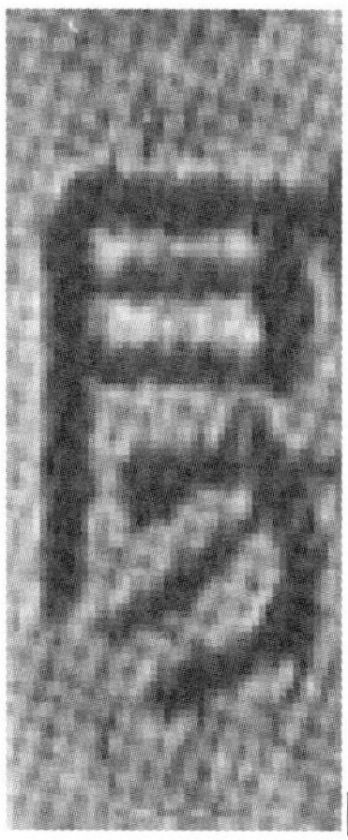
關・日書 134

○房軨畫者

馬壹249_2-13欄

馬壹248_1-8欄

馬貳18_5上

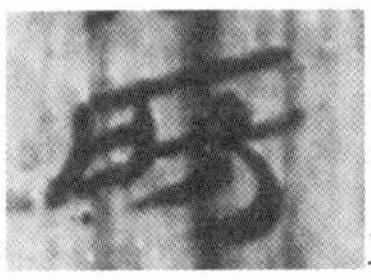
敦煌簡1135

○李君房記告成君齊

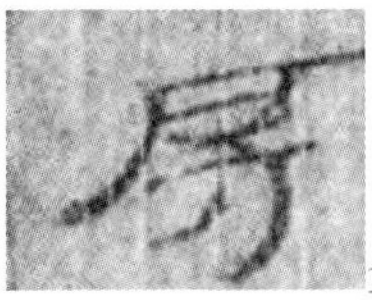
金關T24:384B

金關T21:042A

○水候房以私印

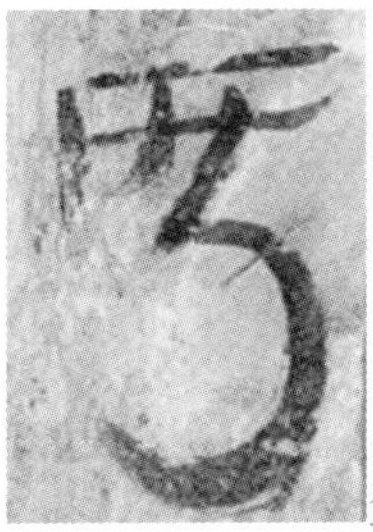
金關T21:103

○水候房以私印行事

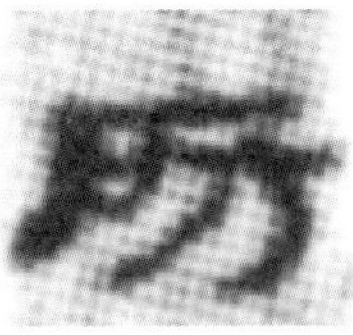
武・甲《特牲》35

○弟于房中

武・甲《有司》70

○入于房

武・甲《有司》74

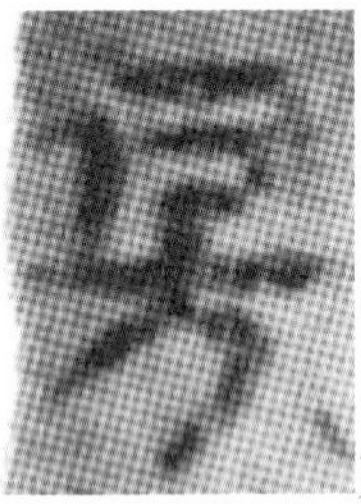
東牌樓019

北壹・倉頡篇54

○窻牖戶房

廿世紀璽印三-SP

○顏房之印

漢晉南北朝印風

○房子長印

漢晉南北朝印風

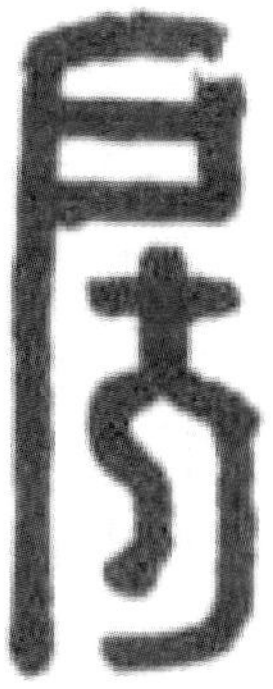
漢印文字徵

○房利

漢印文字徵

漢印文字徵

○房仃

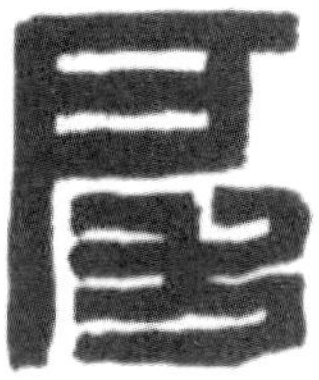
漢印文字徵

○房里唯印

歷代印匋封泥

○郁陽房

漢印文字徵

○張房印

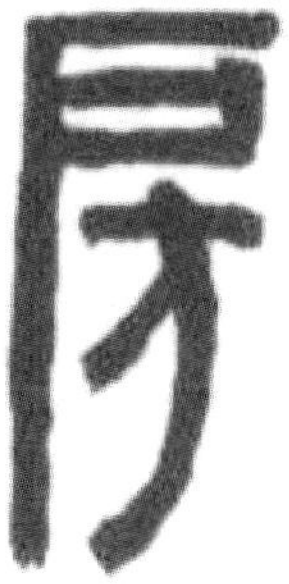
漢印文字徵

漢印文字徵

○房梁

漢印文字徵

漢晉南北朝印風

○王房之印

漢晉南北朝印風

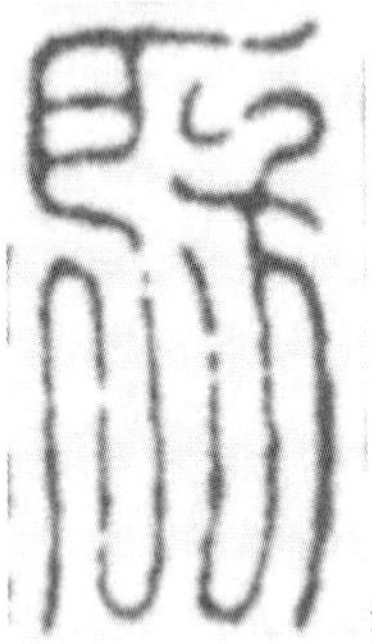
漢晉南北朝印風

○房梁

東漢・王孝淵碑

○蘭疏幽房

東漢・禮器碑陰

○魯周房伯臺百

東漢・校官碑

○字公房

東漢・華岳廟殘碑陰

○故功曹司空掾池陽伯房

十六國趙・元氏縣界封刻石

○與房子縣對界去縣治

北魏・楊無醜誌

○斯乃閨房之恒事

北魏・甯懋誌

○宮房既就

北魏・元昉誌

○誌石玄房

北魏・李林誌

○召君督護房子縣

北魏・王誦妻元氏誌

東魏・趙氏妻姜氏誌

東魏・趙胡仁誌

北齊・王憐妻趙氏誌

○洞房石室

【戻】

《說文》：戻，輜車旁推戶也。从戶大聲。讀與釱同。

【戹（厄）】

《說文》：戹，隘也。从戶乙聲。

睡・法律答問 179

○火炎其衡厄（軛）

里・第八層 361

○戹二

銀壹 341

○其騎戹則多

漢印文字徵

○戹並私印

漢晉南北朝印風

○戹隆之印信

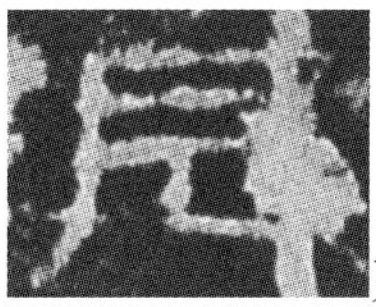
東漢・孔褒碑

○濟渡窮戹

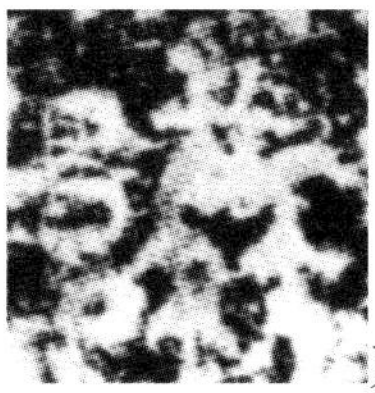
東漢・開母廟石闕銘

○同心濟戹

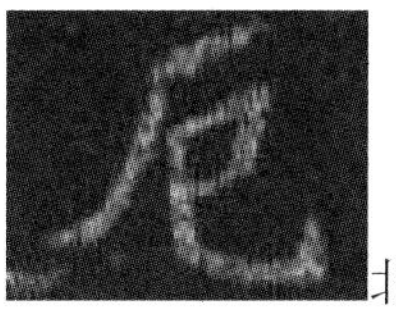
北魏・劉璿等造像

○一切苦疕

【肁】

《説文》：肁，始開也。从戶从聿。

【扆】

《説文》：扆，戶牖之閒謂之扆。从戶衣聲。

西晉·臨辟雍碑

○正法服負黼扆

北魏·元秀誌

北魏·元詮誌

【𢨥】

《説文》：𢨥，閉也。从戶，劫省聲。

【扃】

《説文》：扃，外閉之關也。从戶冋聲。

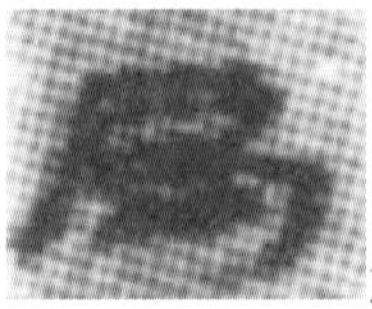
武·甲《特牲》14

○扃委于鼎北贊

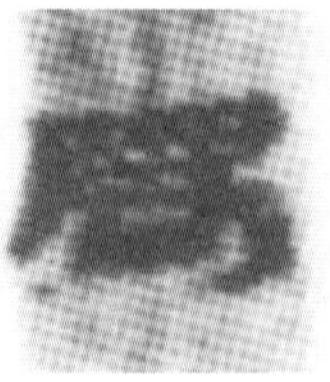
武·甲《少牢》11

○皆設扃密（鼏）

武·甲《有司》1

○乃設扃密（鼏）

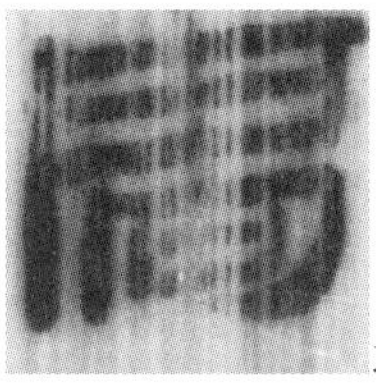
北壹·倉頡篇 73

○闖扃增𨻸

北魏·元天穆誌

○泉扃晝昏

北魏·蘭將誌

○玄扃方奄

北魏·元譚妻司馬氏誌

○幽扃一罷

北魏・馮邕妻元氏誌

〇委魄泉扃

北魏・元詮誌

〇埏扃既掩

北魏・鄭君妻誌

北魏・元楨誌

〇深埏長扃

〖戺〗

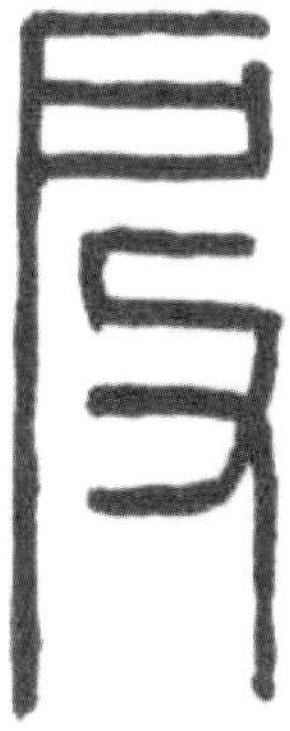
漢印文字徵

〇戺裴

漢印文字徵

〇戺審

〖扉〗

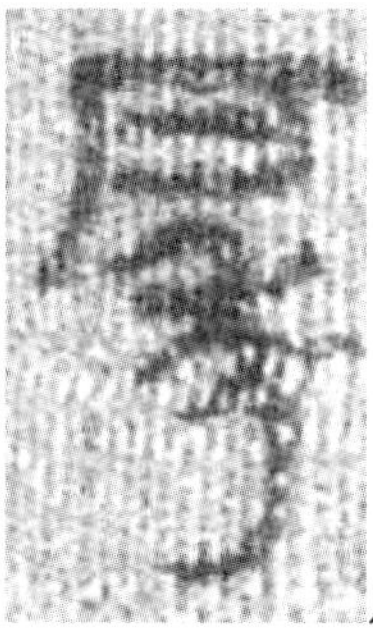
馬壹 259_9 下\25 下

〇戶扉（牖）之閒

門部

【門】

《説文》：門，聞也。从二戶。象形。凡門之屬皆从門。

漢銘・臨晉鼎

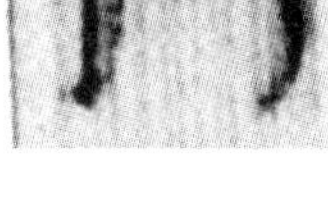
漢銘・大吉田器

睡・為吏 9

睡・為吏 18

睡・日甲《歸行》132

睡・日甲《門》143

睡・日甲《毀弃》120

睡・日甲《詰》33

睡・日乙 35

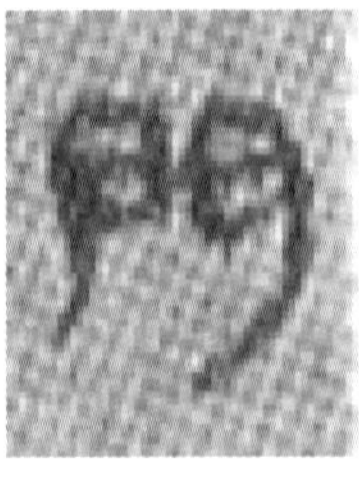
關・日書 211

嶽・為吏 75

嶽・魏盜案 162

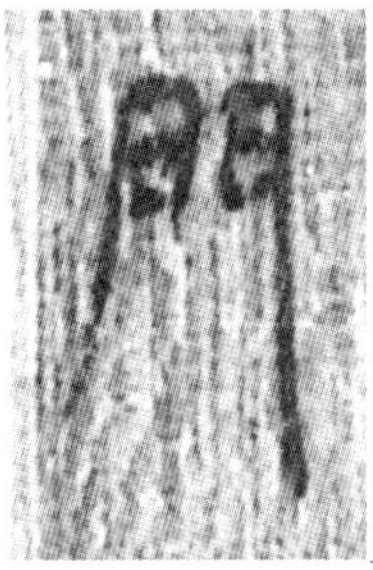
里・第八層 756

馬壹 112_23\374

馬壹 5_25 上

馬壹 258_9 上\25 上

馬貳 212_10/111

張・戶律 308

北貳・老子 138

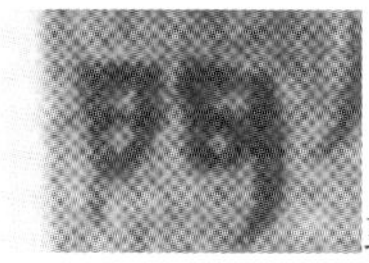
敦煌簡 0813

○塗西門外垣下足

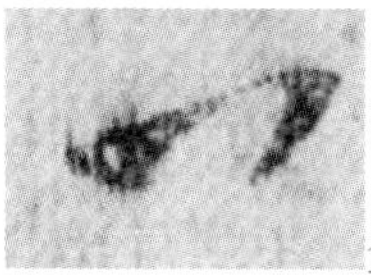
金關 T23:897B

○君門下

金關 T23:616

武・甲《特牲》42

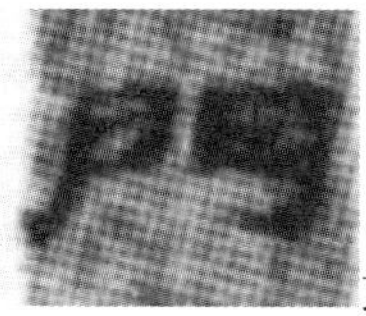
武・甲《少牢》7

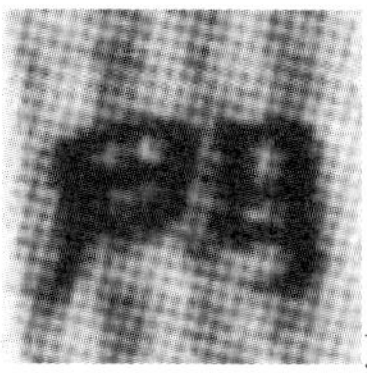
武・甲《有司》42

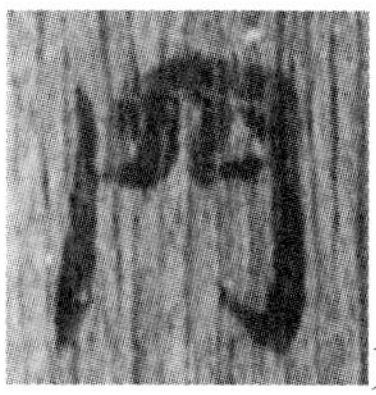
東牌樓 050 正

東牌樓 094 背

北壹・倉頡篇 53

歷代印匋封泥

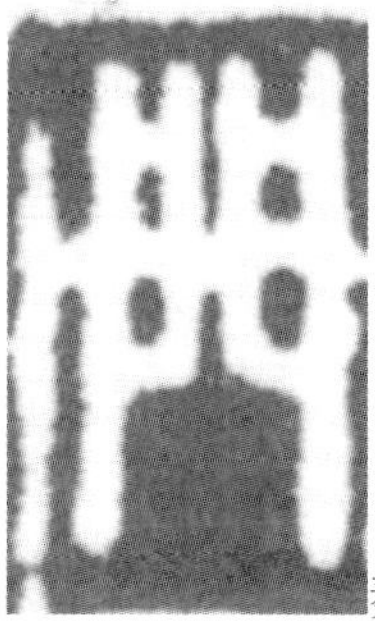
秦代印風

廿世紀璽印三-SY

廿世紀璽印三-GY

廿世紀璽印三-GP

○章門觀監

漢晉南北朝印風

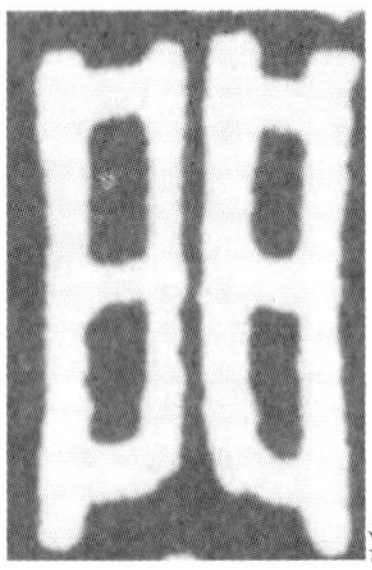
漢晉南北朝印風

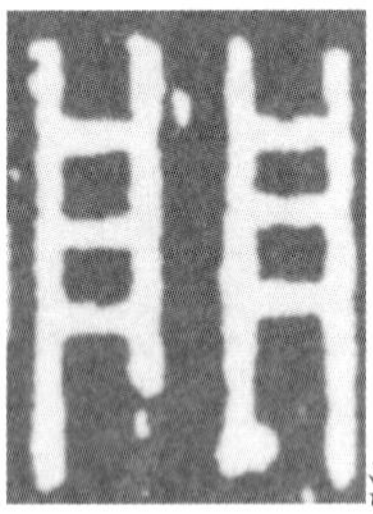
漢晉南北朝印風

漢代官印選

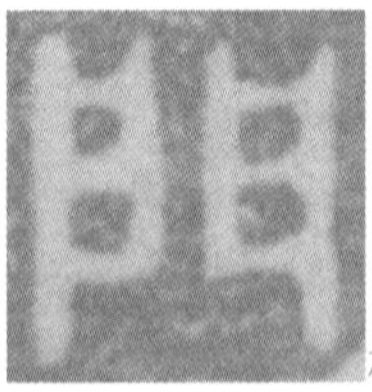
柿葉齋兩漢印萃

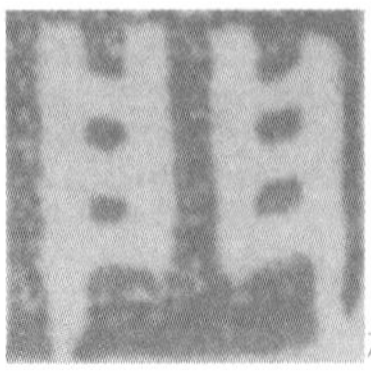
柿葉齋兩漢印萃

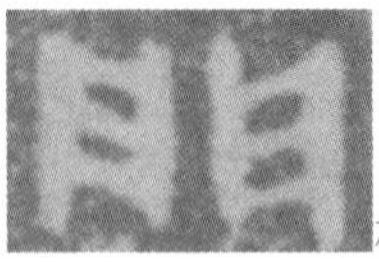
柿葉齋兩漢印萃

柿葉齋兩漢印萃

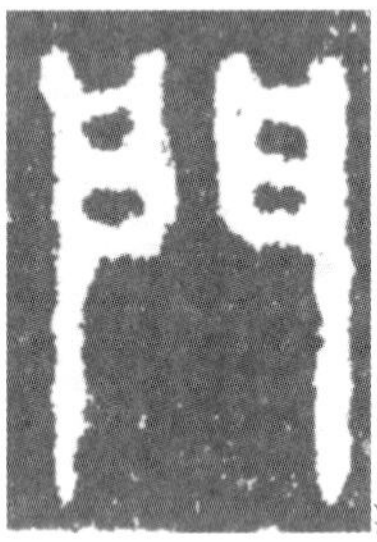
漢代官印選

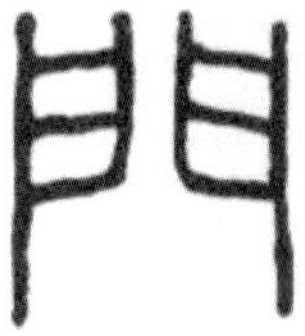
漢印文字徵

漢印文字徵

漢印文字徵

漢印文字徵

○西門譚印

漢代官印選

漢晉南北朝印風

漢晉南北朝印風

漢晉南北朝印風

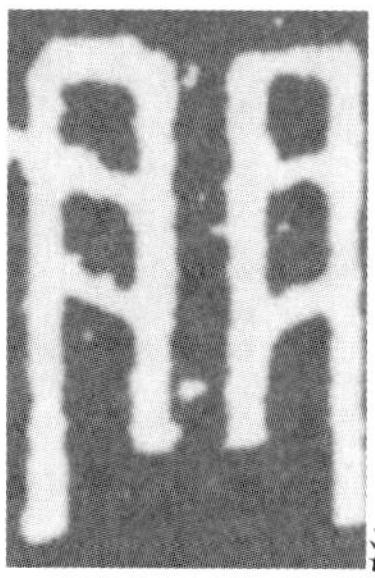
漢晉南北朝印風

漢晉南北朝印風

新莽・馮孺人題記

○鬱平大尹馮君孺人中大門

新莽・馮孺人題記

○西方內門

東漢・曹全碑陽

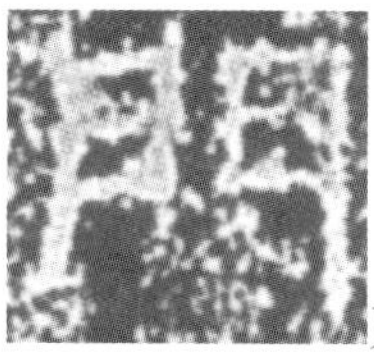
東漢・北海相景君碑陰

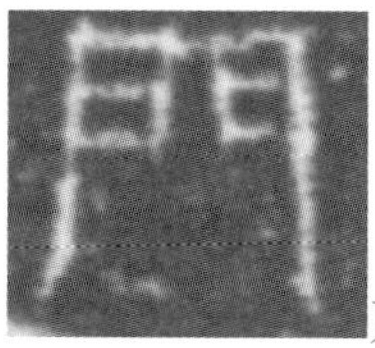
東漢・石祠堂石柱題記額

東漢・倉頡廟碑側

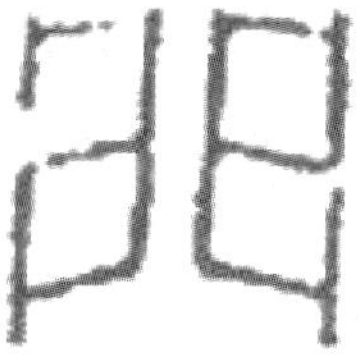
東漢・鮮於璜碑額

○雁門太守

北魏・王普賢誌

北魏・元仙誌

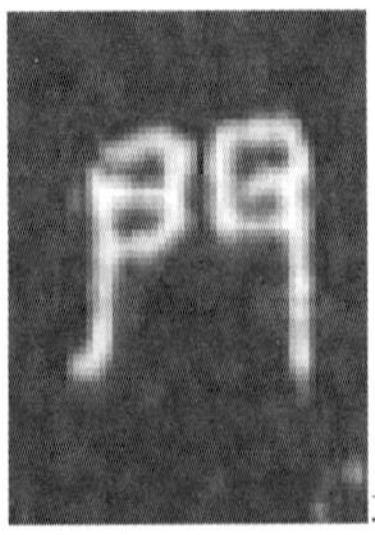
北魏・楊穎誌

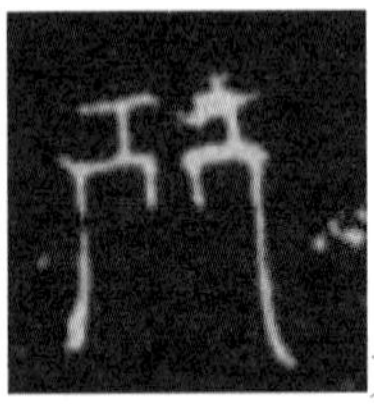
東魏・侯海誌

○至乃提弓矍相之門

東魏・王令媛誌

○爲天下盛門

北齊・王憐妻趙氏誌

北齊・張海翼誌

【閶】

《説文》：閶，天門也。从門昌聲。楚人名門曰閶闔。

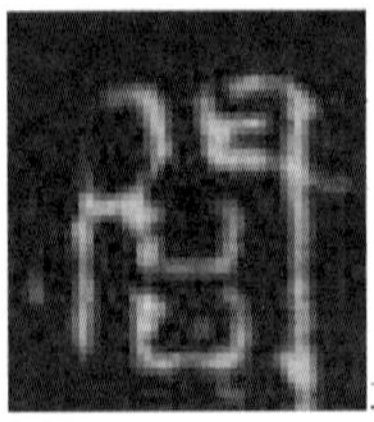
北魏・弔比干文

○仰徙倚於閶闔兮

北周・崔宣默誌

○地連閶闔

【闈】

《説文》：闈，宫中之門也。从門韋聲。

北魏・元恭誌

北魏・王普賢誌

北魏・元鑒誌

○喉謨帝闈

北魏・元弘嬪侯氏誌

○入嬪紫闈

北齊・斛律氏誌

【闔】

《説文》：，闔謂之樀。樀，廟門也。从門詹聲。

【閎】

《説文》：，巷門也。从門厷聲。

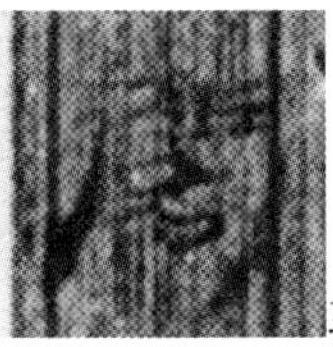
敦煌簡 0370

○子楊閎取給橐佗一

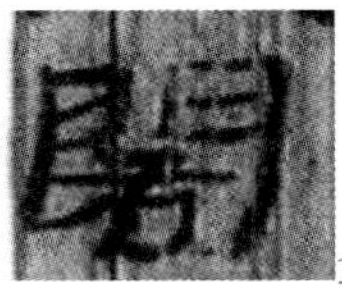
金關 T24:016

○里張閎字子威粟一

漢印文字徵

○任閎之印信

漢印文字徵

○茬閎之印

【閨】

《説文》：，特立之戶，上圜下方，有似圭。从門圭聲。

馬壹 7_42 上

馬貳 246_277

○一越閨銀（錦）

馬貳 206_34

漢晉南北朝印風

漢印文字徵

東漢・鮮於璜碑陽

東漢・孔宙碑陽

北魏・寇偘誌

○孝友著於閨庭

北魏・元仙誌

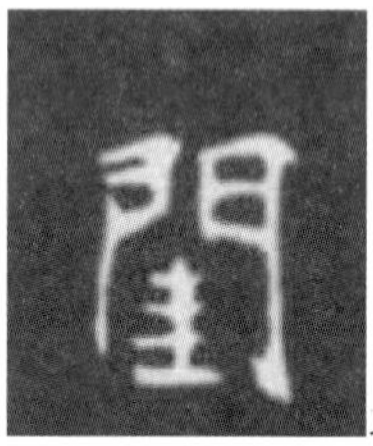
北魏・馮會誌

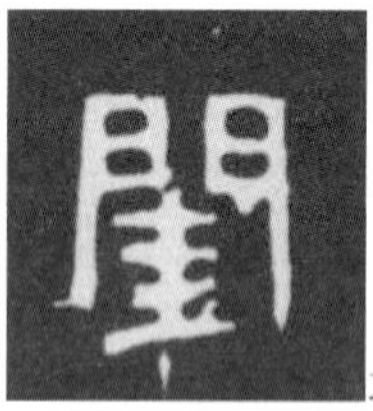
北魏・奚智誌

北魏・元澄妃誌

北齊・石信誌

北齊・道明誌

○閨門有則

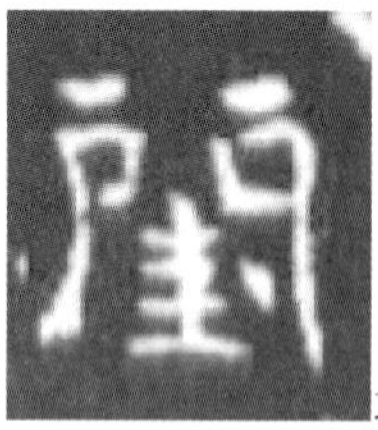
北周・尉遲將男誌

【閤】

《説文》：閤，門旁戶也。从門合聲。

東牌樓 024

○卿侍閤周□□奴衣

東漢・曹全碑陽

東漢・許安國墓祠題記

東漢・石祠堂石柱題記額

北魏・元引誌

東魏・穆子巖誌銘

東魏·叔孫固誌

北齊·徐顯秀誌

【闟】

《説文》：闟，樓上戶也。从門翕聲。

里·第八層 1386

○闟諜扇

北壹·倉頡篇 71

○闟踐蠡杙

【閈】

《説文》：閈，門也。从門干聲。汝南平輿里門曰閈。

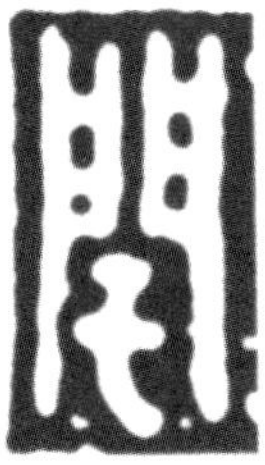
秦文字編 1733

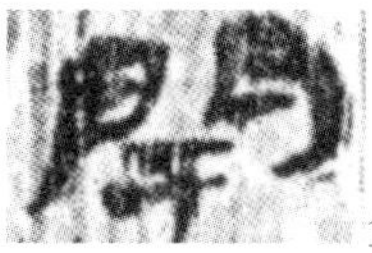
金關 T02:005

漢印文字徵

北魏·元周安誌

北魏·元颺誌

北齊·劉雙仁誌

北周·安伽誌

【閭】

《説文》：閭，里門也。从門呂聲。《周禮》："五家爲比，五比爲閭。"閭，侶也，二十五家相羣侶也。

馬壹 83_73

馬貳 111_48/48

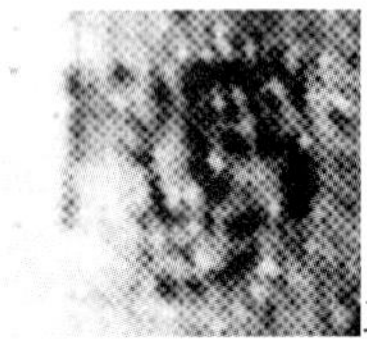
敦煌簡 2046

○朔□閭偈副當敦

金關 T08:016

北壹・倉頡篇 53

歷代印匋封泥

○閭豆里人

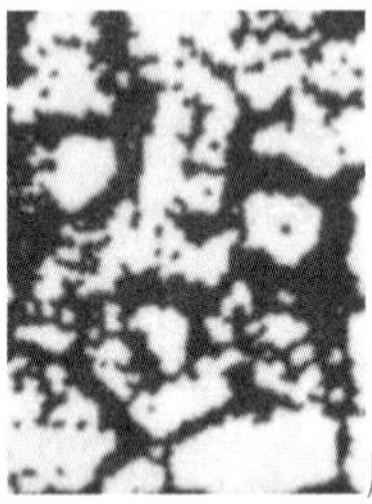
歷代印匋封泥

○閭豆里匋者

秦代印風

秦代印風

廿世紀璽印三-GP

○東閭鄉印

廿世紀璽印三-SY

漢印文字徵

漢印文字徵

柿葉齋兩漢印萃

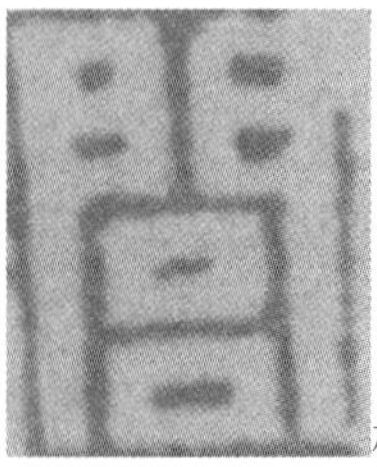
柿葉齋兩漢印萃

歷代印匋封泥

○東閭鄉印

柿葉齋兩漢印萃

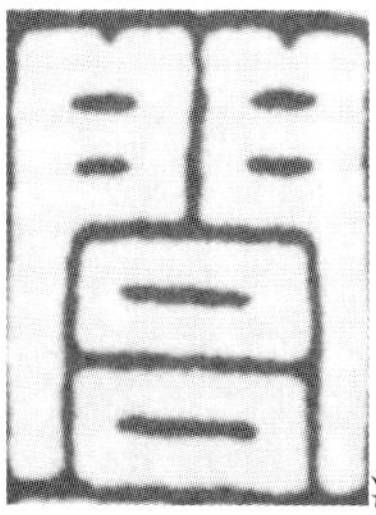
漢晉南北朝印風

漢晉南北朝印風

○閭丘長孫

漢晉南北朝印風

漢晉南北朝印風

北魏・奚真誌

東魏・閭叱地連誌蓋

○茹茹公主閭氏

東魏・閭叱地連誌

北齊・閭炫誌蓋

○閭氏

【閻】

《説文》：閻，里中門也。从門臽聲。

【壛】

《説文》：壛，閻或从土。

睡・日乙 88

○天閻

里・第八層 92

○閻單

馬壹 5_21 上

敦煌簡 1041

○戍卒閻弘

金關 T24:321

○同里閻□任

北壹・倉頡篇 21

廿世紀璽印二-SP

○右閻

秦代印風

○閻義

廿世紀璽印三-SY

漢印文字徵

○閻池

柿葉齋兩漢印萃

○閻宗之印

漢印文字徵

漢印文字徵

漢印文字徵

○閻良印

漢印文字徵

○張孺閻印

漢印文字徵

○閻延壽

漢晉南北朝印風

○閻利

東漢・祀三公山碑

○五官掾閻祐

北魏・張宜世子妻誌

○水閻壇伯長女也

北魏・王悅及妻郭氏誌

○器重閭閻

北魏・韓顯祖造像

○敷根閻土

北齊・暢洛生造像

〇閭浮艱處

【闠】

《説文》：闠，市外門也。从門貴聲。

睡・秦律十八種 147

〇留舍闠外

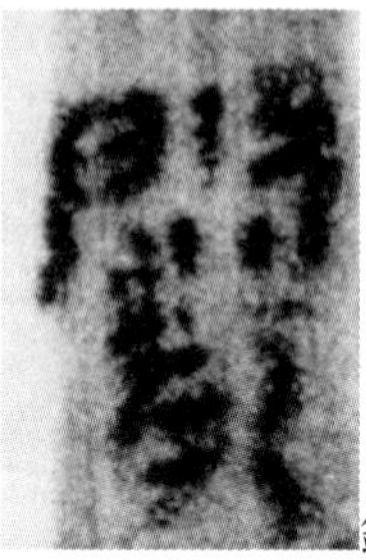
銀壹 133

〇人開闠必亟入之先

【闉】

《説文》：闉，城内重門也。从門垔聲。《詩》曰："出其闉闍。"

馬貳 38_72 上

〇欲目闉而无朕

北壹・倉頡篇 12

〇梲[illegible]（[illegible]）隖闉

漢印文字徵

漢印文字徵

北魏・元羽誌

〇松闉沉照

【闍】

《説文》：闍，闉闍也。从門者聲。

北周・掌恭敬佛經摩崖

〇掌恭敬向耆闍崛

【闞】

《説文》：闞，門觀也。从門敢聲。

馬壹 103_7\176

〇于闕（厥）内

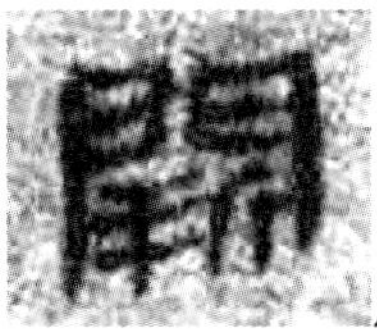
馬壹 12_70 下

〇闕（厥）復(孚)交如

馬貳 216_9/20

〇合坐闕尻畀（鼻）

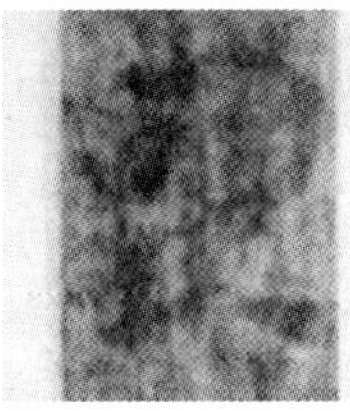
敦煌簡 0145

〇望闕廷

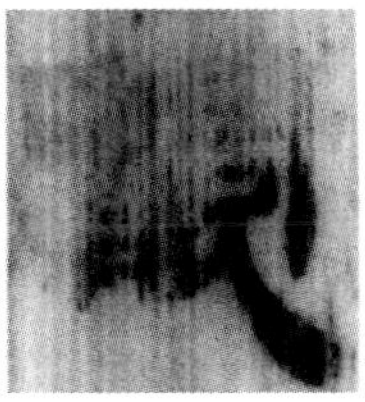
北壹・倉頡篇 54

〇宇闕廷廟

秦代印風

〇闕弱

漢印文字徵

〇闕從之印

漢印文字徵

〇闕次夫

漢印文字徵

〇闕買之

漢印文字徵

〇闕中悁

漢印文字徵

〇闕門到

漢印文字徵

〇闕利私印

漢印文字徵

漢印文字徵

○闕印安處

漢晉南北朝印風

漢晉南北朝印風

○闕中悁

漢晉南北朝印風

○闕得

東漢・成陽靈臺碑

○立闕通天

東漢・史晨前碑

○闕而不祀

東漢・侍御史李公闕

○李公之闕

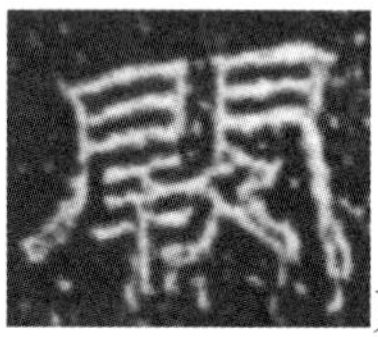
東漢・桐柏淮源廟碑

○立闕四達

東漢・執金吾丞武榮碑

○闕幘

東漢・曹全碑陽

○闕嵯峨，

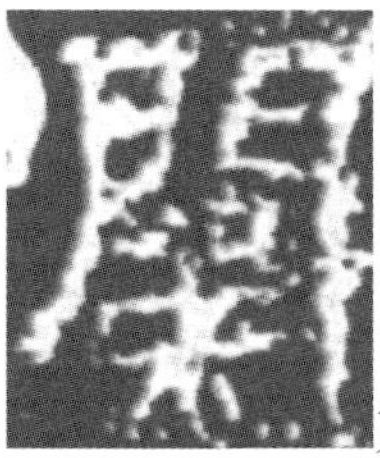
東漢・劉曜殘碑

○喪母服闕

東漢・司馬芳殘碑

○闕申

東漢・曹全碑陽

○禮無遺闕

東漢・故侍中楊公闕

○楊公之闕

東晉・黃庭經

○俠以幽闕流下

北魏・元濬嬪耿氏誌

○飛喈聲於天闕

北魏・檀賓誌

○威略聞於魏闕

北魏・元仙誌

○始登鳳闕

北魏・趙超宗誌

○及歸漢闕

北魏・元詳造像

○分於闕外

北魏・元寧誌

○振纓鳳闕

東魏・叔孫固誌

○日填於闕下

東魏・公孫略誌

○袞闕賴以云補

北齊・暴誕誌

○方當曜金魏闕

【閞】

《說文》：閞，門欂櫨也。从門弁聲。

【𨳲】

《說文》：𨳲，門扇也。从門介聲。

【闔】

《說文》：闔，門扇也。一曰閉也。从門盇聲。

馬壹 124_38 上

○天地闔（合）於民

馬貳 33_3 下

張・引書 103

○啓闔食飲

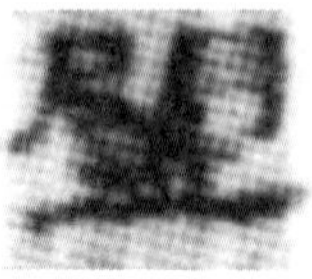
武・甲《特牲》46

○佐食闔牖戶降祝告

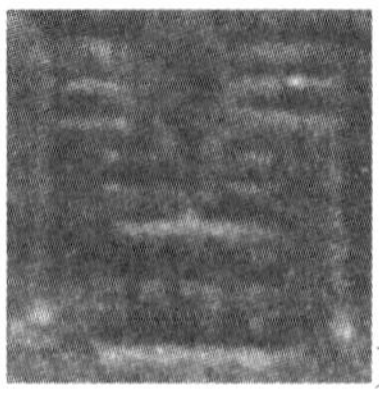
東漢・趙儀碑

○功曹同闔（闔）

北魏・宇文永妻誌

○泉扃一闔

東魏・劉幼妃誌

【闑】

《說文》：闑，門梱也。从門臬聲。

【閾】

《說文》：閾，門榍也。从門或聲。《論語》曰："行不履閾。"

【𨵵】

《說文》：𨵵，古文閾从洫。

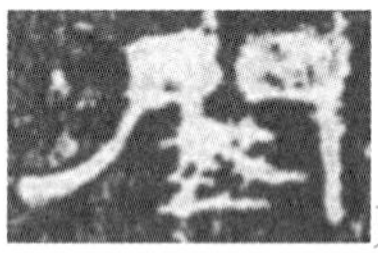
東漢・孔宙碑陽

○而閨閾之行允恭

北魏・趙光誌

○淑著閨閾

東魏・鄭氏誌

北齊・徐顯秀誌

【閬】

《説文》：閬，門高也。从門良聲。巴郡有閬中縣。

睡・語書 12

○閌閬強肮（伉）

嶽・尸等案 33

○男子閬等十人

里・第八層 931

○閬中

里・第八層背 2191

○閬中

歷代印匋封泥

○閬中丞印

廿世紀璽印三-GP

○閬中丞印

漢印文字徵

○閬中令印

漢印文字徵

漢印文字徵

○閬中丞印

漢印文字徵

漢印文字徵

漢印文字徵

○閭給私印

漢印文字徵

○閭通

漢晉南北朝印風

○閭中令印

東漢·北海相景君碑陰

○故書佐東安平閭廣

北魏·元誘誌

○層峰峻於閭風

北魏·元讞誌

○發閭菀而雲起

【闢】

《説文》：闢，開也。从門辟聲。

【閞】

《説文》：閞，《虞書》曰："闢四門。"从門从𠬞。

北魏·爾朱紹誌

北魏·元仙誌

○龍樓初闢

北魏・元斅誌

北齊・狄湛誌

○故能闢土以承家

北齊・斛律氏誌

【闖】

《説文》：闖，闢門也。从門爲聲。《國語》曰："闖門而與之言。"

【闡】

《説文》：闡，開也。从門單聲。《易》曰："闡幽。"

北魏・王遺女誌

北魏・吐谷渾璣誌

○永登遐闡

北魏・王普賢誌

○闡似庭之鴻範

【開】

《説文》：開，張也。从門从幵。

【閞】

《説文》：閞，古文。

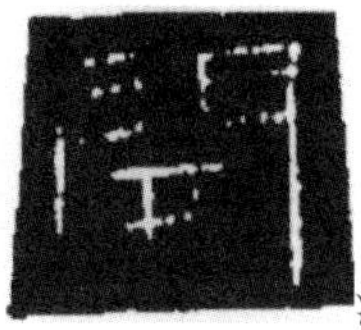
漢銘・開封行鐙

漢銘・永和二年鐖

睡・日甲《秦除》16

嶽・為吏76

嶽・占夢書 3

○夢開臧事也

馬壹 137_60 下/137 下

馬貳 33_3 下

銀貳 1908

○盜賊開詷詐僞人而

敦煌簡 0847

○有以開道

金關 T23:731B

○出公開之校

北壹・倉頡篇 53

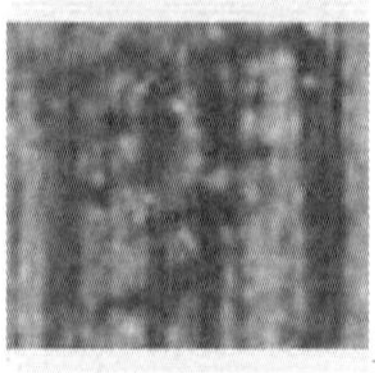
吳簡嘉禾・五・四〇〇

○魯開佃田

漢印文字徵

漢印文字徵

漢印文字徵

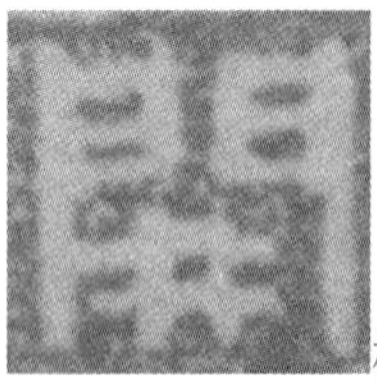
柿葉齋兩漢印萃

○大原郡開國公章

漢晉南北朝印風

○開陽亭侯

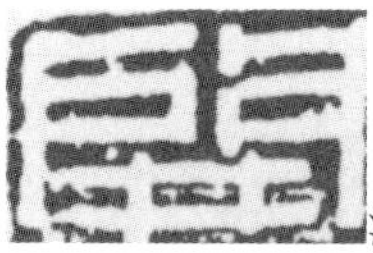
漢晉南北朝印風

○安昌縣開國印章

漢晉南北朝印風

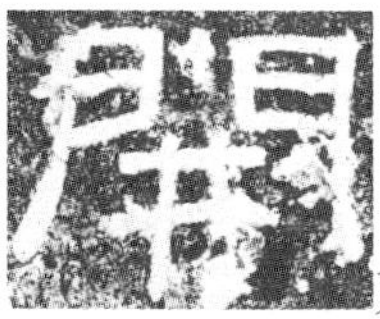
東漢・卓異等字殘碑

○大開

東漢・石門頌

東漢・桐柏淮源廟碑

西晉・臨辟雍碑

北魏・元子直誌

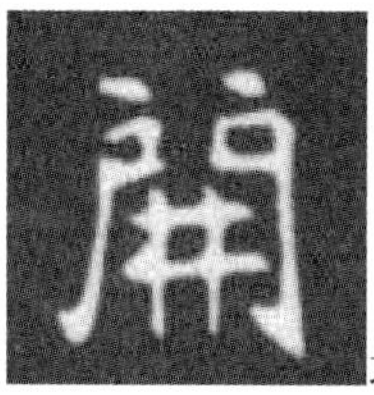
北魏・元仙誌

○開府儀同三司

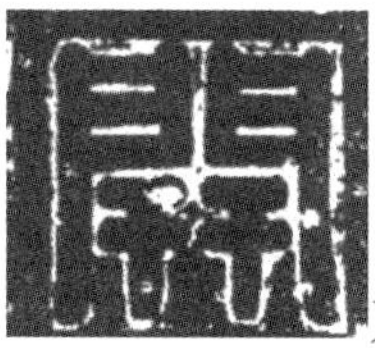
東魏・閭叱地連誌蓋

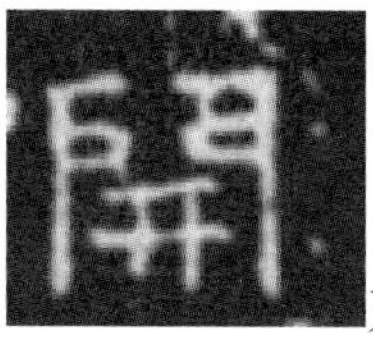
東魏・蔡儁斷碑

北齊・赫連子悅誌蓋

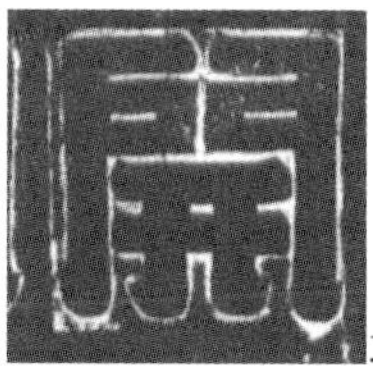
北齊・雲榮誌蓋

北齊・張忻誌蓋

○開國張君

北齊・雲榮誌

北齊・雲榮誌

○開國公

北齊・雲榮誌

北周・若干雲誌蓋

○開府儀同三司

北周・宇文儉誌

北周・鄭術誌蓋

○大周開府

【闓】

《説文》：闓，開也。从門豈聲。

漢銘・永元六年弩鐖

漢印文字徵

東漢・熹平殘石

東漢・禮器碑

○前闓九頭

東漢・北海相景君碑陰

○故書佐平壽淳于闓

南朝齊・劉岱誌

○適河東裴闓

【閜】

《説文》：閜，大開也。从門可聲。大杯亦爲閜。

馬貳 134_3

○□□閜□□□名曰

【閘】

《説文》：閘，開閉門也。从門甲聲。

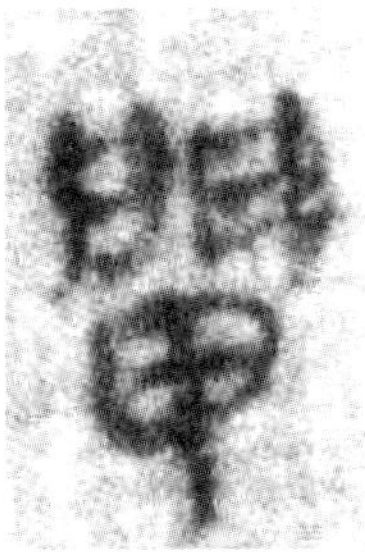
馬壹 98_76

○狎（閘）亓（其）

漢印文字徵

【閟】

《說文》：閟，閉門也。从門必聲。《春秋傳》曰："閟門而與之言。"

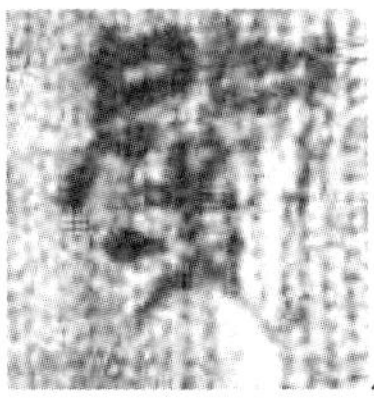
馬壹 248_1-5 欄

○日閟（閉）

北魏・元恩誌

○方券永閟

北魏・元珍誌

○禁閟雲儀

北魏・元羽誌

【閣】

《說文》：閣，所以止扉也。从門各聲。

金關 T21:206A

○部卒閣錢萬二千

北壹・倉頡篇 14

吳簡嘉禾・七二八二

○關坻閣董基

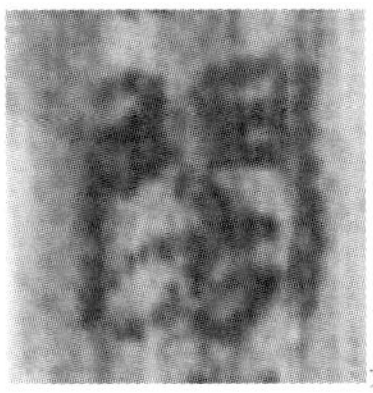
吳簡嘉禾・三零四七

○關坻閣李嵩

漢晉南北朝印風

○薛邸閣督

漢印文字徵

漢印文字徵

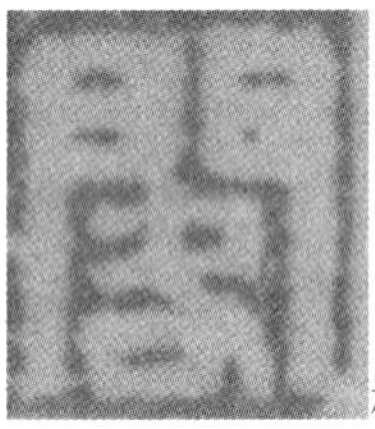
柿葉齋兩漢印萃

漢晉南北朝印風

新莽・馮孺人題記

○臧閣

東漢・西狹頌

北魏・王翊誌

○始登麟閣

北魏・元彥誌

○翔纓肅閣

北魏・韓顯宗誌

○徵榮麟閣

北齊・暴誕誌

【閒】

《説文》：閒，隙也。从門从月。

【⿵門外】

《説文》：⿵門外，古文閒。

戰晚・七年上郡閒戈

漢銘・河間食官榼

漢銘・河間食官鍾

睡・語書 4

睡・日甲《盜者》71

○瓦器閒

嶽・為吏 21

嶽・多小案 88

里・第八層 798

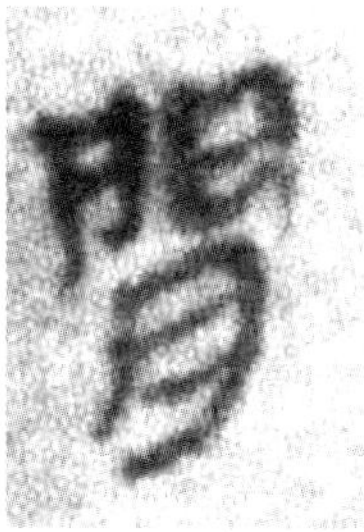
馬壹 109_151\320

馬壹 91_275

馬貳 260_32/48

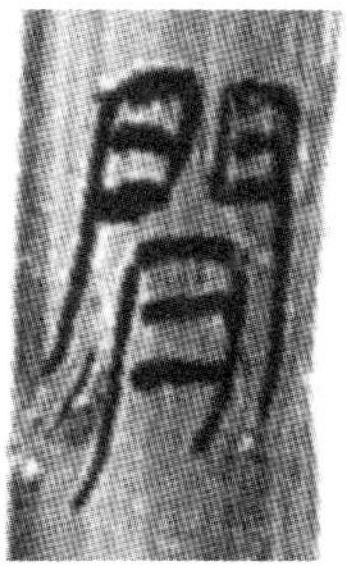
張・脈書 16

張・引書 78

銀貳 1823

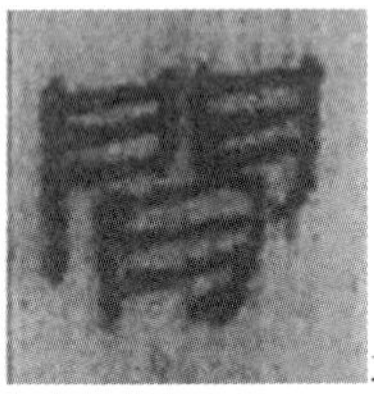
北貳・老子 136

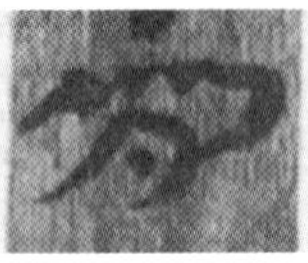
敦煌簡 0006B

○迎欽閒者諸吏不思

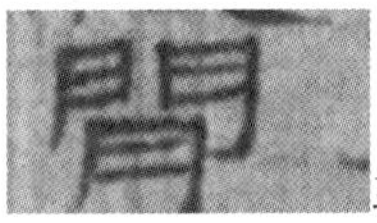
敦煌簡 0025

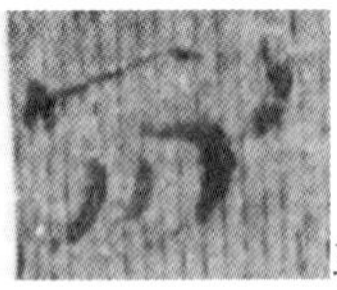
敦煌簡 0236A

○閒致

金關 T23:848A

武・甲《有司》15

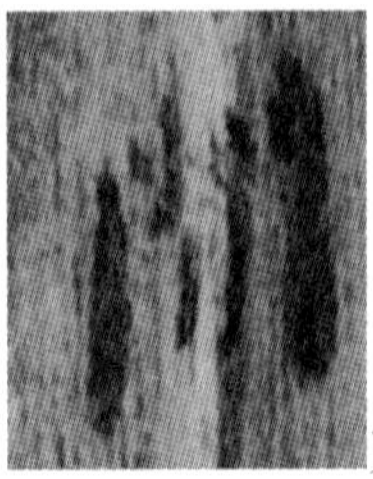
東牌樓 036 背

○十閒必遣送

東牌樓 030 背

○皆悉閒安善

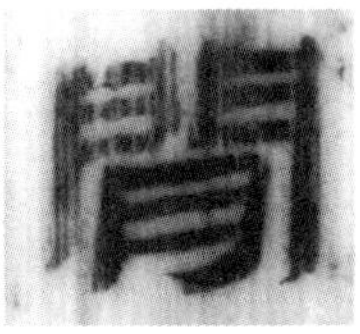
北壹・倉頡篇 33

魏晉殘紙

○亦得吉祐閒

魏晉殘紙

秦代印風

○李閒

廿世紀璽印三-GP

○河間尉印

廿世紀璽印三-SY

○陳閒

廿世紀璽印三-SY

漢印文字徵

歷代印匋封泥

○河閒王璽

漢印文字徵

漢印文字徵

漢印文字徵

漢印文字徵

漢晉南北朝印風

○迫事毋閒

漢晉南北朝印風

○河閒武超

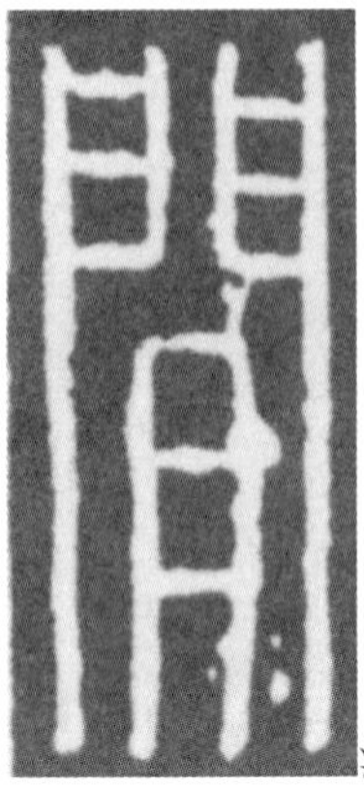
漢晉南北朝印風

○陳閒

東漢・曹全碑陽

東漢・武氏前石室畫像題字

晉・大中正殘石

北魏・元悛誌

○河閒公

北魏・張整誌

○朝閒悲惻

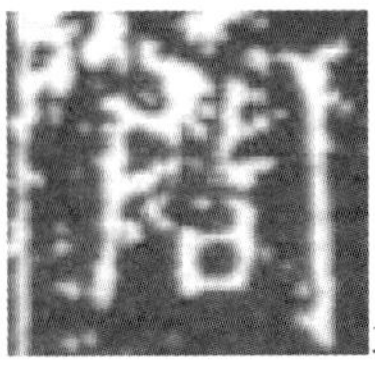
北魏・崔隆誌

○人無閒言

北魏・元懷誌

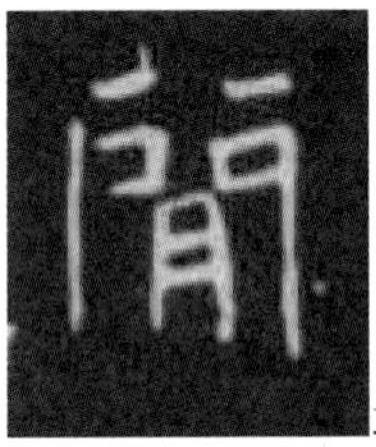
北魏・元誘誌

北魏・元暐誌

【⿵門阿】

《説文》：⿵門阿，門傾也。从門阿聲。

【閼】

《説文》：閼，遮攤也。从門於聲。

秦文字編 1736

北魏・元瞻誌

○不爲天閼者

北周・時珍誌

○奄閼

【闟】

《説文》：闟，開閉門利也。从門繇聲。一曰縷十紘也。

【闒】

《説文》：闒，門聲也。从門曷聲。

【闡】

《説文》：闡，門響也。从門鄉聲。

【闌】

《説文》：闌，門遮也。从門柬聲。

戰晚・王二十三年秦戈

睡・法律答問 139

○吏捕闌亡者

里・第八層 1716

○將陽闌亡

馬壹 47_3 上

○問闌（閑）輿之

馬貳 288_331/351

○闌（練）禪衣一

張・津關令 523

○闌出入

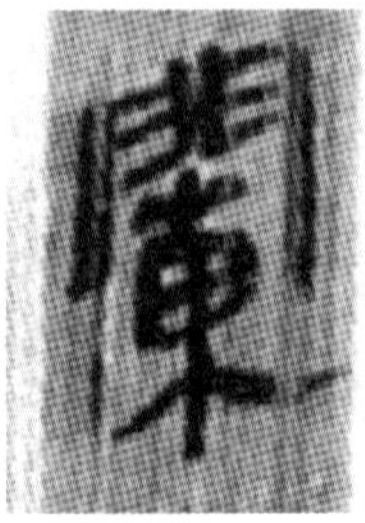
張・奏讞書 18

○傳以闌出關

張・脈書 50

○腐臧（臟）闌（爛）腸

敦煌簡 639C

○脩賈闌鄧

金關 T23:965

○長屋闌富昌里尹野

秦代印風

○祝闌

廿世紀璽印三-SP

○王闌多

漢印文字徵

○闌如曼印

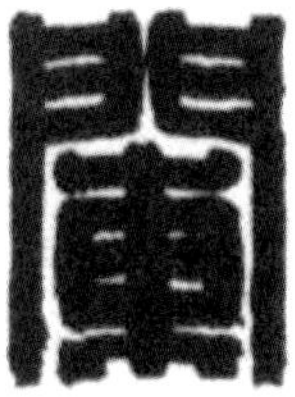
漢印文字徵

○呂闌多

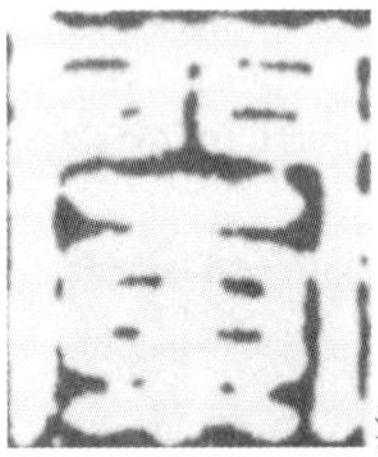
漢晉南北朝印風

○呂闌多

東魏・邑主造像訟

○跨闌橋而建宇

【閑】

《說文》：閑，闌也。从門中有木。

張・秩律 460

○閑陽

漢印文字徵

漢晉南北朝印風

東漢・白石神君碑

北魏・薛伯徽誌

北魏・馮會誌

○婉娩既閑

北魏・元願平妻王氏誌

東魏・元顯誌

東魏・元仲英誌

○毓采幽閑

北齊・元賢誌

○業尚閑遠

【閉】

《說文》：閉，闔門也。从門；才，所以歫門也。

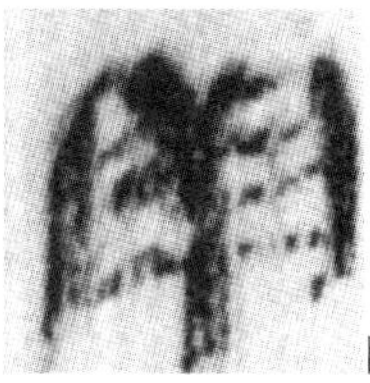
睡・日甲《稷叢辰》40

○公必閉有爲不成亡

睡・日甲《盜者》75

○啟夕閉東方

睡・日書乙種《除》35

○當爲閉戌

關・日書 144

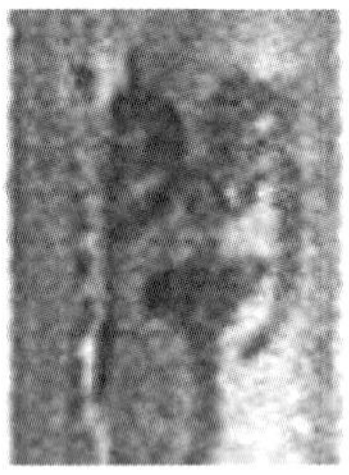
嶽・為吏 84

馬壹 36_41 上

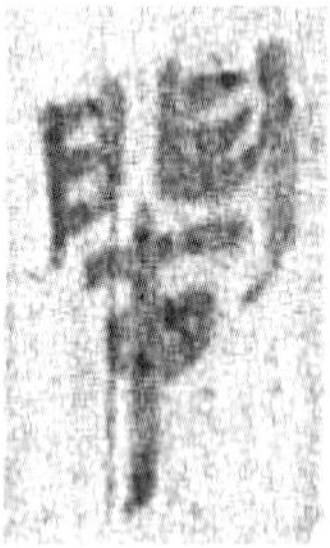
馬貳 204_18

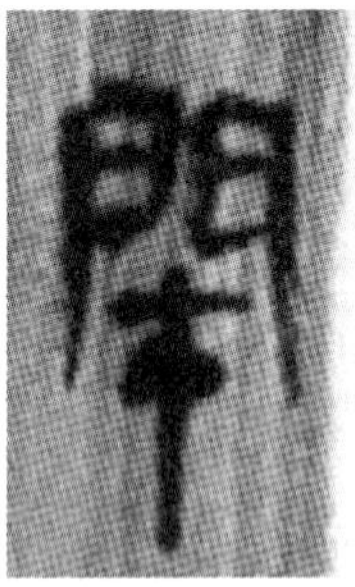
張・脈書 24

銀貳 1899

北貳・老子 41

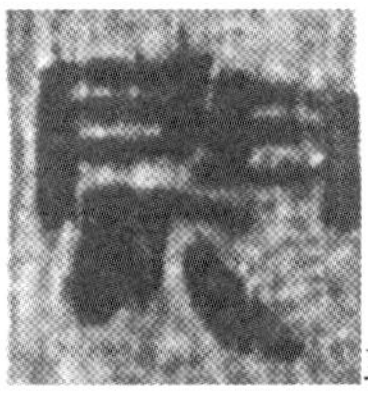
敦煌簡 1421

○重門閉屯

北壹・倉頡篇 53

○開閉門閭

秦文字編 1738

東漢・張遷碑陽

○不閉（閅）四門

東漢·元嘉元年畫像石題記二

〇閉曠之後不復發

北魏·元汎略誌

〇悲黄壚之永閇（閉）

北魏·秦洪誌

〇悲泉堂之永閉

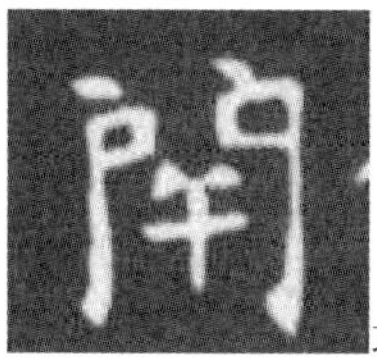
北魏·元仙誌

〇泉門一閉

北魏·元弼誌

〇月堂夕閉

北魏·鄭黑誌

【閡】

《説文》：閡，外閉也。从門亥聲。

【闇】

《説文》：闇，閉門也。从門音聲。

東漢·成陽靈臺碑

〇先闇後明（明）

北魏·元寧誌

〇處闇明輝

【關】

《説文》：關，以木横持門戶也。从門𢇍聲。

睡·法律答問 140

〇玉邦關及買

睡·為吏 9

嶽·質日 3510

里・第八層 206

○武關内史

馬壹 80_12

○宋通關奉陽君甚怒

張・傳律 359

○關内侯

張・算數書 39

○一關餘不稅者

銀貳 1899

○審關籥（鑰）

北貳・老子 192

○無關鍵不可啓

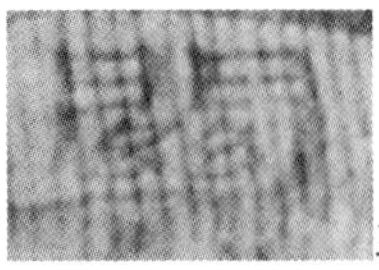
敦煌簡 1068

○卒壺關脩成里

敦煌簡 0060

○月晦關書大泉

金關 T06:006

○肩水金關

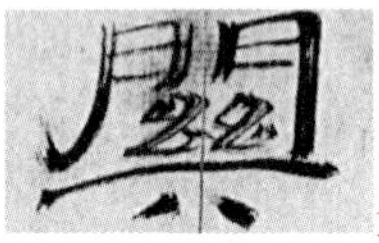
金關 T06:009

○肩水金關

金關 T23:015A

○肩水金關

金關 T24:019

○肩水金關

北壹・倉頡篇 73

○院闞關闟

吴簡嘉禾・七二八二
○馬德關坻閣

歷代印匋封泥
○關里馬桱

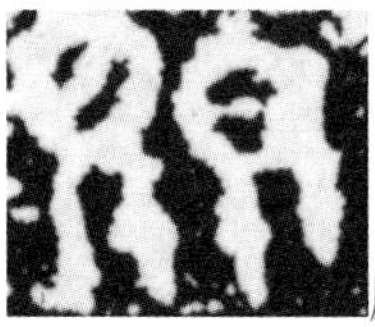
歷代印匋封泥
○關里馬桱

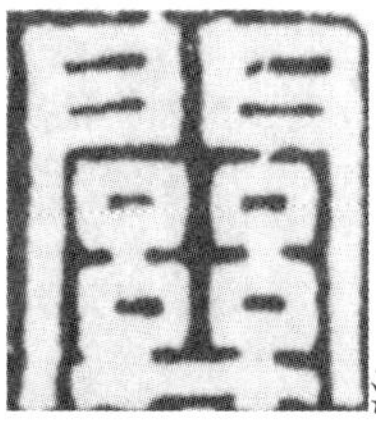
漢晉南北朝印風

廿世紀璽印三-GY

廿世紀璽印三-GY

廿世紀璽印三-GY

漢印文字徵
○關便

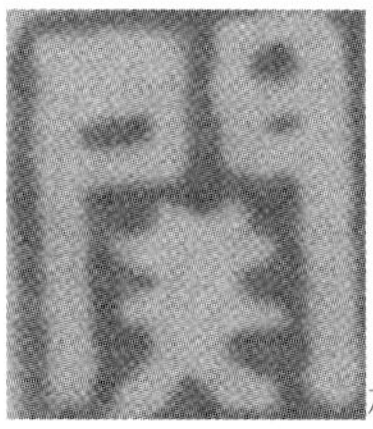
柿葉齋兩漢印萃
○□關印信

漢印文字徵

漢印文字徵

漢代官印選

漢印文字徵

○闔復

漢印文字徵

○闔中侯印

柿葉齋兩漢印萃

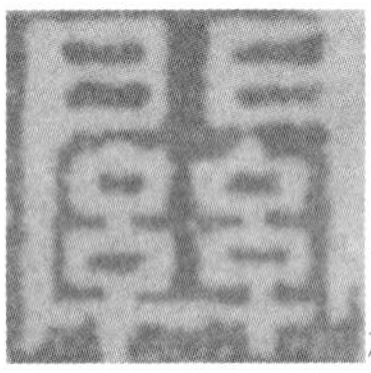
柿葉齋兩漢印萃

歷代印匋封泥

○江闔尉丞

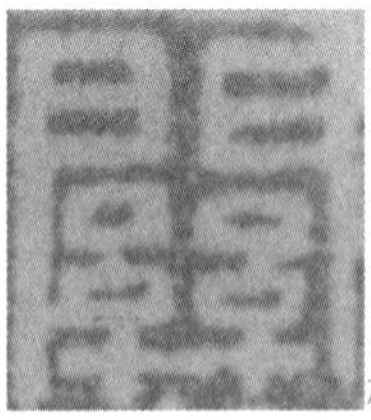
柿葉齋兩漢印萃

漢印文字徵

廿世紀璽印四-GY

漢晉南北朝印風

廿世紀璽印四-SY

○闔文印

漢晉南北朝印風

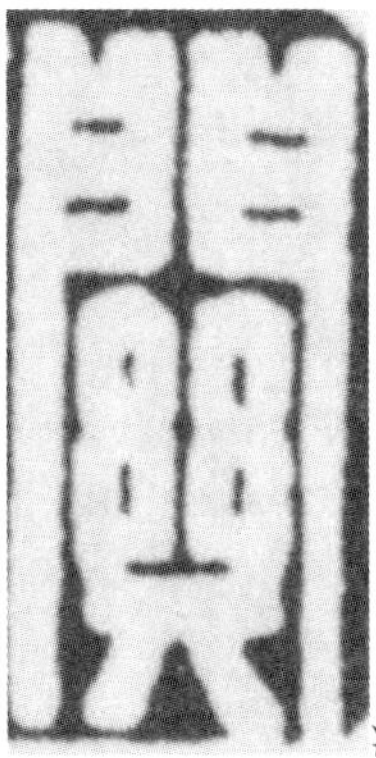
漢晉南北朝印風

○關複

廿世紀璽印四-GY

○關中侯印

東漢·北海太守爲盧氏婦刻石

東漢·景君碑

東漢·鮮於璜碑陰

○宿衛報關

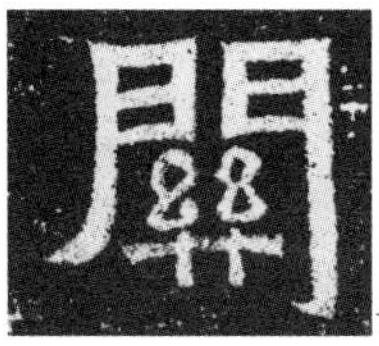
晉·趙府君闕

北魏·奚智誌

○下關之謀

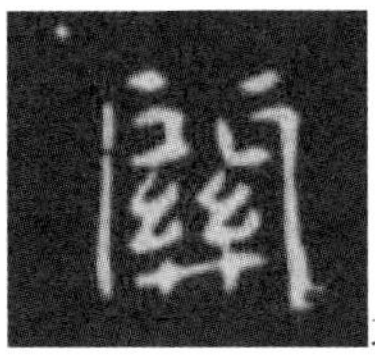
北魏·元誘誌

北魏·元誨誌

○爲潼關都督

東魏·叔孫固誌

○雖關右三明

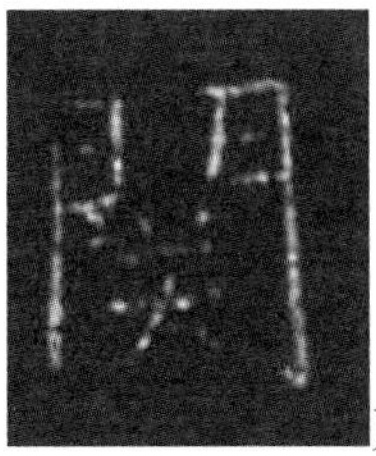
東魏·李祈年誌

○兼理榆寧二關事務

北齊·婁黑女誌

北齊・唐邕刻經記

【𨷲】

《説文》：𨷲，關下牡也。从門龠聲。

北壹・倉頡篇 73

○關𨷲扃

【闐】

《説文》：闐，盛皃。从門眞聲。

馬壹 148_78/252 上

○吾將闐之

敦煌簡 0793

漢印文字徵

○闐緩

北魏・于仙姬誌

北齊・高肅碑

○肉闐下都

【闛】

《説文》：闛，闛闛，盛皃。从門堂聲。

【閹】

《説文》：閹，豎也。宮中奄閽閉門者。从門奄聲。

戰晚・廿六年口口守戈

○造西工室閹工

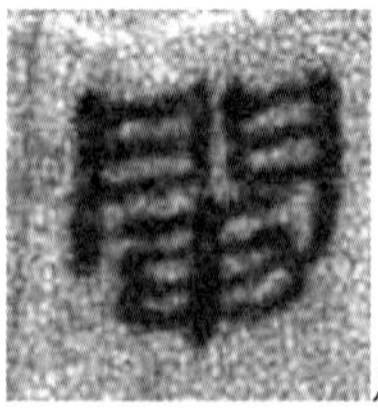
馬壹 130_17 上\94 上

○閹冉乃上

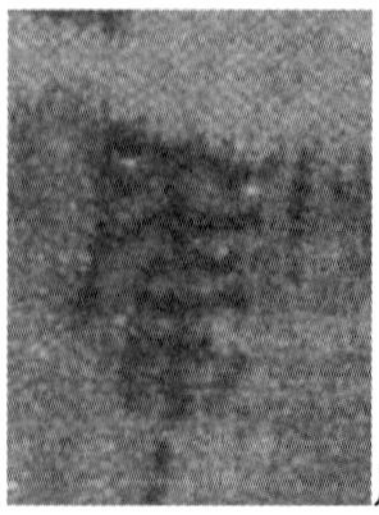
馬貳 113_75/75

○毚（纔）闇（掩）

武・柩銘考釋 3

○西鄉闇導里壺子梁

漢印文字徵

北魏・弔比干文

○歲御次乎闇茂

北齊・高顯國妃敬氏誌

【閽】

《說文》：閽，常以昏閉門隸也。从門从昏，昏亦聲。

東漢・孔宙碑陽

○閽闈

北齊・斛律氏誌

○高閽帝闇

【闚】

《說文》：闚，閃也。从門規聲。

北魏・元端誌

○豈闚管韜

北魏・慈慶誌

○洞闚非想

北魏・段峻德誌

○盡其美略題闚好

北魏・尉氏誌

○巨仞難闚

【䜌】

《說文》：闒，妄入宮掖也。从門䜌聲。讀若闌。

秦文字編 1737

【閅】

《説文》：閅，登也。从門、二。二，古文下字。讀若軍敶之敶。

【閃】

《説文》：閃，闚頭門中也。从人在門中。

東魏・廉富等造義井頌

○渾波同閃

【閱】

《説文》：閱，具數於門中也。从門，說省聲。

睡・法律答問 164

睡・為吏 22

里・第八層 269

○釦伐閱

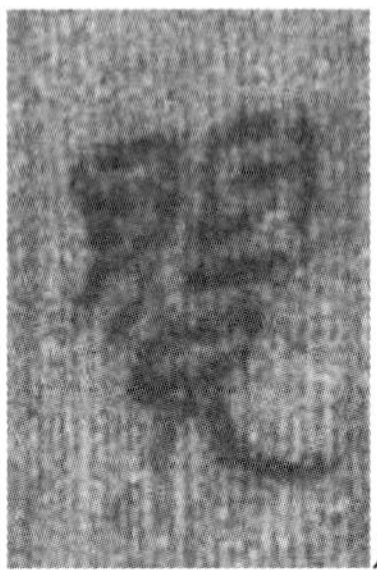
馬貳 128_12

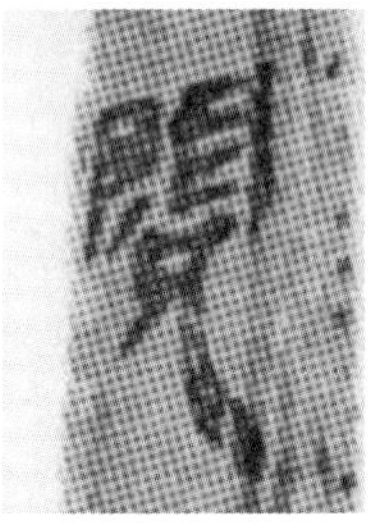
張・津關令 505

銀貳 1540

北壹・倉頡篇 47

○鄭閱竈趕

北魏·元子正誌

○遂能搜今閱古

北魏·元壽安誌

○壽丘華渚之閥閱

東魏·元賥誌

○郭門行閱

北齊·雲榮誌

○粗閱六奇之旨

【闋】

《説文》：闋，事已，閉門也。从門癸聲。

東漢·鮮於璜碑陽

○服終禮闋

北魏·寇治誌

○服未闋

北魏·元彝誌

○服闋

北魏·王普賢誌

○服闋

【闞】

《説文》：闞，望也。从門敢聲。

北壹·倉頡篇 73

○院闞闟闠

魏晉殘紙

○送闞西域

漢印文字徵

○闞護私印

漢印文字徵

○闞樂印

北齊・徐顯秀誌

【闊】

《説文》：闊，疏也。从門活聲。

東牌樓 019

○什物闊不試

北壹・倉頡篇 12

魏晉殘紙

漢印文字徵

漢印文字徵

○臣闊

北魏・元純陀誌

北魏・慈慶誌

北齊・司馬遵業誌

【閔】

《説文》：閔，弔者在門也。从門文聲。

【𢘓】

《説文》：[illegible]，古文閔。

漢銘・閔翁主家銅奩

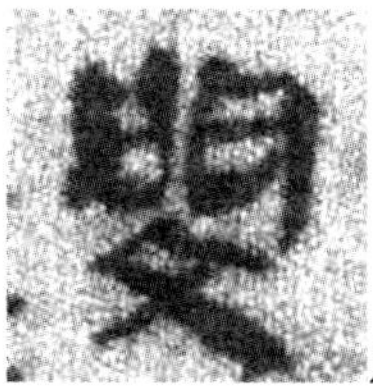
馬壹 78_91

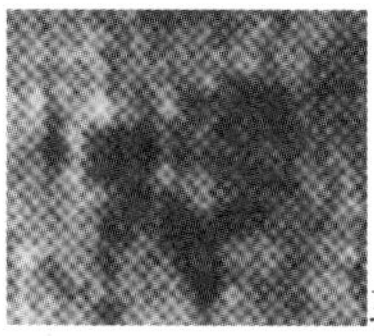
敦煌簡 2083

〇公乘閔赦之

金關 T10:220B

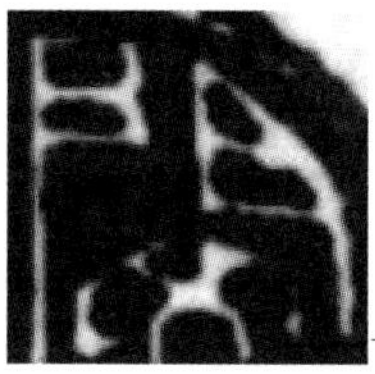
廿世紀璽印三-SY

漢印文字徵

〇閔德印

漢印文字徵

漢印文字徵

漢印文字徵

漢印文字徵

漢晉南北朝印風

漢晉南北朝印風

〇閔德印

漢晉南北朝印風

漢晉南北朝印風

東漢・西岳華山廟碑陽

東漢・曹全碑陰

北魏・元顯俊誌

北魏・元朗誌

【闖】

《説文》：闖，馬出門皃。从馬在門中。讀若郴。

【闤】

《説文》：闤，市垣也。从門睘聲。

【闥】

《説文》：闥，門也。从門達聲。

晉・□□誌

北魏・緱光姬誌

北魏・元懷誌

北魏・吳光誌

北魏・元楨誌

【閌】

《説文》：，閌閬，高門也。从門亢聲。

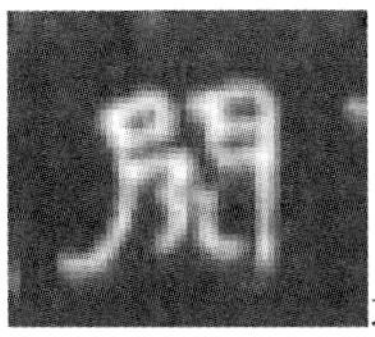北周·李綸誌

〇高門有閌

【閥】

《説文》：，閥閲，自序也。从門伐聲。義當通用伐。

北魏·元壽安誌

〇壽丘華渚之閥閲

【闃（閴）】

《説文》：，静也。从門狊聲。

武·甲《燕禮》49

〇合（荅）拜而樂闃

北魏·楊侃誌

〇閴哉華屋

北魏·元順誌

〇松埏永閴

〖関〗

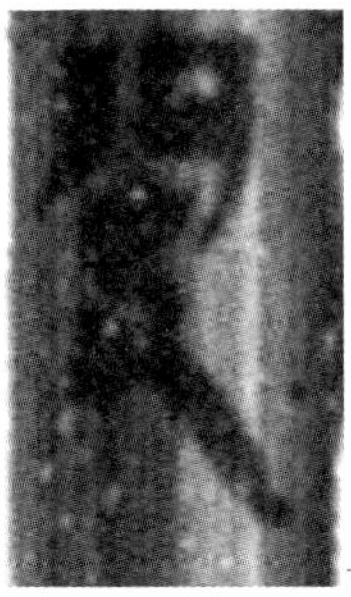岳·占夢書 43

〇天関欲食

〖闘〗

漢印文字徵

〇治成闘多

〖閣〗

漢銘·永始乘輿鼎一

漢銘·永始乘輿鼎一

〖閭〗

秦代印風
○烏昫閭

秦代印風
○閭廣

〖閔〗

漢銘・十六年鍪

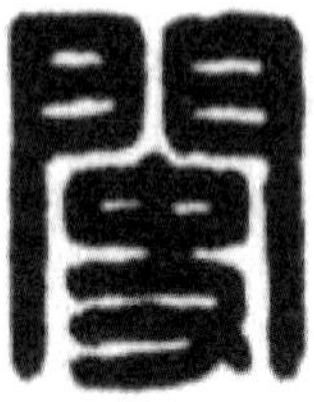
漢印文字徵
○閔猜私印

〖間〗

戰中・四年相邦樛斿戈

〖閖〗

北齊・畢文造像
○閬（閭）誕无憂

〖閦〗

北朝・十六佛名號
○第一阿閦佛

北齊・造阿閦像記
○阿閦像

〖閹〗

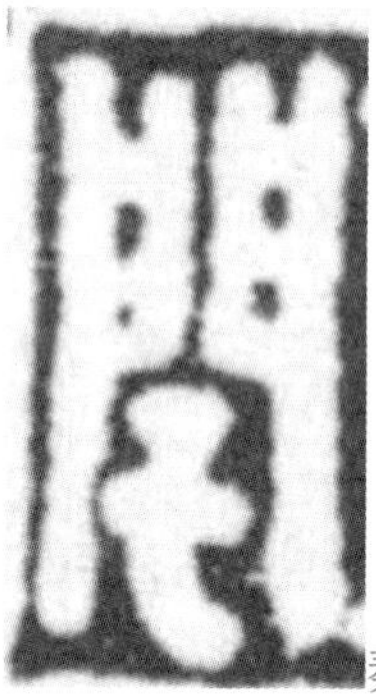
秦代印風
○享閹

〖𨴩〗

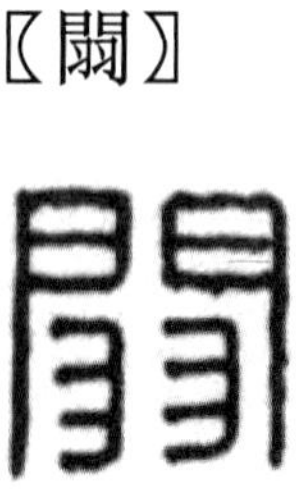
漢印文字徵
○宿𨴩私印

〖閫〗

北魏・楊仲宣誌

○闔門以孝

北魏・長孫盛誌

北魏・薛伯徽誌

北魏・王誦妻元妃誌

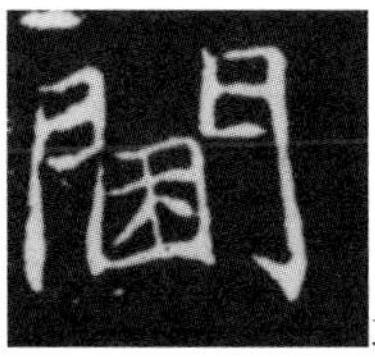
北魏・鄭君妻誌

東魏・馮令華誌

○故能化自閫闈

〖閔〗

漢印文字徵

○閔縣諸印

〖閿〗

漢印文字徵

○閿王孫

〖闅〗

漢印文字徵

○吳闅私印

〖閟〗

漢印文字徵

○射閟私印

〖閘〗

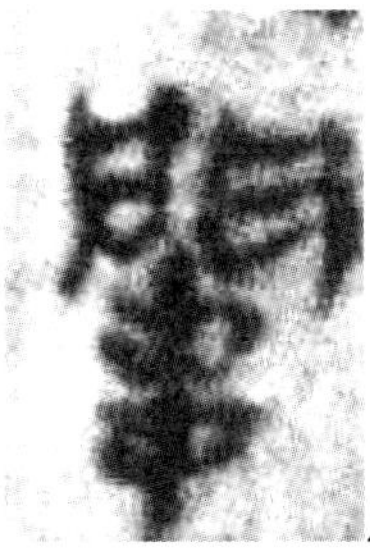
馬壹 101_145

○无閘闟而不可啟

〖闟〗

北齊・裴子誕誌

○議此窺闚者也

〖閡〗

睡・編年記 14

○十四年伊閡（闕）

馬壹 172_1 下

○名爲單閡

張・奏讞書 203

○獄史舉閡

秦代印風

○亨閡

漢印文字徵

○韓閡

〖闖〗

睡・法律答問 25

○公祠未闖（闋）盜

〖闐〗

秦文字編 1739

〖闓〗

漢印文字徵

○闓大訾

〖闛〗

馬壹 11_76 上

〇閽(婚)厚（媾）往愚（遇）雨即吉

耳部

【耳】

《説文》：，主聽也。象形。凡耳之屬皆从耳。

睡・效律 43

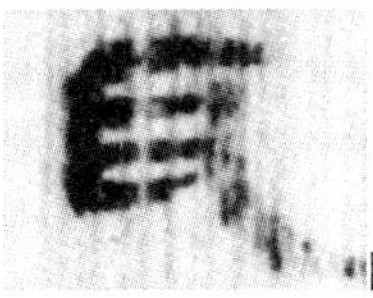
睡・為吏 38

睡・日甲《盜者》69

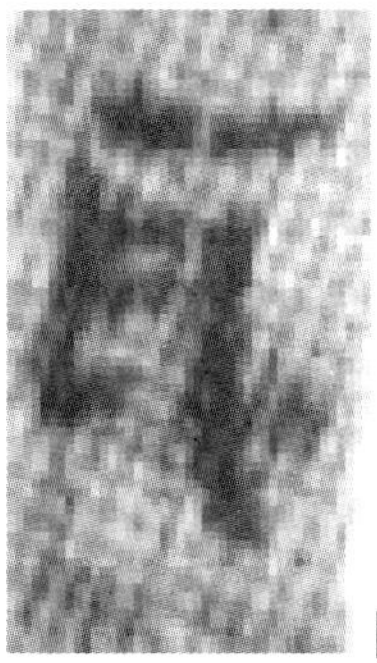
關・病方 352

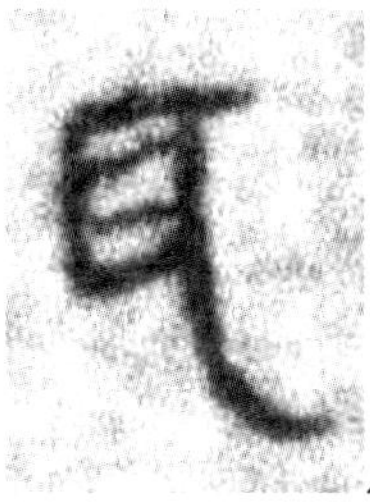
馬壹 109_138\307

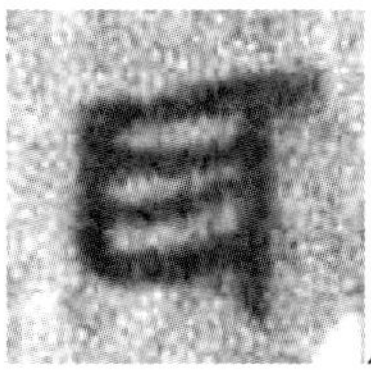
馬壹 146_53/227 上

馬貳 64_14/48

〇起於耳後下肩出臑

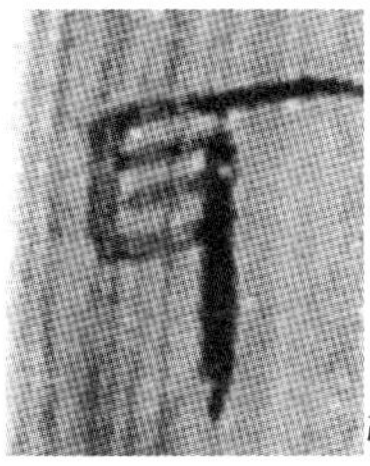
張・賊律 27

張・蓋盧 18

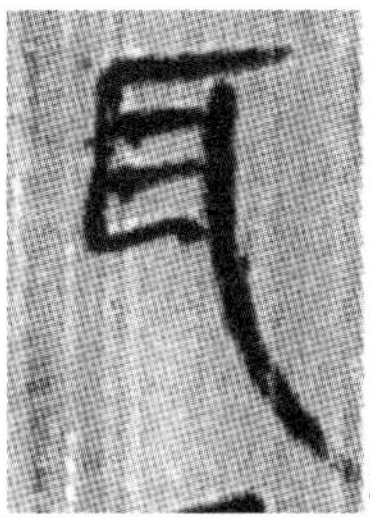
張・脈書 6

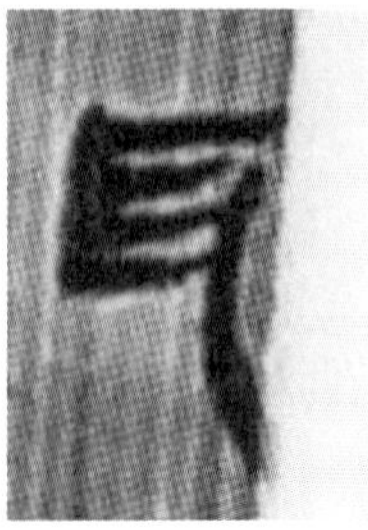
張・引書 95

銀壹 686

○戢耳固伏聖人將

銀貳 1515

○類利耳故舉一賢而

北貳・老子 33

○必屬其耳目焉

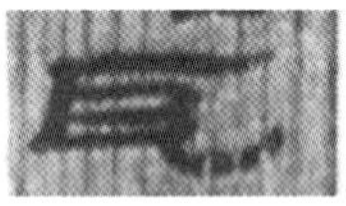
敦煌簡 1166

金關 T23:040B

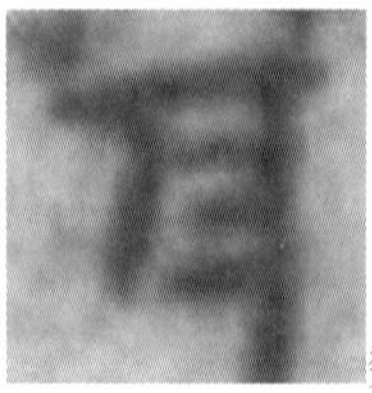
魏晉殘紙

秦代印風

秦代印風

秦代印風

○公耳異

漢晉南北朝印風

漢印文字徵

漢印文字徵

漢印文字徵

漢印文字徵

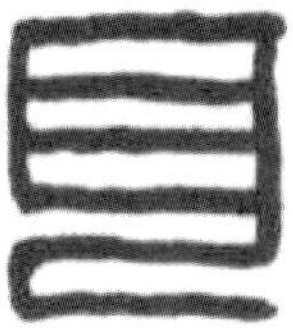
漢印文字徵

○夏耳私印

漢印文字徵

○齊耳

東漢・許安國墓祠題記

○但觀耳

三國魏・三體石經春秋・古文

○己卯晉侯重耳卒卅

三國魏・三體石經春秋・篆文

三國魏・三體石經春秋・隸書

東晉・筆陣圖

北魏・元顯魏誌

北魏・楊氏誌

【耴】

《説文》：，耳垂也。从耳下垂。

象形。《春秋傳》曰“秦公子輒”者，其耳下垂，故以爲名。

【聑】

《説文》：聑，小垂耳也。从耳占聲。

【耽】

《説文》：耽，耳大垂也。从耳冘聲。《詩》曰：“士之耽兮。”

【聃（聃）】

《説文》：聃，耳曼也。从耳冉聲。

【聸】

《説文》：聸，聃或从甘。

漢印文字徵

○聃慎之印

漢印文字徵

○聃孟

漢印文字徵

○聃子都印

【瞻】

《説文》：瞻，垂耳也。从耳詹聲。南方瞻耳之國。

【耿】

《説文》：耿，耳箸頰也。从耳，烓省聲。杜林說，耿，光也。从光，聖省。凡字皆左形右聲。杜林非也。

敦煌簡 639C

○唐美耿沓譔

金關 T01:256

○陳卒耿泄□

秦代印風

廿世紀璽印三-SY

廿世紀璽印三-SY

漢印文字徵

漢印文字徵

漢印文字徵

漢印文字徵

漢印文字徵

漢印文字徵

漢晉南北朝印風

漢晉南北朝印風

〇耿忘

東漢・史晨前碑

東漢・耿勳碑

北魏・元濬嬪耿氏誌

北魏・元襲誌

〇出門耿耿

北魏・元襲誌

○出門耿耿

北齊・崔芬誌

【聯】

《説文》：聯，連也。从耳，耳連於頰也；从絲，絲連不絕也。

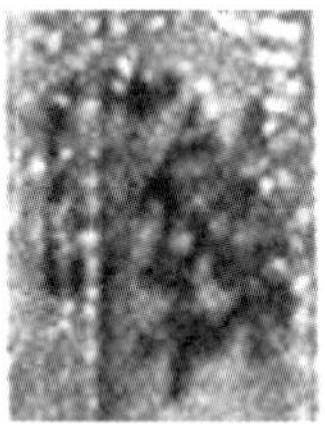
嶽・為吏 63

○聯弗補五穀禾

秦代印風

○賈聯

漢印文字徵

○傳聮印信

北魏・寇臻誌

○世聯冠冕

北魏・元澄妃誌

○綿聯胄初

【聊】

《説文》：聊，耳鳴也。从耳卯聲。

秦文字編 1740

張・秩律 460

○聊城

敦煌簡 1742

金關 T25:111

○ 聊游君

北壹・倉頡篇 22

漢印文字徵

漢印文字徵

漢印文字徵

廿世紀璽印四-SY

漢晉南北朝印風

○聊布印信

漢晉南北朝印風

北魏・崔鴻誌

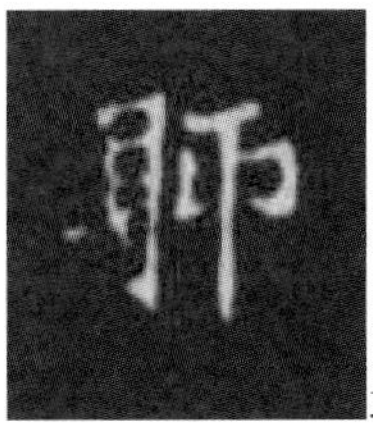
北魏・于景誌

○聊無憤恨之心

東魏・南宗和尚塔銘

北齊・宋靈媛誌

○聊鐫翠石

北周・李府君妻祖氏誌

【聖】

《説文》：聖，通也。从耳呈聲。

漢銘・聖主佐宮中行樂錢

漢銘・池陽宮行鐙

睡・為吏 45

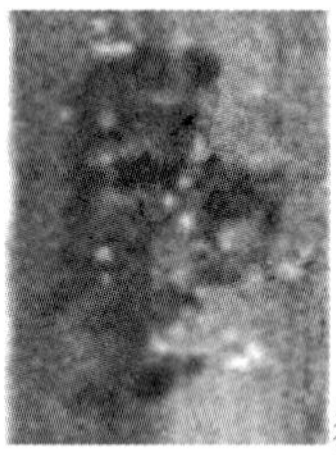
嶽・為吏 85

○下則聖爲人友則不

馬壹 104_46\215

○聖之思也輕思也

馬壹 13_1 上\94 上

馬壹 89_223

○正利聖王之事也

馬貳 205_27

張・脈書 56

○脈者聖人之所貴殹

銀壹 349

銀貳 1715

銀貳 1074

北貳・老子 27

○聖人

敦煌簡 1448

金關 T10:265

廿世紀璽印三-SY

漢印文字徵

漢印文字徵

漢印文字徵

漢印文字徵

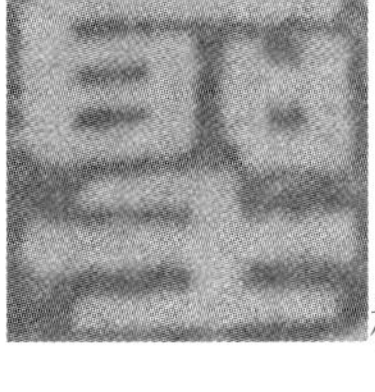
柿葉齋兩漢印萃

漢晉南北朝印風

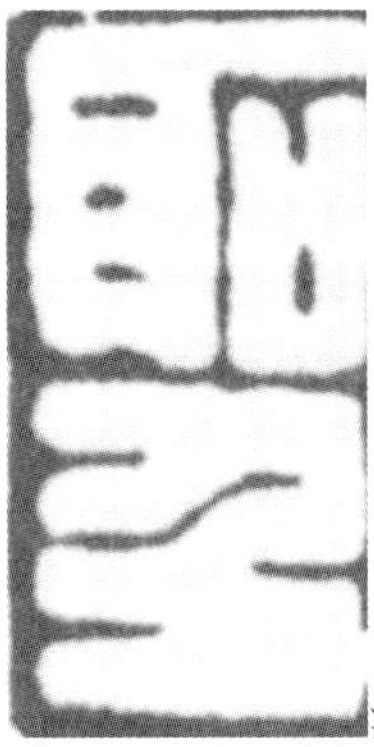
漢晉南北朝印風

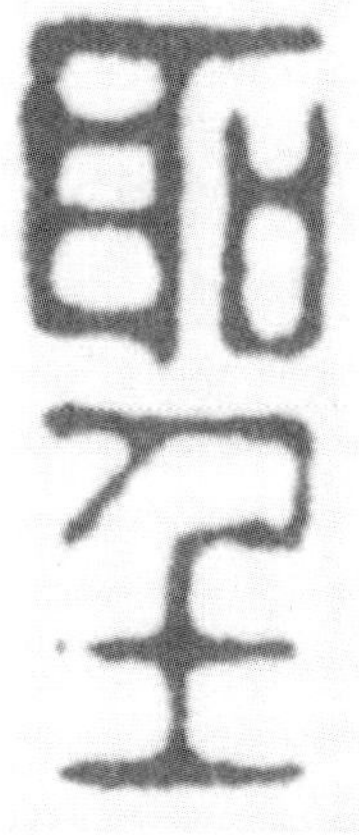
漢晉南北朝印風

懷后磬

東漢・禮器碑

○顏氏聖舅

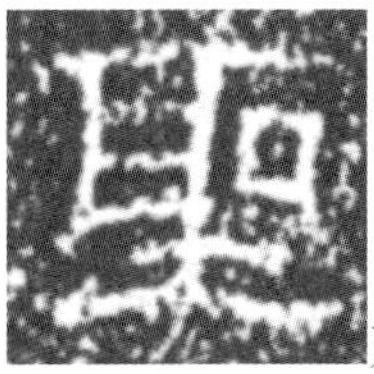
東漢・北海相景君碑陰

東漢·元嘉元年畫像石題記一

北魏·元弘嬪侯氏誌

○常從聖朝

北齊·高阿難誌

○□膺聖寶

【聰】

《說文》：，察也。从耳怱聲。

東漢·譙敏碑

○才略聰叡

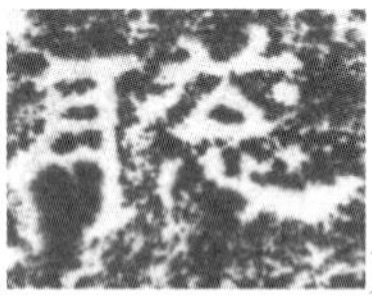
東漢·楊叔恭殘碑

○情開聰四聽

西晉·郭槐柩記

○聰識知機

北魏·元煥誌

○聰惠明敏

北魏·劉華仁誌

○稟性聰睿

北魏·楊熙僊誌

○君聰達多能

【聽】

《說文》：，聆也。从耳、悳，壬聲。

睡·日甲《吏》162

○有告聽

關·日書248

○有告聽有惡言

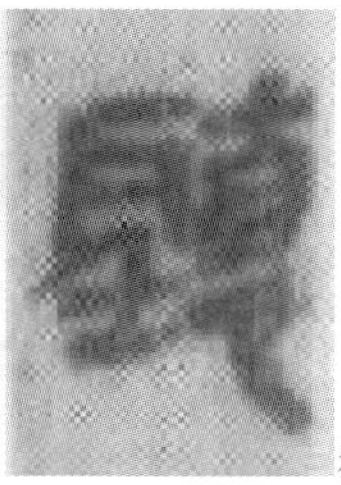
嶽・得之案 178

○弗聽即捽倍

里・第八層 198

○弗當聽

里・第八層背 133

○主聽書從事

馬壹 149_76/250 下

○聽之不足聞

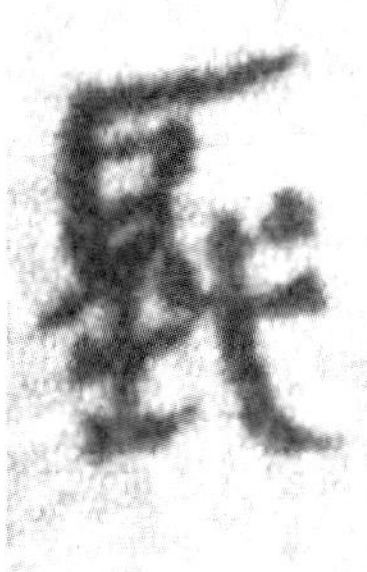
馬壹 112_17\368

○以分聽名

馬壹 85_125

○勿聽

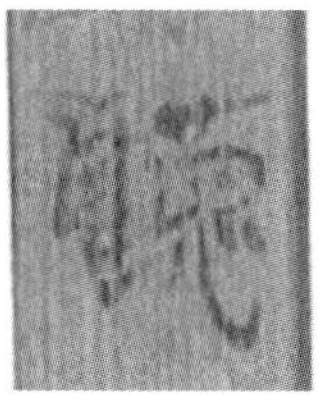
馬貳 212_10/111

○觀八勭（動）聽五音

張・具律 115

張・奏讞書 42

○聽視而後與吏辯是

銀貳 1512

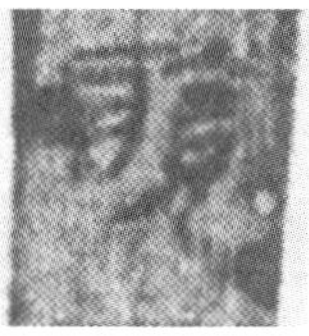
敦煌簡 2094

〇聽耳寓

金關 T06:180

〇爲候聽蘭

金關 T23:996B

〇聽免補

漢印文字徵

漢印文字徵

柿葉齋兩漢印萃

泰山刻石

〇皇帝躬聽

東漢・成陽靈臺碑

〇遂見聽

東漢・石門頌

〇帝用是聽

三國魏・三體石經尚書・隸書

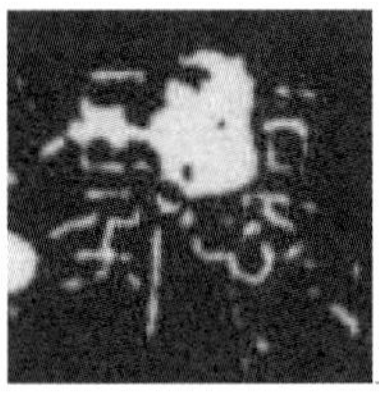
三國魏・三體石經尚書・篆文

〇聽（聖）人乃訓之

北魏・王僧男誌

【聆】

《説文》：，聽也。从耳令聲。

東漢・劉熊碑

〇講禮習聆

北魏・弔比干文

【職】

《説文》：，記微也。从耳戠聲。

漢銘・官律所平器

睡・效律 44

里・第八層 2068

○職以

馬壹 112_21\372

○職信符在忌

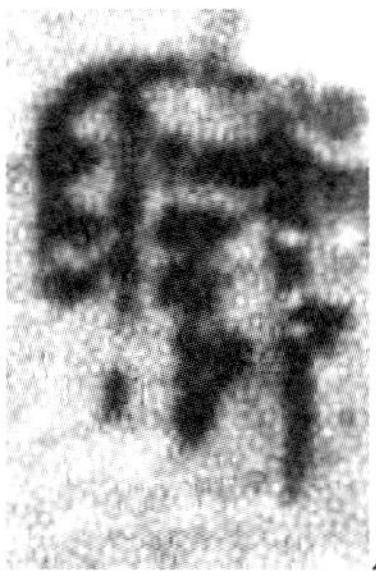
馬壹 112_20\371

○官之職者也

張・津關令 498

○及馬職（識）物

張・奏讞書 58

○其馬職（識）物

敦煌簡 0026

○以稱職叩頭

金關 T31:168

○並越職稟

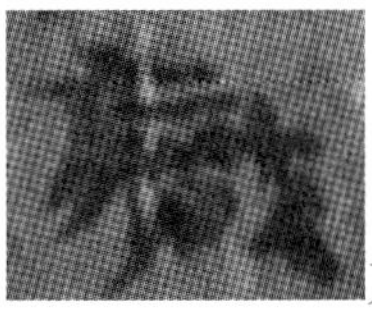
東牌樓 012

○急見職吏

柿葉齋兩漢印萃

○王不職印

漢印文字徵

○趙職

漢印文字徵

○王不職印

漢印文字徵

漢晉南北朝印風

○郭職

東漢・曹全碑陽

○不供職貢

東漢・曹全碑陽

○歷郡右職

西晉・石尠誌

○去職

北魏・元弼誌

○思哀職之任

【聒】

《説文》：，驩語也。从耳昏聲。

馬壹 36_41 上

○聒（括）囊无咎无譽

馬壹 16_13 下\106 下

○聒（括）囊无咎无譽

【聥】

《説文》：，張耳有所聞也。从耳禹聲。

【聲】

《説文》：，音也。从耳殸聲。殸，籀文磬。

睡・法律答問 52

○衆心聲聞

里・第八層 1363

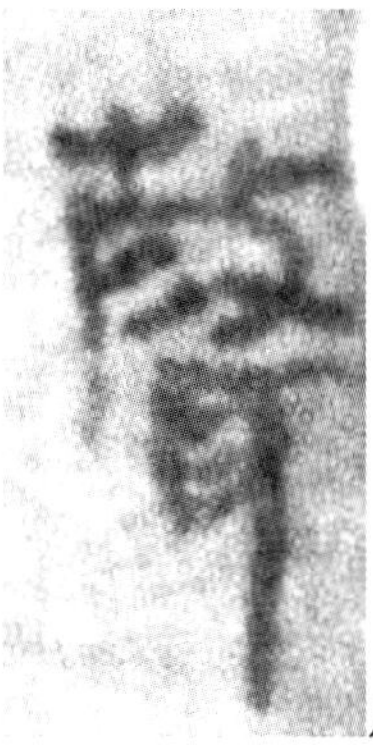
馬壹 111_14\365

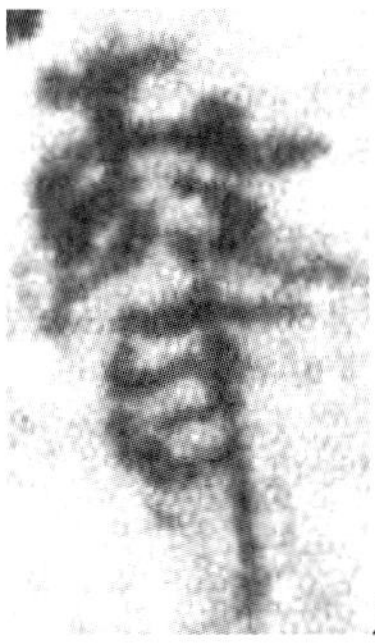
馬壹 109_135\304

北貳・老子 14

○大音希聲

敦煌簡 0062

○射聲校尉任巨通

吳簡嘉禾・五・六七六

○張聲佃田廿八町

秦代印風

漢印文字徵

漢代官印選

漢印文字徵

漢印文字徵

東漢・譙敏碑

東漢・肥致碑

○聲布海內

東漢・熹平殘石

○名立聲著

東漢・趙寬碑

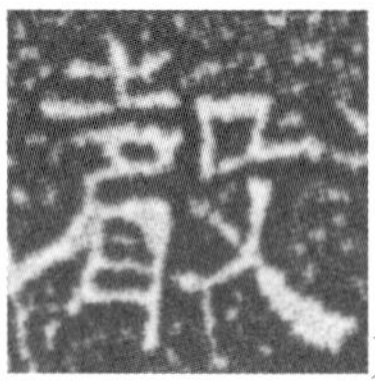
東漢・趙寬碑

東漢・成陽靈臺碑

北魏・秦洪誌

○聲聞遠戾

北魏・趙超宗誌

○頻著聲績

北魏・楊氏誌

○同聲悽淚

北魏・元子直誌

北魏・元馗誌

○英聲自弱

北魏・元鑽遠誌

○威聲斯洽

北魏・元子直誌

○月旦飛馳之聲

東魏・元玕誌

○贊鼎播聲

北齊・法懃塔銘

北齊・高百年誌

○聲治紫宮

北齊・劉悅誌

【聞】

《説文》：聞，知聞也。从耳門聲。

【䎽】

《説文》：䎽，古文从昏。

睡・法律答問 52

嶽・芮盜案 67

里・第八層 1363

馬壹 149_76/250 下

○不足聞也

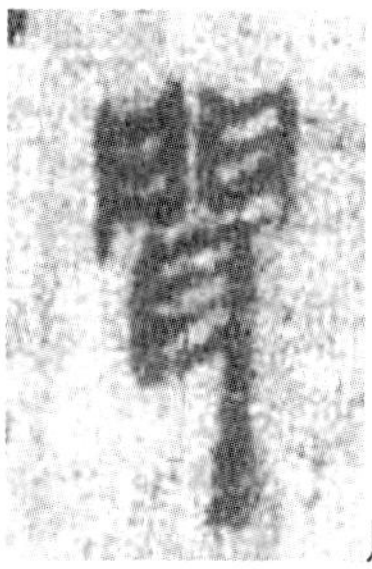
馬壹 75_37

○吾聞之□□事君

馬貳 211_94

○寡人聞客食陰

張・津關令 522

張・奏讞書 68

張・脈書 56

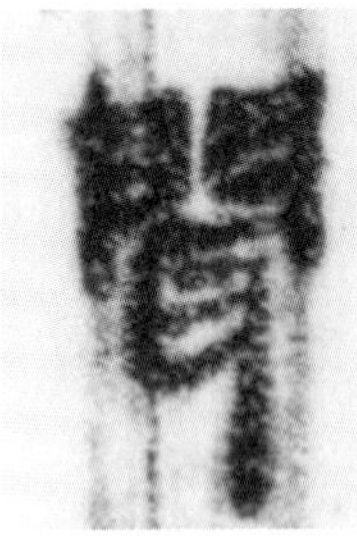
銀壹 626

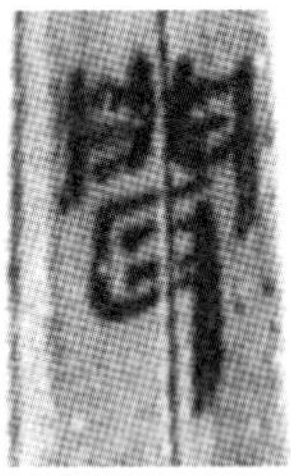
銀貳 1261

北貳・老子 155

○而弗聞命之曰希

敦煌簡 0046

○願數數相聞

金關 T04:119

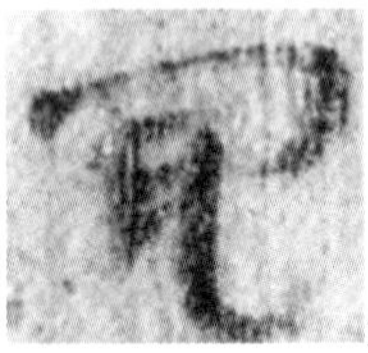
金關 T23:995A

○數聞起居

東牌樓 055 背

魏晉殘紙

歷代印匋封泥

秦代印風

○魏聞

秦代印風

○聞陽司空

漢印文字徵

懷后磬

○聞於百

東漢・肥致碑

○詔聞梁棗樹上有道人

東漢・楊著碑額

○後哲曷聞

東漢・鮮於璜碑陰

東漢・尚博殘碑

三國魏・曹真殘碑

○聞豫侍坐

西晉・荀岳誌

○聞其家居貧約

北魏・元仙誌

北魏・元廣誌

北魏・韓顯宗誌

北魏・王僧男誌

【聘】

《說文》：，訪也。从耳甹聲。

戰中・商鞅量

○來聘

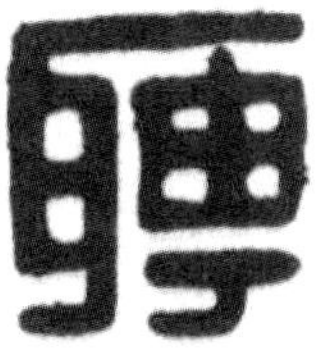
漢印文字徵

東漢・鮮於璜碑陰

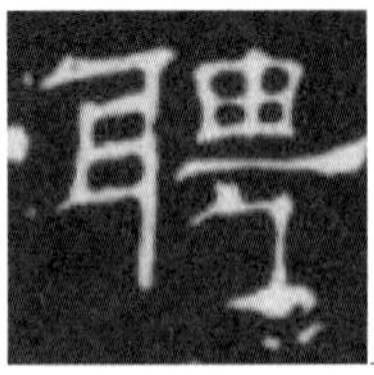
三國魏・三體石經春秋・隸書

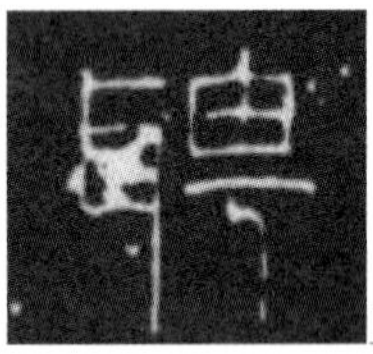
三國魏・三體石經春秋・篆文

三國魏・三體石經春秋・古文

○齊侯使國歸父來聘夏

北魏・元鑽遠誌

○委弓車之聘

北魏・山徽誌

○朝聘萬國之享

【聾】

《說文》：聾，無聞也。从耳龍聲。

馬壹 100_112

馬貳 62_4

○産(生)聾目痛

張・脈書 19

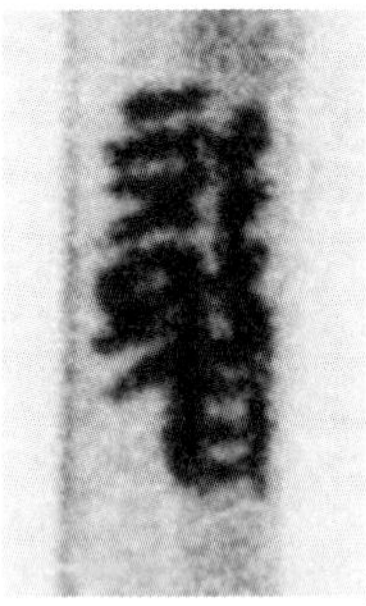
銀壹 473

○使耳聾者誰也

北貳・老子 151

魏晉殘紙

○耳目盲聾

【聳】

《說文》：聳，生而聾曰聳。从耳，從省聲。

【聹】

《說文》：，益梁之州謂聾爲聹，秦晉聽而不聞，聞而不達謂之聹。从耳宰聲。

【聵】

《說文》：，聾也。从耳貴聲。

【𦖞】

《說文》：，聵或从㕡。

【聉】

《說文》：，無知意也。从耳出聲。讀若孽。

【𦗿】

《說文》：，吳楚之外，凡無耳者謂之𦗿。言若斷耳爲盟。从耳闋聲。

【聅】

《說文》：，軍法以矢貫耳也。从耳从矢。《司馬法》曰：“小罪聅，中罪刖，大罪剄。”

【聝】

《說文》：，軍戰斷耳也。《春秋傳》曰：“以爲俘聝。”从耳或聲。

【馘】

《說文》：，聝或从首。

漢銘・莒陽銅斧

東漢・趙寬碑

○聝滅狂狡

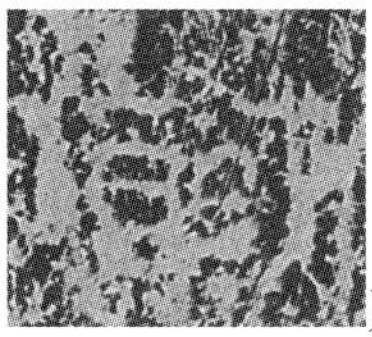
東漢・裴岑紀功碑

○斬馘

北齊・庫狄迴洛誌

○斬聝褰旗

【𦕒】

《說文》：，墒耳也。从耳月聲。

【𦖨】

《說文》：，乘輿金馬耳也。从耳麻聲。讀若湏水。一曰若《月令》靡草之靡。

【聆】

《說文》：，《國語》曰：“回祿信於聆遂。”闕。

【聑】

《說文》：，安也。从二耳。

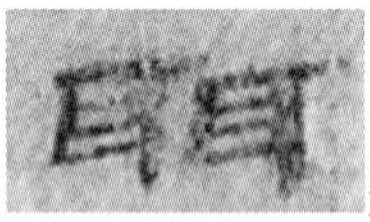
金關 T23:350

○居聑三年正月己卯

【聶】

《說文》：聶，附耳私小語也。从三耳。

睡・為吏 2

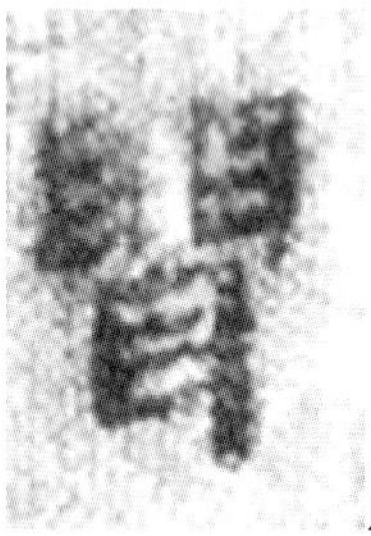
馬壹 171_7 上

馬貳 246_284

銀壹 398

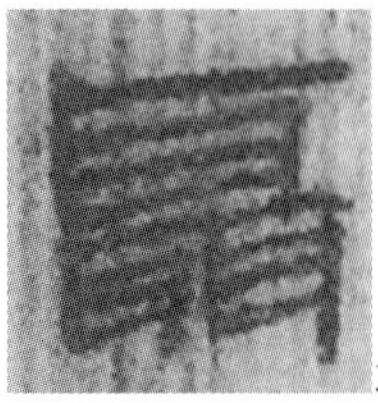
北貳・老子 35

金關 T24:052

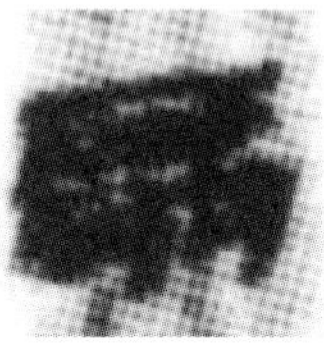
武・甲《有司》1

○司宮聶（攝）酒

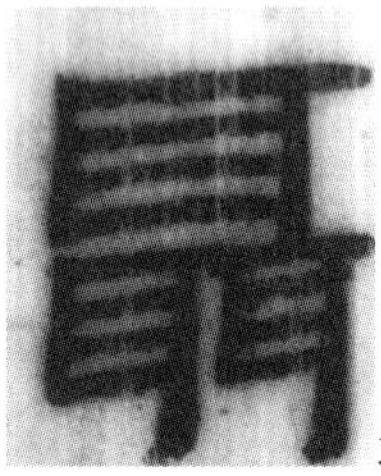
北壹・倉頡篇 37

吳簡嘉禾・五・五〇〇

○男子聶儀佃田六町

秦代印風

廿世紀璽印三-SY

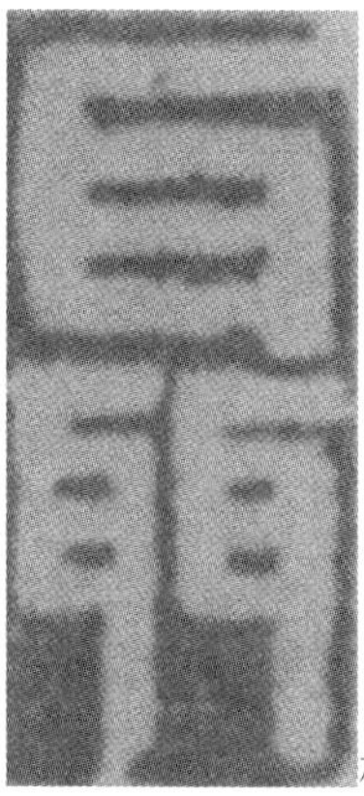
柿葉齋兩漢印萃

漢印文字徵

漢印文字徵

漢印文字徵

漢印文字徵

漢晉南北朝印風

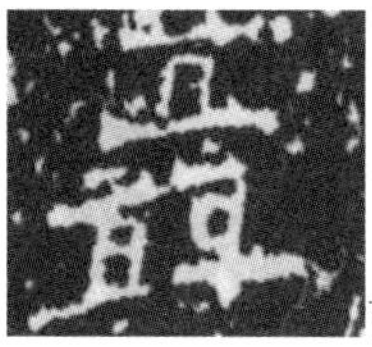
南朝齊・釋玄嵩造像

○聶豫其昌

【聱】

《說文》：聱，不聽也。从耳敖聲。

〖耴〗

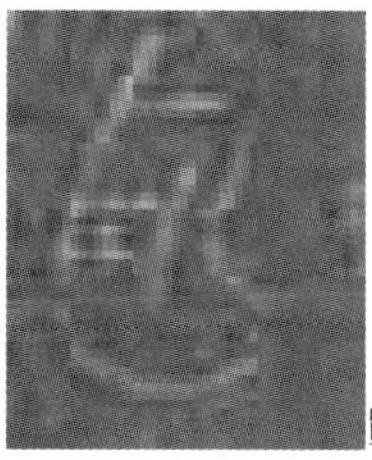
戰晚・春成左庫戈

〖耶〗

敦煌簡 0502

○歸之耶并叩頭

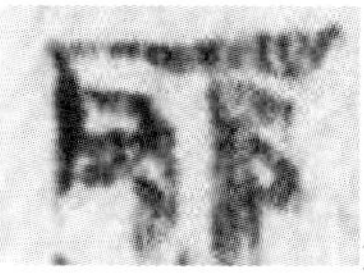
金關 T24:077

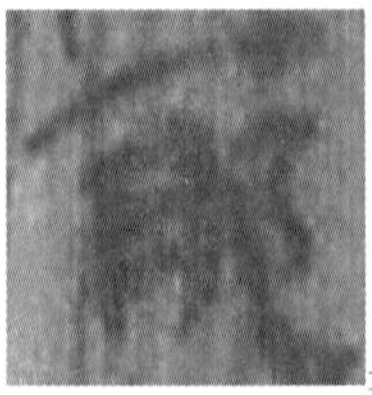
吴簡嘉禾・五・一九三

○吴耶佃田十四町

廿世紀璽印四-SY

漢晉南北朝印風

東漢・燕然山銘

○遂踰涿耶

東漢・三公山碑

○姦耶迸竄

東漢・李孟初神祠碑

東漢・尚博殘碑

西晉・荀岳誌

○娶琅耶王

東晉・王康之誌

○琅耶臨沂王

東晉・王丹虎誌

○琅耶臨沂王

〖耶〗

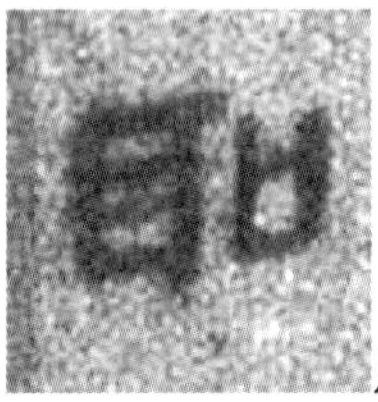
馬壹 38_4 上\28 上

○耶（聖）人知福

馬壹 37_42 下

○耶（聖）人信戋（哉）

三國魏・三體石經尚書・古文

○耶(聖)人乃訓之

〖聋〗

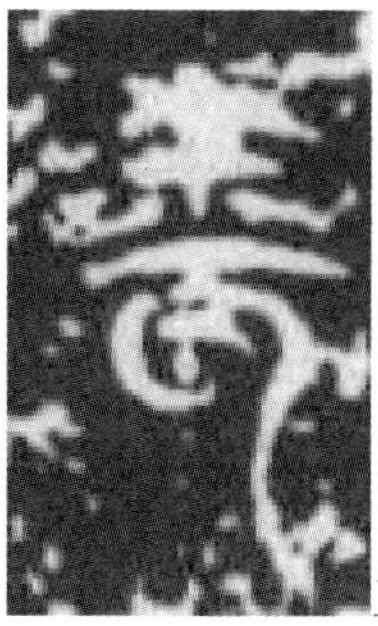
三國魏・三體石經尚書・古文

○我𦖞在昔

〖聟〗

金關 T06:041A

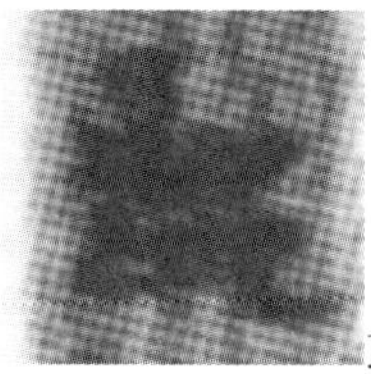
武・儀禮・甲本《服傳》55

○聟（婿）何以緦也

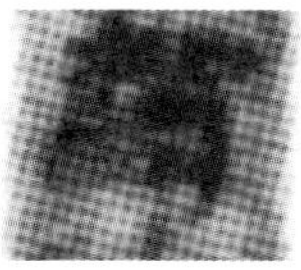
武・乙本《服傳》34

○聟（婿）何以緦也

西晉・管洛誌

北魏・薛慧命誌

〖聭〗

馬壹 88_205

○王之聭（恥）

馬壹 81_34

○除群臣之聭（恥）

銀壹 416

○所以聭（餌）敵也

〖𦗔〗

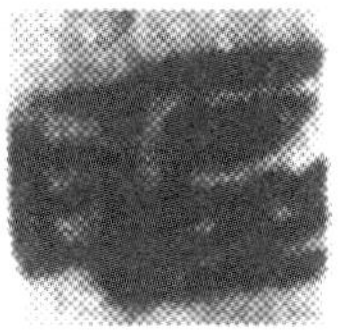
秦文字編 1742

〖聳〗

北魏・王誦誌

○峻峰共嵩岱爭聳

北齊・高湝誌

○蓋聳空中

𦣞部

【臣】

《説文》:，頤也。象形。凡臣之屬皆从臣。

【頤】

《説文》：，篆文臣。

【䪿】

《説文》：，籒文从首。

漢銘・造作□書鈴

馬壹 5_18 上

○觀頤自求

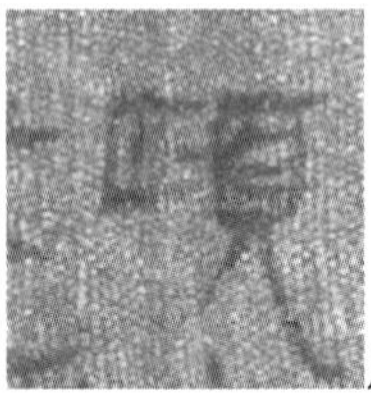
馬貳 87_388/378

○一臣(頤)癰者

張・脈書 4

○在臣(頤)下爲瘻

張・引書 83

○上舉臣(頤)令

金關 T23:488

○卒咸臣(頤)

吴簡嘉禾・五・七七七

○郡吏區頤

東漢・校官碑

○矜孤頤老

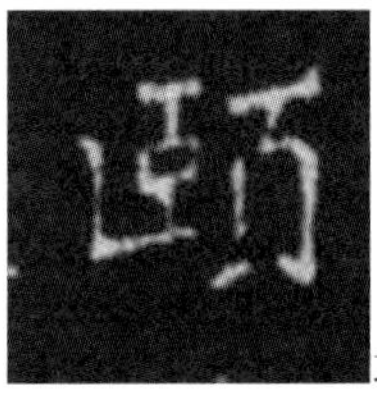
北魏・李頤誌

○君諱頤

北魏・秦洪誌

○行年期頤

北魏・楊乾誌

○頤神清境

北魏・李璧誌

○養性頤年

北魏・元勰誌

○頤道養性

北齊・高僧護誌

○冀保頤壽

【巸】

《説文》：，廣臣也。从臣巳聲。

【戺】

《説文》：，古文巸从戶。

戰晚・高奴禾石權

里・第八層 60

○少內巸言冗佐公士

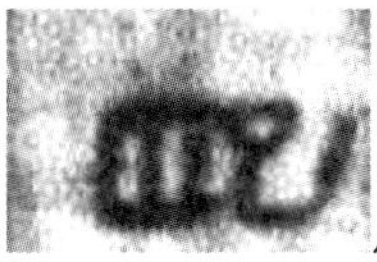
馬壹 146_62/235 上

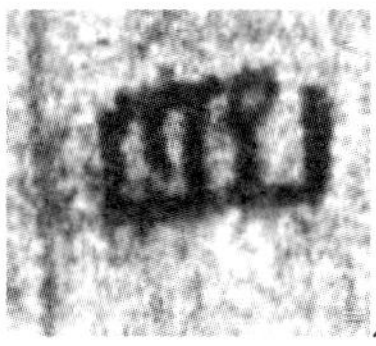
馬壹 140_1 上/168 上

北貳・老子 172

廿世紀璽印二-SP

○巸

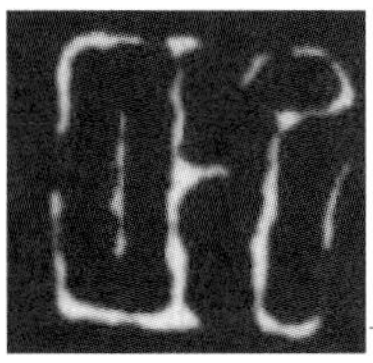
廿世紀璽印三-SY

漢印文字徵

漢印文字徵

〖賾〗

西晉・臨辟雍碑

○探賾仁義之藪

北魏・元冏誌

○粉賾九圖

手部

【手】

《説文》：，拳也。象形。凡手之屬皆从手。

【𢫦】

《説文》：，古文手。

西晚·不其簋

漢銘·陽信家銅溫手鑪

睡·封診式 78

睡·日甲《人字》154

睡·日甲《盜者》69

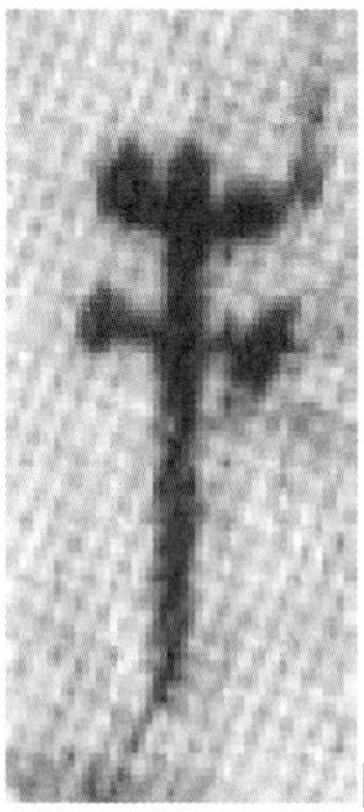
關·病方 344

○以左手擩杯

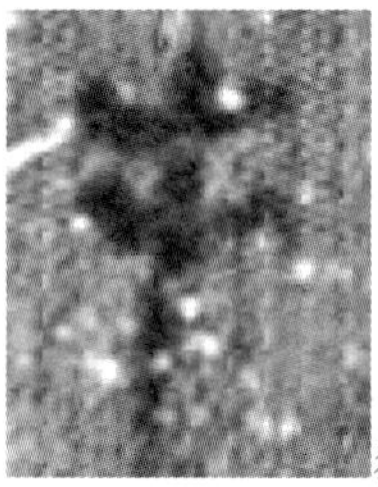
嶽·占夢書 20

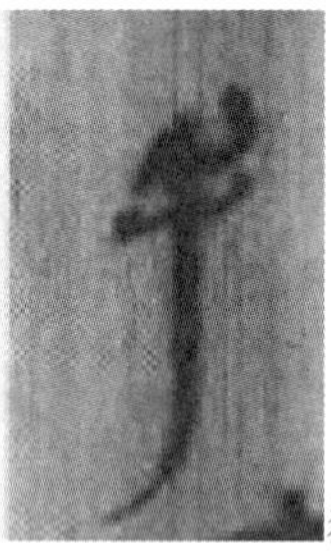
嶽·癸瑣案 30

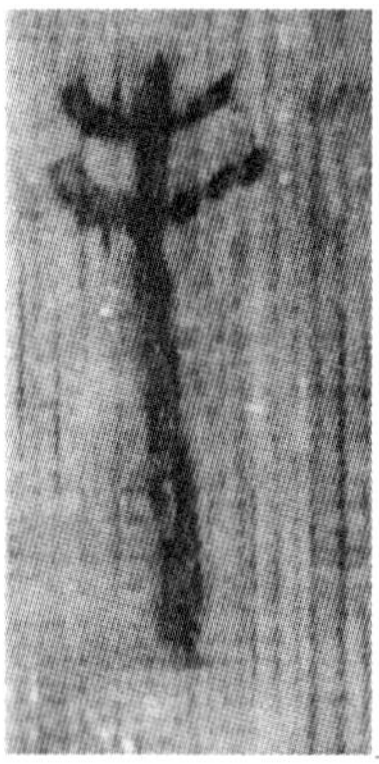
里·第八層 2084

里・第八層背 76

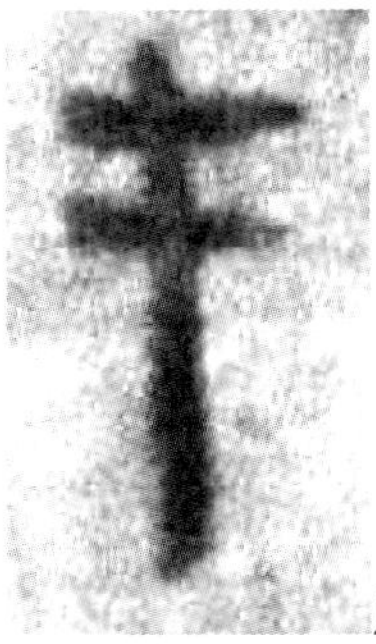
馬壹 110_156\325

馬貳 213_19/120

○一曰接手

張・復律 278

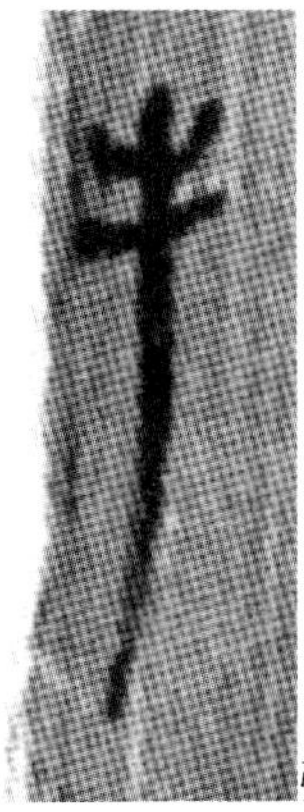
張・脈書 29

張・引書 16

銀壹 628

北貳・老子 103

敦煌簡 2013

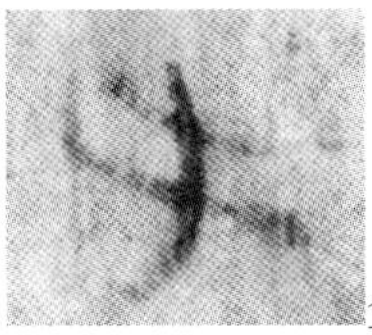
金關 T32:051

○昌右手

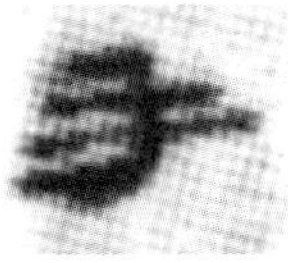
武・甲《特牲》32

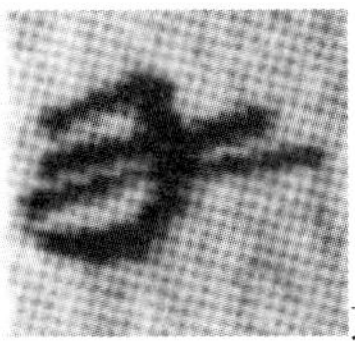
武・甲《有司》70

東牌樓 055 正

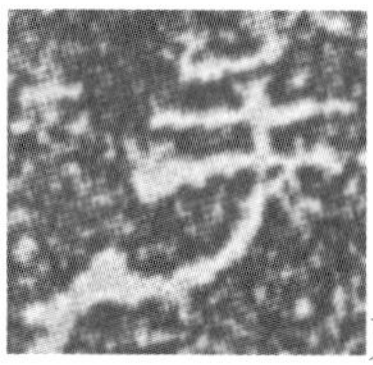
東漢・史晨後碑

西晉・臨辟雍碑

東晉・爨寶子碑

北魏・元延明誌

北魏・元純陀誌

【掌】

《説文》：掌，手中也。从手尚聲。

漢銘・新候騎鉦

漢銘・新中尚方鍾

馬壹 82_53

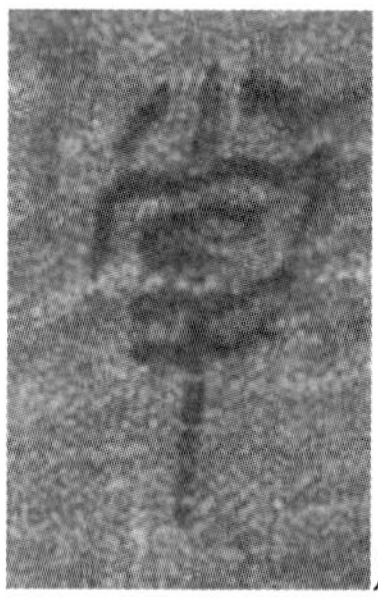
馬貳 111_49/49

張・秩律 461

○長信掌衣

張・引書 97

○頃掌安（按）

敦煌簡 1845

〇羊□掌故事

金關 T09:204

〇仁里掌誼

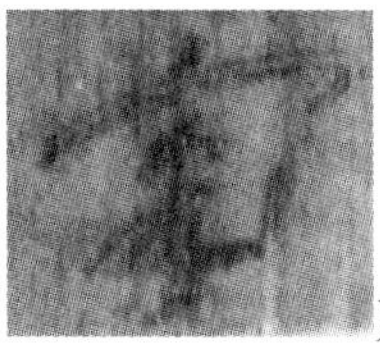
東牌樓 048 背

〇流掌

漢晉南北朝印風

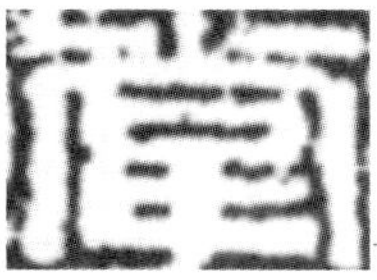
廿世紀璽印三-SY

漢印文字徵

漢印文字徵

漢印文字徵

漢代官印選

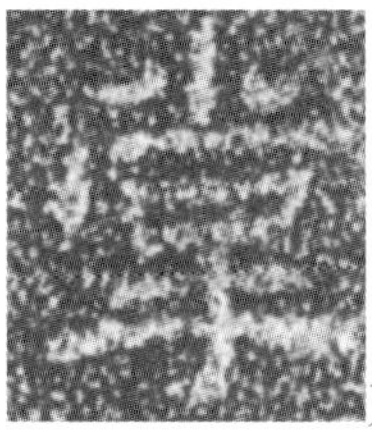
東漢・王舍人碑

東漢・乙瑛碑

西晉・臨辟雍碑

北魏・侯掌誌

東魏・叔孫固誌

北齊・報德像碑

北周・張僧妙法師碑

【拇】

《說文》：，將指也。从手母聲。

東漢・熹平石經殘石五

○解而拇朋至斯乎

【指】

《說文》：，手指也。从手旨聲。

漢銘・陽信家銅二斗鼎

睡・法律答問 83

睡・為吏 29

○興事不當則民指

關・病方 372

○大如母（拇）指

嶽・為吏 50

里・第八層 1221

馬壹 176_51 下

○所指乃有功

馬貳 130_39

○能三指小最（撮）

馬貳 69_24/24

○取三指最（撮）

張・賊律 27

張・引書 56

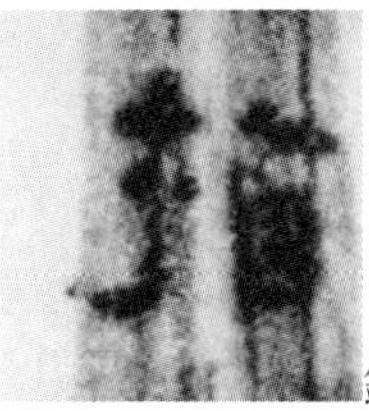
銀壹 786

○舉手指摩（麾）

敦煌簡 0048

○不願知指

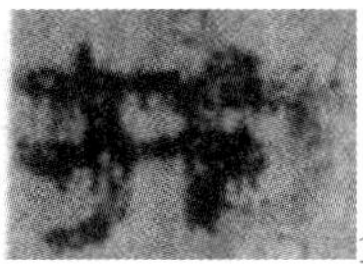
金關 T24:211

○奇其端以指

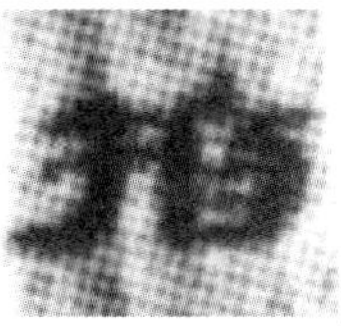
武・甲《特牲》23

○于季指

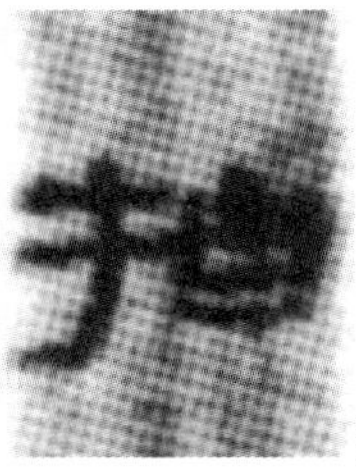
武・甲《有司》17

○爵拜告指（旨）

魏晉殘紙

○指具

漢印文字徵

○談指尉印

漢代官印選

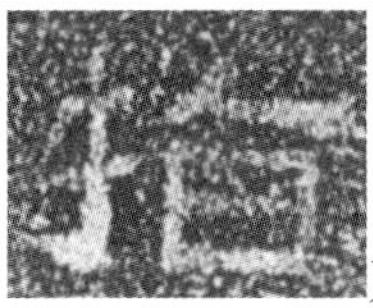
東漢・王舍人碑

○若指諸掌

東漢・白石神君碑

○指日刻期

東漢・楊著碑陽

○順玄丘之指

晉・洛神十三行

○指潛淵而爲期

北魏・元子正誌

○究指尋源

北魏・元誨誌

○皆指麾之力

【拳】

《説文》：，手也。从手𢍏聲。

睡・法律答問 90

○拳指傷人

嶽・識劫案 125

張・脈書 10

晉・洛神十三行

【掔】

《説文》：，手掔也。楊雄曰：“掔，握也。”从手臤聲。

【攕】

《説文》：，好手皃。《詩》曰：“攕攕女手。”从手韱聲。

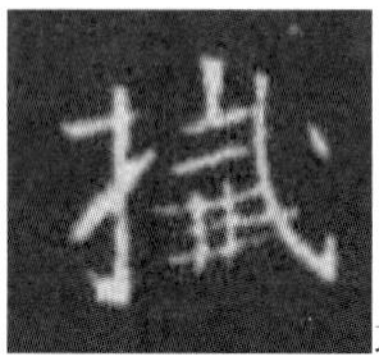
北魏・李謀誌

○窮加攕(殲)討

北魏・長孫忻誌

○攕(殲)我良人

北魏・趙光誌

○攕(殲)此良人

北齊・庫狄業誌

○光揚攕(纖)介之善

【揱】

《説文》：，人臂皃。从手削聲。《周禮》曰："輻欲其揱。"

【摳】

《説文》：，繑也。一曰摳衣升堂。从手區聲。

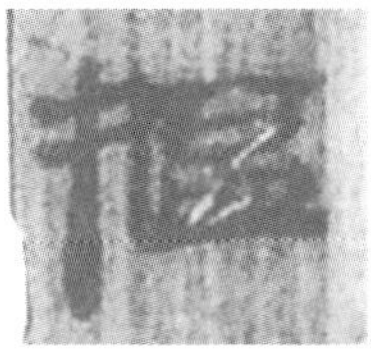北貳・老子 48

○柔而摳（握）固

北魏・元順誌

北魏・王□奴誌

北周・王通誌

【攐】

《説文》：，摳衣也。从手褰聲。

【撎】

《説文》：，舉手下手也。从手壹聲。

【揖】

《説文》：，攘也。从手咠聲。一曰手箸胷曰揖。

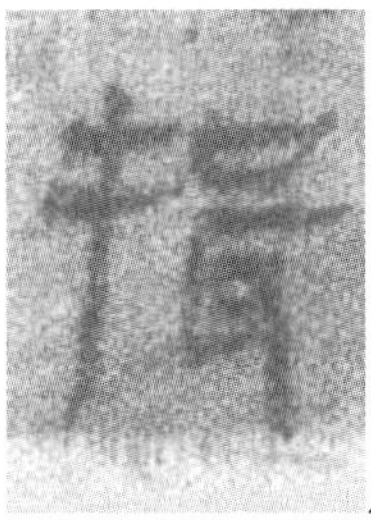馬貳 120_220

○氣外揖

敦煌簡 2057

○奉令安揖

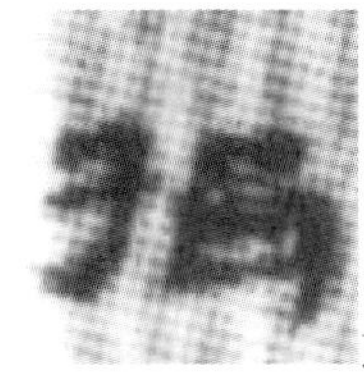武・甲《特牲》39

○拜揖復位

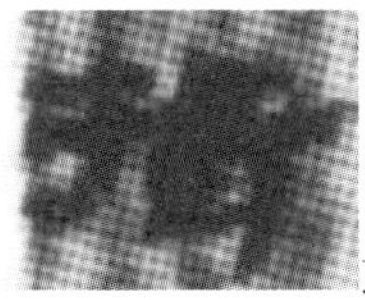武・甲本《有司》36

○揖尸或（侑）主

武・甲《泰射》60

○南面揖適

北壹・倉頡篇 27

○揖讓

東漢・曹全碑陽

○升降揖讓朝覲之階

西晉・臨辟雍碑

○始睹揖讓之節

北魏・王誦誌

○親朋揖慕

北周・乙弗紹誌

○行人揖謝

【攘】

《說文》：，推也。从手襄聲。

馬壹 87_176

○秦攘（壤）介（界）

北貳・老子 91

○無行攘無臂

武・甲《有司》3

○揖乃攘（讓）主

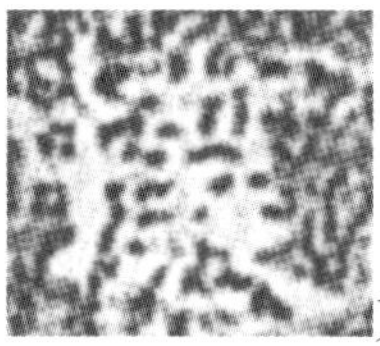
東漢・三公山碑

○攘去寇凶

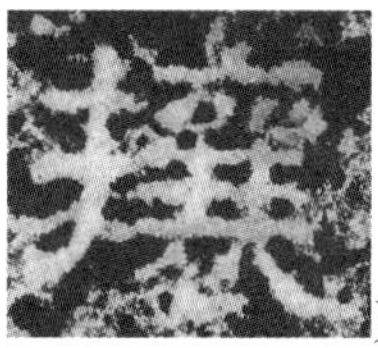
東漢・熹平石經殘石二

東漢・景君碑

晉・洛神十三行

○攘皓捥於神滸

北魏・元瞻誌

【拱】

《說文》：，斂手也。从手共聲。

銀壹 899

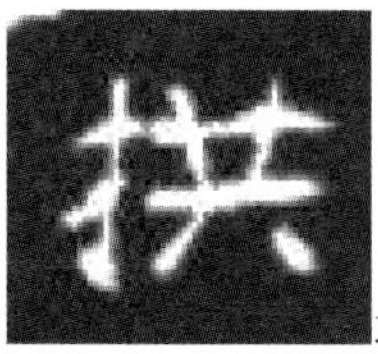
北魏・元愍誌

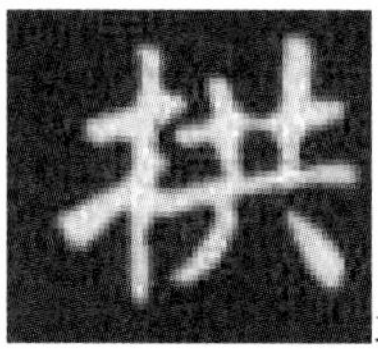
北魏・馮邕妻元氏誌

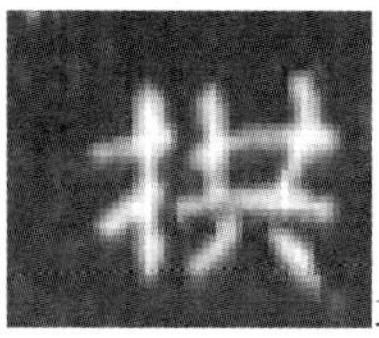
北周・李賢誌

【撿】

《説文》：，拱也。从手僉聲。

北魏・元恩誌

○故潛鱗撿（斂）翼

北周・叱羅協誌

○撿（檢）校軍糧

【𢷎】

《説文》：，首至地也。从手、𠦬。𠦬音忽。

【拜】

《説文》：，楊雄説，拜从兩手下。

【𢷏】

《説文》：，古文拜。

西晚・不其簋

○𢪞(拜)䭬手(首)

睡・日甲《稷叢辰》40

○其群不𢷎

里・第八層 167

○敬敢再𢷎

馬壹 246_2 上

○𢷎受爵

馬壹 87_186

○捧（滅）禍存身

張・捕律 150

○捧爵一級

睡・秦律十八種 153

銀壹 260

敦煌簡 1963A

金關 T30:114

金關 T24:512A

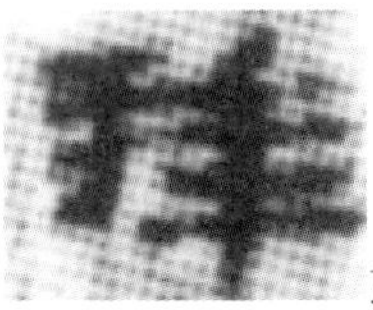
武・儀禮甲《士相見之禮》9

武・甲《特牲》44

武・甲《少牢》44

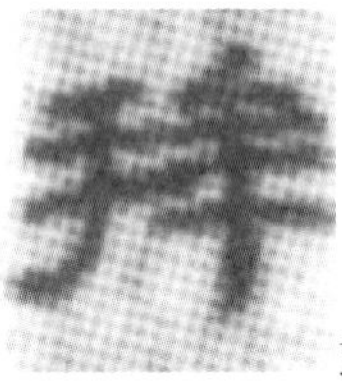
武・甲《有司》74

武・甲《燕禮》20

武・甲《泰射》26

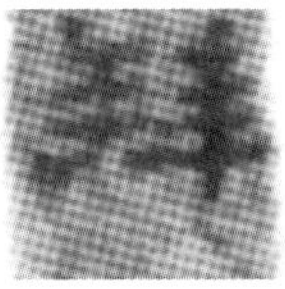
武・甲《泰射》9

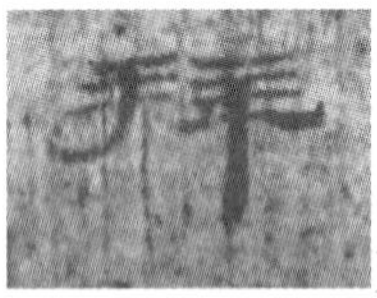
東牌樓 095

漢印文字徵

○董拜

東漢·楊著碑陽

東漢·尚博殘碑

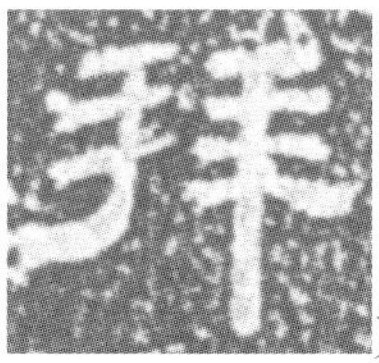
東漢·尚博殘碑

東漢·司徒袁安碑

西晉·石尠誌

北魏·元崇業誌

北魏·元演誌

○轉拜中壘將軍

北齊·斛律氏誌

○拜前拜後

【捾】

《説文》：捾，搯捾也。从手官聲。一曰援也。

馬貳 212_1/102

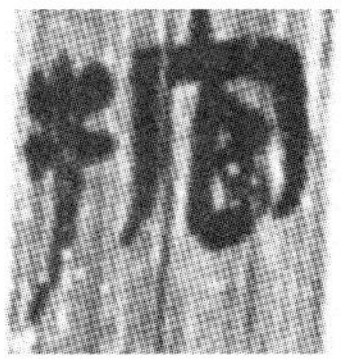
張·引書 68

金關 T09:227

○授捾毋冠

北壹·倉頡篇 3

秦代印風

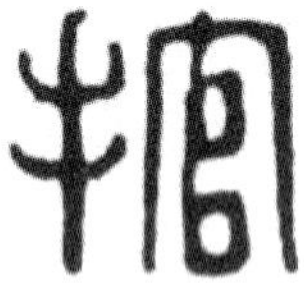
漢印文字徵

【搯】

《説文》：，搯也。从手舀聲。《周書》曰："師乃搯。"搯者，拔兵刃以習擊刺。《詩》曰："左旋右搯。"

北齊·法懃塔銘

○義搯真玄

【拲】

《説文》：，攤也。从手巩聲。

廿世紀璽印二-SY

○戴拲印

漢印文字徵

○拲記印

【推】

《説文》：，排也。从手隹聲。

北貳·老子 83

○下樂推而弗厭也

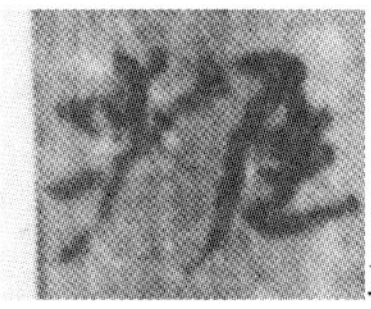
敦煌簡 0109

○推之重賞

金關 T24:924

武·甲《有司》6

○右袂推拂几三

東牌樓 035 背

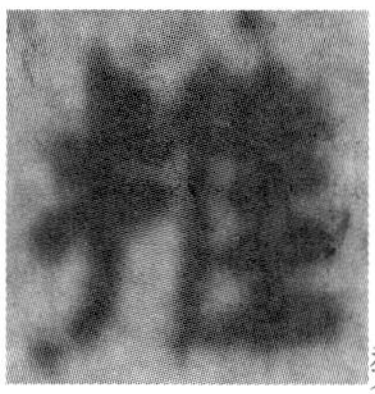
魏晉殘紙

漢印文字徵

漢印文字徵

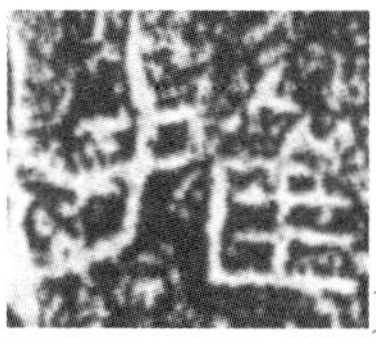
東漢・石門頌

東漢・元嘉元年畫像石題記一

東漢・成陽靈臺碑

北魏・元徽誌

北魏・封魔奴誌

〇一世推高

北魏・尹祥誌

東魏・元寶建誌

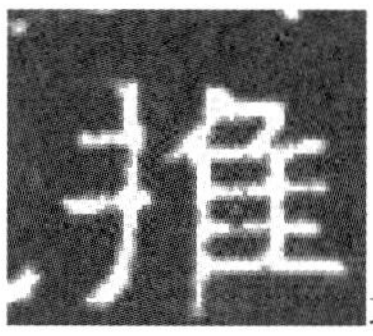
北齊・高阿難誌

【捘】

《說文》：，推也。从手夋聲。《春秋傳》曰："捘衛侯之手。"

【排】

《說文》：，擠也。从手非聲。

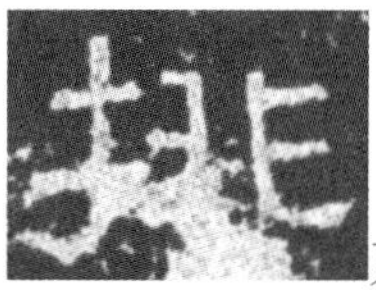
東漢・張遷碑陰

北魏・秦洪誌

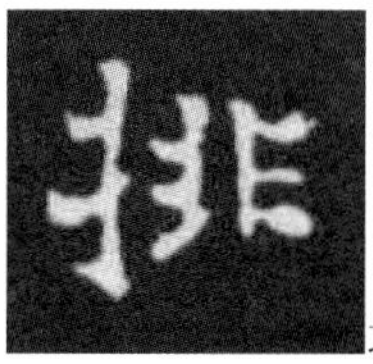
北魏・元寧誌

北齊・崔芬誌

【擠】

《説文》：，排也。从手齊聲。

【抵】

《説文》：，擠也。从手氐聲。

睡・封診式 69

○當獨抵死（屍）

關・日書 191

○斗乘抵（氐）

馬壹 175_48 上

○抵之不入大白

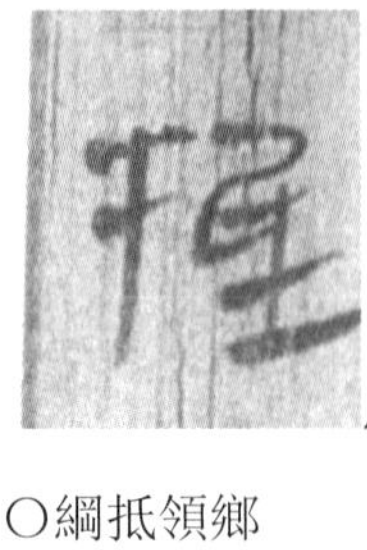馬貳 212_2/103

○綢抵領鄉

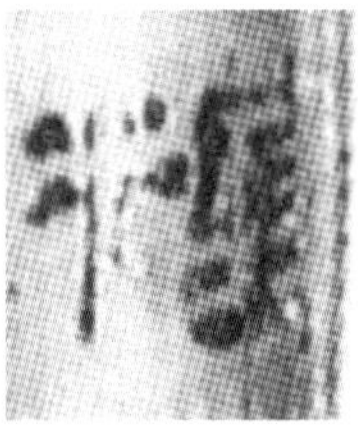銀貳 2095

○亢抵（氐）

北貳・老子 62

○根固抵（柢）

金關 T07:024

○卒樊抵右槖佗五

北魏・楊昱誌

○登車抵掌

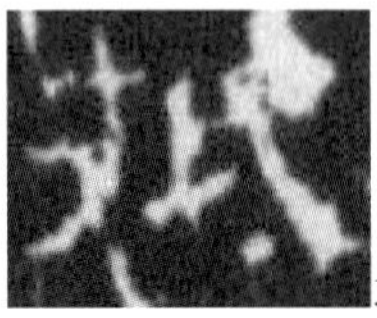北齊・西門豹祠堂碑

【摧】

《説文》：，擠也。从手崔聲。一曰挏也，一曰折也。

東漢・司馬芳殘碑額

○摧傷邦人

東漢・夏承碑

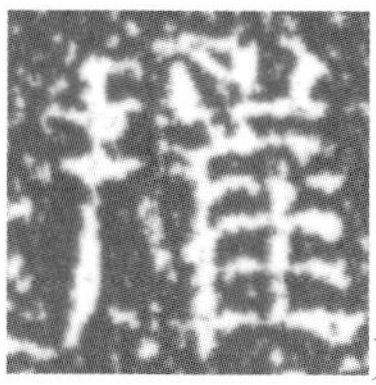
東漢・北海相景君碑陽

○顛倒剝（剥）摧

北魏・元譿誌

北魏・張宜誌

○連摧仇隴

北魏・元嵩誌

○冰摧蘭軀

北魏・元始和誌

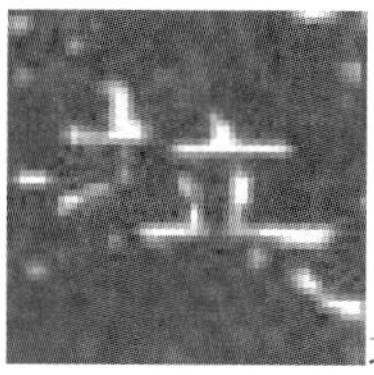
北齊・堯峻誌

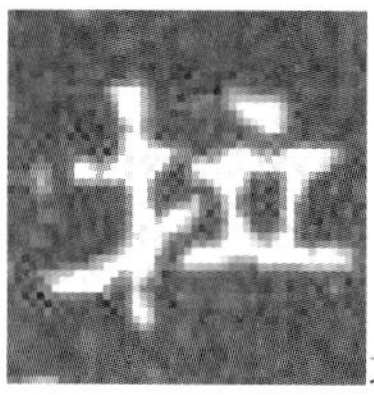
北齊・庫狄迴洛誌

【拉】

《說文》：，摧也。从手立聲。

【挫】

《說文》：，摧也。从手坐聲。

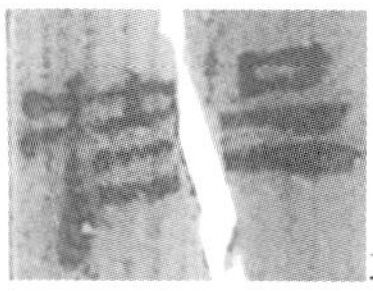
北貳・老子 51

○挫其兌（銳）

漢印文字徵

北魏・元略誌

北魏・源延伯誌

【扶】

《說文》：，左也。从手夫聲。

【㧿】

《説文》：，古文扶。

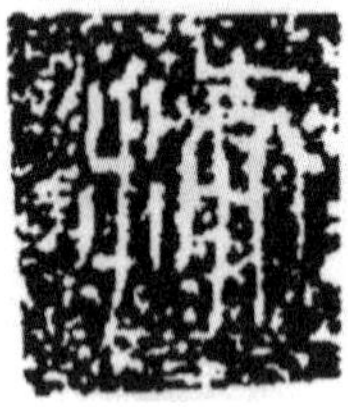
漢銘・林華觀行鐙

漢銘・成山宮行鐙

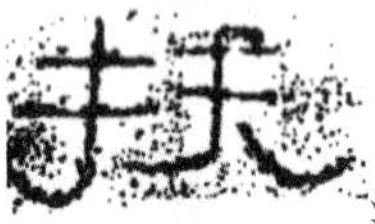
漢銘・扶侯鍾

漢銘・成山宮渠斗

睡・法律答問 208

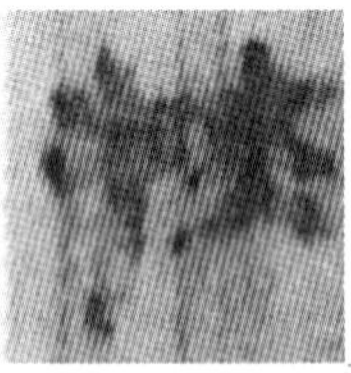
里・第八層 201

○守丞扶如敢告尉主

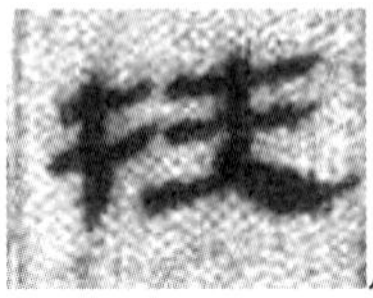
馬貳 33_5 下

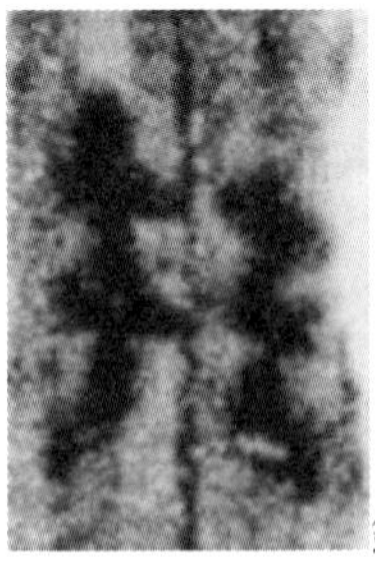
銀壹 704

○扶而入之

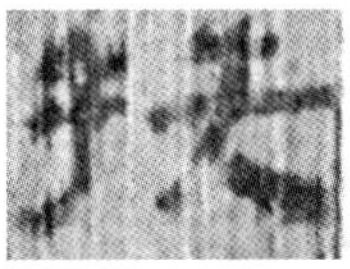
金關 T05:066

武・王杖 6

秦代印風

○駟扶

廿世紀璽印三-SP

○王扶印信

漢印文字徵

漢代官印選

漢印文字徵

漢晉南北朝印風

漢晉南北朝印風

東漢・曹全碑陽

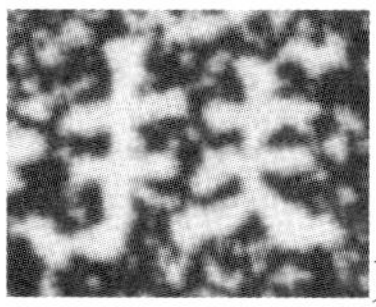
東漢・西狹頌

三國魏・曹真殘碑

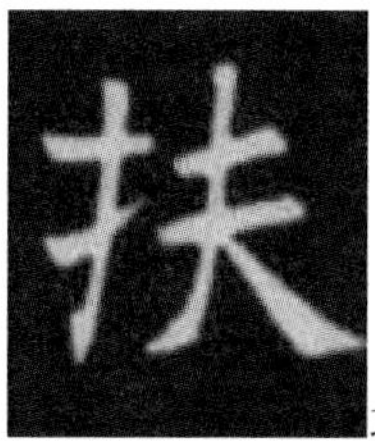
北魏・元弼誌

北魏・楊穎誌

〇曾祖母扶風竇氏

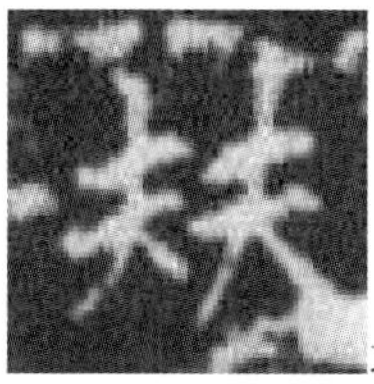
北齊・報德像碑

〇扶輪之報

北周・高妙儀誌蓋

【𢪃】

《說文》：，扶也。从手爿聲。

【持】

《說文》：，握也。从手寺聲。

馬壹 90_256

馬壹 88_200

馬貳 144_12

銀貳 1026

○能持尚功用

北貳・老子 74

敦煌簡 0239B

金關 T24:268B

金關 T23:364B

○史持記來言

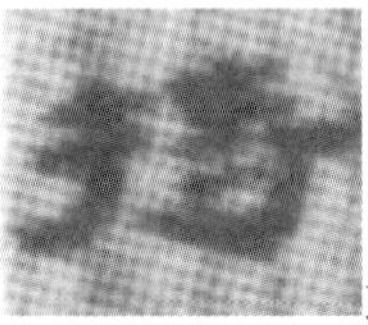
武・儀禮甲《服傳》19

○持重於大宗者

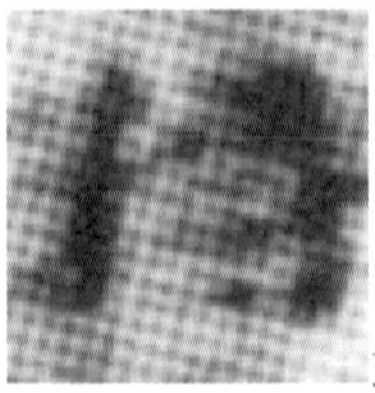
武・乙本《服傳》12

○持重於大宗者

武・王杖 6

東牌樓 063 正

○日所持

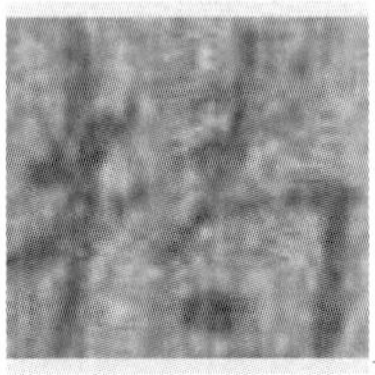
吳簡嘉禾・五・三二九

○殷持田七町

廿世紀璽印三-SY

漢印文字徵

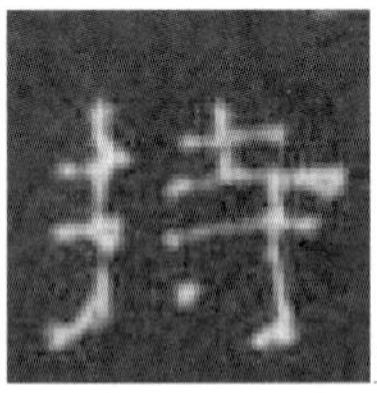
三國魏・上尊號碑

北魏・劉氏誌

○持節

北魏・張整誌

○使持節

北魏・楊無醜誌蓋

東魏・高歸彥造像

北齊・傅華誌蓋

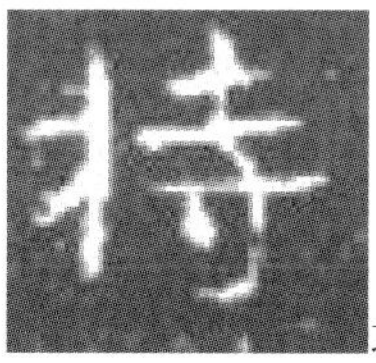
北齊・庫狄業誌

【挈】

《說文》：，縣持也。从手㓞聲。

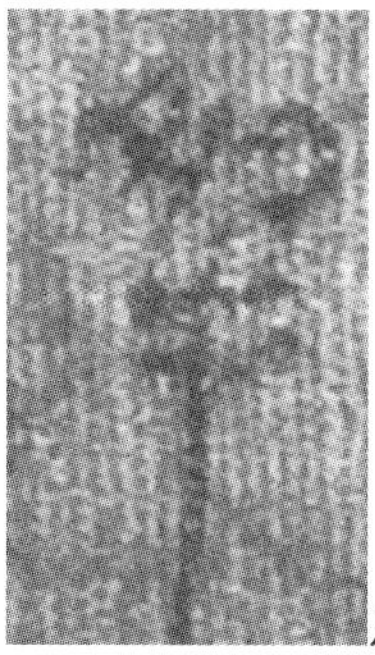
馬貳 94_2

○熱之挈去

馬貳 37_48 下

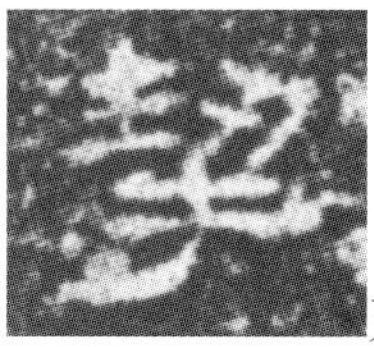
東漢・史晨前碑

○神挈

東魏・元悰誌

○信同符挈

【拑】

《說文》：，脅持也。从手甘聲。

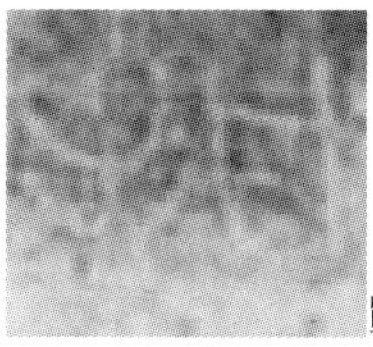
戰晚・寺工師初壺

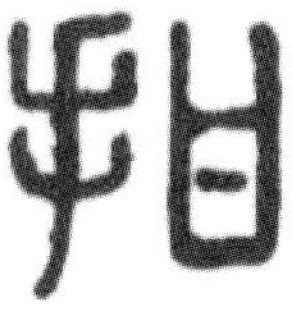
漢印文字徵

【揲】

《說文》：，閱持也。从手枼聲。

【摯】

《說文》：，握持也。从手从執。

睡・秦律雜抄 9

○奔摯(縶)

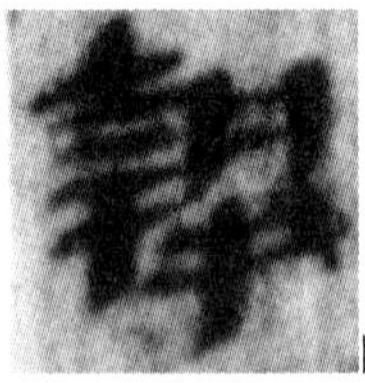
睡・日甲《秦除》17

○定酉摯(執)戌

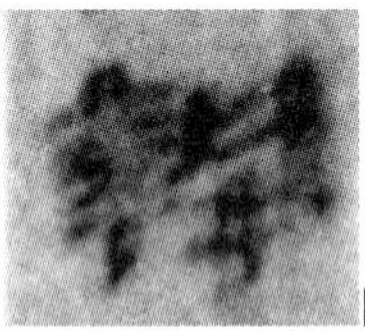
睡・日甲《到室》139

○人摯（執）盜賊

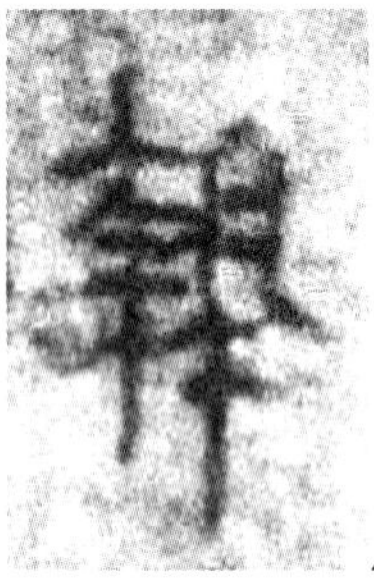
馬壹 91_273

○伐割摯（縶）馬

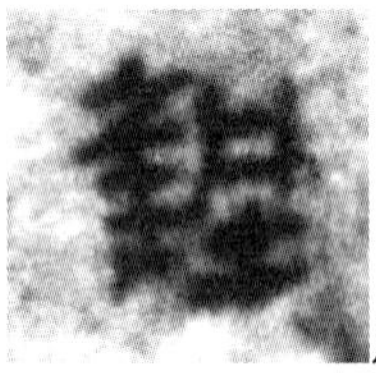
馬壹 83_77

○以求摯（質）臣

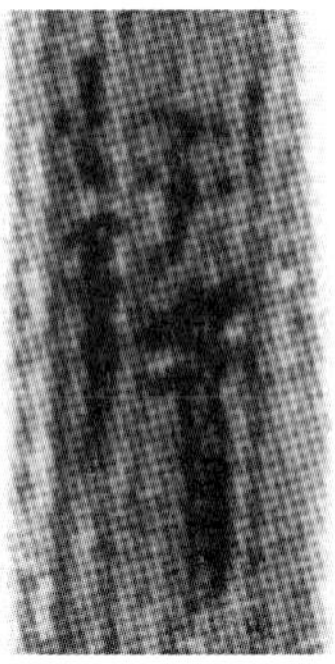
張・奏讞書 124

○蓋廬摯田叚(假)

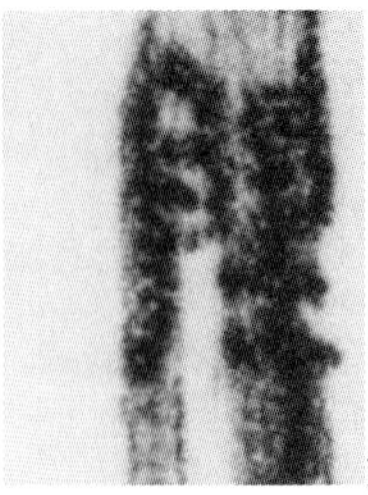
銀壹 702

銀貳 2113

○均不摯（縶）步

漢印文字徵

○摯謹

漢印文字徵

漢印文字徵

○摯記印

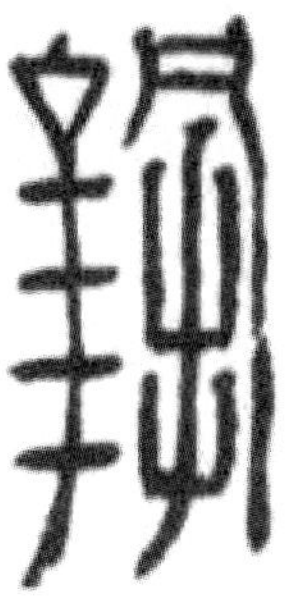
漢印文字徵

○摯隆

漢印文字徵

【操】

《說文》：，把持也。从手喿聲。

戰晚・王四年相邦張義戈

○操之

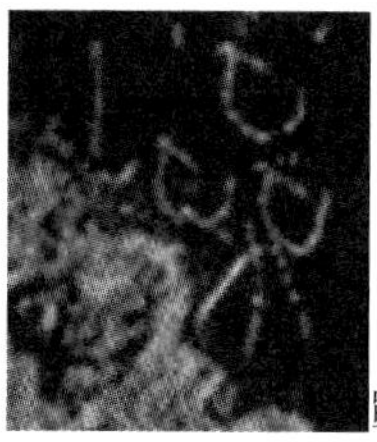
戰中・王八年内史操戈

○操左之造

睡・秦律十八種 62

睡・法律答問 130

○亡人操錢

睡・日甲《盜者》75

○而操蔡疵在肩

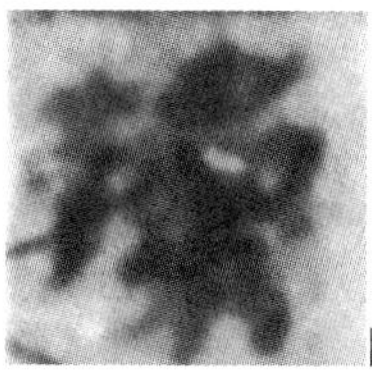
睡・日甲《詰》28

○操以咼（過）之

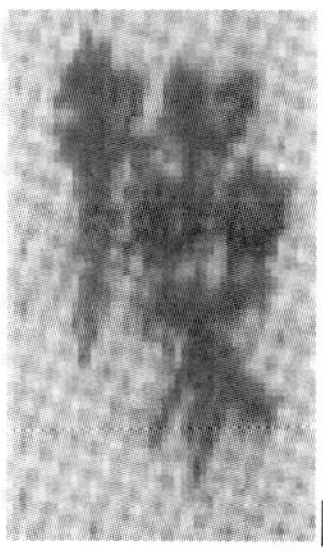
關・病方 327

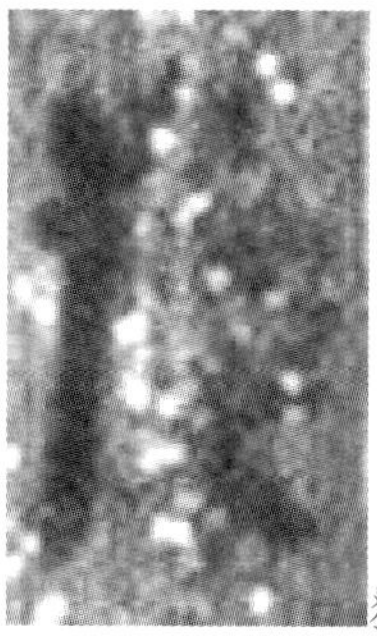
嶽・占夢書 12

○叟盡操簦陰

嶽·□盜殺安、宜等案 161

○赤衣操巳（已）

里·第八層 439

馬壹 135_46 下上/123 下

○操正以正

馬壹 113_6\409

○比之今操

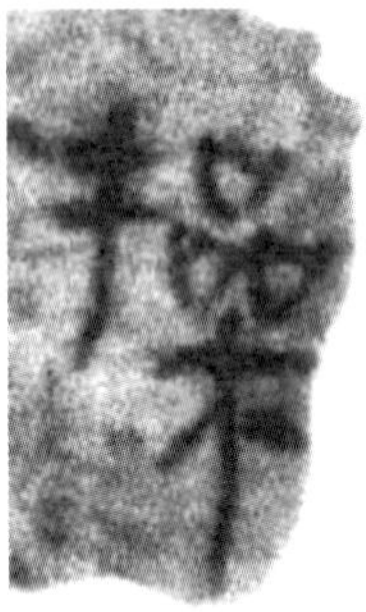
馬壹 90_247

馬壹 82_54

○負籠操臿

馬貳 212_4/105

馬貳 262_48/69

張·奏讞書 198

銀貳 1786

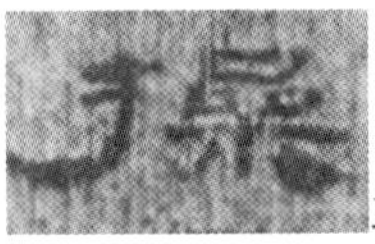
敦煌簡 0795

秦代印風

漢印文字徵

漢印文字徵

東漢・石祠堂石柱題記額

〇使師操義

東漢・尚博殘碑

〇於是操繩墨以彈耶（邪）枉

東漢・成陽靈臺碑

北魏・元始和誌

〇雅操標于皇代

北魏・孟元華誌

〇以孟夫人志行貞操

北魏・緱光姬誌

〇同輩尚其風操

北魏・秦洪誌

〇懷乘煙之操

北魏・陸紹誌

〇每著恂々之操

北齊・斛律氏誌

【㩴】

《説文》：㩴，爪持也。从手瞿聲。

【捦】

《説文》：捦，急持衣裣也。从手金聲。

【㩒】

《説文》：㩒，捦或从禁。

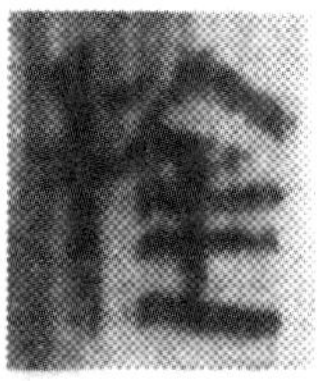
秦文字編 1748

【摶】

《説文》：摶，索持也。一曰至也。从手專聲。

馬壹 96_36

○獸弗摶骨弱筋柔而

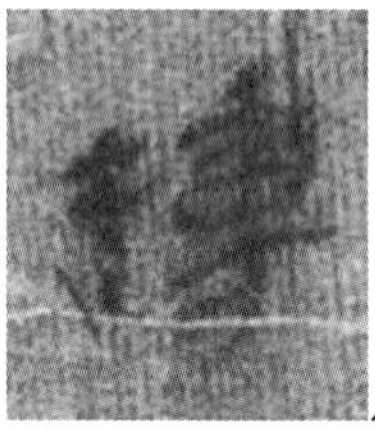
馬貳 128_9

○榆□摶之大如□□

北貳・老子 155

○摶而弗得命之

漢印文字徵

柿葉齋兩漢印萃

○虎步叟摶司馬

漢晉南北朝印風

○虎步叟摶司馬

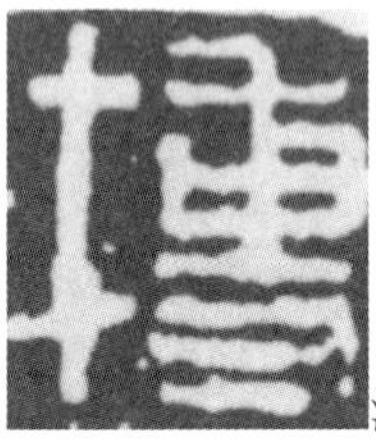
漢晉南北朝印風

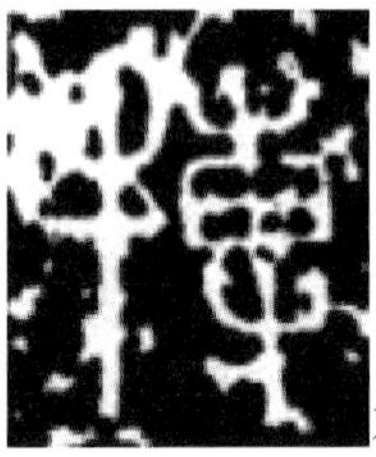
石鼓・鑾車

○宣摶

【據】

《説文》：據，杖持也。从手豦聲。

漢銘・新嘉量一

漢銘・新銅丈

漢銘・新嘉量二

里・第八層 356

○尉史據二甲

里・第八層背 86

○日中據之

馬壹 84_106

○利必據之牙（與）

馬壹 83_74

○敢據薛公

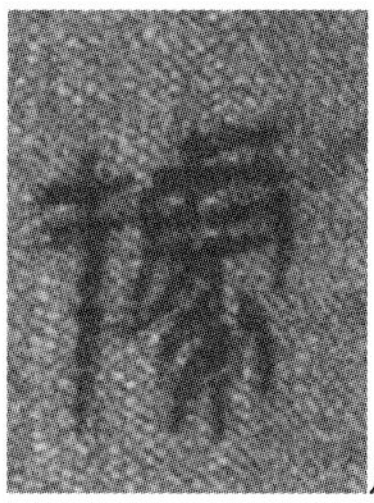
馬貳 111_49/49

○以據臂

張・引書 19

○兩手據坨（地）

銀貳 1143

○得而據

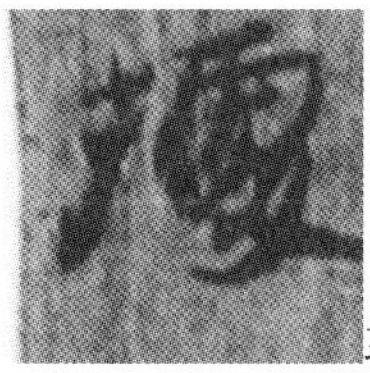
敦煌簡 0099

○軍純據里附城

金關 T23:975

○大奴據

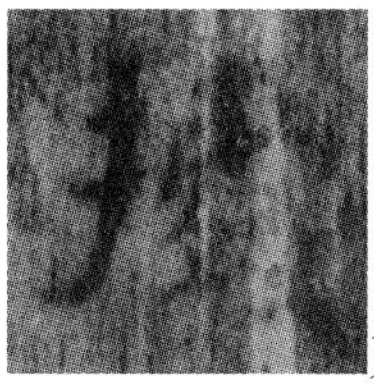
東牌樓 032 背

○今聞據宛

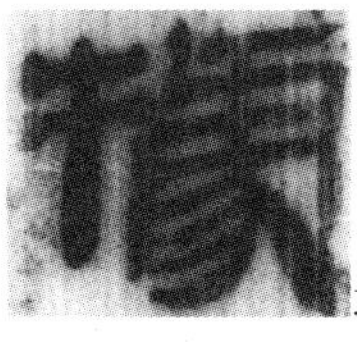
北壹・倉頡篇 12

○楚葆党據趣

秦代印風

○據丙

歷代印匋封泥

漢印文字徵

○李據男丞私印

漢印文字徵

東漢·孔彪碑陽

○將據師輔

東漢·夏承碑

○印紱典據（據）

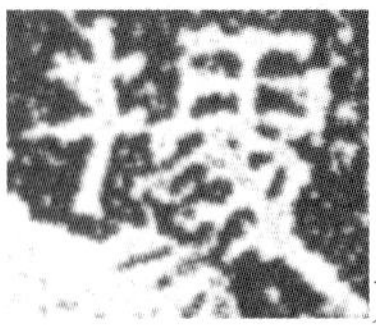
東漢·北海相景君碑陽

○據（攄）北海相

西晉·趙氾表

○廓據崇庸

北魏·元朗誌

○南據獫狁之前

北魏·張盧誌

○禍酷奄據

東魏·元悰誌

○唯德是據

北齊·赫連子悅誌

○竊據洛水

【攝】

《説文》：，引持也。从手聶聲。

漢銘・居攝鍾

敦煌簡 0624A

金關 T24:153

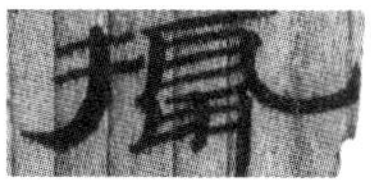
金關 T08:051A

○居攝二年

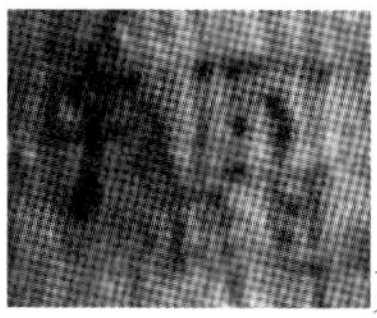
東牌樓 005

○吏役攝張

魏晉殘紙

○相為攝受

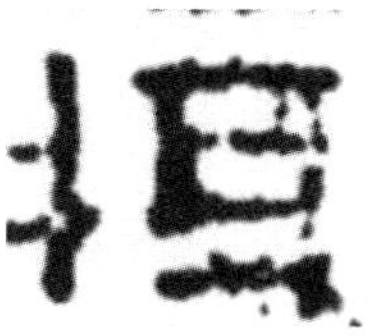
廿世紀璽印三-GP

○居攝年

廿世紀璽印三-GP

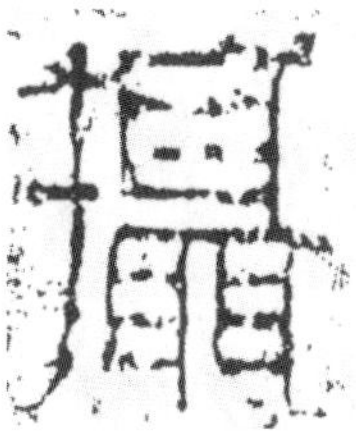
歷代印匋封泥

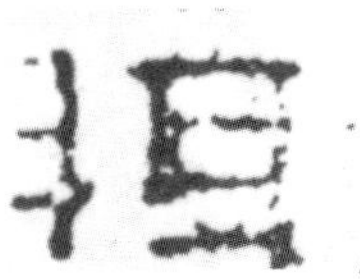
歷代印匋封泥

○居攝禾

東漢・張遷碑陽

北魏・元譚妻司馬氏誌

北魏・寇演誌

○延攝長史

北魏・慧靜誌

北魏・元彥誌

○攝基金聲

【揖】

《說文》：，并持也。从手冄聲。

【抪】

《說文》：，捫持也。从手布聲。

敦煌簡 0114

〇將軍焦抪

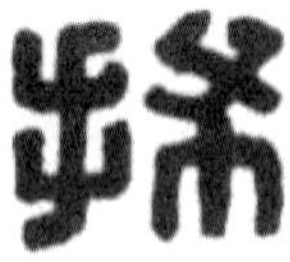
漢印文字徵

【挾】

《說文》：，俾持也。从手夾聲。

里・第八層 1721

〇物自挾臧其數

馬壹 112_29\380

〇私門挾主

馬壹 88_207

〇深矣挾

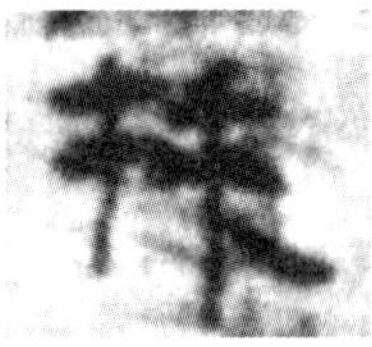
馬壹 88_198

〇挾重器多

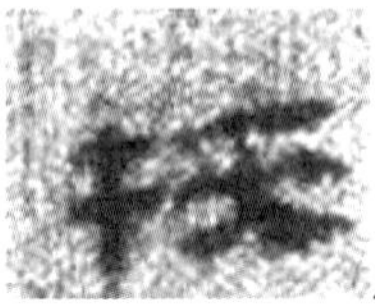
馬貳 32_21 上

〇宮獨挾亓（其）色

張・賊律 18

武・甲《泰射》60

〇兼挾乘矢

北壹・倉頡篇 14

北魏・元昭誌

北齊・劉碑造像

北齊・元賢誌

【捫】

《說文》：，撫持也。从手門聲。《詩》曰：“莫捫朕舌。”

金關 T23:198

○及捫胃肉完不離

北齊・崔幼妃誌

○及捫天效祉

【擥】

《說文》：，撮持也。从手監聲。

漢印文字徵

○異擥

【擸】

《說文》：，理持也。从手巤聲。

【握】

《說文》：，搤持也。从手屋聲。

【𡊺】

《說文》：，古文握。

馬壹 141_6 下/173 下

○握少以知多

馬貳 212_1/102

○握手出揹（腕）

銀貳 1923

○三則盈握

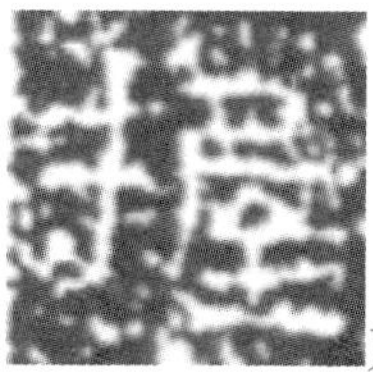
東漢・武氏左石室畫像題字

東漢・熹平石經殘石五

北魏・元子正誌

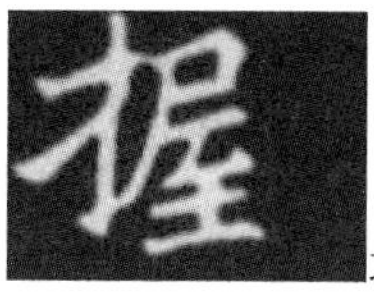
北魏・馮會誌

北魏・元演誌

○該之於掌握

北魏・元思誌

北齊・婁黑女誌

【撣】

《説文》：，提持也。从手單聲。讀若行遲驒驒。

馬貳 66_8/79

○而撣之

【把】

《説文》：，握也。从手巴聲。

睡・法律答問 5

○牛買（賣）把錢偕邦

睡・封診式 85

○把子來詣

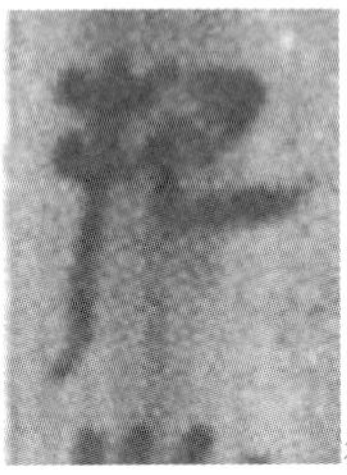
嶽・為吏 87

○欲最之道把此

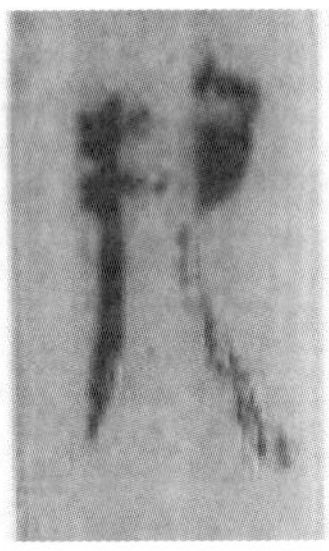
嶽・學為偽書案 227

○起室把詣于矰

里・第八層 219

○無把拔

馬貳 117_141/141

○一把置黧

馬貳 68_17/17

○根一把

張・奏讞書 100

張・引書 36

○右手把丈（杖）

敦煌簡 2231

○張一把弦鐵汎一無

秦代印風

○蔡把

漢印文字徵

○王把

漢印文字徵

○把□

東魏・司馬韶及妻侯氏誌

○把謝鯤之臂

北齊・盧脩娥誌

○把旌錫履

【搹】

《說文》：，把也。从手鬲聲。

【扼】

《說文》：，搹或从戹。

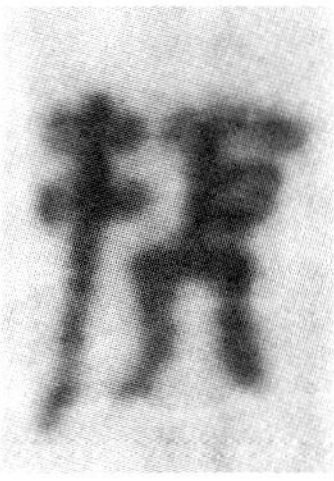
睡・語書 11

○瞋目扼

東魏・李希宗誌

○撫背扼喉

【拏】

《説文》：，牽引也。从手奴聲。

【擕（携）】

《説文》：，提也。从手巂聲。

馬貳 83_309

○擕之

東漢・楊統碑陽

○武稜擕貳

東漢・桐柏淮源廟碑

○扶老擕息

東晉・爨寶子碑

○携手顔張

北周・盧蘭誌

○提携關隴

【提】

《説文》：，挈也。从手是聲。

睡・法律答問 82

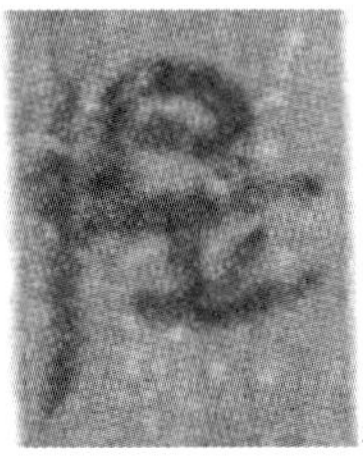
嶽・數 47

○以田提封數

里・第八層 488

○田提封計

馬壹 171_7 上

馬壹 139_9 下/151 下

馬壹 131_17 下\94 下

張・算數書 188

○直（置）提封

銀壹 469

○左提鼓

金關 T26:177

○何人提劍

廿世紀璽印三-GP

○提奚丞印

漢印文字徵

漢印文字徵

東漢・三老諱字忌日刻石

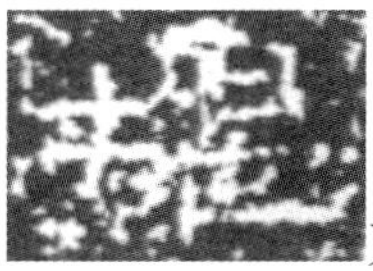
東漢・武氏左石室畫像題字

○車右提明

東漢・張遷碑陽

西晉・臨辟雍碑

北魏・元譚妻司馬氏誌

北魏・侯太妃自造像

北魏・王普賢誌

北齊・徐顯秀誌

【㧙】

《説文》：㧙，拈也。从手耴聲。

【拈】

《説文》：拈，㧙也。从手占聲。

漢銘・御銅拈錠

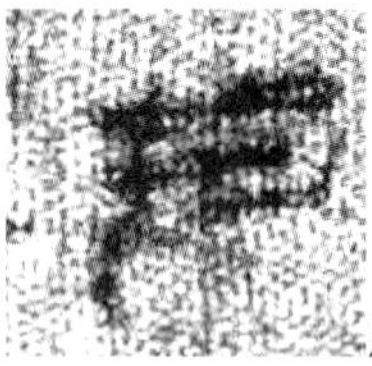
馬貳 81_258/245

〇如拈（指）末而出者

【摛】

《説文》：，舒也。从手离聲。

北魏・元子正誌

北魏・李媛華誌

【捨】

《説文》：，釋也。从手舍聲。

金關 T21:270

〇方騧捨騂

北魏・郭法洛造像

〇捨妙入塵

北魏・元詮誌

〇捨秩粟數百萬斛

北魏・尉遲氏造像

〇願牛概捨於分段之鄉

東魏・杜文雅造像

北齊・無量義經二

〇能捨一切諸難捨

北齊・李難勝誌

【擪】

《説文》：，一指按也。从手厭聲。

張・脈書 17

〇出擪（厭）中

【按】

《説文》：，下也。从手安聲。

敦煌簡 1271B

○隧買按效穀西鄉高

北壹・倉頡篇 3

○抑（抑）按啟久

【控】

《說文》：控，引也。从手空聲。《詩》曰：“控于大邦。”匈奴名引弓控弦。

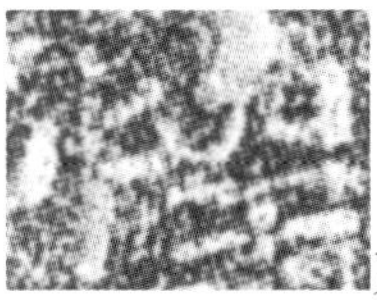
東漢・王孝淵碑

○□□勒控

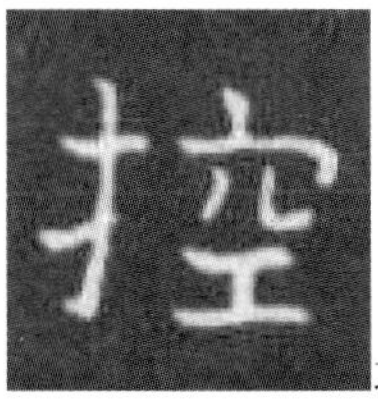
北魏・元子直誌

北魏・錡雙胡造像

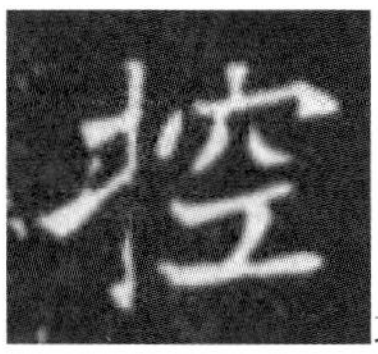
北魏・元孟輝誌

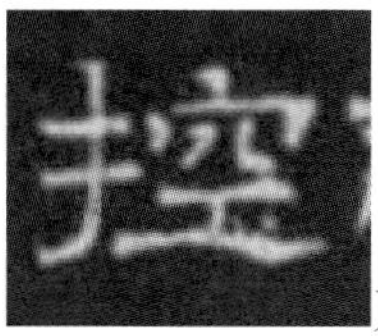
東魏・元悰誌

【揗】

《說文》：揗，摩也。从手盾聲。

馬貳 212_2/103

○揗拯匡覆

張・引書 51

○揗之頭手

【掾】

《說文》：掾，緣也。从手彖聲。

漢銘・壽成室鼎一

漢銘・臨虞宮高鐙一

漢銘・臨虞宮高鐙四

漢銘・綏和鴈足鐙

漢銘・陽泉熏鑪

漢銘・曲成家行鐙

漢銘・承安宮鼎二

漢銘・永元七年鐖

睡・效律 55

○令史掾苑

馬壹 4_3 下

○掾（遯）君子吉

馬壹 9_63 上

○褐（葛）纍（藟）于貳（穨）掾（巵）

馬貳 280_244/55

○素裏績椽（緣）

馬貳 247_287

○生繒掾（緣）

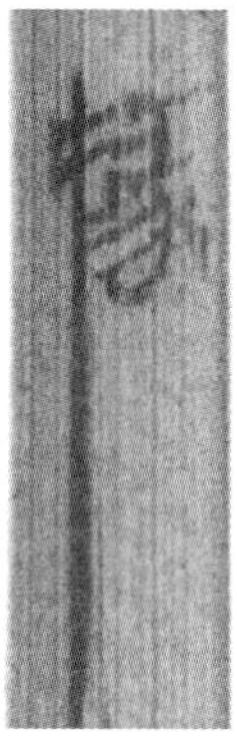
馬貳 243_251

○一繢掾（緣）素捽

張・奏讞書 144

○視事掾獄

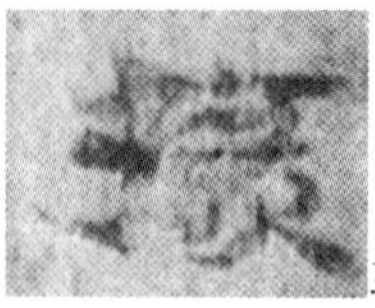
敦煌簡 0311

○三官掾

敦煌簡 0235

○言告掾聞

敦煌簡 0311

○三官掾

敦煌簡 2276A

○獄掾

居・EPF22.153A

○告勸農椽

金關 T21:179

○掾武令史審

金關 T21:423

○丞相掾王

金關 T03:012

○守府掾行部中

東牌樓 150

○不誠掾

東牌樓 007

○官劉掾文書

吳簡嘉禾・五・六一三

○三州掾孫儀

吳簡嘉禾・五・三〇七

○三州掾孫儀

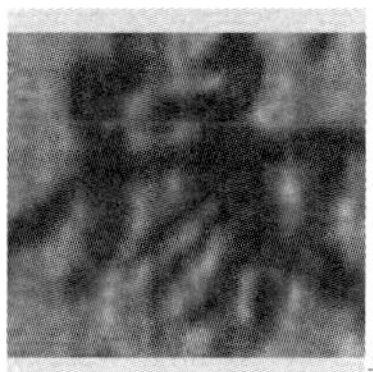
吳簡嘉禾・五・二九三

○三州掾孫儀

魏晉殘紙

○督郵王掾

廿世紀璽印三-SY

○樂浪太守掾王光之印

漢印文字徵
○覃掾私印

漢印文字徵
○隃麋集掾田宏

漢印文字徵
○五威將焦掾並印

漢晉南北朝印風
○左奉翊掾王訴印

東漢・夏承碑
○五官掾功曹

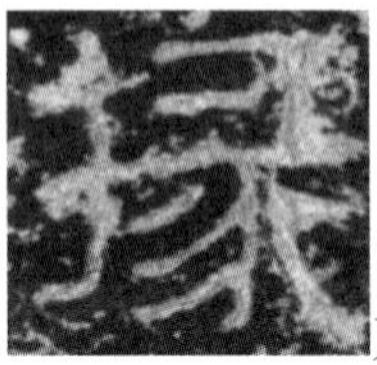
東漢・何君閣道銘
○遣掾臨邛舒鮪

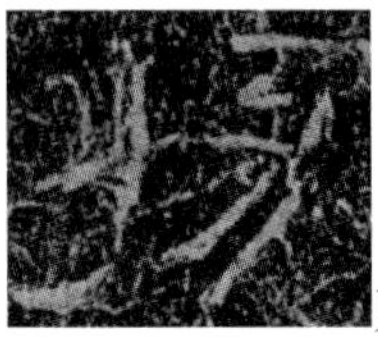
東漢・開通褒斜道摩崖刻石
○部掾冶級王弘

東漢・夏承碑
○大尉掾之中子

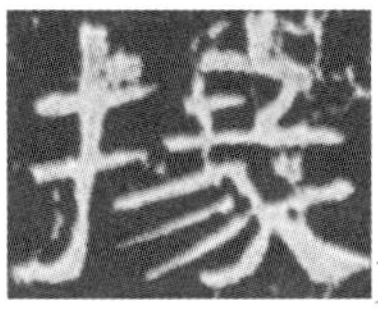
東漢・華岳廟殘碑陰
○故功曹司空掾

東漢・成陽靈臺碑
○各遣大掾

東漢・李孟初神祠碑
○部勸農賊捕掾李龍

東魏・趙秋唐吳造像
○社掾

北齊・李稚廉誌
○霸府掾

【挀】

《說文》：拍，拊也。从手百聲。

【拊】

《說文》：拊，揗也。从手付聲。

馬貳 84_317/307

○治厚拊和傅

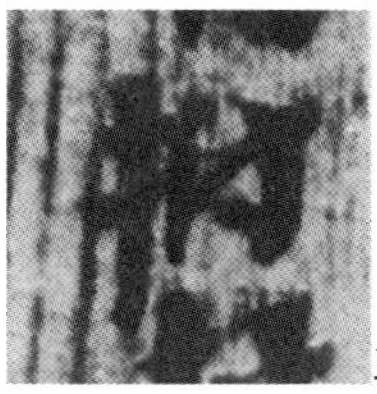
敦煌簡 2415A

○拊授官雜

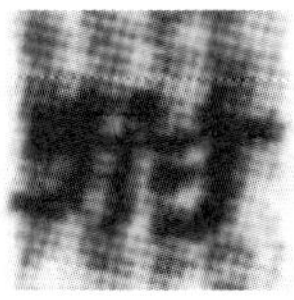
武·甲《泰射》41

○於拊（弣）右

北魏·劇市誌

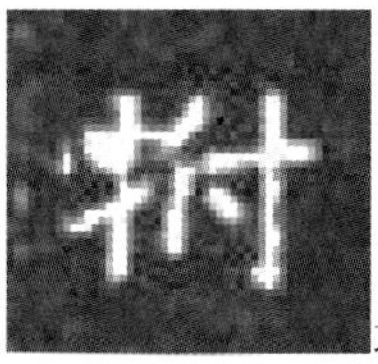
北魏·元懌誌

【掊】

《說文》：掊，把也。今鹽官入水取鹽爲掊。从手音聲。

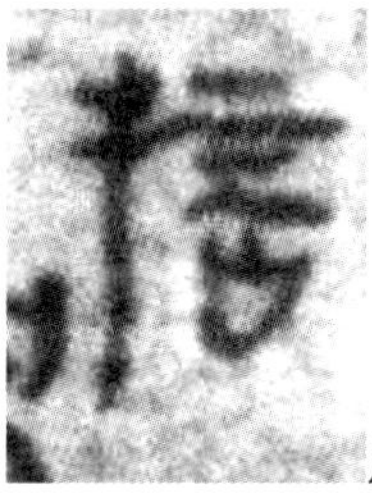
馬壹 92_294

○不能掊（背）粱

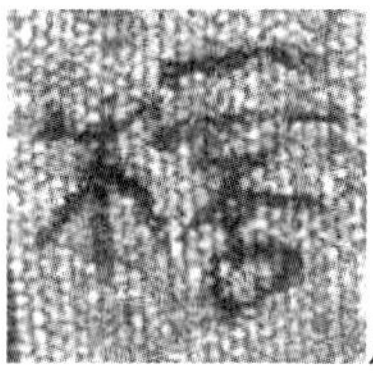
馬貳 70_52/52

○盛以掊（杯）

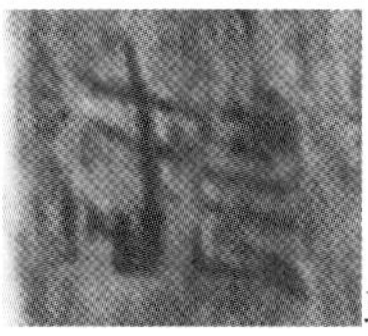
敦煌簡 1039

○掊卒六石

東漢·尚博殘碑

東漢·尚博殘碑

【捋】

《說文》：捋，取易也。从手寽聲。

【撩】

《說文》：撩，理也。从手尞聲。

【措】

《說文》：措，置也。从手昔聲。

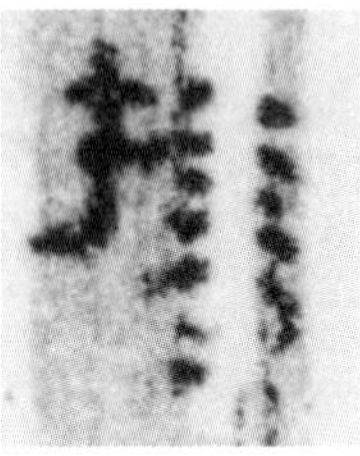
銀壹 871

○舉措起居

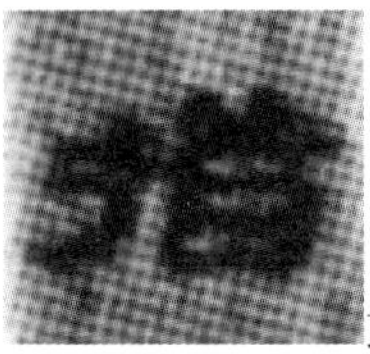
武・甲《特牲》14

○西面措（錯）右

北魏・趙超宗誌

○措于斯所

北齊・高淯誌

【插】

《説文》：插，刺肉也。从手从臿。

北壹・倉頡篇 6

○戲叢奢插顛□

北魏・登百峯詩

○花樹插霄月

北魏・觀海童詩刻石

○臺插莫邪流精麗旻

東魏・程哲碑

○抽柯插漢

【掄】

《説文》：掄，擇也。从手侖聲。

秦代印風

○掄

漢印文字徵

【擇】

《説文》：擇，柬選也。从手睪聲。

睡・秦律十八種 68

○毋敢擇行錢布

睡・秦律雜抄 24

〇工擇榦

睡・日甲《星》78

〇易擇（釋）亡

睡・日甲《詰》64

〇害人擇（釋）以

嶽・為吏 33

〇擇人

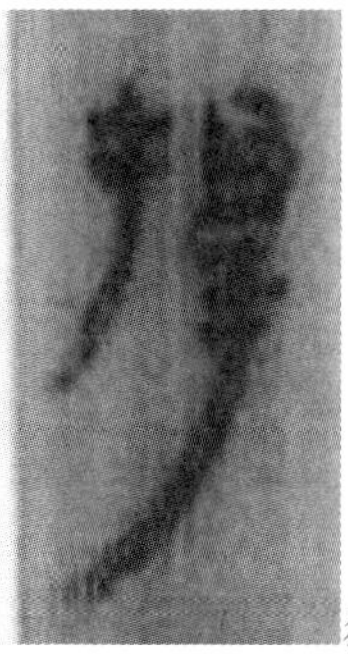
嶽・學為偽書案 226

〇毋擇子以名

里・第八層 777

〇報擇免歸

馬壹 137_64 下/141 下

〇能自擇（釋）而尊

馬壹 46_60 下

〇擇取

馬貳 218_24/35

〇之怒擇（釋）之曰

張・奏讞書 147

〇不敢擇（釋）

敦煌簡 0047

○軍募擇士

金關 T30:164

○□擇牛車

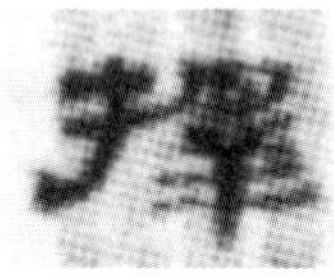
武・甲《特牲》48

○烝栗擇刑（鉶）

秦代印風

漢印文字徵

漢印文字徵

○擇地羌王

漢印文字徵

○單擇之印

漢印文字徵

○孟擇之

漢印文字徵

○靃擇

漢印文字徵

○張擇

漢印文字徵

漢晉南北朝印風

漢晉南北朝印風

○擇地羌王

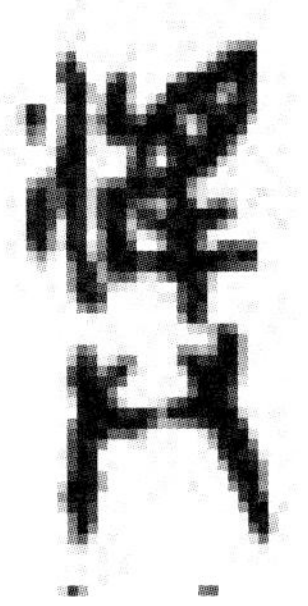
懷后磬

○擇其吉石

東漢・成陽靈臺碑

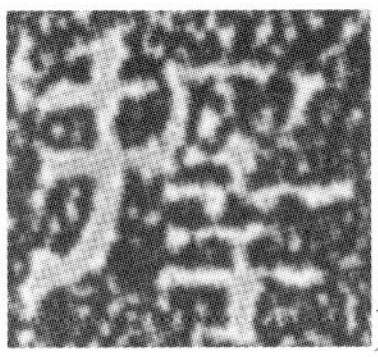
東漢・白石神君碑

○擇其令辰

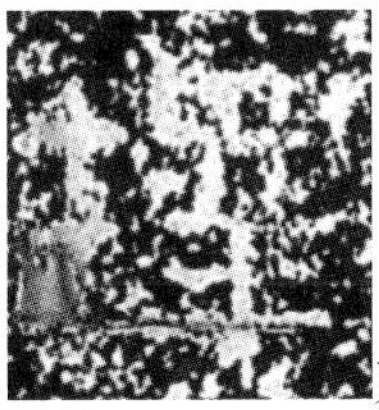
東漢・祀三公山碑

○卜擇吉土治東

十六國北涼・沮渠安周造像

○終頓駕於无擇

北魏・元洛神誌

○災弗擇人

北魏・元融妃穆氏誌

○口無擇言

北齊・傅華誌

【捉】

《説文》：捉，搤也。从手足聲。一曰握也。

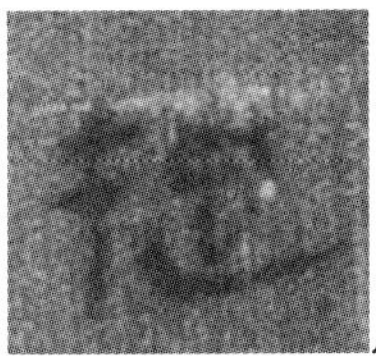
馬貳 130_41

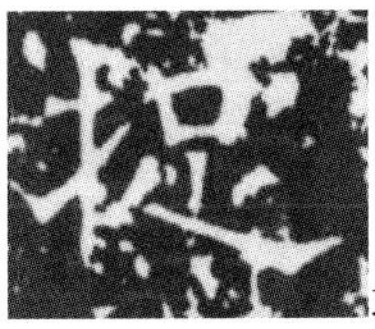
北齊・吳洛族造像

○捉妻子不爲己物

【搤】

《説文》：搤，捉也。从手益聲。

【挻】

《説文》：挻，長也。从手从延，延亦聲。

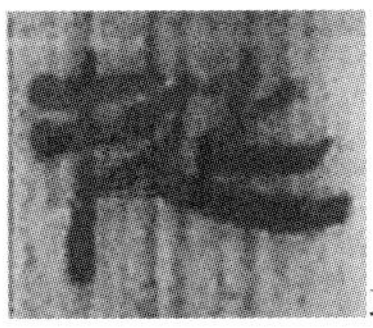
北貳・老子 148

○挻殖(埴)器

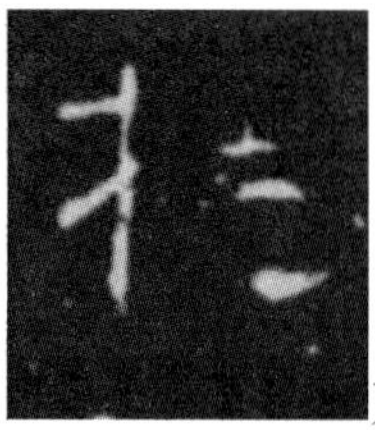
東魏・王惠略造像

○挻登霄漢

【揃】

《說文》：，搣也。从手前聲。

北魏・元隱誌

○方揮勿揃

北魏・元斌誌

○而春蘭遽揃

【搣】

《說文》：，批也。从手威聲。

北壹・倉頡篇 36

○䰄髦鬍搣須髯

北魏・胡明相誌

○西陰已搣（滅）

北齊・韓永義造像

○搣而非搣

【批】

《說文》：，捽也。从手此聲。

【揤】

《說文》：，捽也。从手卽聲。魏郡有揤裴侯國。

金關 T21:438

○魏郡揤悲翟□里大

漢印文字徵

○揤裴國尉

【捽】

《說文》：，持頭髮也。从手卒聲。

睡・封診式 84

○相捽

嶽・得之案 183

〇捽庰

馬貳 243_251

〇捽衺二丈

【撮】

《説文》：撮，四圭也。一曰兩指撮也。从手最聲。

漢銘・始建國元年銅撮

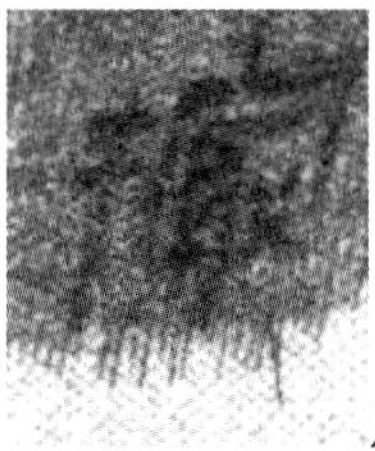
馬貳 70_42/42

〇指一撮

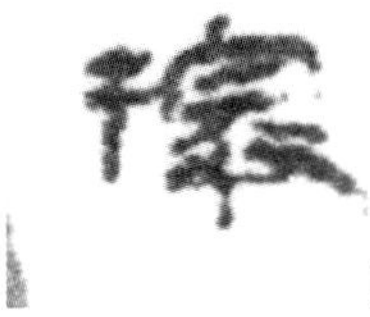
馬貳 134_6/61

〇撮米投之

西晉・徐義誌

〇抱撮養情

北魏・元欽誌

〇撮目而隱顯俱曉

北齊・朱曇思等造塔記

〇仍因撮土之功

【掬】

《説文》：掬，撮也。从手，籀省聲。

北魏・元寶月誌

北周・李元海造像

〇仰惟掬育

【揥】

《説文》：揥，撮取也。从手帶聲。讀若《詩》曰“螮蝀在東”。

【摕】

《説文》：摕，揥或从折从示。兩手急持人也。

【捊】

《説文》：捊，引取也。从手孚聲。

【抱】

《説文》：抱，捊或从包。

睡・日甲《詰》45

○女鼠抱子逐人張傘

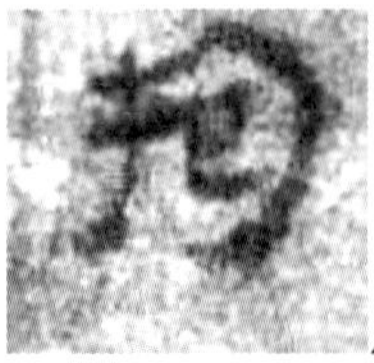
馬壹 141_6 下/173 下

○精明抱道執

馬貳 258_9/9

○人操抱（枹）

馬貳 212_5/106

○相抱

張・引書 60

○端立抱柱

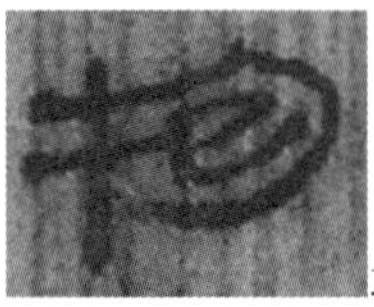
北貳・老子 16

○負陰抱陽

金關 T26:263

○後人抱美

東牌樓 048 正

○禁制抱情

漢印文字徵

○抱旱護軍長史

漢晉南北朝印風

○抱罕護軍長史

東魏・李憲誌

○捊（桴）鼓虛置

東漢・石祠堂石柱題記

○抱持啼呼

北魏・張安姬誌

○因抱纏疹

北魏・宇文永妻誌

○捐華抱樸

北周・王榮及妻誌

○懷抱淹潤

【拚】

《説文》：拚，自關以東謂取曰拚。一曰覆也。从手弇聲。

北魏・元誘誌

北魏・王普賢誌

○玄扉一拚

【授】

《説文》：授，予也。从手从受，受亦聲。

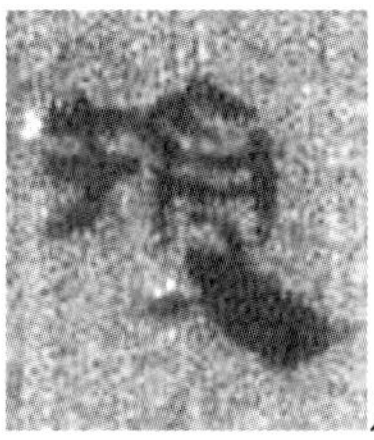
馬壹 39_19 下

馬壹 113_49\400

銀貳 2089

○王之授伐之道也

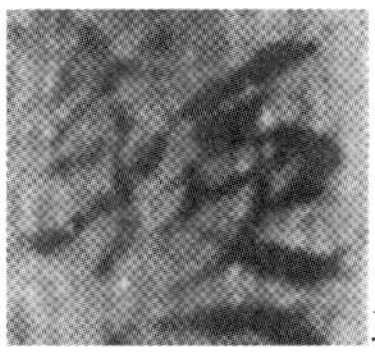
敦煌簡 0497

○解印授（綬）

金關 T24:723

○壬辰授爲如意

武・甲《特牲》43

○佐食授舉各一

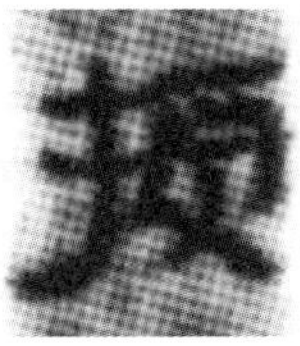
武・甲《少牢》31

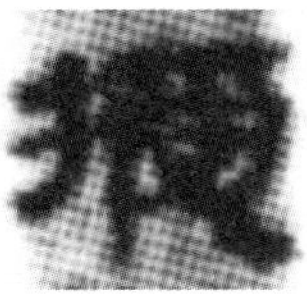
武・甲《有司》6

○授尸于延

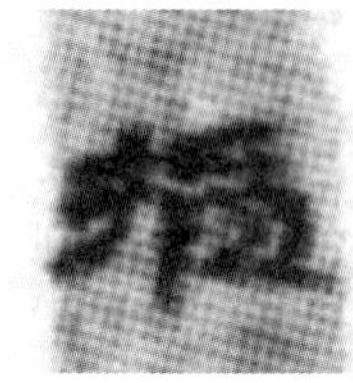
武・甲《泰射》36

○上坐授瑟

吳簡嘉禾・四・一

○布付授吏

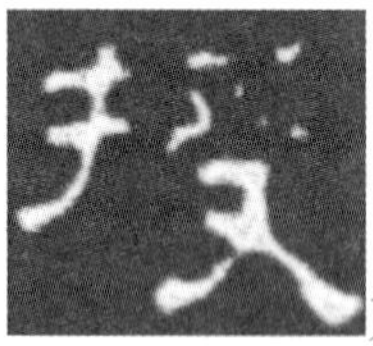
東漢・楊著碑額

東漢・司徒袁安碑

東漢・成陽靈臺碑

○有龍授圖

東漢・從事馮君碑

北魏・薛伯徽誌

北魏・元思誌

北魏・元龍誌

○進授行唐伯

北魏・張整誌

東魏・趙紹誌

○授前將軍

北齊・石信誌

北齊・□弘誌

北周・梁嗣鼎誌

【承】

《説文》：，奉也。受也。从手从卩从収。

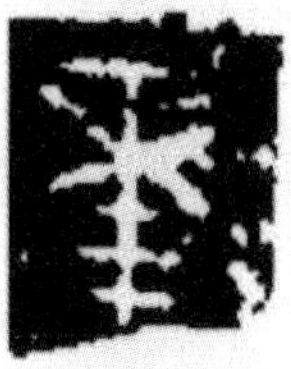
漢銘・承安宮行鐙

漢銘・承安宮鼎一

漢銘・陽信家常臥銅溫手鑪

漢銘・御銅拈錠

漢銘・新承水盤

漢銘・承安宮鼎二

漢銘・弘農宮銅方鑪

里・第八層 703

〇以承□

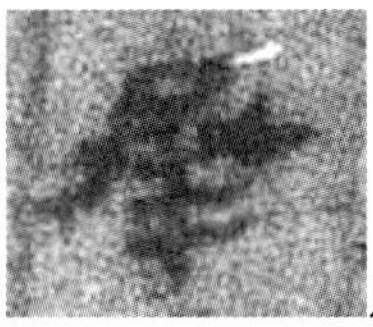
馬壹 44_45 下

〇勸樂以承（拯）上

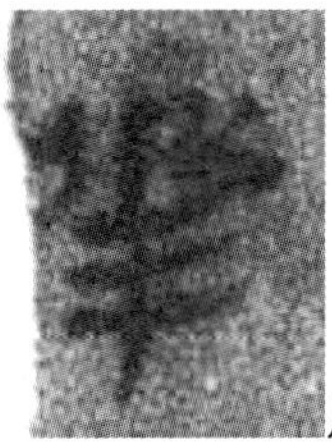
馬壹 44_47 下

〇實而承（拯）之

馬壹 7_38 上

〇女承（拯）筐无實

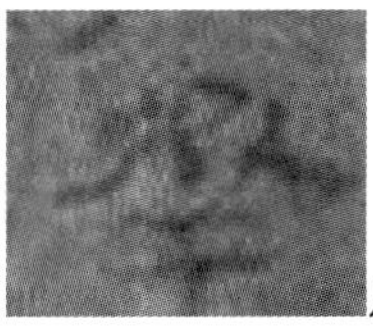
馬貳 144_1

〇承弓

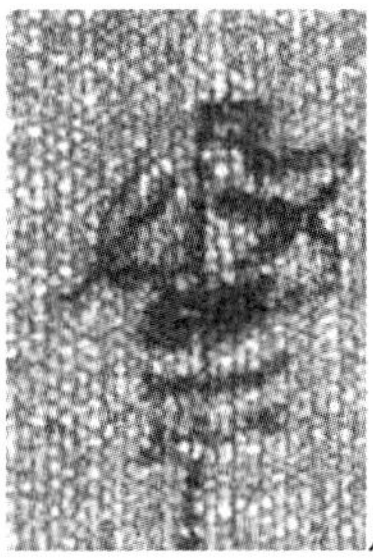
馬貳 72_97/97

〇中左承（拯）之北鄉

馬貳 212_2/103

○鄉楯承匡

張・金布律 431

○讂之流者可承

張・引書 69

○左手承下

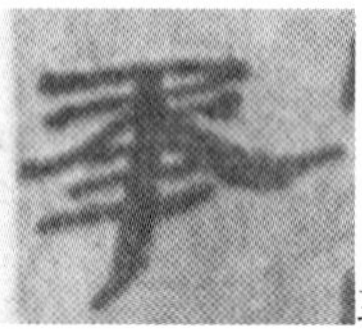
敦煌簡 1272

○承弦二

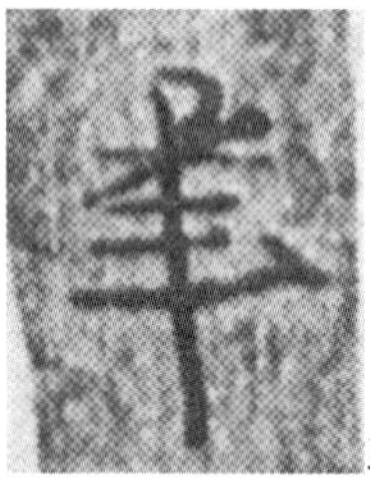
敦煌簡 1595

○候相承書

敦煌簡 1459A

○幼子承諷

金關 T09:114

○襄武承反里

金關 T07:039

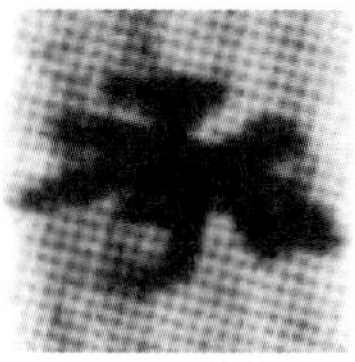
武・甲《少牢》33

○工祝承致多福無彊

東牌樓 035 背

○不數承荿

歷代印匋封泥

○九三趙承

廿世紀璽印三-SY

○董承憙印

漢印文字徵

○承建

歷代印匋封泥

○承丞之印

漢印文字徵

漢印文字徵

漢印文字徵

漢印文字徵

○公不承印

漢印文字徵

漢印文字徵

○劉子承

廿世紀璽印四-SY

漢晉南北朝印風

○梁承祿印

漢晉南北朝印風

○龐承私印

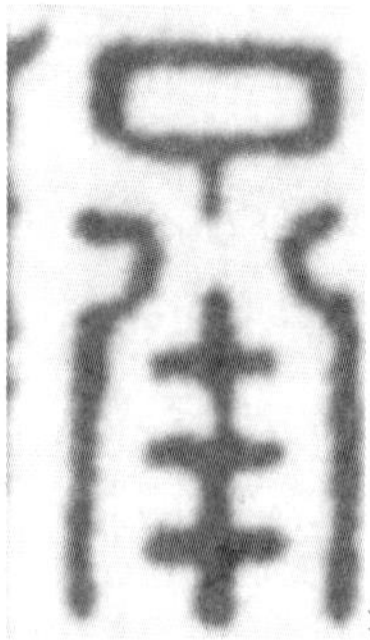
漢晉南北朝印風

○順承

東漢・史晨後碑

○乃敢承祀

東漢・執金吾丞武榮碑

○廉孝相承

東漢・曹全碑陽

○先意承志

東漢・祀三公山碑

○承饑衰之後

西晉・臨辟雍碑

北魏・暉福寺碑

○景運承荷

北魏・元勰誌

○承乾體極

北魏・鄯乾誌

○幼承祕寵

【拒】

《説文》：，給也。从手臣聲。一曰約也。

【墐】

《説文》：，拭也。从手堇聲。

【攩】

《説文》：，朋羣也。从手黨聲。

北魏・元天穆誌

○鳩率凶攩（黨）

【接】

《説文》：，交也。从手妾聲。

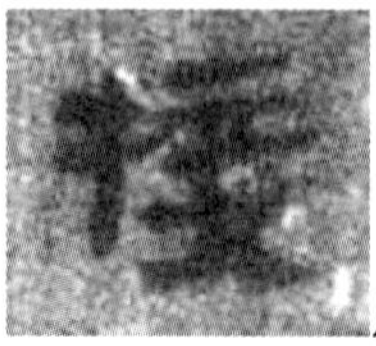
馬壹 15_12 上\105 上

馬貳 212_9/110

○熱十動（勭）接十節

敦煌簡 0236B

金關 T03:022A

漢印文字徵

○孫接之印

漢印文字徵

○張接

漢印文字徵

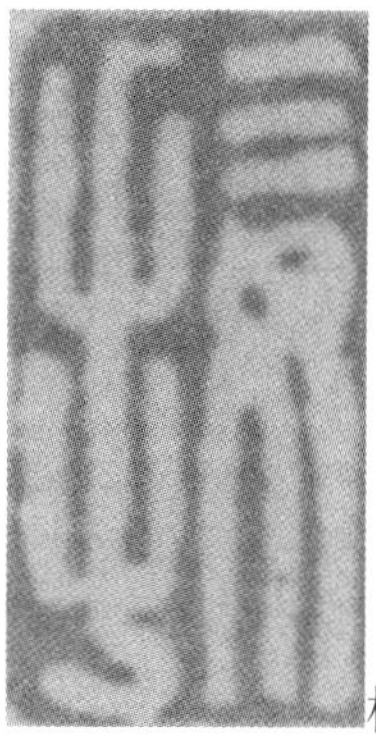
柿葉齋兩漢印萃

○張接

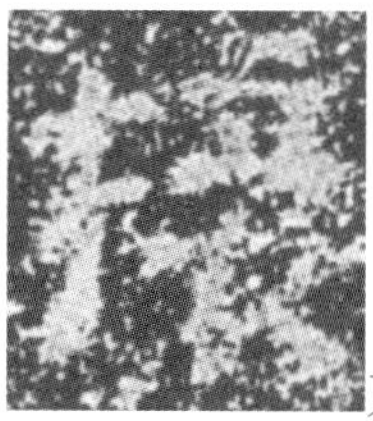
東漢・析里橋郙閣頌

○接木相連

西晉・臨辟雍碑

北魏・元羽誌

北魏・元弼誌

【𢪏】

《説文》：，㨷也。从手市聲。

北壹・倉頡篇 20

○鯉鰌摻𢪏揄扮

西晉・臨辟雍碑

○西隅抹（跋）扈

【挏】

《說文》：，攡引也。漢有挏馬官，作馬酒。从手同聲。

廿世紀璽印三-GP

○挏馬丞印

漢印文字徵

○桐馬丞印

【招】

《說文》：，手呼也。从手、召。

馬壹 89_214

○莫若招霸齊而尊

張・引書 27

○左右招兩臂

東漢・成陽靈臺碑

○招祥（袢）塞咎

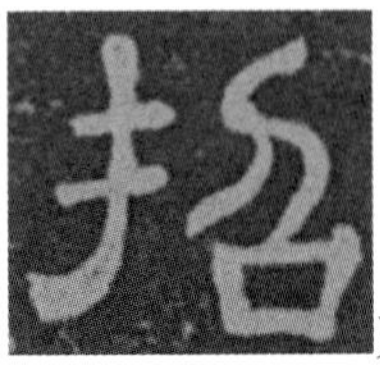
東漢・夏承碑

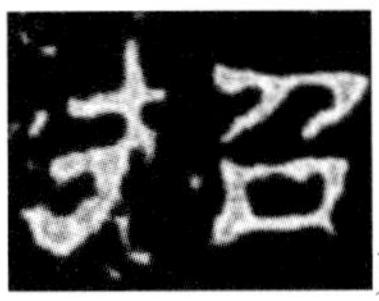
東漢・楊震碑

北魏・趙廣者誌

○賔何其非□□招流禍

北魏・王僧男誌

○渡馬招辜

北魏・元緒誌

○招之以文

北齊・暴誕誌

○位以德招

【撫】

《說文》：，安也。从手無聲。一

曰循也。

【⿺辶亡】

《說文》：⿺辵亡，古文从辵、亡。

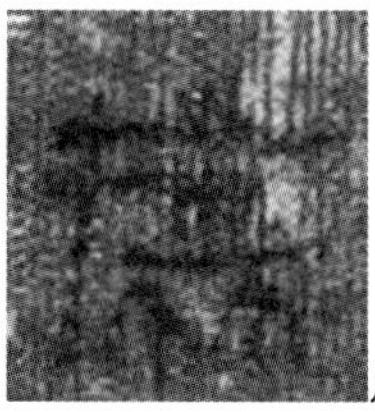
馬貳 89_419/409

○其灌撫以布令

張・奏讞書 147

○以撫定之

張・引書 100

○撫心舉頤

銀貳 1142

○人安（按）地撫(抚)埶（勢）

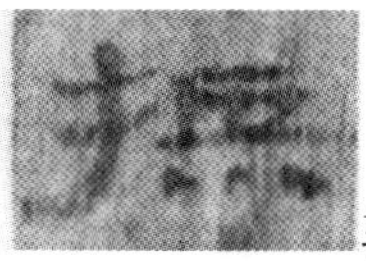
敦煌簡 0200

○明摃撫賦

武・甲《特牲》26

○右撫祭酒

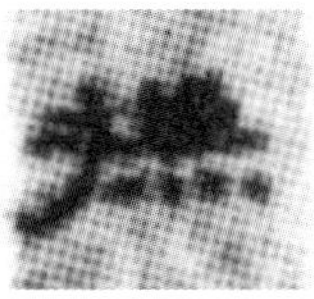
武・甲《泰射》55

○左右撫之

漢印文字徵

漢印文字徵

漢晋南北朝印風

東漢・建寧三年殘碑

北魏・元繼誌

北魏・元誘妻馮氏誌

東魏・王僧誌

○撫孤矜寡

北齊・狄湛誌

北周・張僧妙法師碑

○宣柔嘉以撫民

北周・安伽誌

【捪】

《説文》：，撫也。从手昏聲。一曰摹也。

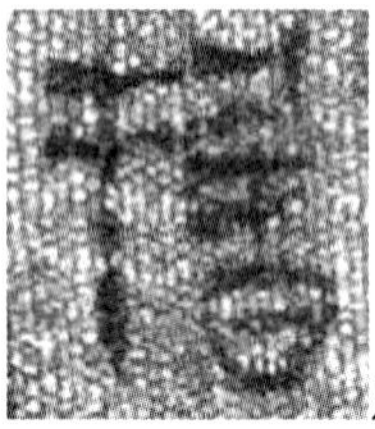
馬貳 70_55/55

○灸以捪

北貳・老子 168

○國家捪（昏）亂

【揣】

《説文》：，量也。从手耑聲。度高曰揣。一曰捶之。

北齊・三十五佛名經

【抧】

《説文》：，開也。从手只聲。讀若抵掌之抵。

【摜】

《説文》：，習也。从手貫聲。《春秋傳》曰："摜瀆鬼神。"

【投】

《説文》：，擿也。从手从殳。

睡・法律答問 90

睡・日甲《詰》53

睡・日甲《詰》64

睡・日甲《詰》57

睡・日乙 106

關・病方 338

里・第八層 1517

○不能投宿

馬壹 110_156\325

馬壹 86_164

○不聽投質於趙請爲

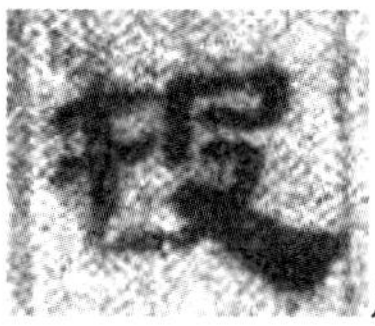
馬貳 33_6 下

○若繩投之地

張・具律 118

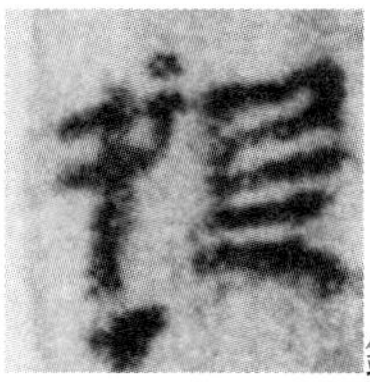
銀壹 297

○以當投幾（機）

金關 T27:010

○投錧各二

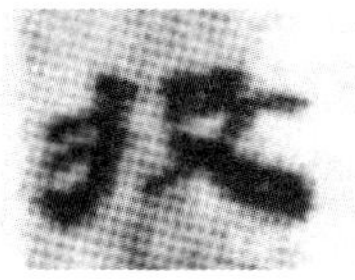
武・甲《有司》30

秦代印風

漢印文字徵

漢印文字徵

漢印文字徵

北魏・長孫季誌

○顧千里而投步

北魏・元壽安誌

北魏・慈慶誌

東魏・杜文雅造像

○類芥投針

東魏・杜文雅造像

○故投藥隨機

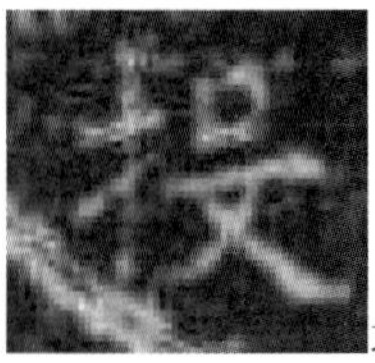
北齊・司馬遵業誌

○投跡厚重

【擿】

《説文》：，搔也。从手適聲。一曰投也。

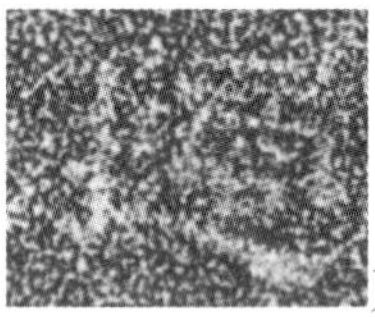
東漢・王舍人碑

○擿栽吝

【搔】

《説文》：，括也。从手蚤聲。

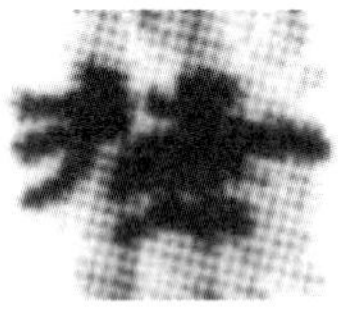
武・甲《有司》1

○司徹搔（埽）堂

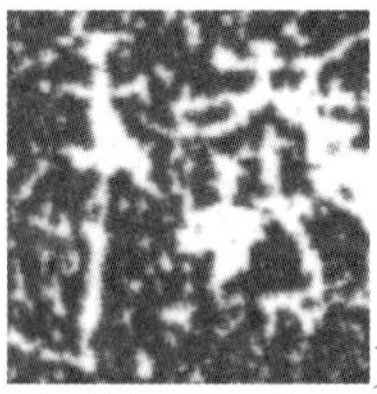
東漢・北海相景君碑陽

○遠近搔首

【扴】

《説文》：，刮也。从手介聲。

【摽】

《説文》：，擊也。从手票聲。一曰挈門壯也。

北魏・王普賢誌

北齊・高潤誌

○思摽象外

【挑】

《説文》：，撓也。从手兆聲。一曰摷也。《國語》曰："卻至挑天。"

馬貳 116_128/127

○反覆挑之

【抉】

《説文》：，挑也。从手夬聲。

睡・秦律十八種 84

○以收抉出其分

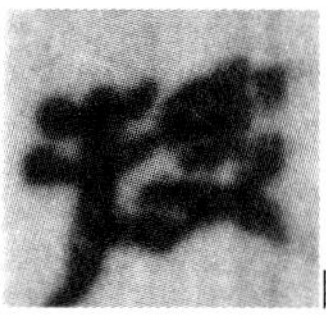
睡・法律答問 30

○抉籥（鑰）贖

馬貳 74_135/135

○人鼻抉（缺）指斷

【撓】

《説文》：，擾也。从手堯聲。一曰捄也。

嶽・芮盜賣公列地案 81

○後撓益賈

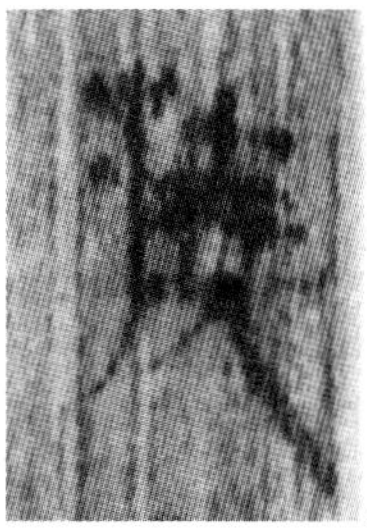
里・第八層 1766

○□撓歙（飲）

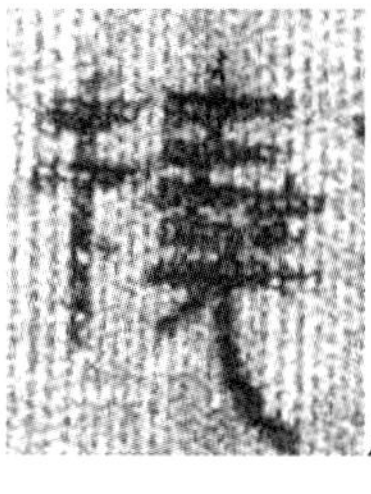
馬貳 69_24/24

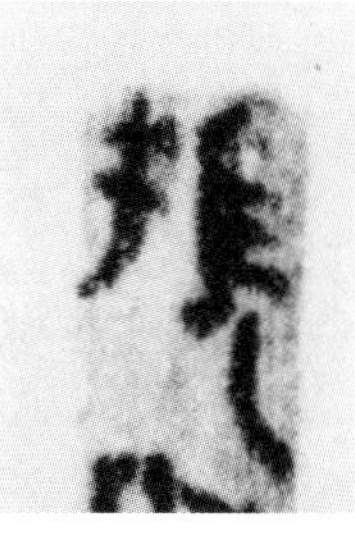
銀壹 911

○撓（鐃）央

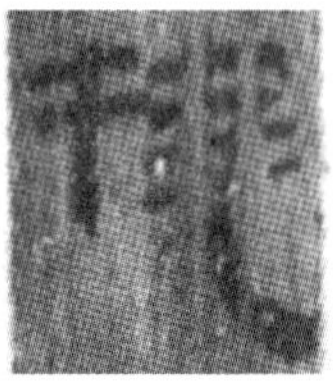
銀貳 2117

○不撓（招）指

北魏・元過仁誌

北魏・秦洪誌

○不撓山雲之氣

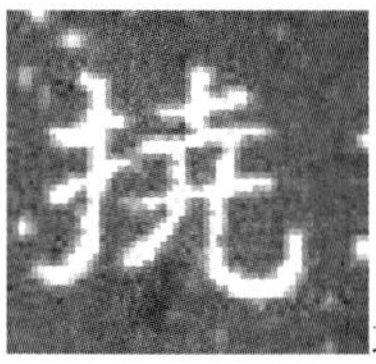
北齊・崔昂誌

○可折而無撓

【擾（擾）】

《説文》：，煩也。从手钧聲。

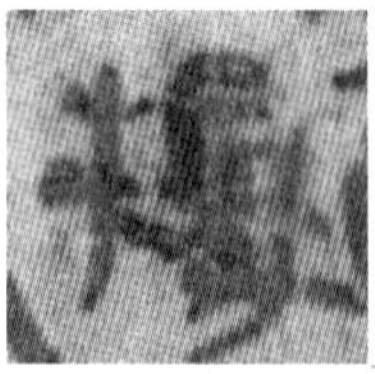
里・第八層 2101

○快擾

張・奏讞書 115

○牛雅擾易

銀貳 1922

○壹擾則虫

金關 T26:065

○煩擾奪民時

北壹・倉頡篇 16

○嫯鬈簩擾（擾）

北壹・倉頡篇 72

○窺𩮜慁擾（擾）

漢印文字徵

○周擾之印

漢印文字徵

○閻擾

東漢・史晨後碑

○侵擾百姓

東漢・成陽靈臺碑

○軍甲數擾

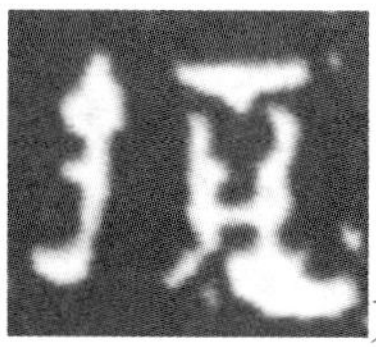
東漢・樊敏碑

○京師擾穰

東漢・曹全碑陽

北魏・元子正誌

北魏・寇治誌

北齊・徐顯秀誌

北齊・韓山剛造像

○擾擾四生

【挶】

《説文》：，戟持也。从手局聲。

【据】

《説文》：，戟挶也。从手居聲。

張・奏讞書 83

【擖】

《説文》：，刮也。从手葛聲。一曰撻也。

【摘】

《説文》：，拓果樹實也。从手啻聲。一曰指近之也。

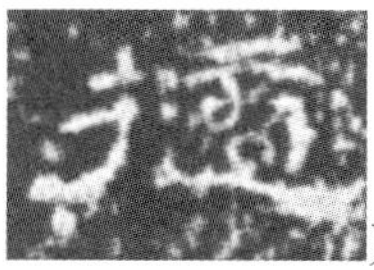
東漢・史晨前碑

○鉤河摘雒

北魏・高衡造像

○摘其一句一字

【搳】

《説文》：，擖也。从手害聲。

【摲】

《説文》：，暂也。从手斬聲。

【拹】

《説文》：，摺也。从手劦聲。一曰拉也。

【摺】

《説文》：，敗也。从手習聲。

【揫】

《説文》：，束也。从手秋聲。《詩》曰："百禄是揫。"

【摟】

《説文》：，曳、聚也。从手婁聲。

【抎】

《説文》：，有所失也。《春秋傳》曰："抎子，辱矣。"从手云聲。

【披】

《説文》：，从旁持曰披。从手皮聲。

秦代印風

○王披列

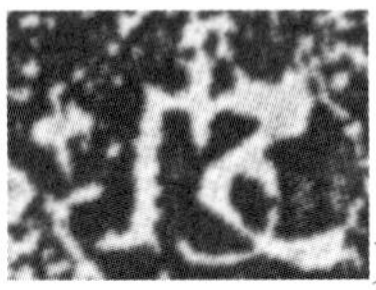東漢・張遷碑陽

○披覽詩雅

北魏・元項誌

北魏・秦洪誌

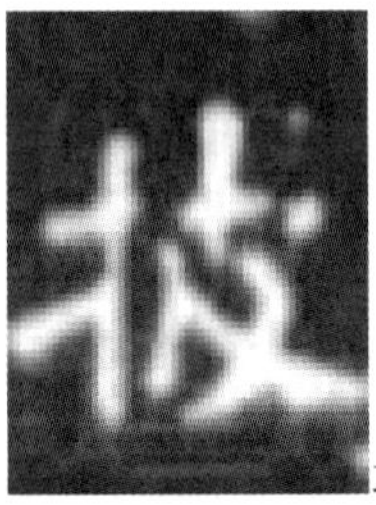北魏・穆循誌

北齊・吳遷誌

北齊・婁黑女誌

【𢬵】

《説文》：，引縱曰瘳。从手，瘛省聲。

【掌】

《説文》：，積也。《詩》曰："助我舉掌。"搣頰旁也。从手此聲。

【掉】

《説文》：，搖也。从手卓聲。《春秋傳》曰："尾大不掉。"

【搖】

《説文》：，動也。从手䍃聲。

漢銘・嘉至搖鍾

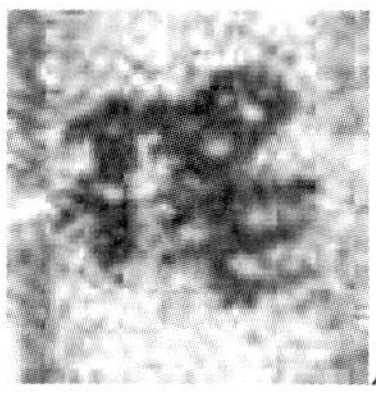
馬壹 226_79

〇高單大搖

馬貳 219_36/47

〇門龠因（咽）搖（榣）

馬貳 36_53 上

〇亓（其）搖（榣）數爲利

張・蓋廬 43

〇搖衆有臞（懼）

張・引書 10

〇上搖之

東漢・開母廟石闕銘

〇劓文燿以消搖

東漢・公乘田魴畫像石墓題記

〇魂應搖而东西

北魏・元顯儁誌

北魏・李端誌

東魏・司馬興龍誌

北齊・赫連子悅誌

【搈】

《說文》：，動搈也。从手容聲。

【搋】

《說文》：，當也。从手貳聲。

【揂】

《說文》：，聚也。从手酋聲。

【掔】

《說文》：，固也。从手臤聲。讀若《詩》“赤舄掔掔”。

嶽・為吏45

○慎謹掔（堅）固

北壹・倉頡篇76

○掔陬雋陼郝鄆

歷代印匋封泥

○魏掔

北魏・弔比干文

○掔瓊枝而槃桓

【拲】

《說文》：，奉也。从手夅聲。

【擧】

《說文》：，對舉也。从手輿聲。

【揚】

《說文》：，飛舉也。从手昜聲。

【敭】

《說文》：，古文。

漢銘・綏和鴈足鐙

漢銘・徐揚鐖

里・第八層背 181

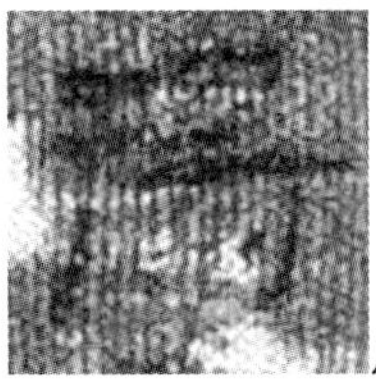
馬貳 72_92/92

○出揚去

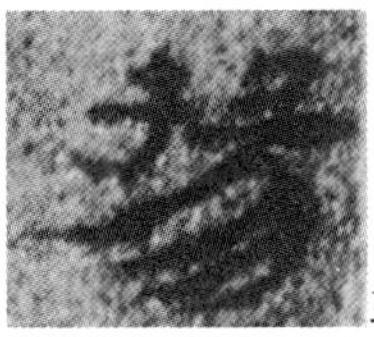
敦煌簡 2253

○揚波辟柱

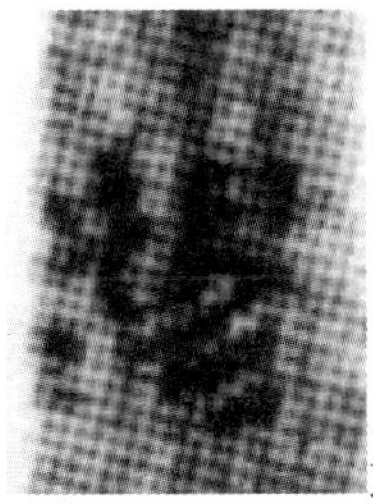
武・甲本《燕禮》39

○賓所揚（滕）柧

吴簡嘉禾・四・二二六

○州吏黄揚

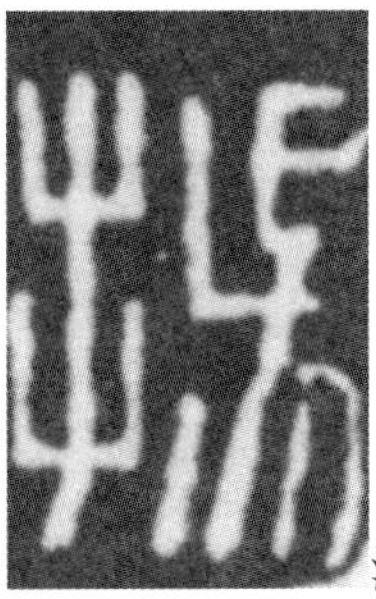
漢晉南北朝印風

○鷹揚將軍章

漢印文字徵

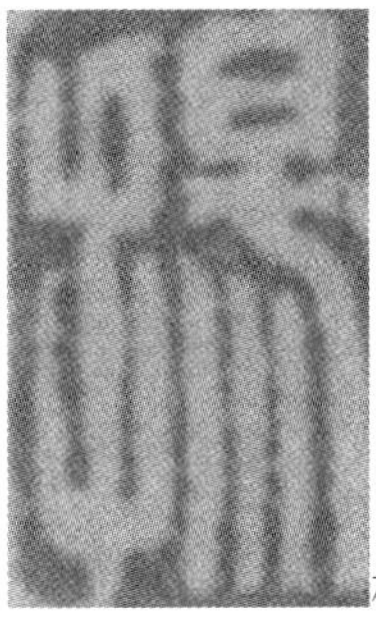
柿葉齋兩漢印萃

○朱揚

柿葉齋兩漢印萃

漢代官印選

柿葉齋兩漢印萃

漢晉南北朝印風

廿世紀璽印四-GY

漢晉南北朝印風

漢晉南北朝印風

東漢・建寧三年殘碑

東漢・譙敏碑

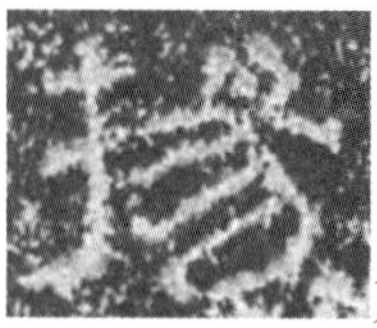
東漢・孟孝琚碑

晉・黃庭内景經

西晉・臨辟雍碑

北魏・霍揚碑額

○霍揚之碑

東魏・李憲誌

北齊・婁黑女誌

【舉】

《說文》：，對舉也。从手與聲。

睡・日甲 8

○十一日曰舉

嶽・為吏 30

○舉吏審當

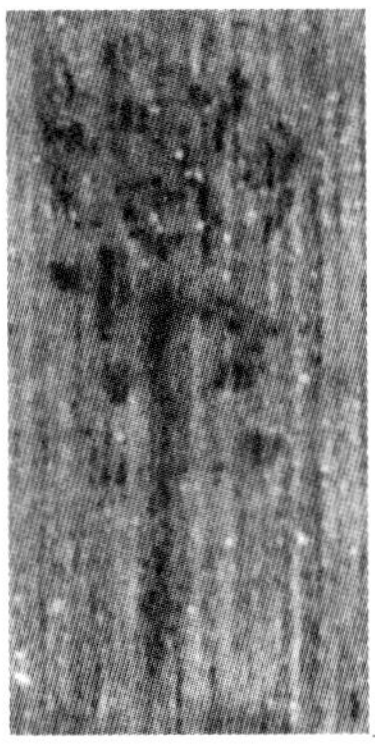
里・第八層 1054

○令縣舉傳囚斷

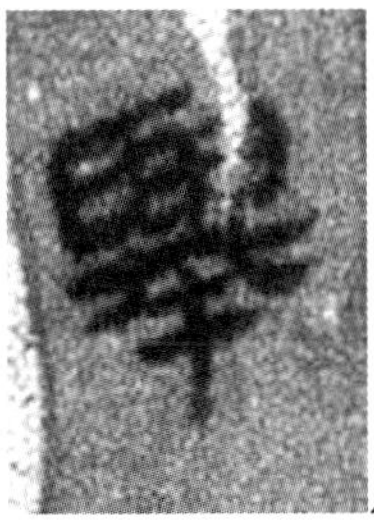
馬壹 131_11 下\88 下

○舉事將不成

馬壹 12_73 下

○以舉（譽）命尚

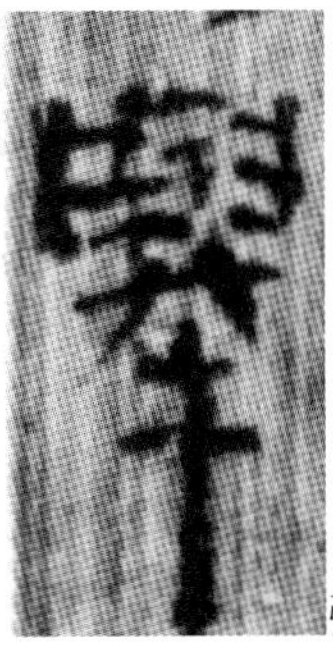
張・奏讞書 203

張・引書 68

○而力舉手信（伸）

敦煌簡 1557

○回度舉毋必

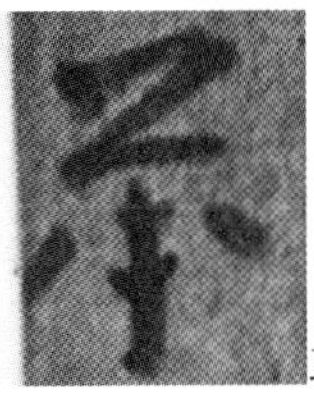
敦煌簡 0067

○舉國徙人

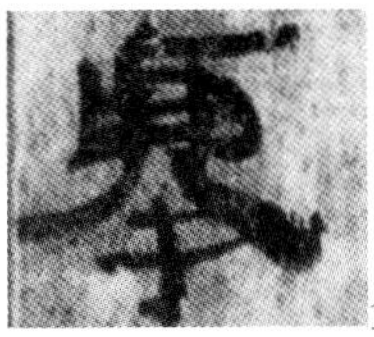
金關 T24:955

○燔薪舉地一蓬

金關 T24:743

○蓬書舉二

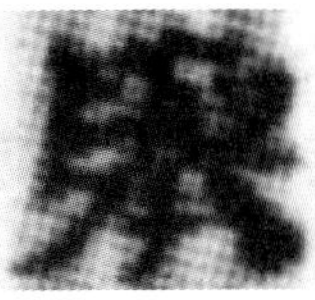
武・甲《特牲》49

○嗣舉鄭（奠）

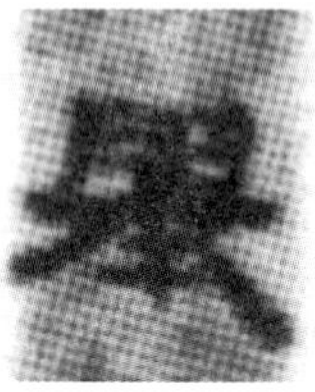
武・甲《少牢》44

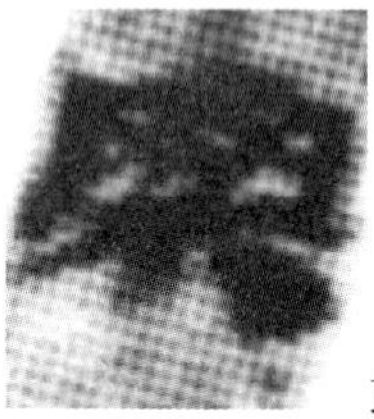
武・甲《有司》3

○拜乃舉司馬

東牌樓036背

○舉頓首再拜

廿世紀璽印二-SY

○公孫舉

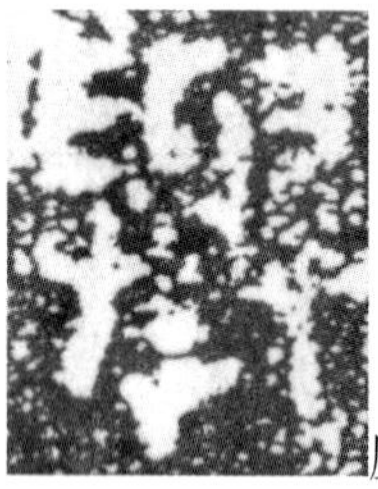
歷代印匋封泥

○咸郿里舉

漢印文字徵

漢印文字徵

漢印文字徵

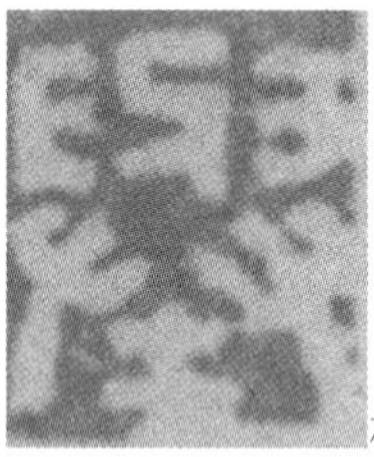
柿葉齋兩漢印萃

○左舉之印

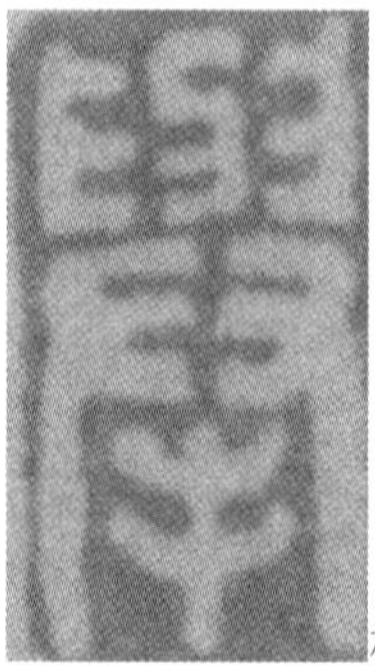
柿葉齋兩漢印萃

○張舉印

東漢・舉孝廉等字殘碑

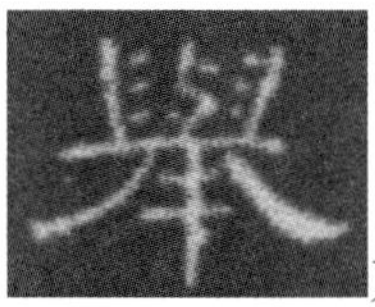
東漢・曹全碑陽

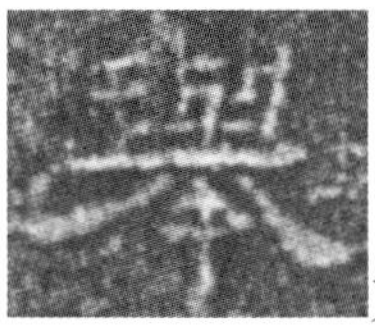
東漢・禮器碑陰

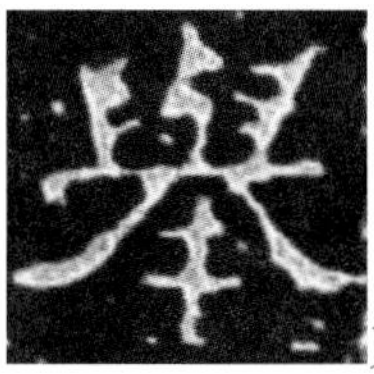
東漢・楊震碑

北魏・劉玉誌

○舉一足明

北周・寇嶠妻誌

○舉家西赴

【掀】

《說文》：，舉出也。从手欣聲。《春秋傳》曰：“掀公出於淖。”

【揭】

《說文》：，高舉也。从手曷聲。

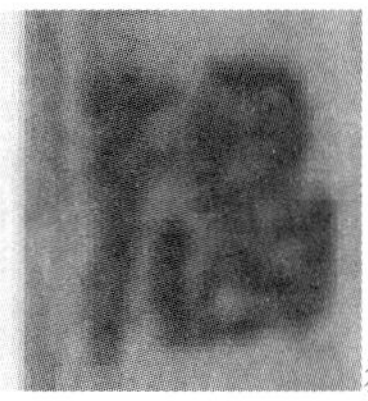
嶽・得之案 183

○揭帬（裙）

北魏・崔隆誌

○揭日月而爭光

【抍】

《說文》：，上舉也。从手升聲。《易》曰：“抍馬，壯，吉。”

【撜】

《說文》：，抍或从登。

馬壹 13_90 上

○初六撜（拯）馬吉

東漢・熹平石經殘石五

○不拯（抍）其咎

東漢・孔彪碑陽

【振】

《說文》：，舉救也。从手辰聲。一曰奮也。

馬壹 81_47

○振臣之死臣之德王

馬貳 214_23/124

○振動

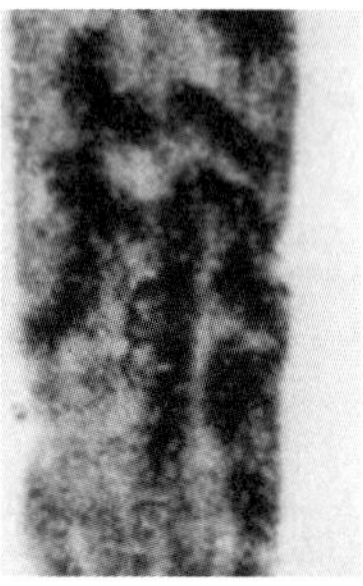
銀壹 745

○振振冥冥

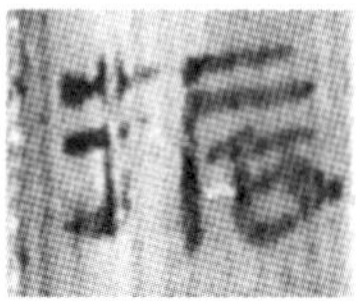
銀貳 1166

敦煌簡 0971

○分振罷贏

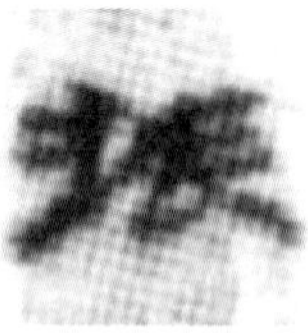
武・甲《特牲》28

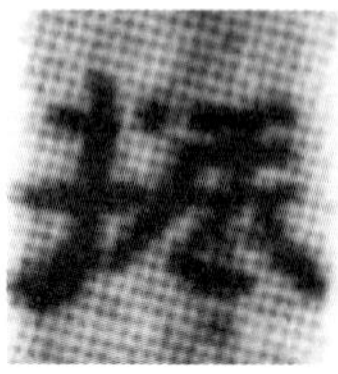
武・甲《少牢》30

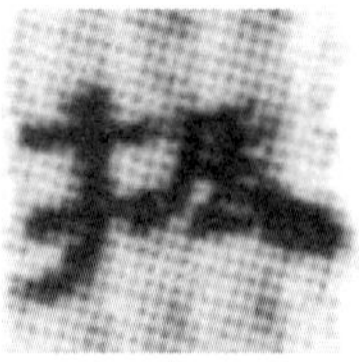
武・甲《有司》65

○于監（鹽）振祭齋（嚌）之

廿世紀璽印四-GY

○振武亭侯

漢晉南北朝印風

○振威將軍章

漢晉南北朝印風

○振威將軍章

漢晉南北朝印風

東漢・景君碑

○振華處實

東漢・石祠堂石柱題記

○皆得相振

東漢・曹全碑陽

○還師振旅

東漢・曹全碑陽

○封弟叔振鐸于曹國

東晉・爨寶子碑額

○晉故振威將軍

北魏・元悌誌

北魏・元彦誌

○昇朝玉振

北魏・司馬顯姿誌

○振雷聲於郢豫

北魏・趙光誌

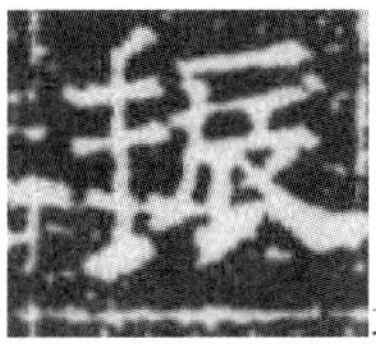
北齊・崔宣華誌

○振英聲於後葉

北齊・張海翼誌

○聲振山東

【扛】

《説文》：扛，横關對舉也。从手工聲。

【扮】

《説文》：扮，握也。从手分聲。讀若粉。

【撟】

《説文》：撟，舉手也。从手喬聲。一曰撟，擅也。

睡・日甲《詰》60

○髮撟若虫及須

關・病方344

〇左手撟杯水

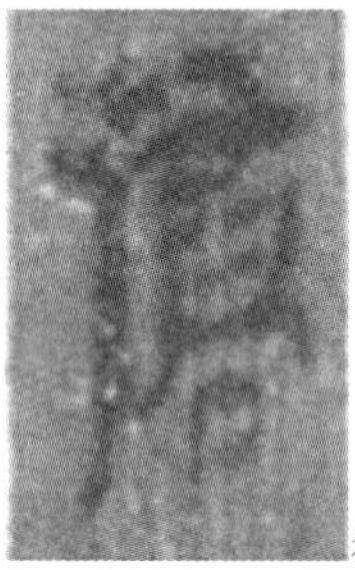
嶽・為吏 5

〇正以撟之

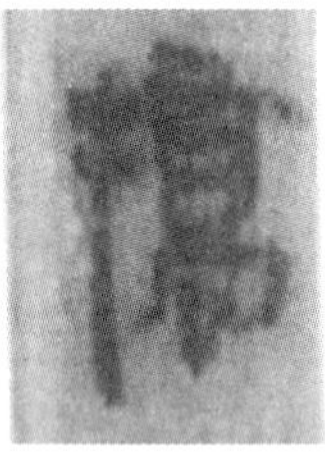
嶽・學為偽書案 226

張・賊律 11

〇撟（矯）制害者

張・引書 15

銀壹 382

〇死撟而下之

秦代印風

〇範撟

【捎】

《說文》：，自關巳西，凡取物之上者爲撟捎。从手肖聲。

【擁】

《說文》：，抱也。从手雝聲。

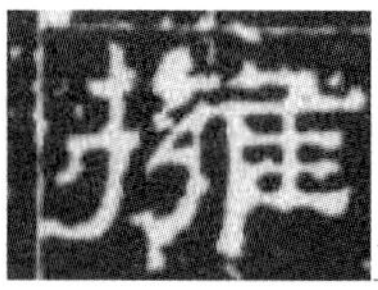
三國魏・曹真殘碑

北魏・元爽誌

北魏・爾朱襲誌

北魏・元瞻誌

北齊・唐邕刻經記

【擩】

《說文》：，染也。从手需聲。《周禮》：“六曰擩祭。”

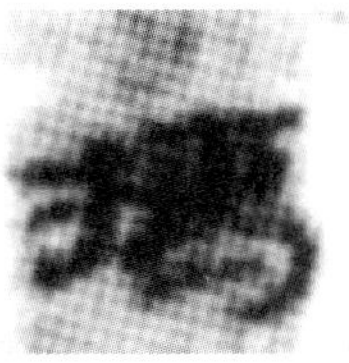
武・甲《特牲》28

〇取肝擩監

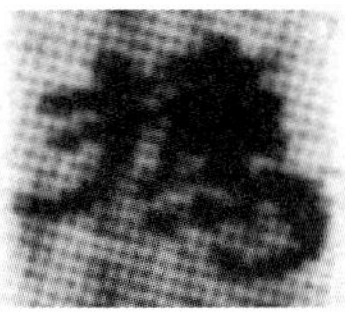
武・甲《少牢》35

〇取菹擩

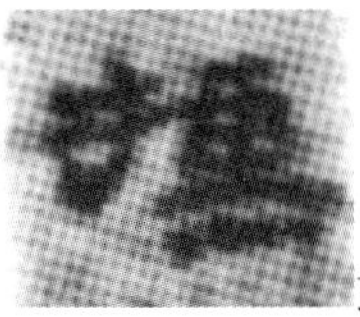
武・甲《有司》73

〇東羊擩（臑）豕

【揄】

《説文》：，引也。从手俞聲。

睡・編年記 10

〇月喜揄史

里・第八層 1540

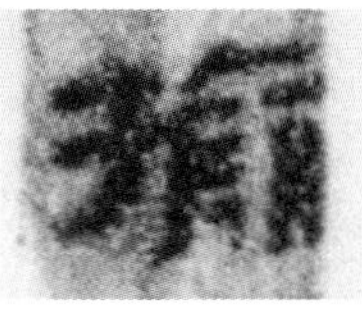
銀壹 272

〇十而揄之

北貳・老子 137

漢印文字徵

歷代印匋封泥

〇贛揄令印

【擎】

《説文》：，擎擭，不正也。从手般聲。

【擭】

《説文》：，擎擭也。一曰布擭也，一曰握也。从手蒦聲。

漢印文字徵

〇王擭之印信

【拚】

《説文》：，拊手也。从手弁聲。

【擅】

《說文》：擅，專也。从手亶聲。

睡・秦律十八種 106

〇毋擅叚（假）

睡・秦律雜抄 34

〇守除擅下人

睡・法律答問 161

〇擅興奇祠

睡・為吏 16

〇三曰擅裚（製）

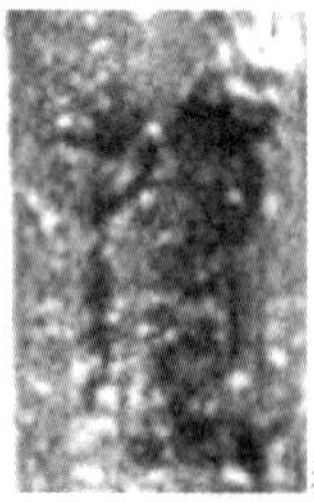
嶽・為吏 10

〇擅叚縣官

嶽・芮盜案 70

〇即擅竊治

馬壹 137_62 下/139 下

〇謀不擅斷

馬壹 127_63 下

〇擅主

馬壹 113_42\393

〇擅主之前

馬壹 112_33\384

〇得擅主之前

馬壹 87_176

○利擅河山之間

馬貳 39_71 下

○堅久擅（壇）曼者

張・徭律 410

○官敢擅壞

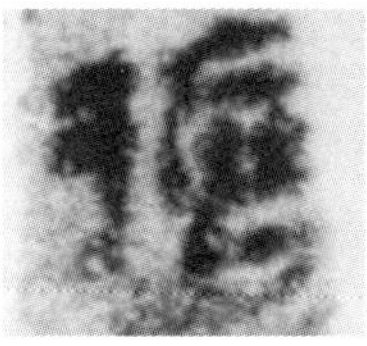
銀壹 62

○勝可擅

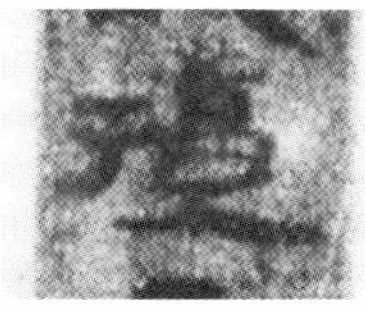
敦煌簡 2325

○勿敢擅予

金關 T27:052

○擅離署地

漢印文字徵

北魏・元愔誌

○擅美一時

北魏・崔鴻誌

北魏・元熙誌

○姦臣擅命

北魏・盧令媛誌

○故以擅綵平林

北魏・石婉誌

○慚擅名於魯邦

北齊・斛律氏誌

○居人擅美

北齊・婁黑女誌

【揆】

《説文》：，葵也。从手癸聲。

銀貳 1576

○固以揆其慮施伏設

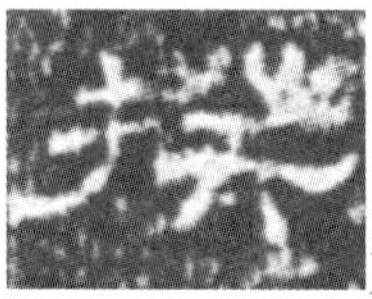
東漢・史晨前碑

○却揆未然

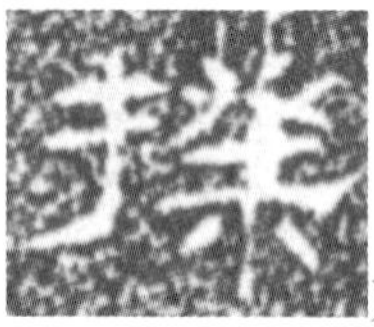
東漢・石門頌

○揆往卓今

北魏・侯剛誌

北魏・元珍誌

北魏・穆亮誌

【擬】

《説文》：，度也。从手疑聲。

漢印文字徵

○韓擬印信

東漢・曹全碑陽

○清擬夷齊

北魏・元朗誌

○寔擬賢戚

北魏・元仙誌

○萬頃不得擬其博

北魏・楊舒誌

○寧或能擬

北齊・高湝誌

○擬價何關人寶

【損】

《説文》：，減也。从手員聲。

馬壹 98_86

○損（敗）有餘

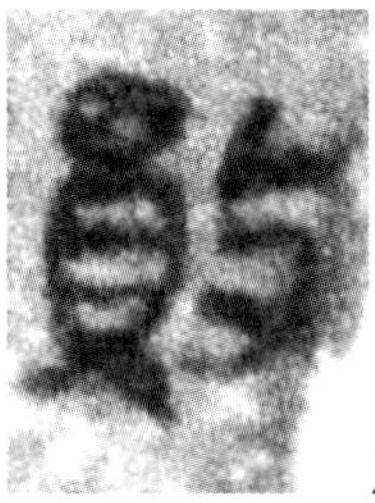馬壹 95_13

○損（敗）之

馬壹 36_46 上

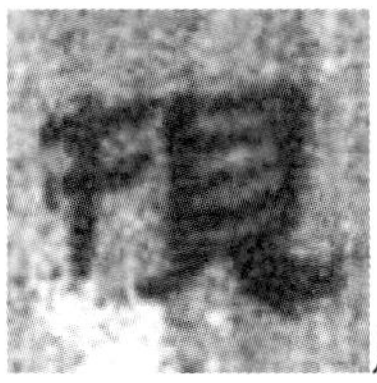馬壹 4_13 下

○弗損益之

銀貳 1056

北貳・老子 110

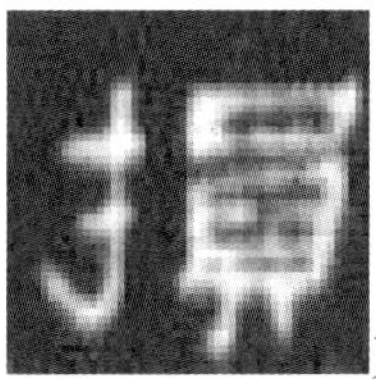東漢・營陵置社碑

東漢・西岳華山廟碑陽

東漢・陽嘉殘碑陽

○損俸禄

北魏・元宥誌

北魏・元新成妃李氏誌

北齊・司馬遵業誌

【失】

《説文》：，縱也。从手乙聲。

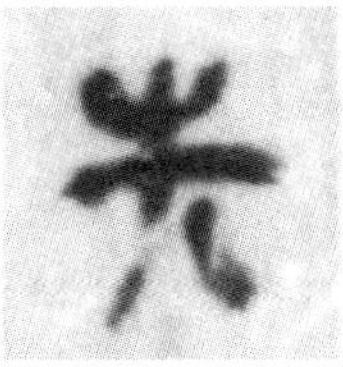睡・秦律十八種 126

○車空（控）失（跌）

睡・法律答問 115

○聽之失鋈足論可

睡・為吏 13

○有五失

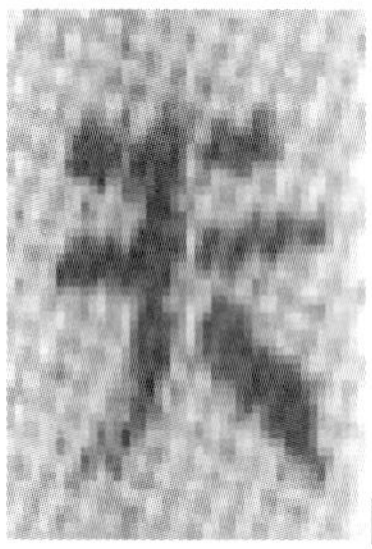
關・日書 219

○必後失之

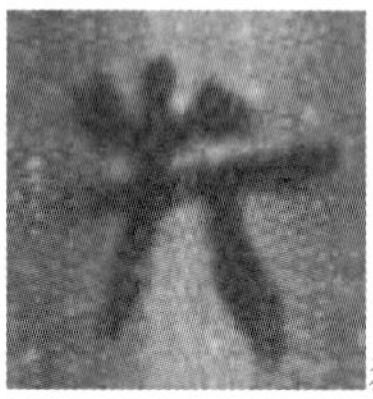
嶽・占夢書 3

嶽・暨過案 102

里・第八層 1624

○充獄失守府

馬壹 123_23 下

○主失立（位）

馬壹 91_271

○陳軫失計

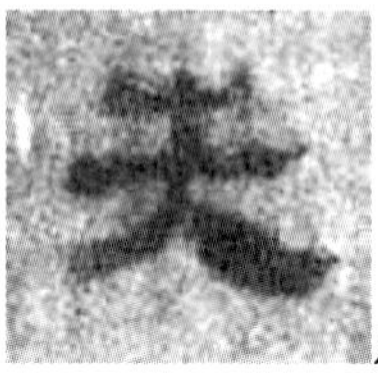
馬壹 15_5 上\98 上

○人安失（佚）矣

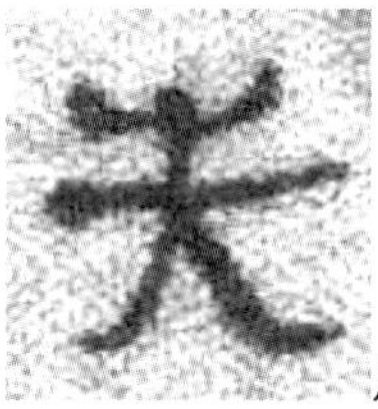
馬貳 21_33 下

○吉日失（昳）

張・賊律 4

○失火延燔之罰

張・奏讞書 143

○令失聞別異

張・引書 86

○失欲口不合

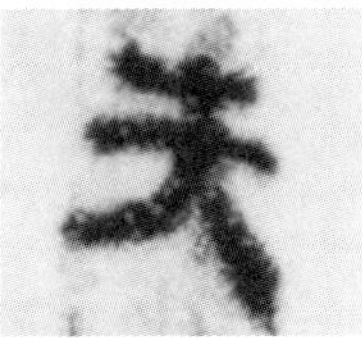
銀壹 815

○偽詐失民得法

銀貳 1167

○軍失其常

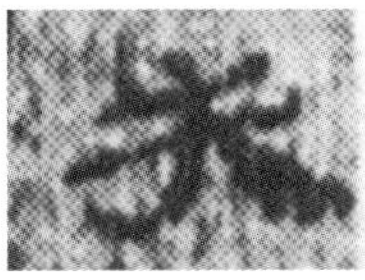
敦煌簡 2057

敦煌簡 0052

○失戰利

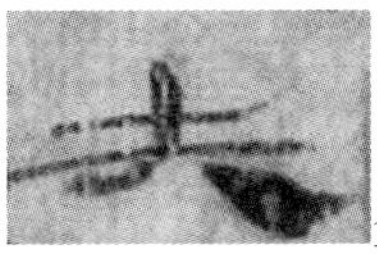
金關 T21:059

○房誼失寇

金關 T04:119

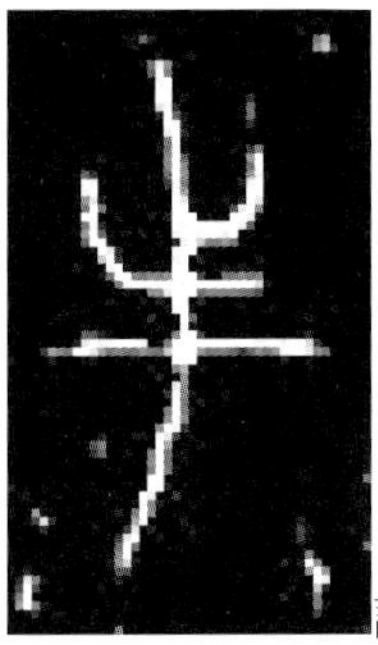
詛楚文・亞駝

○無道淫失甚亂

東漢・建寧三年殘碑

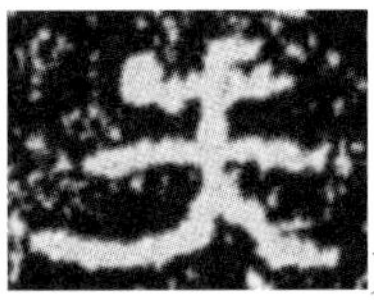
東漢・三老諱字忌日刻石

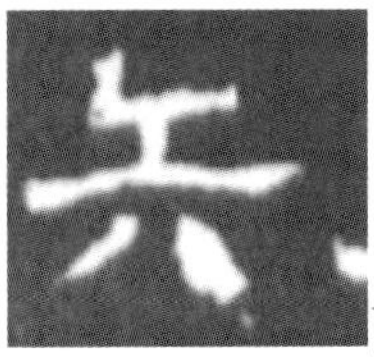
西晉・管洛誌

○曾無片言違慢之失

北魏・元恭誌

北魏・李璧誌

北魏・慧靜誌

○失血暈絕

北魏・元新成妃李氏誌

北魏・元緒誌

【挩】

《説文》：，解挩也。从手兑聲。

馬壹 84_105

○重令（命）挩（兑）也

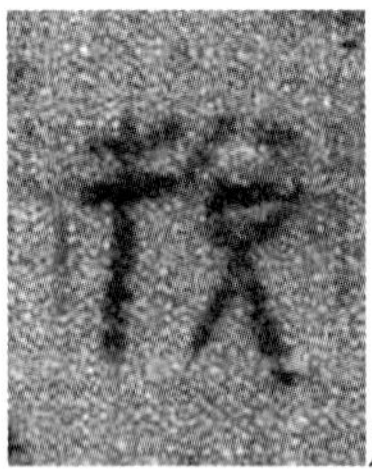
馬貳 113_78/78

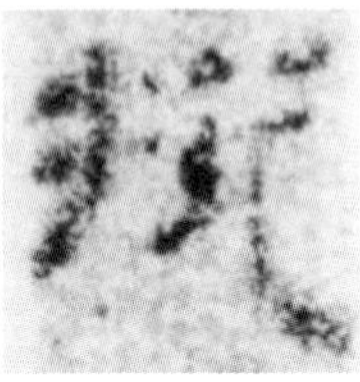
銀壹 257

銀貳 1233

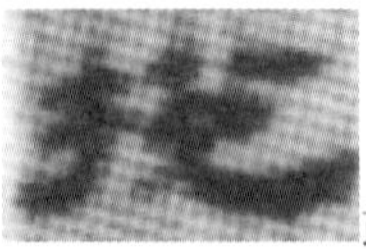
武・儀禮甲《服傳》4

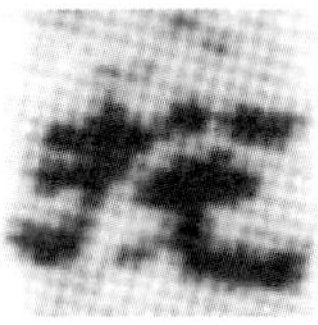
武・甲《特牲》32

武・甲《有司》70

武・甲《泰射》49

【撥】

《説文》：，治也。从手發聲。

北魏・叔孫協及妻誌

○六壁鎮將胡活撥女

北魏・劉氏誌

○常望明月以撥青雲

北齊・崔昂誌

北周・豆盧恩碑

【挹】

《説文》：，抒也。从手邑聲。

東漢・司馬芳殘碑額

東漢・白石神君碑

北魏・元崇業誌

北魏・元勰誌

北魏・李端誌

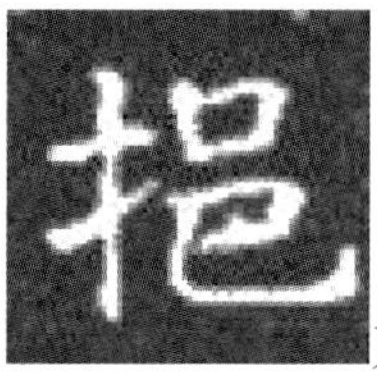
東魏・閭叱地連誌

北齊・張海翼誌

〇待挹匹之衢酒

北周・華岳廟碑

【抒】

《説文》：抒，挹也。从手予聲。

馬貳 212_8/109

東漢・禮器碑

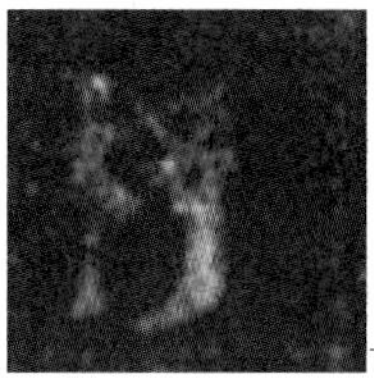
十六國北涼・沮渠安周造像

〇刊石抒懷

北齊・雲榮誌

【抯】

《説文》：抯，挹也。从手且聲。讀若樝梨之樝。

【攫】

《説文》：攫，扟也。从手矍聲。

馬壹 96_36

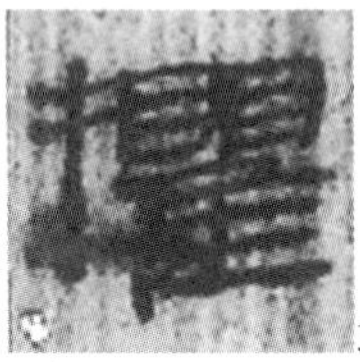
北貳・老子 48

○猛獸攫（攫）

【扟】

《說文》：，从上挹也。从手卂聲。讀若莘。

【拓】

《說文》：，拾也。陳、宋語。从手石聲。

【摭】

《說文》：，拓或从庶。

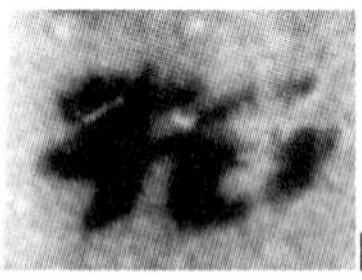
睡・日甲《詰》46

○箠以拓之則不來矣

金關 T07:088

漢印文字徵

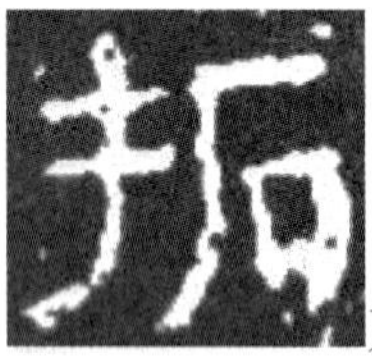
東漢・燕然山銘

北魏・元隱誌

北周・拓跋育誌

東魏・廣陽元湛誌

○罔不捃摭

【攈】

《說文》：，拾也。从手麇聲。

【拾】

《說文》：，掇也。从手合聲。

里・第八層 999

○擇拾札

馬壹 102_166

金關 T04:015

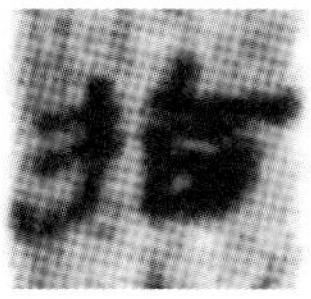
武・甲《泰射》51

〇說決拾襲

北壹・倉頡篇 61

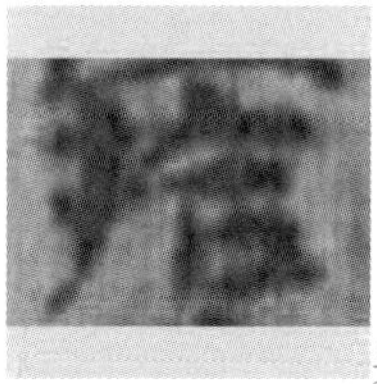
吴簡嘉禾・四・二〇一

秦代印風

秦代印風

漢印文字徵

漢印文字徵

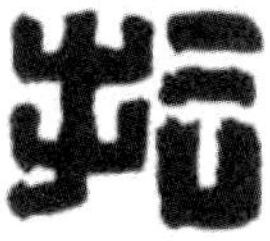
漢印文字徵

〇曹拾信印

漢印文字徵

漢晉南北朝印風

東漢・石門頌

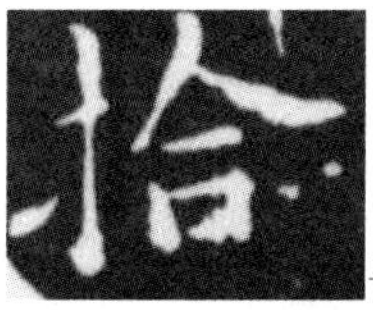
晉・洛神十三行

北魏・元暐誌

北魏・元誕業誌

北魏・元徽誌

北魏・劉江女誌

【掇】

《說文》：，拾取也。从手叕聲。

睡・為吏 7

○級掇（輟）民

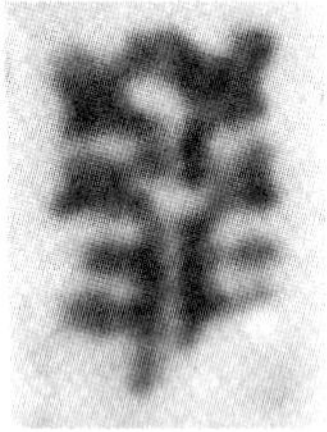
睡・日甲《詰》63

○莠完掇

嶽・占夢書 26

○帶備掇（綴）好

北壹・倉頡篇 22

○䬇斟掇簪譻𧤗聊

北魏・劇市誌

北魏・高衡造像

【擐】

《說文》：，貫也。从手瞏聲。《春秋傳》曰："擐甲執兵。"

北齊・趙熾誌

○至於擐甲枕戈

【搄】

《說文》：，引、急也。从手恆聲。

【摍】

《說文》：，蹴引也。从手宿聲。

東漢・武氏左石室畫像題字

○摍笮（苲）續之

【搜】

《說文》：，相援也。从手虘聲。

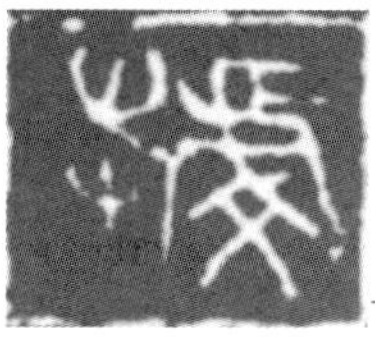
廿世紀璽印二-SY

○醫摅

【援】

《說文》：，引也。从手爰聲。

睡・法律答問 101

○人不援百步中

睡・日甲《歲》67

○爨月援夕

睡・日甲《歲》66

○楚援

里・第八層 1657

○援手

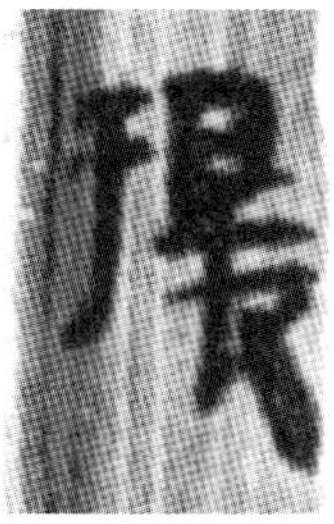
張・奏讞書 154

○不救援

張・蓋盧 32

○毋後援者

北壹・倉頡篇 3

廿世紀璽印二-SP

歷代印匋封泥

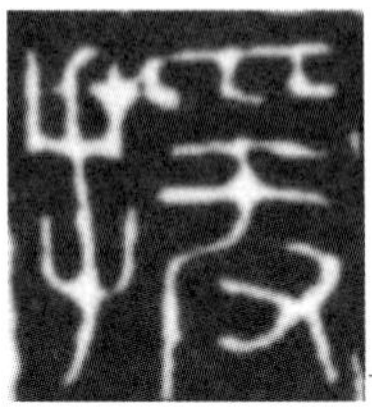
廿世紀璽印三-SY

秦代印風

秦代印風

漢印文字徵

漢印文字徵

○杜援

漢印文字徵

○李援

東漢・尚博殘碑

東漢・尚博殘碑

三國魏・曹真殘碑

○援於□

西晉・郭槐柩記

北魏・元楨誌

北魏・高英誌

東魏・徐府君妻李氏誌

【㨨】

《説文》：，引也。从手畱聲。

【抽】

《說文》：，擂或从由。

【誘】

《說文》：，擂或从秀。

【擢】

《說文》：，引也。从手翟聲。

秦文字編 1755

東漢・孔宙碑陽

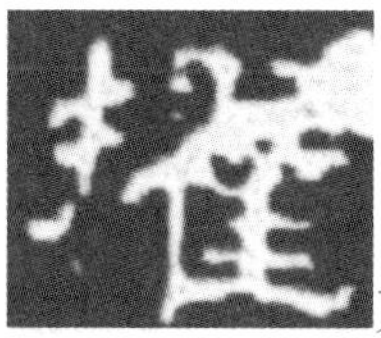
東漢・楊著碑陽

○擢捧議郎

北魏・丘哲誌

北魏・堯遵誌

北魏・給事君妻韓氏誌

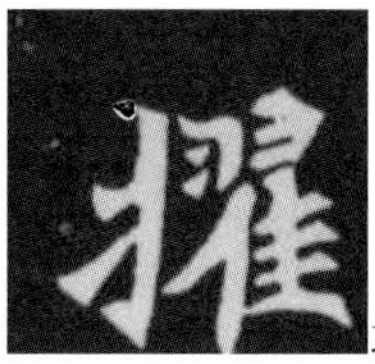
北魏・元羽誌

【拔】

《說文》：，擢也。从手犮聲。

睡・法律答問 81

○而盡拔其須麋

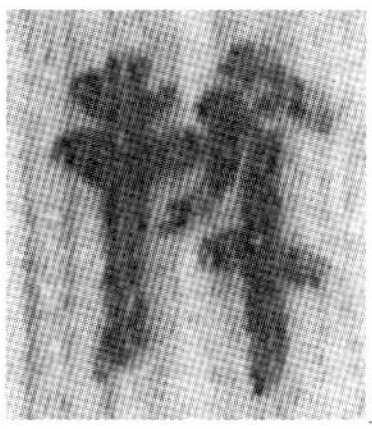
里・第八層 918

○遷陵拔爰書即訊□

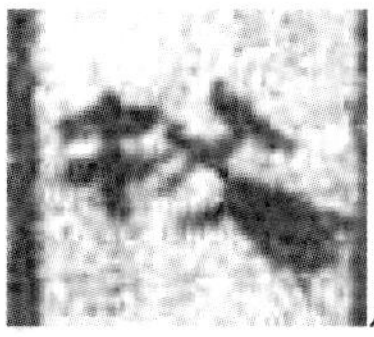
馬壹 226_71

○而城拔

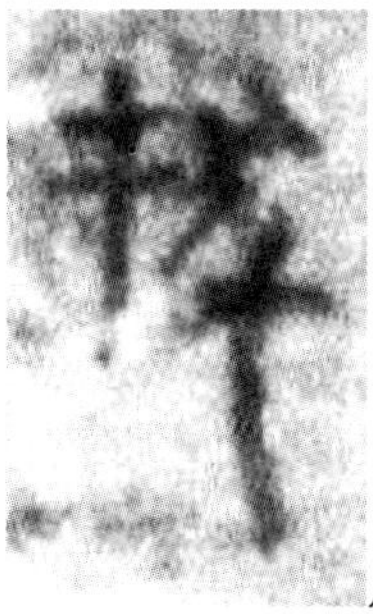
馬壹 91_283

○陵幾拔矣

馬壹 91_274

○拔二城

馬壹 85_143

○攻而弗拔

馬壹 85_133

○梁拔邯戰（鄲）

馬貳 33_17 下

○後者拔厚

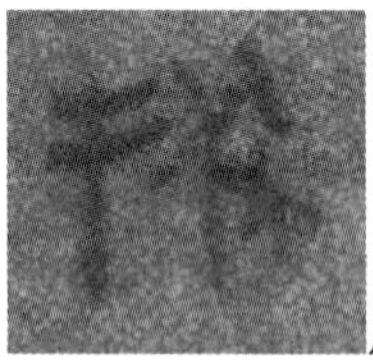
馬貳 112_63/63

○五月拔而以稱醴

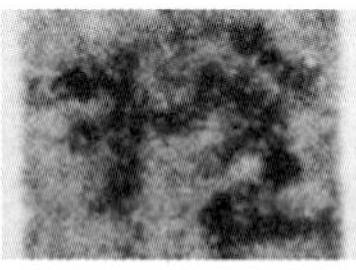
銀壹 166

○足以拔之

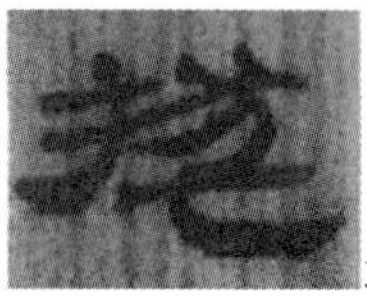
北貳・老子 45

○建不拔善

廿世紀璽印三-GP

漢印文字徵

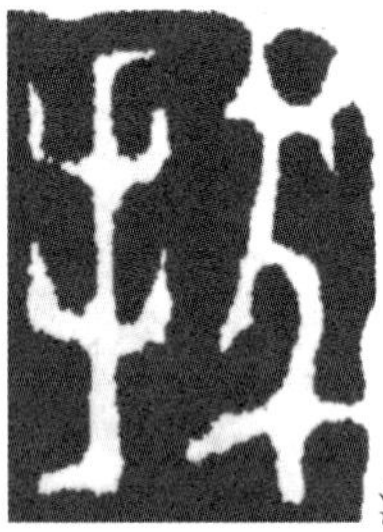
漢代官印選

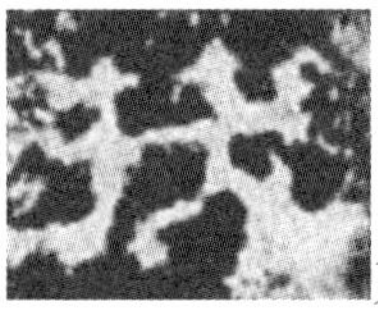
東漢・衛尉卿衡方碑

○招拔隱逸

北魏・辛穆誌

○風神爽拔

北魏・元崇業誌

○英拔異流

北魏・法香等建塔記

○拔彼魂識

北齊・吳遷誌

〇獨拔時英

【揠】

《說文》：揠，拔也。从手匽聲。

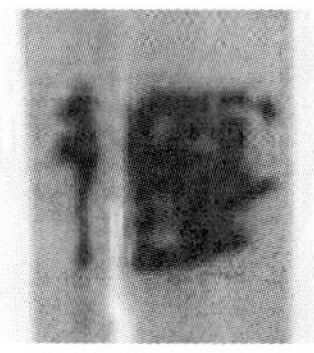
嶽・得之強與棄妻奸案 174

〇捽揠（偃）

【擣】

《說文》：擣，手推也。一曰築也。从手㝷聲。

馬壹 113_51\402

〇守備擣具

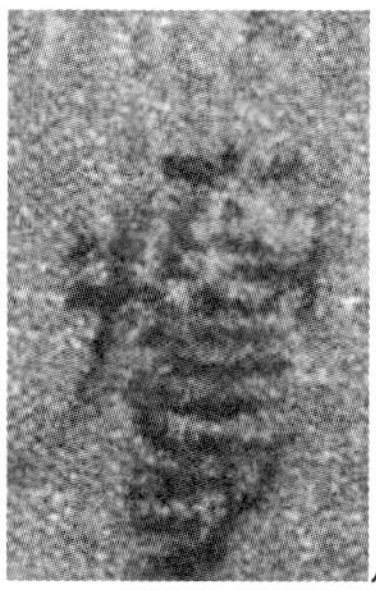
馬貳 113_75/75

〇即并擣漬以水

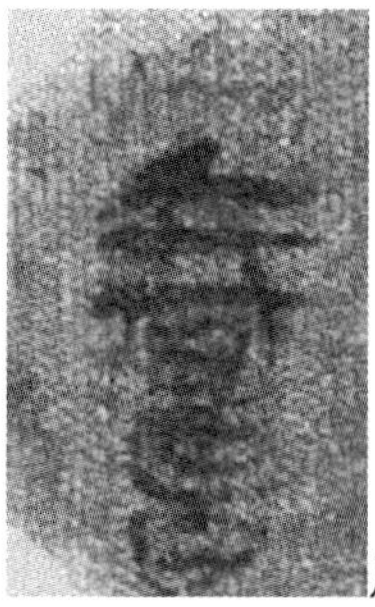
馬貳 91_466/456

〇而擣之

馬貳 71_68/68

〇擣而煮之

金關 T14:010

〇餘漆擣

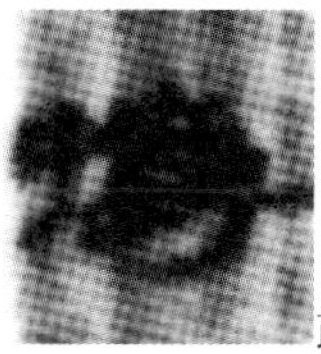
武・甲《泰射》42

〇與中擣（籌）

漢印文字徵

〇擣越

【擧】

《說文》：擧，係也。从手䜌聲。

馬貳 70_46/46

○直肎攣筋所道頭始

東漢・北海相景君碑陽

○路遐攣親

【挺】

《説文》：，拔也。从手廷聲。

馬貳 36_53 上

○馬容挺（莛）者皆

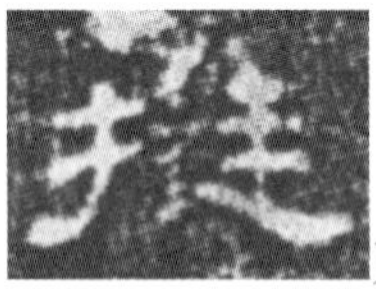
東漢・史晨前碑

○乾巛（坤）所挺

東漢・開母廟石闕銘

○靈支挺生

西晉・趙氾表

○靈挺精英

北魏・王基誌

○黄中挺達

北魏・穆亮誌

○含章挺秀

北魏・韓顯宗誌

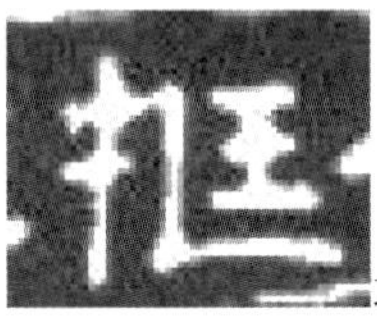
北齊・狄湛誌

○卅挺才雄

北齊・高僧護誌

○君稟異挺生

北齊・徐顯秀誌

北周・寇嶠妻誌

【搴】

《説文》：，拔取也。南楚語。从手寒聲。《楚詞》曰：“朝搴批之木蘭。”

【探】

《説文》：，遠取之也。从手罙聲。

里・第八層 985

○攀探

馬貳 205_30

○息必探（深）而久

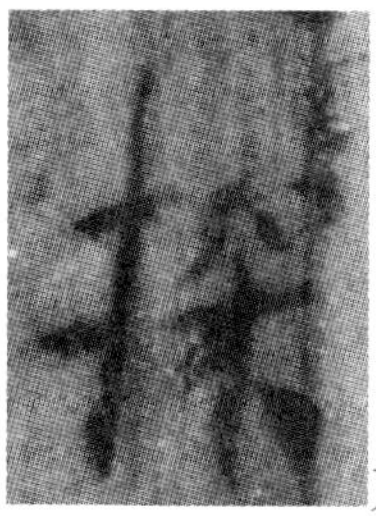
東牌樓 030 正

○往逑探問

東漢・王舍人碑

○念在探嘖索隱

西晉・臨辟雍碑

○探賾仁義之藪

北魏・元舉誌

北魏・元誘誌

○探賾無遺

北齊・柴季蘭造像

【撢】

《説文》：，探也。从手覃聲。

漢印文字徵

○戴撢私印

【捼】

《説文》：，推也。从手委聲。一曰兩手相切摩也。

馬貳 82_279/266

○蕈一捼艾二

【擎】

《説文》：，刖也。一曰擊也。从手敝聲。

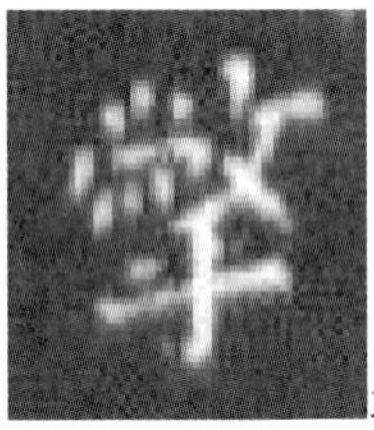
北周・董榮暉誌

○彈棋盡書生之擎（擎）

【搣】

《説文》：，搖也。从手咸聲。

【搦】

《説文》：，按也。从手弱聲。

北齊・房周陁誌

○於是搦筆銜哀

【掎】

《説文》：，偏引也。从手奇聲。

北魏・乞伏寶誌

○掎角之勢

北魏・元融誌

○龜龍掎(旖)旎

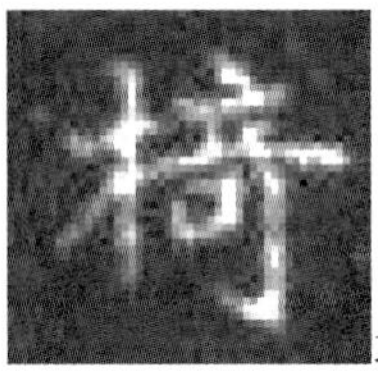
北魏・席盛誌

○掎角有方

【揮】

《説文》：，奮也。从手軍聲。

張・引書 15

東漢・熹平石經殘石四

○揮旁通情也

北魏・元隱誌

北魏・王普賢誌

北周・賀屯植誌

【摩】

《說文》：摩，研也。从手麻聲。

馬貳 213_22/123

○欲摩也

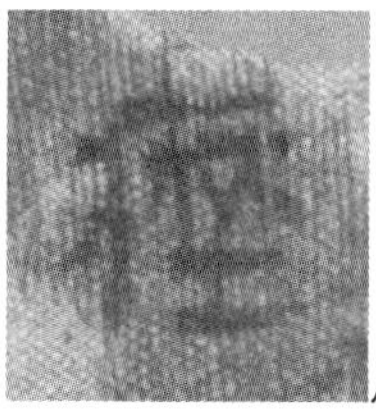
馬貳 86_369/359

○以摩□三而已

東漢・西岳華山廟碑陽

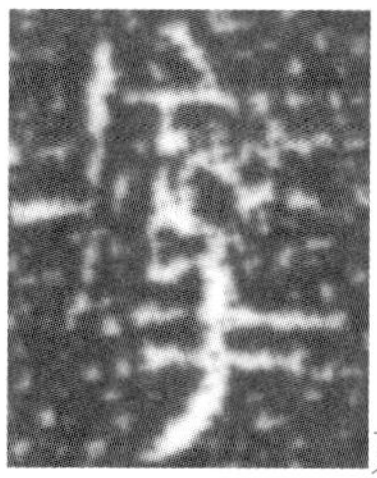
東漢・許安國墓祠題記

北魏・元項誌

北魏・陳天寶造像

○奄加摩疾

北齊・鼓山佛經刻石

北齊・暴誕誌

【⿰扌毘】

《說文》：⿰扌毘，反手擊也。从手毘聲。

【攪】

《說文》：攪，亂也。从手覺聲。《詩》曰："祇攪我心。"

【搑】

《說文》：搑，推擣也。从手茸聲。

【撞】

《說文》：撞，丮擣也。从手童聲。

馬貳 119_204/203

○震撞（動）

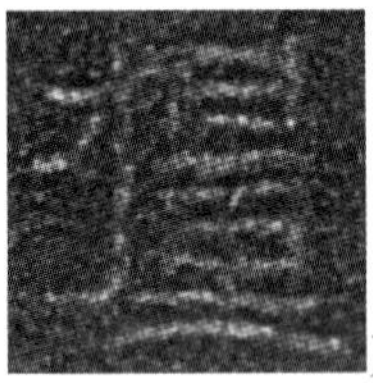
東漢·公乘田鲂畫像石墓題記

○精浮游而撞旌兮

【捆】

《説文》：捆，就也。从手因聲。

【扔】

《説文》：扔，因也。从手乃聲。

【括】

《説文》：括，絜也。从手𠯑聲。

北魏·元昭誌

北齊·張海翼誌

○苞括卿相之才

北周·王榮及妻誌

【抲】

《説文》：抲，抲撝也。从手可聲。《周書》曰："盡執，抲。"

【擘】

《説文》：擘，撝也。从手辟聲。

東漢·鮮於璜碑陰

○擘踊哭泣

【撝】

《説文》：撝，裂也。从手爲聲。一曰手指也。

北魏·侯剛誌

○撝謙不伐

北齊·司馬遵業誌

○雅存撝損

【捇】

《説文》：捇，裂也。从手赤聲。

【扐】

《説文》：扐，《易》筮，再扐而後卦。从手力聲。

【技】

《説文》：技，巧也。从手支聲。

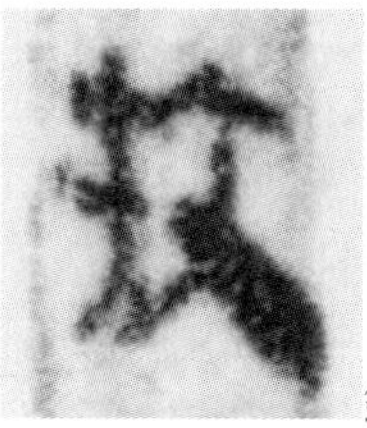
銀壹 935

〇有技巧者

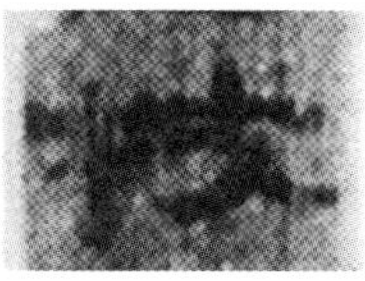
敦煌簡 1846

〇地之技未知

廿世紀璽印三-GP

〇技巧火丞

漢印文字徵

歷代印匋封泥

〇技巧錢丞

西晉・徐義誌

〇技樂嘉音

【摹】

《説文》：，規也。从手莫聲。

秦文字編 1755

東晉・李摹誌

〇郡廣平縣李摹

北魏・元澄妃誌

〇摹典内閨

【拙】

《説文》：，不巧也。从手出聲。

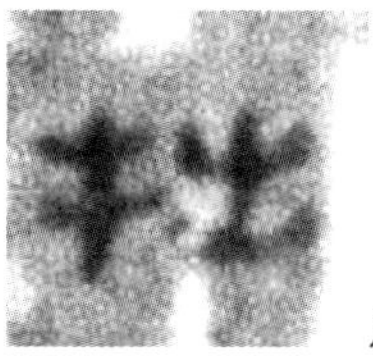
馬壹 143_8/182 下

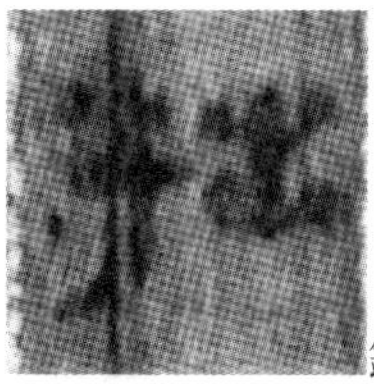
銀貳 1547

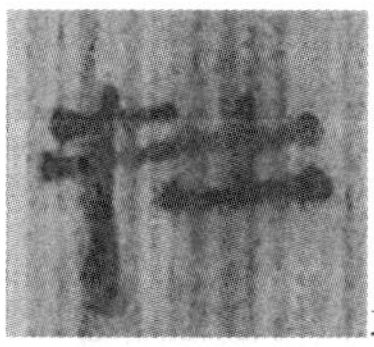
北貳・老子 23

【揞】

《説文》：，縫指揩也。一曰韜也。从手沓聲。讀若眔。

【摶】

《説文》：，圜也。从手專聲。

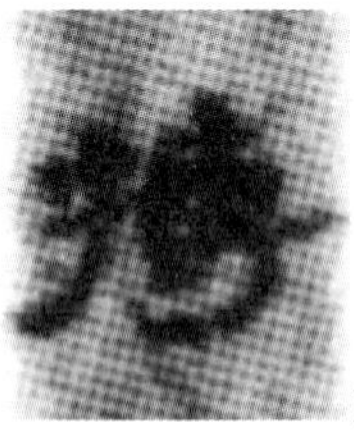
武・甲《少牢》32

○摶之以授尸

北魏・楊濟誌

○含道摶風

北魏・元顯魏誌

○羊角初摶

北魏・元固誌

○摶風上征

北魏・元顯俊誌

○扶搖未摶

北魏・元龍誌

○九萬伊摶

北齊・崔芬誌

○扶摶直上

北周・王通誌

○風摶素蓋

【摑】

《説文》：，手推之也。从手圂聲。

【捄】

《説文》：，盛土於梩中也。一曰擾也。《詩》曰："捄之陾陾。"从手求聲。

【拮】

《説文》：，手口共有所作也。从手吉聲。《詩》曰："予手拮据。"

【搰】

《説文》：，掘也。从手骨聲。

【掘】

《説文》：，搰也。从手屈聲。

北朝·千佛造像碑

北齊·崔芬誌

【掩】

《說文》：，斂也。小上曰掩。从手奄聲。

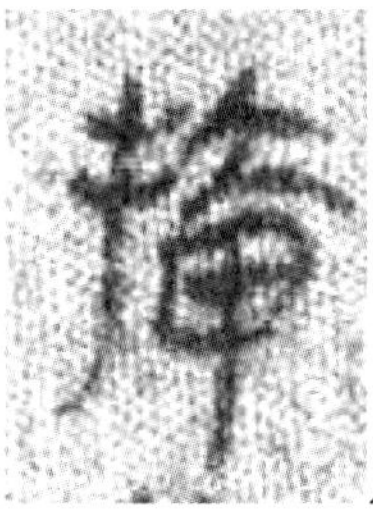
馬壹 266_9 欄

○角亢掩衡

馬壹 249_1-16 欄

○尾箕掩

東漢·石祠堂石柱題記

北魏·宋靈妃誌

北魏·邢偉誌

北魏·王普賢誌

北魏·給事君妻韓氏誌

北齊·張海翼誌

【摡】

《說文》：，滌也。从手既聲。《詩》曰："摡之釜鬵。"

【揟】

《說文》：，取水沮也。从手胥聲。武威有揟次縣。

金關 T24:063

○葆揟次富里夏侯莽

【播】

《說文》：，穜也。一曰布也。从手番聲。

【𢿌】

《說文》：，古文播。

睡・封診式 77

○直穴播壤柀破

馬貳 208_56

○下播於

北壹・倉頡篇 69

○穎犺播耕

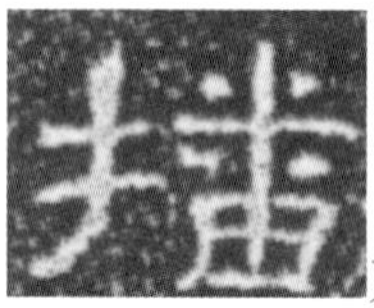
東漢・趙寬碑

北魏・乞伏寶誌

○畫龍播（幡）以相惑

北魏・堯遵誌

北魏・元理誌

【挃】

《説文》：，穫禾聲也。从手至聲。《詩》曰：“穫之挃挃。”

【摯】

《説文》：，刺也。从手致聲。一曰刺之財至也。

【扤】

《説文》：，動也。从手兀聲。

【抈】

《説文》：，折也。从手月聲。

銀貳 1892

○不列（裂）抈雛㲉

【摎】

《説文》：，縛殺也。从手翏聲。

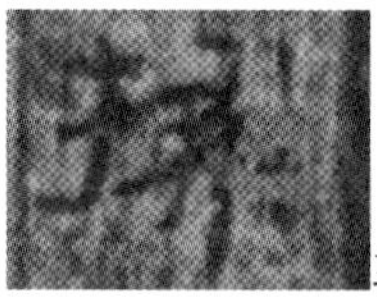
敦煌簡 0222

○共摎殺秉并使從

【撻】

《説文》：，鄉飲酒，罰不敬，撻其背。从手達聲。

【遽】

《説文》：，古文撻。《周書》曰：“遽以記之。”

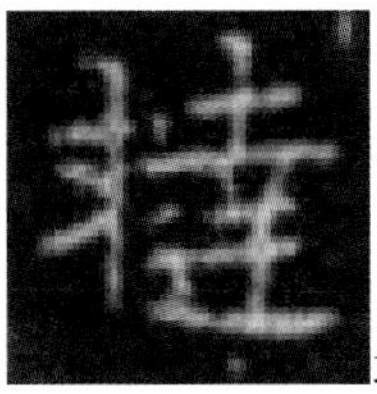
北齊·司馬遵業誌

○鞭捷區夏

【掕】

《説文》：，止馬也。从手夌聲。

【抨】

《説文》：，撣也。从手平聲。

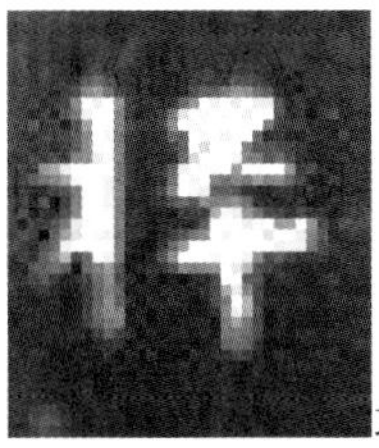
北齊·高叡修定國寺碑

○抨酪求蘇

【捲】

《説文》：，气勢也。从手卷聲。《國語》曰："有捲勇。"一曰捲，收也。

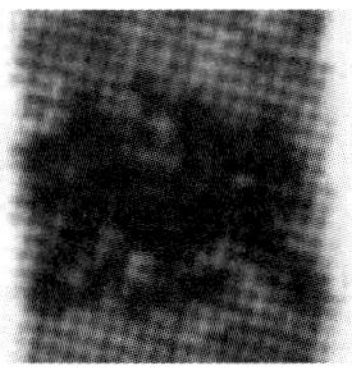
武·甲本《泰射》29

○宫兼捲（卷）重

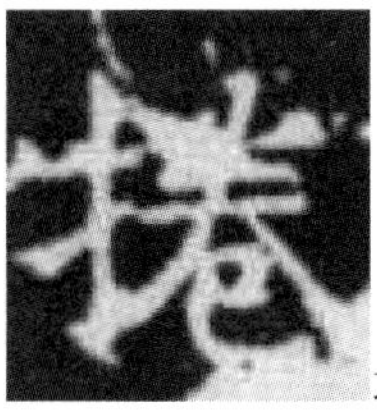
北齊·劉碑造像

【扱】

《説文》：，收也。从手及聲。

北魏·趙廣者誌

○金苞扱日

【摷】

《説文》：，拘擊也。从手巢聲。

【挨】

《説文》：，擊背也。从手矣聲。

【撲】

《説文》：，挨也。从手菐聲。

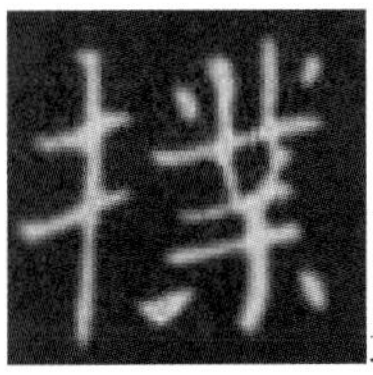
北魏·元恭誌

○煎撲妖殄

北齊·梁子彦誌

○終須撲滅

【擊】

《説文》：，旁擊也。从手敫聲。

北魏·高慶碑

○擊(擊)君爲州主

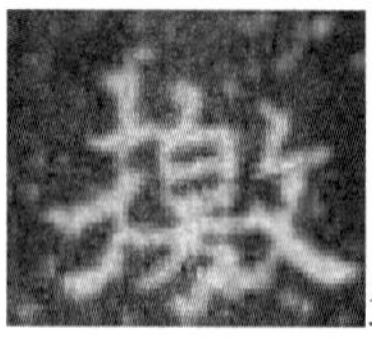
北齊・司馬遵業誌

○文擻(擻)相□

【抣】

《説文》：，疾擊也。从手勻聲。

銀貳 1305

○牟（務）成抣（昭）曰

【抶】

《説文》：，笞擊也。从手失聲。

銀貳 1908

○抶盜賊開詷詐

【抵】

《説文》：，側擊也。从手氏聲。

【抰】

《説文》：，以車鞅擊也。从手央聲。

【捊】

《説文》：，衣上擊也。从手保聲。

【捭】

《説文》：，兩手擊也。从手卑聲。

漢印文字徵

○捭衆

【捶】

《説文》：，以杖擊也。从手垂聲。

銀壹 899

○作捶（垂）拱倚

北魏・元睿誌

○父捶

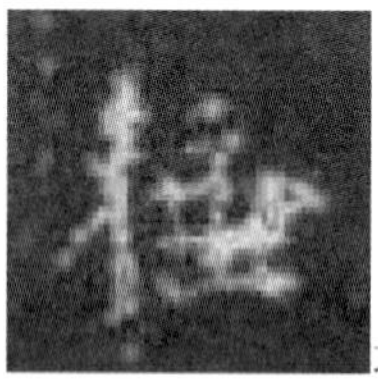
北齊・智度等造像

○捶胸柏頭

【搉】

《説文》：，敲擊也。从手隺聲。

【擿】

《説文》：，中擊也。从手竟聲。

【拂】

《説文》：，過擊也。从手弗聲。

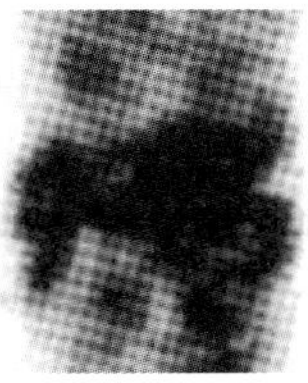
武・甲《有司》6

○以右袂推拂几三

北魏・元斑誌

【摼】

《説文》：，擣頭也。从手堅聲。讀若“鏗尔舍瑟而作”。

【抌】

《説文》：，深擊也。从手冘聲。讀若告言不正曰抌。

【𢸸】

《説文》：，傷擊也。从手、毀，毀亦聲。

【擊】

《説文》：，支也。从手毄聲。

馬壹 176_51 下

馬壹 13_93 上

○擊之

馬貳 261_36/52

○擊者一人

張・奏讞書 42

○以劍擊傷

張・蓋盧 19

銀貳 1977

○而暴擊之

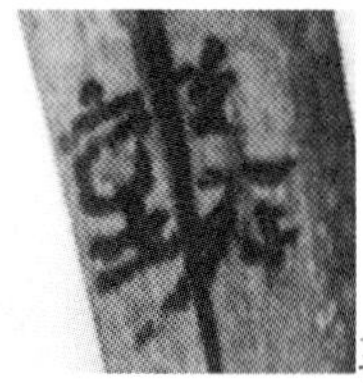
敦煌簡 1412

〇爲王擊吳

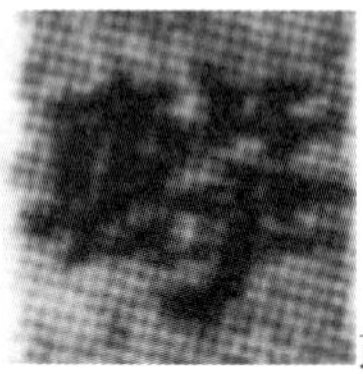
武・甲《少牢》7

〇士擊豕

武・王杖 8

〇毆擊

漢印文字徵

漢代官印選

東漢・熹平石經殘石五

北魏・元恭誌

〇擊矢晨飛

北魏・元周安誌

〇尋除游擊將軍

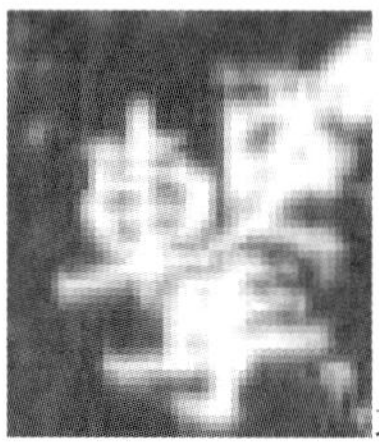
北魏・元龍誌

〇三千以擊

【扞】

《説文》：扞，忮也。从手干聲。

馬貳 218_31/42

〇曰尺扞（蠖）四曰

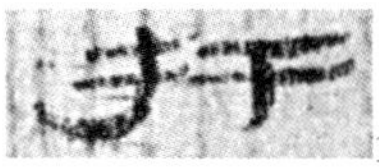
金關 T06:092

漢印文字徵

〇扞關長印

北魏・銀青光祿大夫于纂誌

北魏・李端誌

東魏・吳郡王蕭正表誌

【抗】

《説文》：，扞也。从手亢聲。

【杭】

《説文》：，抗或从木。

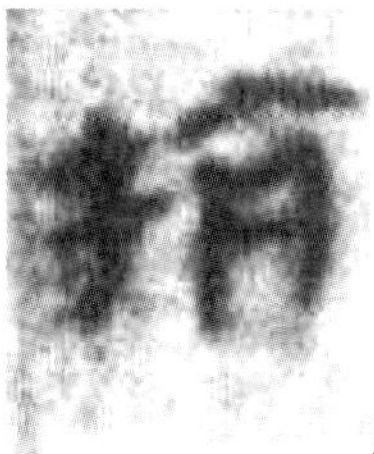
馬壹 144_35/209 上

○故抗兵相若

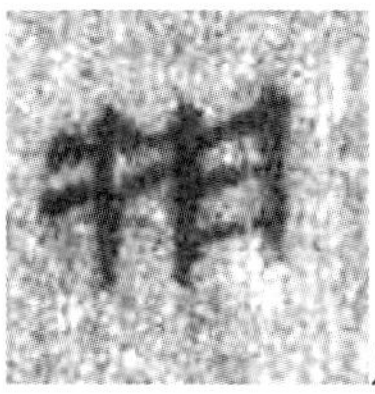
馬壹 16_5 下\98 下

○抗（亢）龍有悔

敦煌簡 2010

○食抗麥一斛

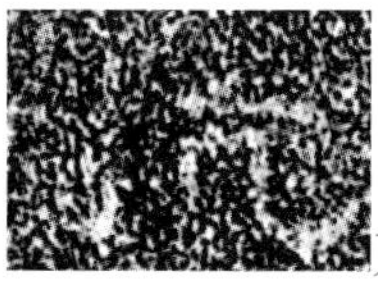
東漢・王舍人碑

○輒抗疏陳表

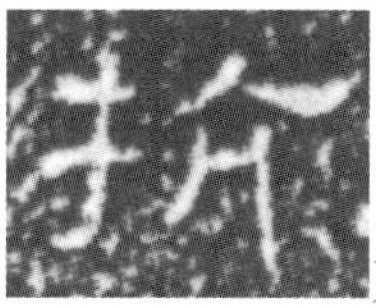
東漢・趙寬碑

○辭榮抗介（不）

晉・洛神十三行

西晉・臨辟雍碑

北魏・元顥誌

北齊・暴誕誌

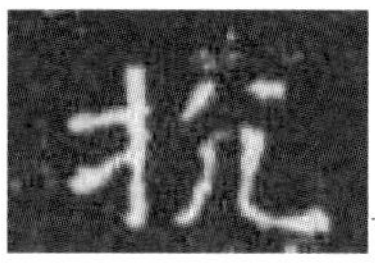
南朝齊・劉岱誌

【捕】

《説文》：，取也。从手甫聲。

睡・秦律十八種 6

○獸及捕獸者

睡・秦律雜抄 38

睡・法律答問 125

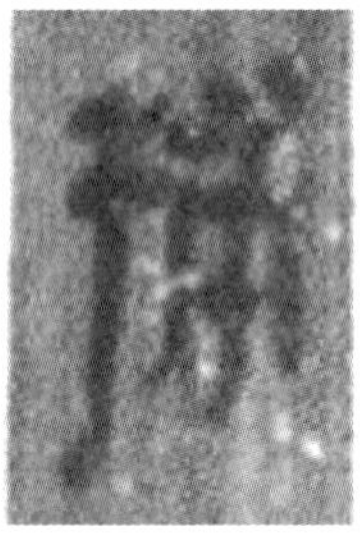
嶽・為吏 9

○吏捕盜

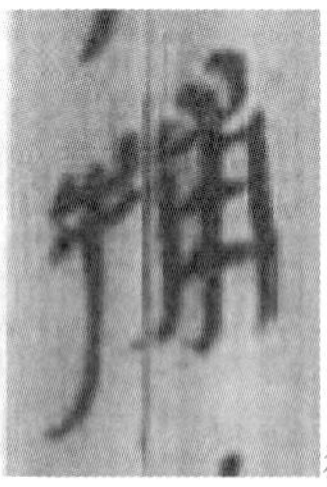
嶽・癸瑣案 18

里・第八層 2467

馬壹 144_17/191 上

馬貳 213_16/117

張・盜律 63

○能自捕

張・奏讞書 195

張・奏讞書 105

○捕牛買賣

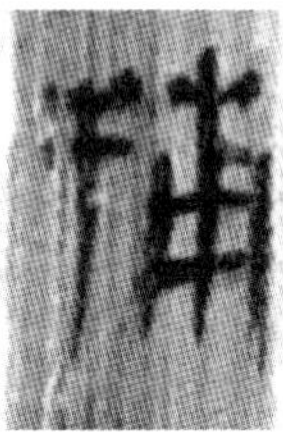
張・脈書 40

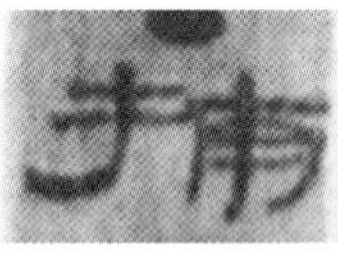
敦煌簡 0983

金關 T23:097

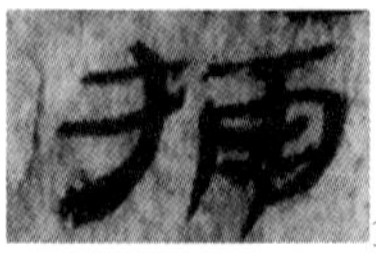
金關 T30:026

○到逐捕

東牌樓 078 正

○捕盜

北壹・倉頡篇 52

漢晉南北朝印風

漢印文字徵

漢印文字徵

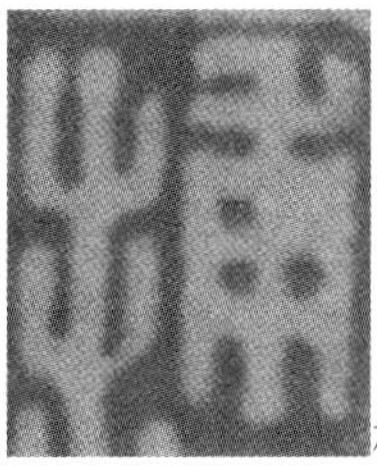
柿葉齋兩漢印萃

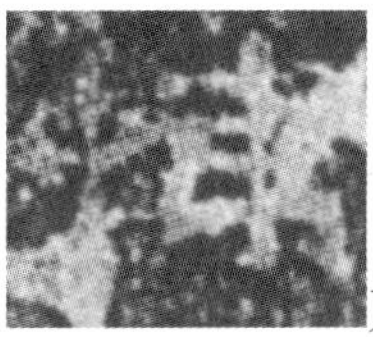
東漢・孔宙碑陰

東漢・李孟初神祠碑

東漢・利水大道刻石題記

○追捕盜賊

北齊・元華誌

【簎】

《説文》：簎，刺也。从手，籍省聲。《周禮》曰："簎魚鼈。"

【撚】

《説文》：撚，執也。从手然聲。一曰蹂也。

【挂】

《説文》：挂，畫也。从手圭聲。

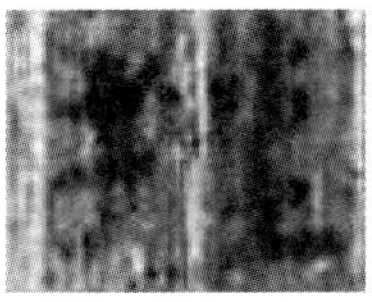
吳簡嘉禾・五・一〇〇

○許挂佃田十一町

北魏·元璨誌

〇挂牀留犢

北魏·論經書詩

北齊·崔德誌

〇風飄挂劍之樹

北周·華岳廟碑

【拕】

《説文》：，曳也。从手它聲。

漢銘·聖主佐宮中行樂錢

【捈】

《説文》：，臥引也。从手余聲。

馬貳 286_315/334

〇繢掾（緣）素捈

北壹·倉頡篇 32

【抴】

《説文》：，捈也。从手世聲。

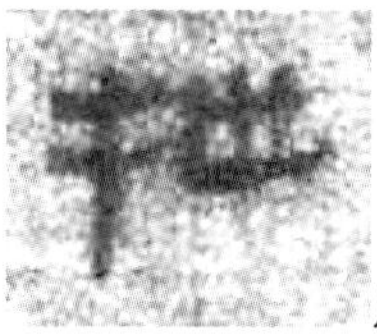馬壹 11_77 上

〇九二抴（曳）其綸

【揙】

《説文》：，撫也。从手扁聲。

【撅】

《説文》：，从手有所把也。从手厥聲。

馬貳 212_8/109

〇深内而上撅之

【攎】

《説文》：，挐持也。从手盧聲。

【挐】

《説文》：，持也。从手如聲。

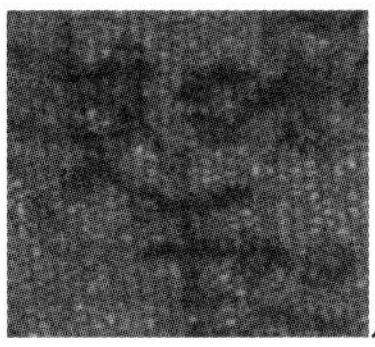
馬貳 84_327/317

○以酒挐封之

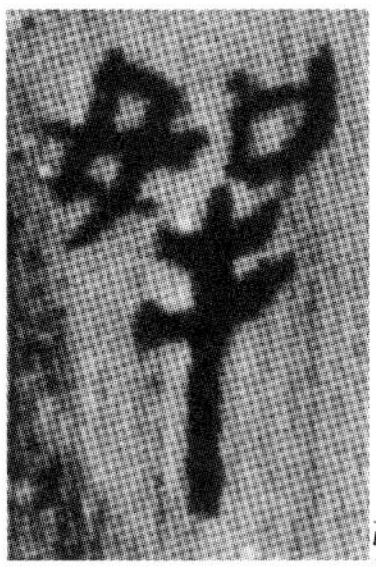
張・算數書 79

○挐脂有米三斗

漢印文字徵

漢印文字徵

【搵】

《説文》：，没也。从手𥁕聲。

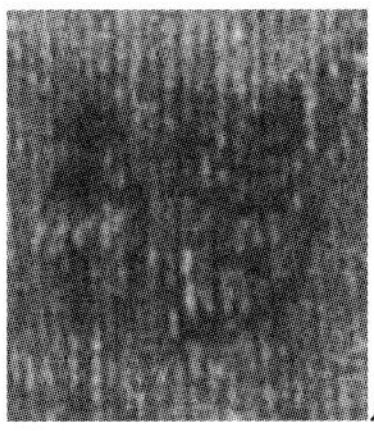
馬貳 128_11

○布搵中身舉去之

【搒】

《説文》：，掩也。从手旁聲。

嶽・得之案 179

金關 T23:731B

○自脫搒箠欲干□

【挌】

《説文》：，擊也。从手各聲。

睡・法律答問 66

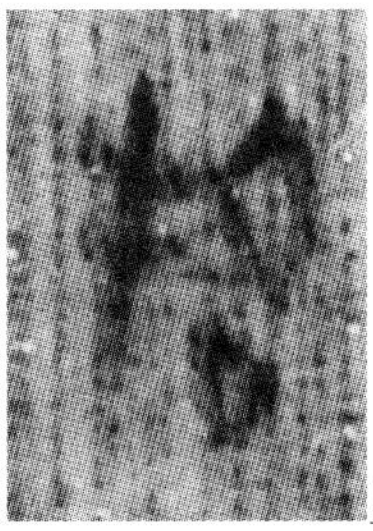
里・第八層背 2442

馬壹 175_40 上

張・捕律 152

張・奏讞書 37

漢印文字徵

【拲】

《說文》：，兩手同械也。从手从共，共亦聲。《周禮》：“上辠，梏拲而桎。”

【桊】

《說文》：，拲或从木。

秦文字編 1756

【掫】

《說文》：，夜戒守，有所擊。从手取聲。《春秋傳》曰：“賓將掫。”

【捐】

《說文》：，棄也。从手肙聲。

里・第八層 2385

馬貳 32_16 上

銀壹 70

○則輜重捐

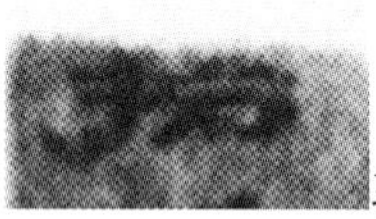
敦煌簡 0776

○捐之道

金關 T10:108

北壹・倉頡篇 33

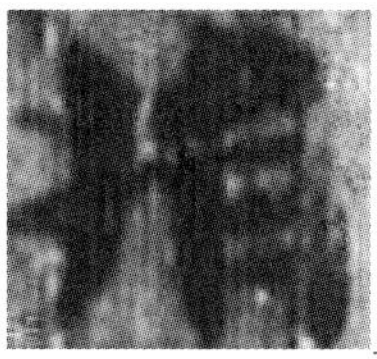
吴簡嘉禾・五・一五三

漢印文字徵

○橋捐印

漢印文字徵

漢印文字徵

○傅印捐之

漢晉南北朝印風

漢晉南北朝印風

漢晉南北朝印風

○臣捐

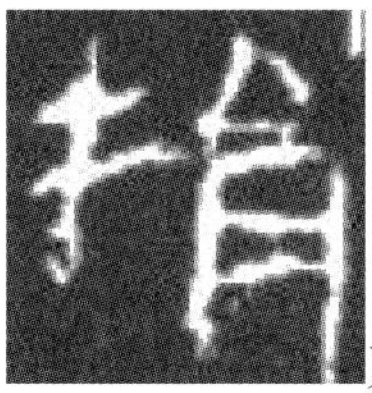
東漢・洛陽刑徒磚

東漢・洛陽刑徒磚

北魏・慧静誌

北魏・元誘妻馮氏誌

東魏・元寶建誌

北齊・張海翼誌

【掤】

《説文》：掤，所以覆矢也。从手朋聲。《詩》曰：“抑釋掤忌。”

【扜】

《説文》：扜，指麾也。从手亐聲。

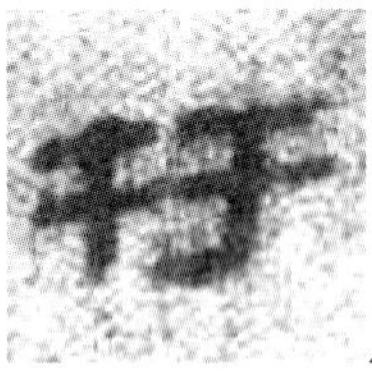
馬貳 34_37 上

○能大扜良（眼）不

張・津關令 506

○以出扜（江）關

敦煌簡 0493

○扜迫倉達

【摩】

《説文》：摩，旌旗，所以指麾也。从手靡聲。

【捷】

《説文》：捷，獵也。軍獲得也。从手疌聲。《春秋傳》曰：“齊人來獻戎捷。”

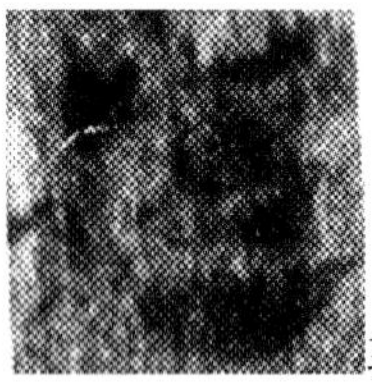
敦煌簡 0065

○東菓捷

漢印文字徵

○張捷私印

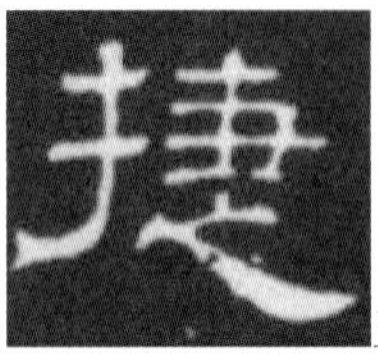
三國魏・三體石經春秋・隸書

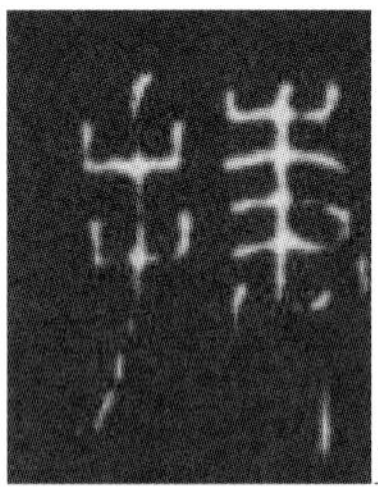
三國魏・三體石經春秋・篆文

○鄭伯捷卒

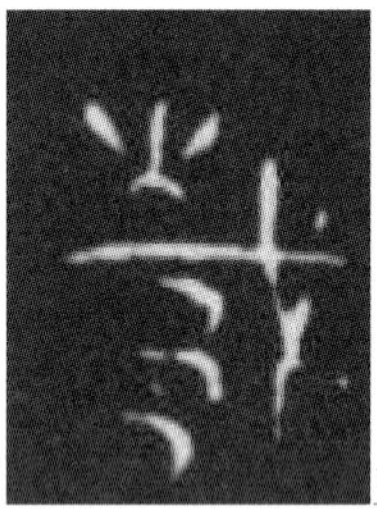
三國魏・三體石經春秋・古文

○鄭伯捷卒

北魏・長孫盛誌

北魏・元誨誌

○三捷無聞

北魏・元子永誌

○獻捷入朝

【扣】

《説文》：，牽馬也。从手口聲。

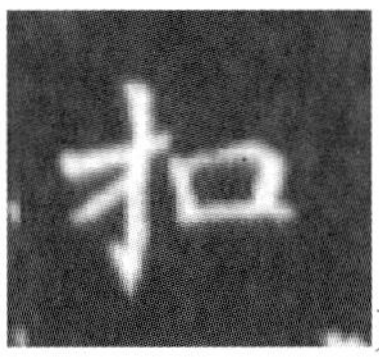
東魏·慧光誌

北齊·赫連子悅誌

【掍】

《説文》：，同也。从手昆聲。

【搜】

《説文》：，眾意也。一曰求也。从手叜聲。《詩》曰："束矢其挖。"

馬貳 74_123/123

○搜（搔）及毋手傅

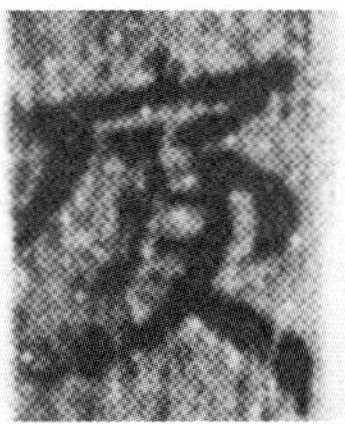
敦煌簡 1722

○等雜搜索部界中問

北魏·元子正誌

○遂能搜今閱古

北魏·元彝誌

北魏·元彝誌

北齊·赫連子悅誌

○搜奇簡異

【換】

《説文》：，易也。从手奐聲。

吴簡嘉禾·五·二六二

○朱換佃田四町

廿世紀璽印三-SY

○任換

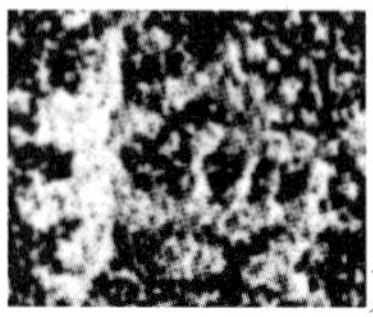
東漢・昭覺石表

○前換蘇示有秩馮佑

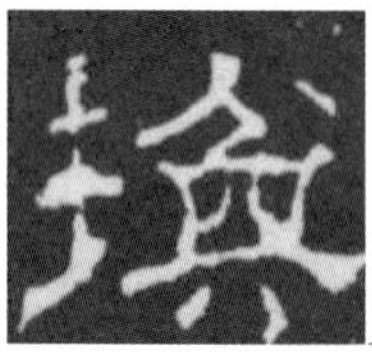
三國魏・張君殘碑

三國魏・張君殘碑

北魏・元瞻誌

○復換平南將軍

北魏・元悌誌

○換護軍將軍

北魏・殷伯姜誌

○清音無換

北齊・劉雙仁誌

○換安西將軍

【掖】

《說文》：，以手持人臂投地也。从手夜聲。一曰臂下也。

漢銘・張君郎君馬

漢銘・張君後夫人馬

漢銘・張君馬二

睡・日甲《人字》153

○在掖（腋）者愛

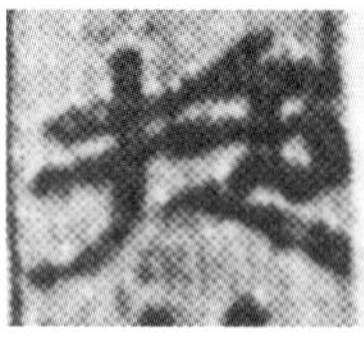
敦煌簡 2062

○張掖

金關 T10:120A

漢印文字徵

○閔掖

漢代官印選

〇掖庭令印

漢印文字徵

漢印文字徵

漢印文字徵

漢晉南北朝印風

〇掖庭丞印

東漢・曹全碑陽

〇張掖居延都尉

北魏・李伯欽誌

〇張掖令

北魏・張整誌

北魏・元濬嬪耿氏誌

【摦】

《說文》：，横大也。从手瓠聲。

【攙】

《說文》：，刺也。从手毚聲。

【搢】

《說文》：，插也。从手晉聲。搢紳前史皆作薦紳。

【掠】

《說文》：，奪取也。从手京聲。本音亮。《唐韻》或作擽。

北魏・慈慶誌

〇掠沒奚官

北魏・張孃誌

〇爲疆埸小虞掠來至此

北齊・吳遷誌

○掠定淮楊

【掐】

《說文》：，爪刺也。从手臽聲。

【捻】

《說文》：，指捻也。从手念聲。

【拗】

《說文》：，手拉也。从手幼聲。

【摵】

《說文》：，捎也。从手戚聲。

武・甲《少牢》30

○俎摵（縮）執

武・甲《少牢》16

○西西摵（縮）乃

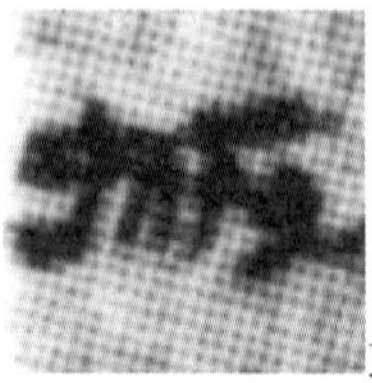
武・甲《有司》52

○司士摵（縮）鄭

【捌】

《說文》：，方言云：無齒杷。从手別聲。

【攤】

《說文》：，開也。从手難聲。

【拋】

《說文》：，棄也。从手从尤从力，或从手尥聲。案：《左氏傳》通用摽。《詩》：“摽有梅。”摽，落也。義亦同。

東魏・李祈年誌

○宇宙陡拋

【摴】

《說文》：，舒也。又，摴蒱，戲也。从手雩聲。

【打】

《說文》：，擊也。从手丁聲。

〖扎〗

北魏・崔猷誌

○扎雨濛風

〖抆〗

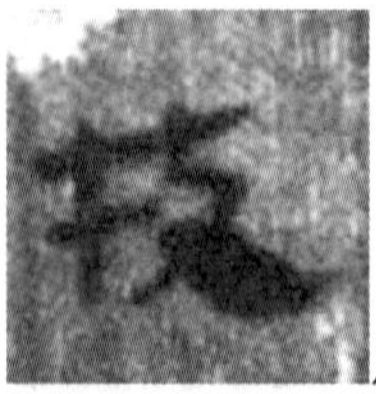
馬壹 43_36 上

○請（情）抆（技）

金關 T04:057

○尉都史扙（孤）山里

北魏·司馬顯姿誌

○扙（杖）鉞南藩

〖扡〗

北魏·王禎誌

○扡纓東禁

〖[illegible]〗

秦文字編 1757

〖抏〗

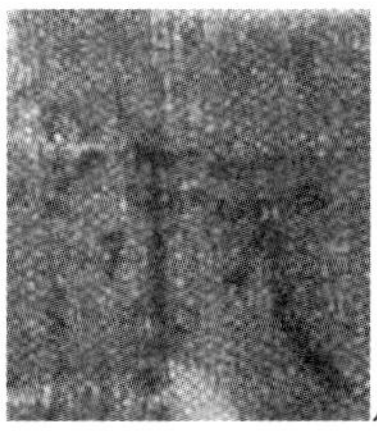
馬貳 114_96/96

○以巾抏牝馬

銀貳 1935

○橐抏金盧反

北貳·老子 175

○抏（頑）以鄙我

〖拒〗

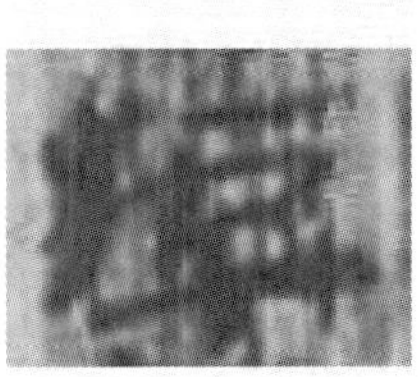
吳簡嘉禾·四·三二三

○逢拒佃田二町凡

北魏·元珍誌

○與陳伯支相拒

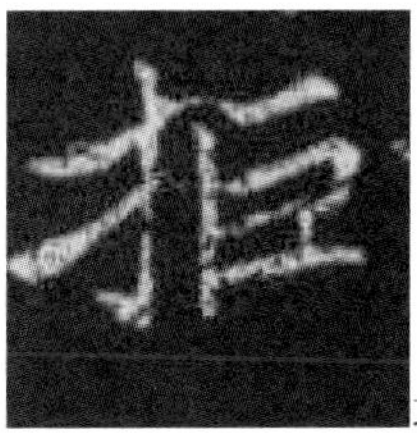
北魏·嚴震誌

○南軍相拒

北齊·斛律氏誌

〖扽〗

馬貳 210_88

○必如扽鞫（鞠）是

金關 T05:062

○黑扽二

〖抄〗

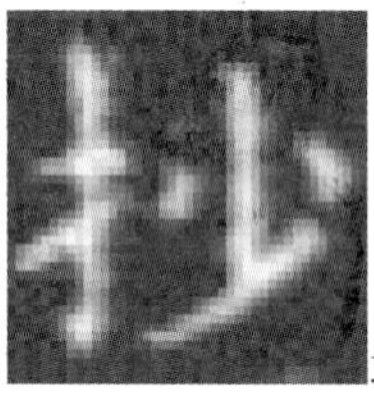
北朝・千佛造像碑

〖抆〗

漢印文字徵

○抆驩

〖抓〗

北魏・張玄誌

○抓(爪)牙帝室

〖扳〗

北魏・弔比干文

○風而扳宇

〖抹〗

馬壹 127_58 下

○抹(昧)利襦傳

〖抂〗

漢印文字徵

○臣抂

〖押〗

北魏・元液誌

〖担〗

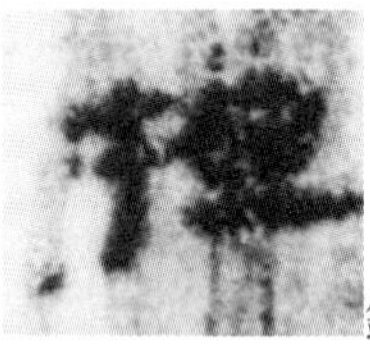
銀壹 515

北魏・元颺誌

○僚友悲担（怛）

〖抲〗

馬壹 106_83\252

○撾（剮）汝兄弟

〖抶〗

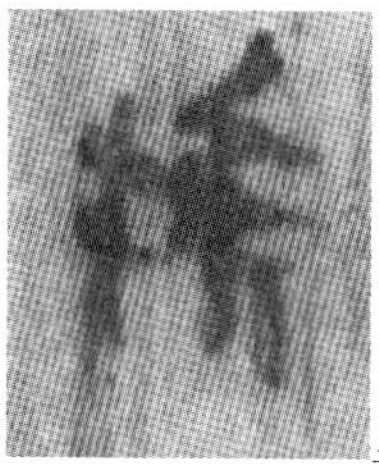
里・第八層 2145

○田典抶舍

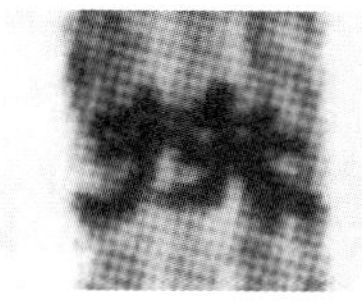
武・甲《泰射》42

○抶（挾）總弓矢

〖拖〗

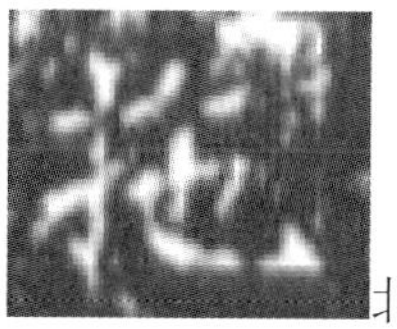
北魏・楊遁誌

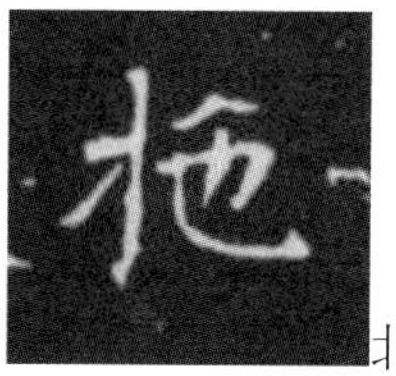
北魏・元宥誌

〖抑〗

北壹・倉頡篇 3

○工抑（抑）

〖抳〗

北魏・元融誌

○龜龍旖抳（旎）

〖抿〗

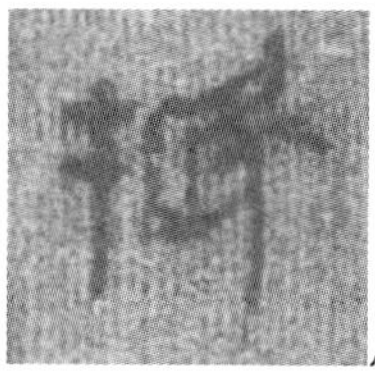
馬貳 128_6

○布抿（捪）揗中

〖掓〗

居・EPT52.165

○政捕掓求

〖抬〗

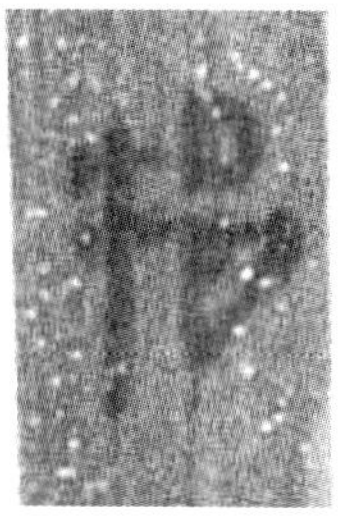
馬貳 208_64

○神日抬（怡）耇老

〖拭〗

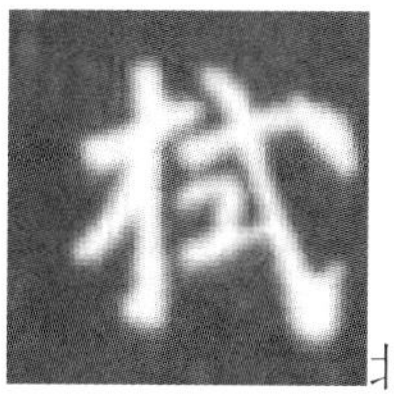
北魏・尹祥誌

○鄉邦拭眄

〖拔〗

戰晚・二十七年上守墖戈

○韩工

〖捚〗

秦文字編 1757

〖括〗

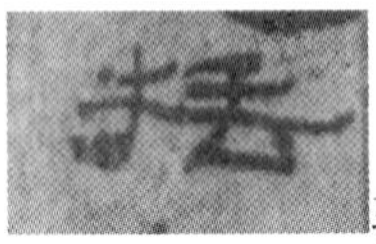
敦煌簡 0984

○括殺人者

〖挽〗

北魏・王蕃誌

北魏・王誦妻元氏誌

〖捖〗

馬貳 127_162

○□之捖（丸）

〖⿰扌良〗

北齊・張海翼誌

○樹績博⿰扌良（浪）之沙

〖捃〗

東魏・廣陽元湛誌

○罔不捃摭

〖捅〗

銀貳 1166

〖拯〗

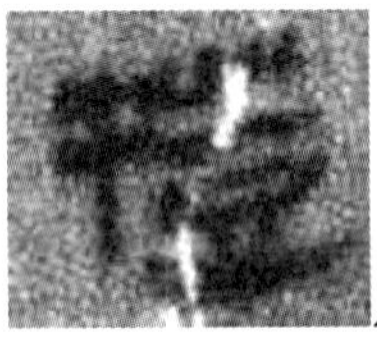
馬壹 10_49 下

○股用拯（撜）馬牀

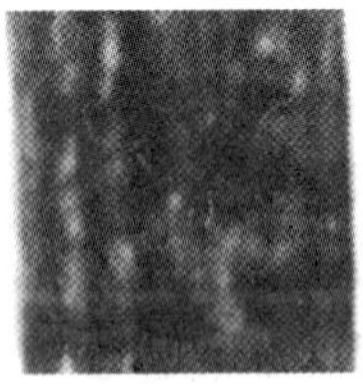
敦煌簡 1343

○今拯士將

北魏・卌一人造像

○蒙拯

北魏・穆紹誌

〇淪胥莫拯

北魏・封魔奴誌

〇殷勤拯生之計

北魏・慧靜誌

〇拯溺忘身之度

〖拼〗

秦文字編 1757

〖捍〗

北魏・檀賓誌王神虎造

〇無以委居邊捍

北魏・元恭誌

〇乃委捍城

北魏・寇猛誌

〇策捍是計

〖𢭏〗

馬壹 90_235

〇齊𢭏社稷（稷）

〖捧〗

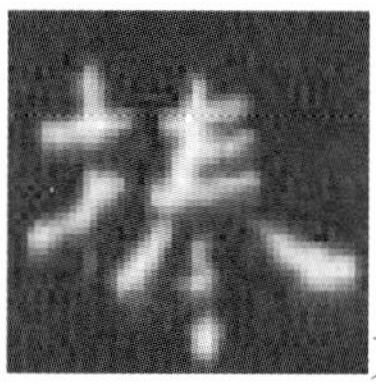
東魏・李希宗誌

〇遇捧耳而未驚

北齊・徐之才誌

〖掮〗

漢印文字徵

〇蘇掮私印

〖捱〗

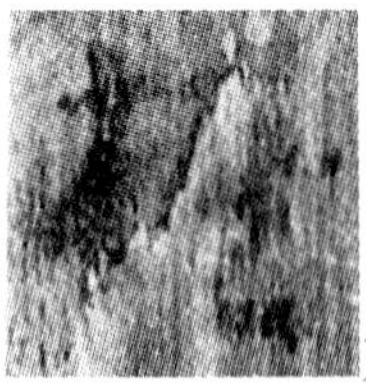
東牌樓 149 背

○係捱喑

〖捿〗

漢印文字徵

○王捿之印

〖掓〗

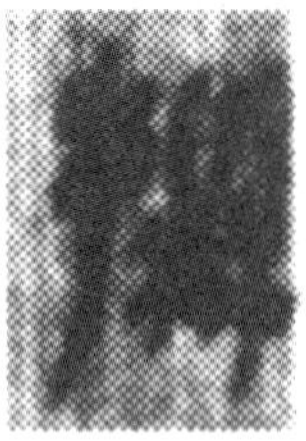
秦文字編 1757

〖捆〗

張・脈書 52

○舌捆橐拳（卷）

〖掙〗

馬壹 133_30 下/107 下

○畢掙（爭）作爭

〖採〗

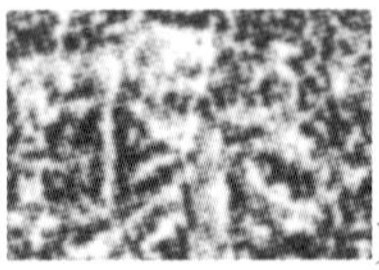
東漢・王孝淵碑

○採紹內廷

晉・洛神十三行

北魏・鄭黑誌

北魏・伏君妻咎雙仁誌

北魏・劇市誌

○裔採之美終藏

北齊・婁黑女誌

〖掞〗

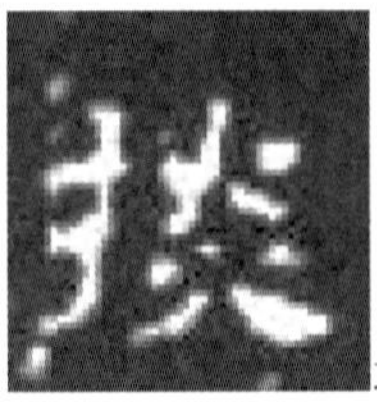
北齊・吐谷渾靜媚誌

○摛掞日新

北齊・高湝誌

〇掞藻爭傑

〖捥〗

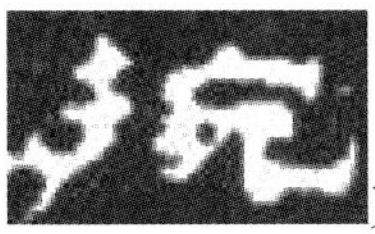
東漢・東漢・婁壽碑陽

〇捥髮傳業

晉・洛神十三行

〖掃〗

漢印文字徵

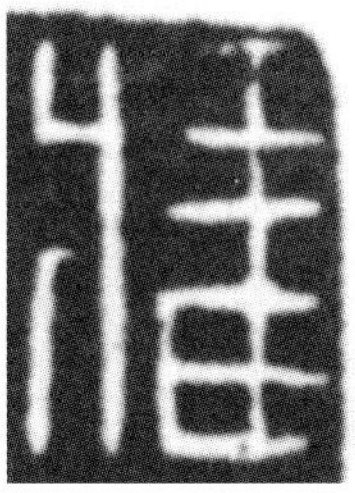
廿世紀璽印四-GY

〇掃寇將軍章

漢晉南北朝印風

〇掃寇將軍印

東漢・張角等字殘碑

〇事元惡掃

北魏・元龍誌

北魏・楊大眼造像

〖揵〗

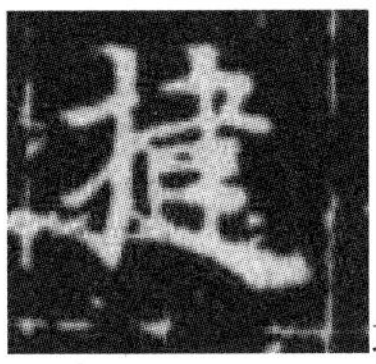
北魏・元恩誌

〇揵(蹇)=于陵

北魏・元恩誌

〇揵(蹇)=于陵

〖掾〗

嶽・暨過案 96

〇戍掾（錄）弗得

〖掮〗

北魏・高貞碑

〇損幹之期

〖搋〗

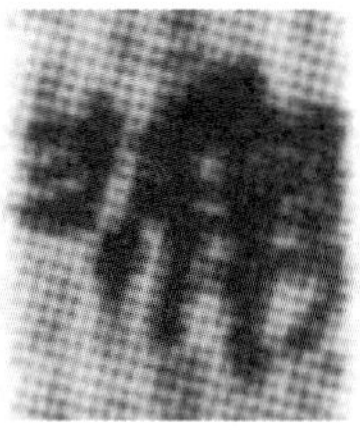
武・甲《有司》62

〇乃搋（摭）于魚

〖搵〗

北魏・慈香慧政造像

〇及搵三從

〖捶〗

北齊・李祖牧誌

〇捶鍾迾鼎

〖俘〗

漢印文字徵

〇管俘

〖滌〗

漢印文字徵

〇臣滌

〖挽〗

北魏・元端誌

北魏・元寧誌

〇挽（挽）歌

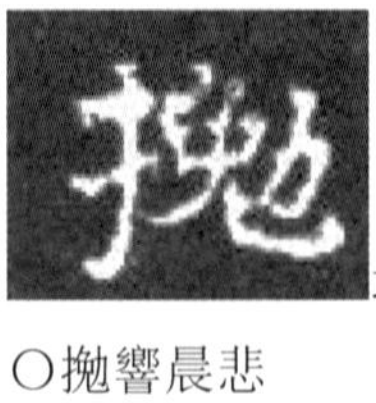
北齊・高阿難誌

〇挽響晨悲

〖摭〗

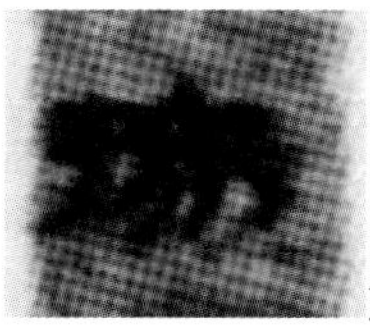
武·甲《泰射》35

○乃摭（席）工于西階

漢印文字徵

○匡摭

〖摝〗

漢銘·大司農權

〖挨〗

張·引書14

○而卑挨（探）

〖揎〗

睡·日甲《詰》45

○一升揎（實）

〖揩〗

東魏·張瓘誌

○人倫揩（楷）模

北齊·庫狄業誌

○行模揩（楷）之軌

〖揢〗

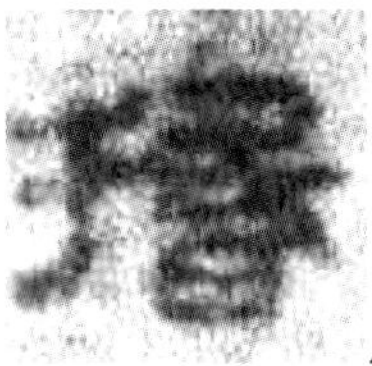
馬壹146_55/229上

○揢之而弗得

馬壹100_116

○揢之而弗得名之曰夷

〖揉〗

漢印文字徵

○揉賢

〖搕〗

關・病方 336

○獨指搕某叚瘕

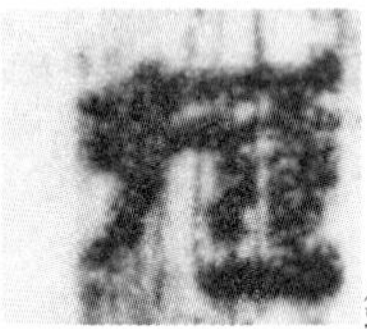
銀壹 503

○戰心搕戰毋無

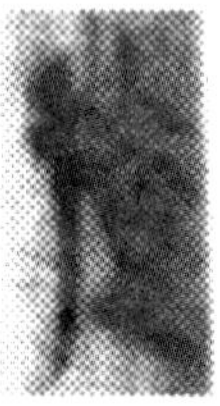
秦文字編 1757

〖摸〗

北魏・馮會誌

○作訓可摸（模）

北魏・封和突誌

北齊・高潤誌

○假之於典摸（模）

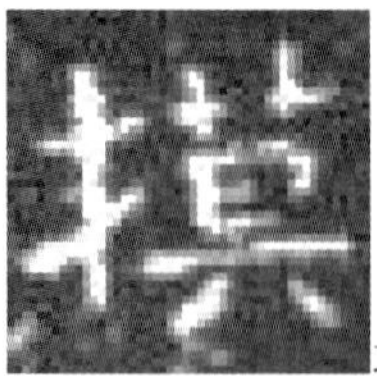
北齊・庫狄迴洛誌

○習摸（模）睽之重略

〖搷〗

敦煌簡 0200

○搷撫賦糧

〖搬〗

三國魏・何晏磚誌

○搬柩過朝

〖搶〗

西晉・臨辟雍碑

○搶(鏘)=焉

西晉・臨辟雍碑

○搶(鏘)=焉

〖搞〗

漢印文字徵

○□搞

〖⿱享手〗

秦文字編 1757

〖擘〗

睡・法律答問 90

○擘以布

睡・法律答問 90

○擘=布入公

秦文字編 1757

〖搗〗

秦文字編 1757

〖搋〗

馬壹 3_6 上

○三搋（褫）之

〖⿰扌扈〗

西晉・臨辟雍碑

○西隅跋⿰扌扈

〖摐〗

馬壹 130_10 上\87 上

○人埶者摐兵

東魏・劉幼妃誌

〖搴〗

張・賊律 52

○搴（塞）門

銀貳 1698

○殺不搴榮華

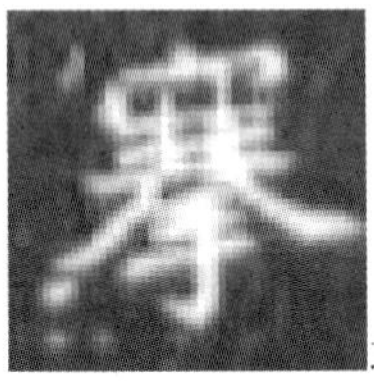
北魏・元龍誌

〖擶〗

馬壹 101_152

○或擶（墮）是以

〖摻〗

北壹・倉頡篇 20

○鮪鯉鰼摻抪羭

〖摳〗

馬壹 146_50/224 上

○摳（揣）而允（鋭）之

〖掄〗

東魏・司馬韶及妻侯氏誌

北周・賀蘭祥誌

〖擒〗

北魏・元顯魏誌

北魏・邢偉誌

○擒(摛)文玉潤

北魏・王普賢誌

○婦圖擒（摛）續

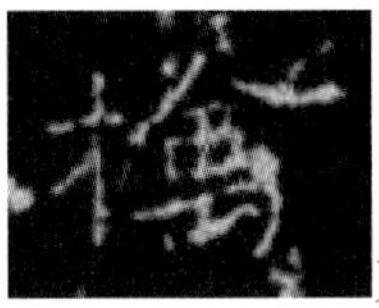
東魏・穆子巖誌銘

○擒（摛）藻問服

〖撤〗

北魏・元鑽遠誌

○嚴櫕將撤

北魏・公孫猗誌

○早莫已撤

〖撛〗

北齊・殷恭安等造像

〇□洛主靳小撛

〖撈〗

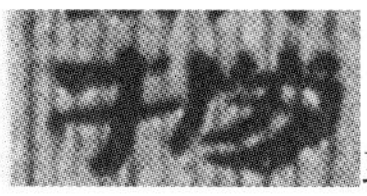
敦煌簡 1166

〇一黑撈舍耳

〖撰〗

東漢・史晨前碑

北齊・赫連子悅誌

〖擎〗

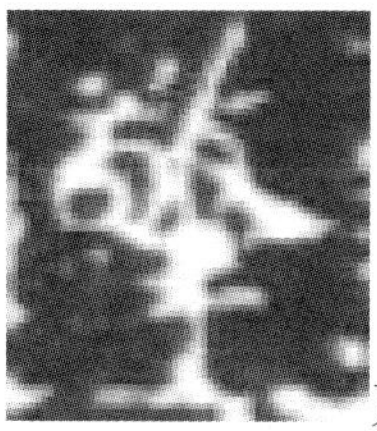
東魏・嵩陽寺碑

〇松擎圓蓋

〖撼〗

馬貳 212_7/108

〖擳〗

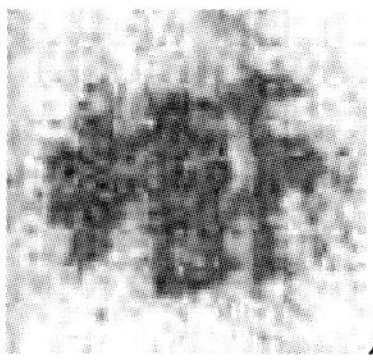
馬壹 37_31 下

〇物之上擳而下絶者

〖擔〗

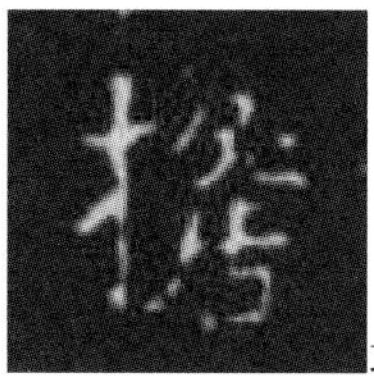
北魏・元順誌

〇嘗無擔石之儲

北齊・石佛寺迦葉經碑

〇猶如須彌擔火燒之

〖擗〗

北魏・馮邕妻元氏誌

北魏・元鸞誌

〇痛擗霜孤

〖⿰扌賣〗

秦文字編 1757

〖攄〗

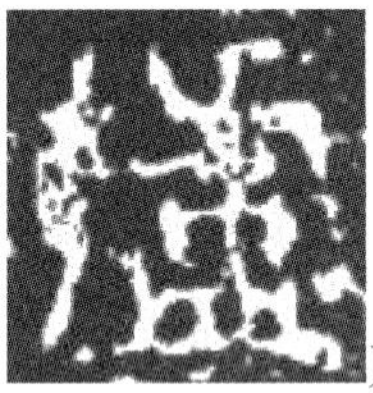
東漢・燕然山銘

○上以攄高文之宿憤

北齊・薛懷儁誌

○並攄首奮翼

〖⿰扌廡〗

銀壹 331

○故⿰扌廡（撫）時而戰不復

秦文字編 1757

〖攉〗

北齊・暴誕誌

〖攏〗

北魏・元液誌

○氣攏兵鈐

〖⿰扌雚〗

北魏・元壽安誌

○赤文綠錯之⿰扌雚（權）輿

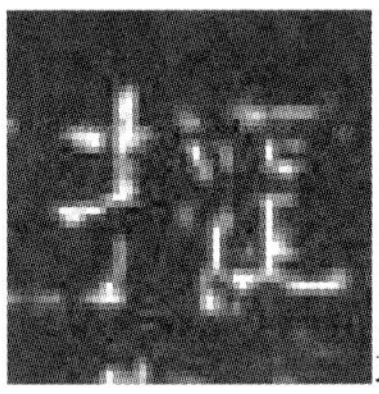
北齊・堯峻誌

〖攦〗

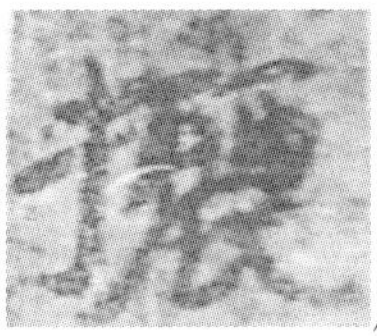
居・EPT59.81

○六歲攦右耳

〖攬〗

北魏・楊昱誌

北魏・馮季華誌

北魏・楊舒誌

北魏・馮會誌

○博攬（覽）文史

北魏・石婉誌

𠦬部

【乖】

《説文》：𠦬，背呂也。象脅肋也。凡𠦬之屬皆从𠦬。

馬壹 12_75 下

○乖苊愚元

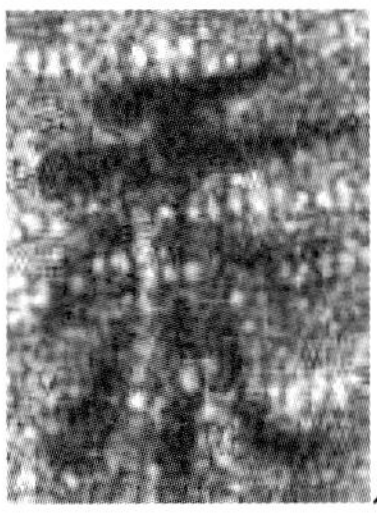
馬貳 79_213/200

○亢乖已（巳）操

張・蓋盧 32

○爭以乖者

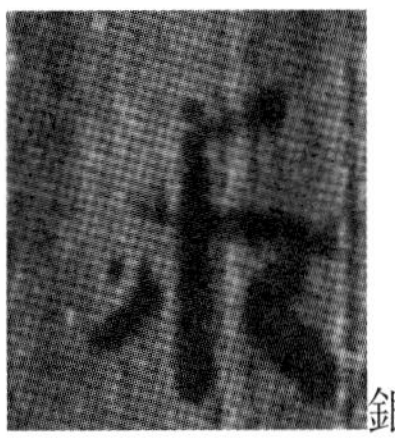
銀貳 1617

○大臣乖則主必恐

北魏・昭玄法師誌

○懼大義之將乖

北魏・劉阿素誌

○永乖人里

北魏・劉華仁誌

○一旦乖堂

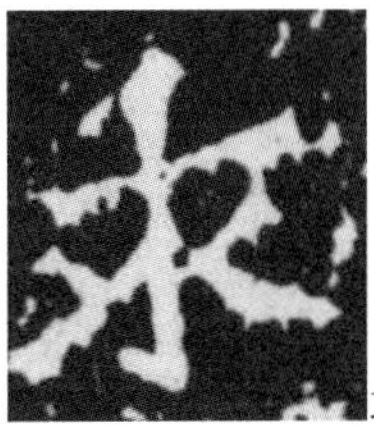
北魏・惠感造像

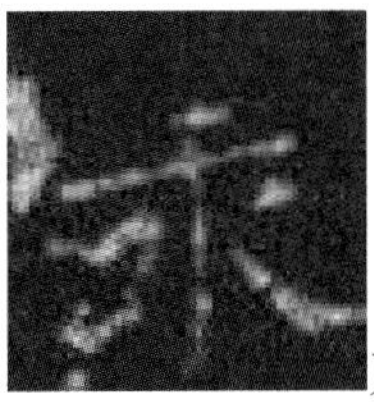
東魏・李顯族造像

○情乖獨善之非

北齊・姜纂造像

〇乖出六塵

【脊】

《説文》：，背呂也。从𠦬从肉。

睡・法律答問 75

〇鬬折脊項骨

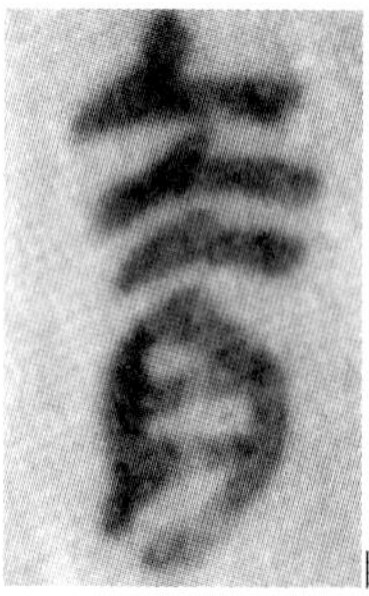
睡・日甲《盜者》80

〇馬脊

馬壹 82_67

〇公相脊（齊）也

馬貳 218_24/35

〇内脊毋動

張・脈書 7

〇其從脊胷（胸）

銀貳 1919

〇降如脊（漬）

武・甲《特牲》51

〇胳正脊

武・甲《少牢》17

〇脊脅肺肩

武・甲《有司》73

〇折羊脊脅肺一

秦代印風

〇李脊

漢印文字徵

○郭脊

漢印文字徵

○鬧脊

女部

【女】

《説文》：，婦人也。象形。王育説。凡女之屬皆从女。

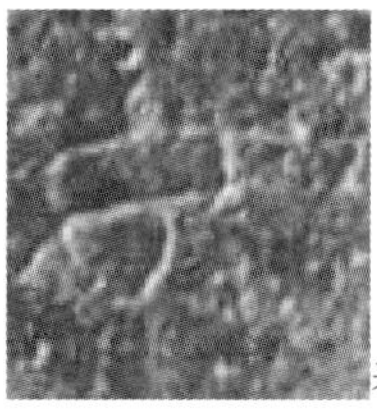
春早・秦子簋蓋

西晚・不其簋

西晚・不其簋

漢銘・汝陰侯鼎

漢銘・汝陰侯鼎

睡・秦律十八種 62

睡・封診式 84

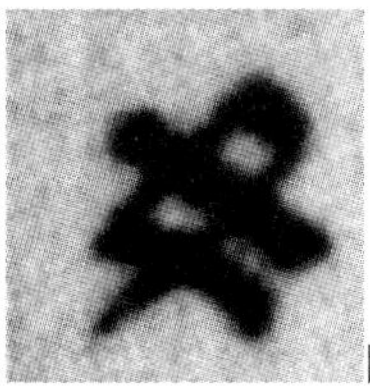
睡・日甲《毀弃》120

睡・日甲《詰》32

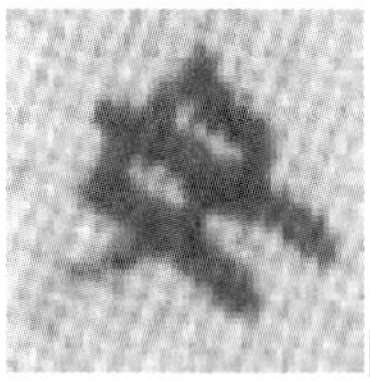
關·病方 368

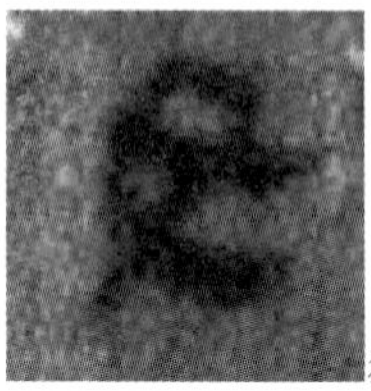
嶽·占夢書 15

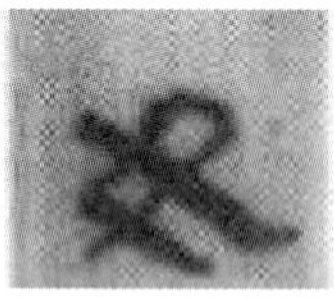
嶽·魏盜案 154

里·第八層 1584

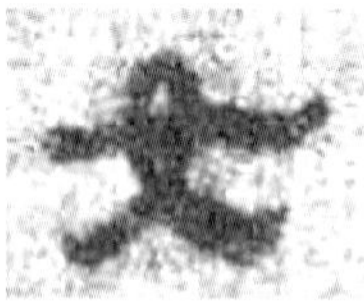
馬壹 13_86 上

馬貳 68_13/13

○女子滅

張·置後律 379

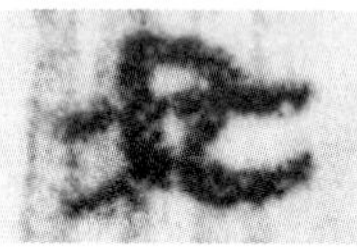
銀壹 610

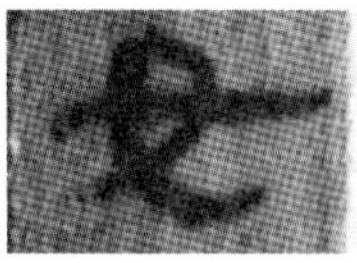
銀貳 1786

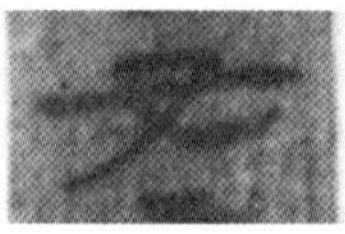
敦煌簡 0354

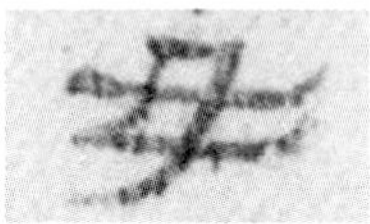
金關 T22:078

○小女思夫

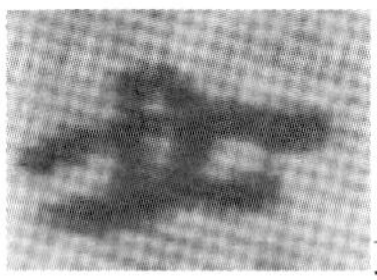
武·儀禮甲《服傳》25

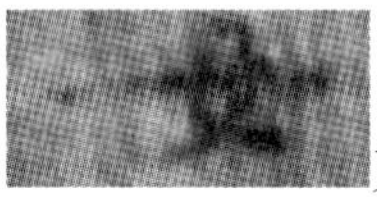
東牌樓 005

北壹·倉頡篇 9

○男女蕃殖

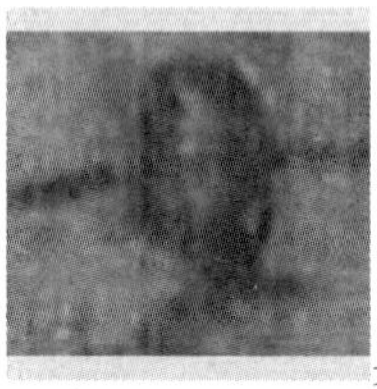
吳簡嘉禾·五·一三四

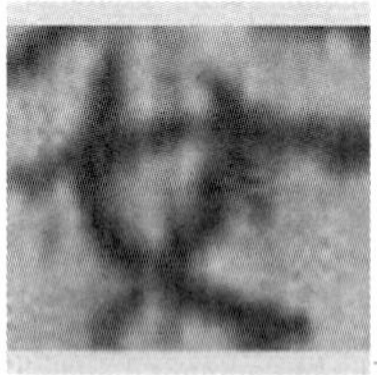
吳簡嘉禾·五·五七二

廿世紀璽印二-SY

秦代印風

秦代印風

秦代印風

廿世紀璽印三-GP

廿世紀璽印三-SY

歷代印匋封泥

歷代印匋封泥

漢印文字徵

漢印文字徵

漢印文字徵

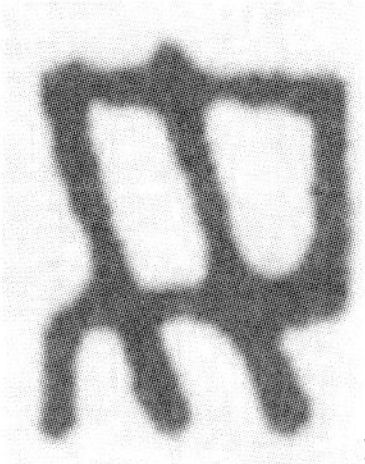
漢晉南北朝印風

漢晉南北朝印風

漢晉南北朝印風

漢晉南北朝印風

泰山刻石

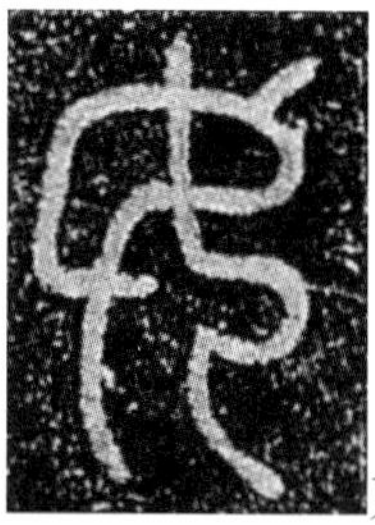
東漢・司徒袁安碑

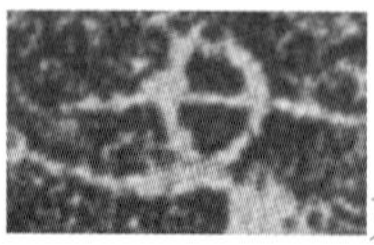
東漢・永和二年畫像石題記

東漢・曹全碑陽

東漢・皇女殘碑

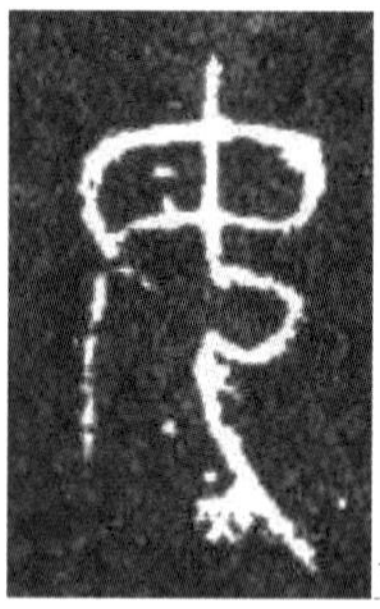
三國魏・三體石經殘・篆文

三國魏・三體石經殘・隸書

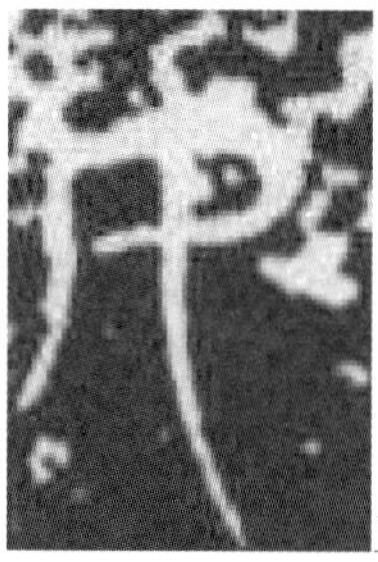
三國魏・三體石經春秋・古文

西晉・成晃碑

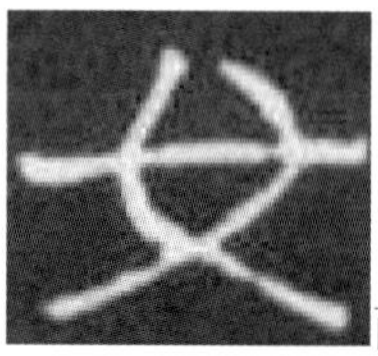
西晉・石尠誌

東晉・温式之誌

北魏・元願平妻王氏誌

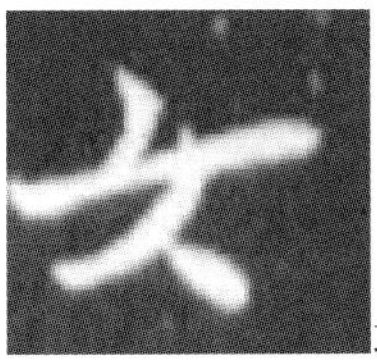
北魏・□伯超誌

〇息女韶□

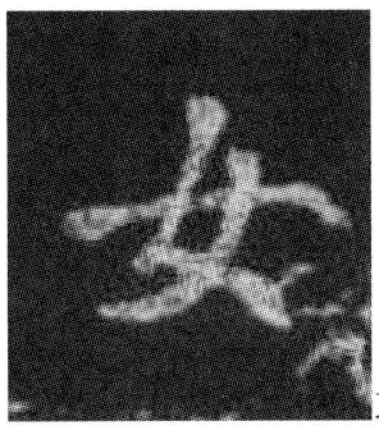
北魏・王誦妻元妃誌

【姓】

《説文》：，人所生也。古之神聖母，感天而生子，故稱天子。从女从生，生亦聲。《春秋傳》曰："天子因生以賜姓。"

睡・秦律十八種 102

〇百姓甲兵必書其

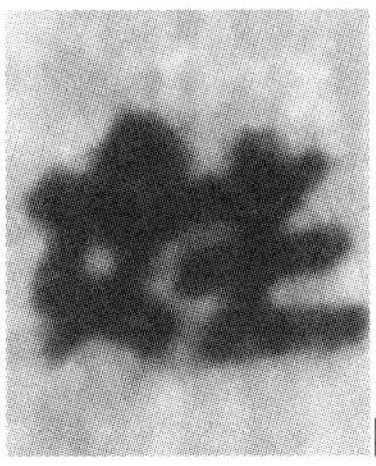
睡・秦律雜抄 32

〇百姓不當老至老

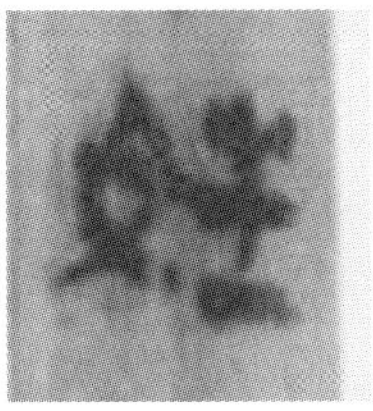
嶽・學為偽書案 222

〇穜（種）姓雖賤

馬壹 77_82

〇百姓

北貳・老子 33

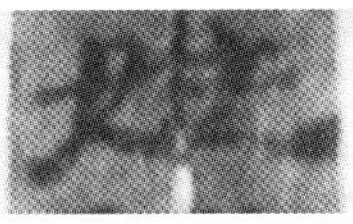
敦煌簡 1111

〇聚百姓城

金關 T06:037

〇里年姓車□

武・甲《特牲》7

〇及子姓兄弟即位

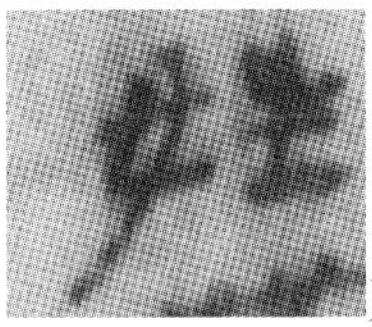
東牌樓 007

〇張姓

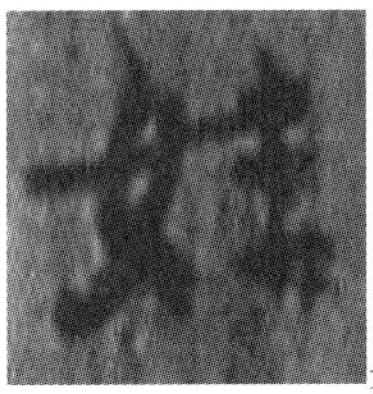
吳簡嘉禾・四・一

〇授吏姓名

漢印文字徵

漢印文字徵

詛楚文・巫咸

○加我百姓

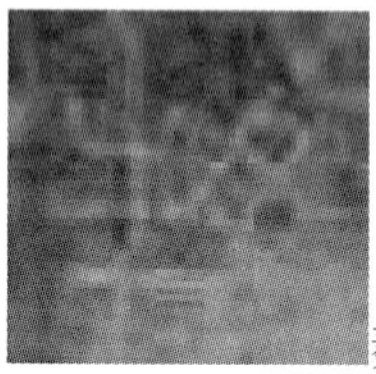
秦駰玉版

○土姓

東漢・尚博殘碑

東漢・尚博殘碑

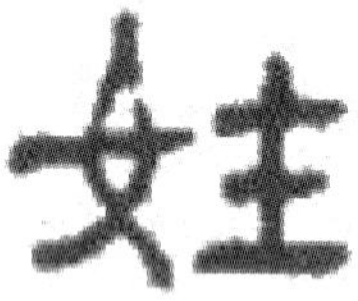
東漢・成陽靈臺碑

○氏姓曰伊

東漢・曹全碑陽

○舊姓及脩身之士

東漢・曹全碑陽

○百姓繈負

東漢・西狹頌

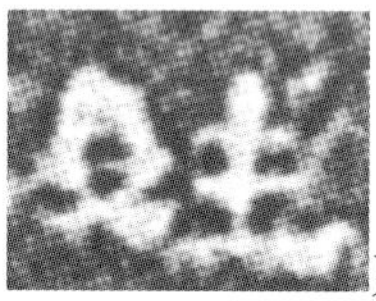
東漢・行事渡君碑

○與楚同姓

西晉・徐義誌

○公家門姓族

西晉・臨辟雍碑

○百姓請命

北魏・馮會誌

○太妃姓馮

北魏・元嵩誌

北魏・元懷誌

北魏・元悌誌

○百姓歸仁

北魏・元簡誌

○太保齊郡王姓元

北齊・元賢誌

【姜】

《說文》：，神農居姜水，以爲姓。从女羊聲。

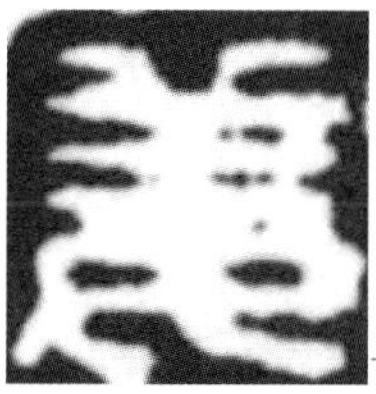
廿世紀璽印三-SY

漢印文字徵

漢晉南北朝印風

○姜臨私印

漢晉南北朝印風

漢晉南北朝印風

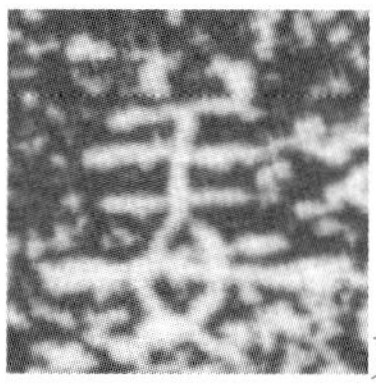
東漢・西狹頌

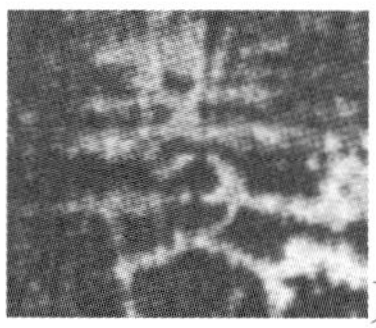
東漢・禮器碑陰

○姜尋子長二百

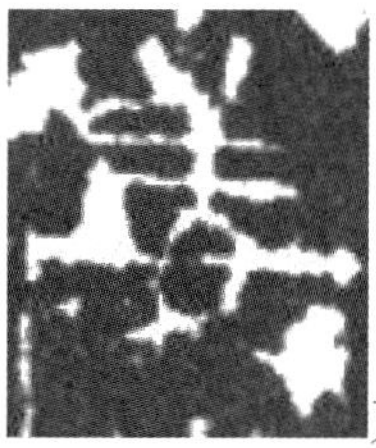
東漢・賈仲武妻馬姜墓記

○夫人馬姜

三國魏・曹真殘碑

北魏・元純陀誌

北魏・盧令媛誌

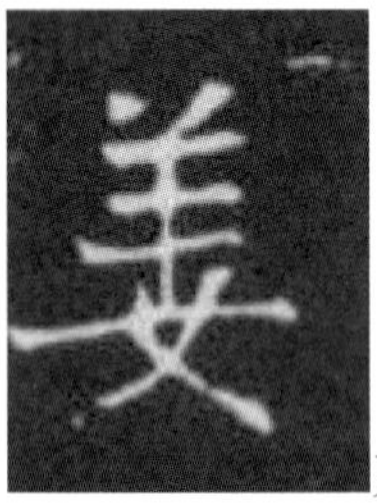
東魏・盧貴蘭誌

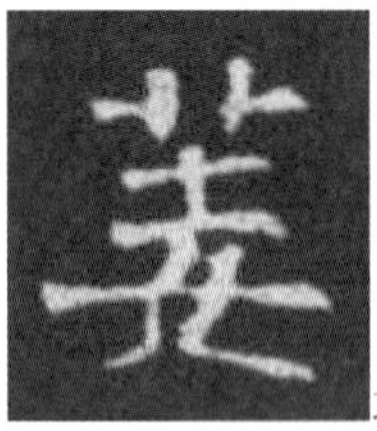
北周・寇熾誌

○夫人天水姜氏詔除昌城縣君

【姬】

《說文》：，黄帝居姬水，以爲姓。从女𦣞聲。

春早・秦子簋蓋

○姬用

西晚・不其簋

○孟㚰(姬)𨽍(尊)

春早・秦公鎛

○王㚰(姬)曰

春早・秦公鐘

○王㚰(姬)曰

漢銘・明光宮趙姬鍾

漢銘・趙姬家鐙

張・置吏律 221

○得置姬八子

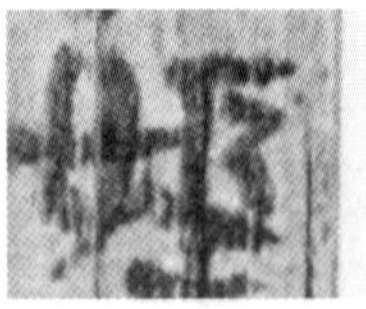
金關 T10:212

○有秩姬口敢言之

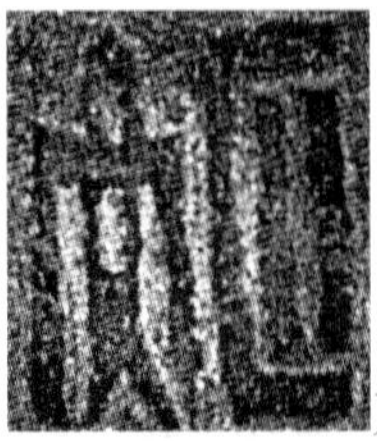
東漢・鳴咽泉畫像石墓題記

○覽樊姬

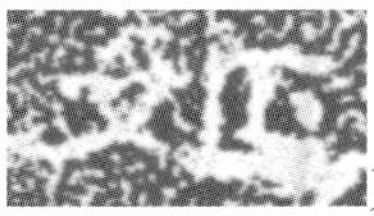東漢・郎中鄭固碑

○昔姬公□武

北魏・元顥平妻王氏誌

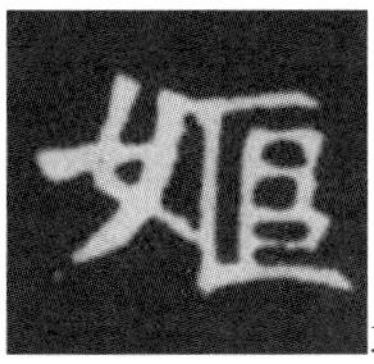北魏・元弘嬪侯氏誌

○載育王姬

北魏・石婉誌

○阮姬擱筆

北魏・鄯乾誌

北魏・王普賢誌

○德耀姬原

北魏・元演誌

○雖姬旦之翼周圖

北魏・元譿誌

北魏・馮邕妻元氏誌

○貴連王姬

北魏・元繼誌

北魏・元誘妻馮氏誌

○準宋姬於往日

北齊・暢洛生造像

○邑子□姬

【姞】

《説文》：，黄帝之後百鯈姓，后稷妃家也。从女吉聲。

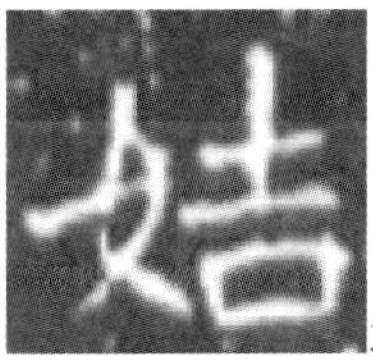北周・李府君妻祖氏誌

○謂同尹姞

【嬴】

《説文》：，少昊氏之姓也。从女，嬴省聲。

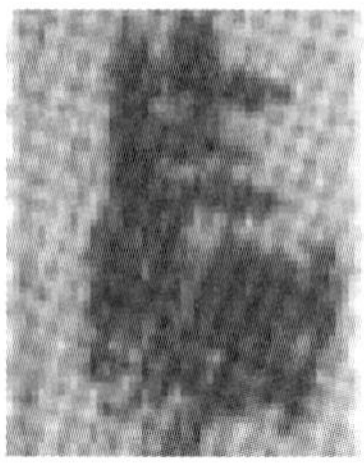
關・暦譜 50

○宿迣嬴邑北

張・算數書 185

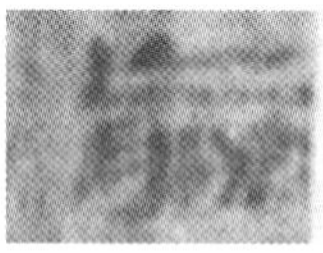
敦煌簡 0946

○當奸卒嬴克宗

北魏・王誦誌

東魏・劉幼妃誌

【姚】

《說文》：，虞舜居姚虚，因以爲姓。从女兆聲。或爲姚，嬈也。《史篇》以爲：姚，易也。

漢銘・建初六年洗

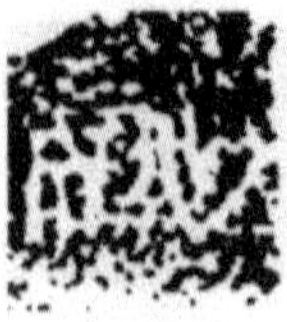
漢銘・姚巳壺

睡・為吏 43

○民將姚（遙）去

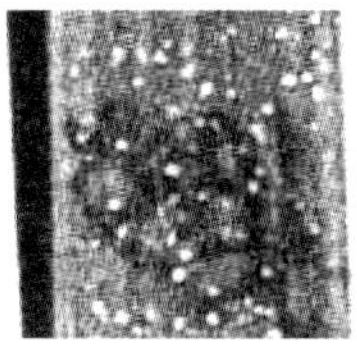
馬貳 209_73

○安后姚家

敦煌簡 2033B

○通爲姚子

金關 T07:184

廿世紀璽印二-SY

○姚緱

廿世紀璽印二-SY

秦代印風

○姚兼

秦代印風

○姚緱

秦代印風

○姚廣

秦代印風

○姚屯

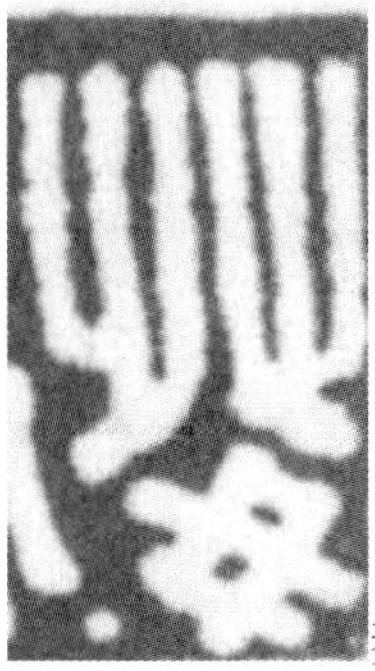
秦代印風

○姚去疢

廿世紀璽印三-SY

○姚武彊印

廿世紀璽印三-SY

○姚都昌印

漢印文字徵

○姚莽私印

漢印文字徵

○姚憙

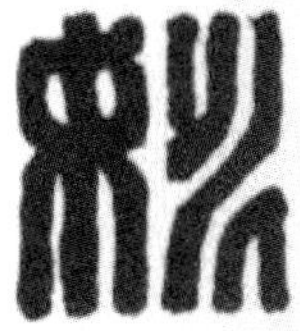
漢印文字徵

○姚甫始印

漢印文字徵

○姚充國

漢印文字徵

○姚登印

漢晉南北朝印風

○姚疌

漢晉南北朝印風

○姚勝

東漢・北海相景君碑陰

○故書佐劇姚進

東漢・曹全碑陰

○故門下祭酒姚之辛卿五百

東漢・曹全碑陰

○故郵書掾姚閔升臺

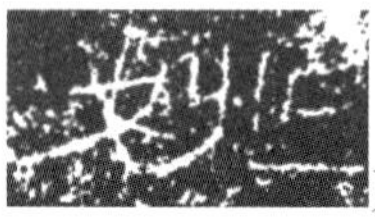
東漢・姚孝經墓磚

○姚孝經買槁

東晉・筆陣圖

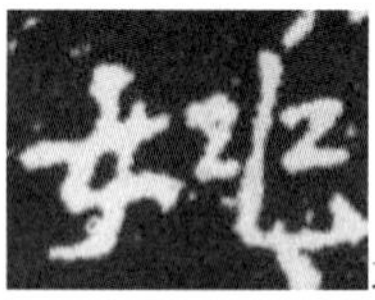
北魏・劉文朗造像

○道士姚文殊

北魏・司馬紹誌

○姚（遥）授冠軍將軍

北魏・張盧誌

○姚武衛將軍

北魏·元倪誌

北齊·赫連子悦誌

【嬀】

《説文》：，虞舜居嬀汭，因以爲氏。从女爲聲。

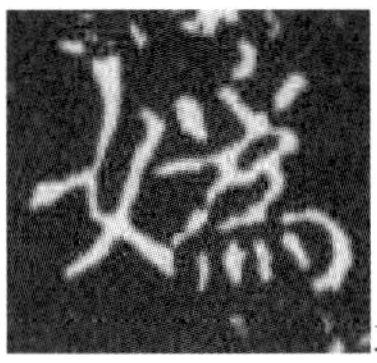
北魏·常季繁誌

○係美嬀任者已

東魏·元鷙妃公孫甑生誌

○德邁樊嬀

【妘】

《説文》：，祝融之後姓也。从女云聲。

【䚈】

《説文》：，籀文妘从員。

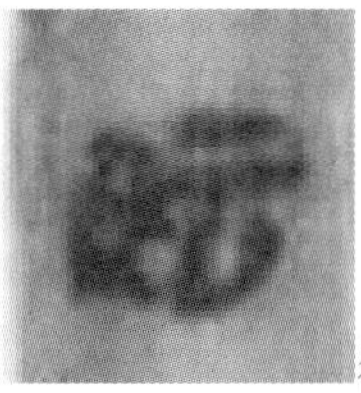
嶽·譊妘案 140

○刑審妘殺疑

【姺】

《説文》：，殷諸侯爲亂，疑姓也。从女先聲。《春秋傳》曰："商有姺邳。"

【嫊】

《説文》：，人姓也。从女然聲。

【妞】

《説文》：，人姓也。从女丑聲。《商書》曰："無有作妞。"

【娸】

《説文》：，人姓也。从女其聲。杜林説，娸，醜也。

【奼】

《説文》：，少女也。从女乇聲。

【媒】

《説文》：，謀也，謀合二姓。从女某聲。

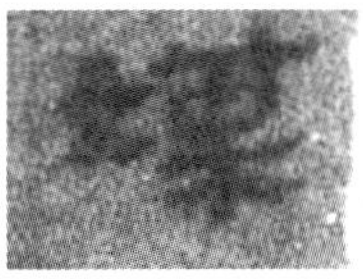
馬壹 126_59 上

○爲怨媒

張·亡律 168

○爲媒者智知

【妁】

《說文》：，酌也，斟酌二姓也。从女勺聲。

北齊・王貴姜等造像

〇大維那王妁她侍佛

【嫁】

《說文》：，女適人也。从女家聲。

關・日書 141

里・第八層背 1246

〇上禾嫁租

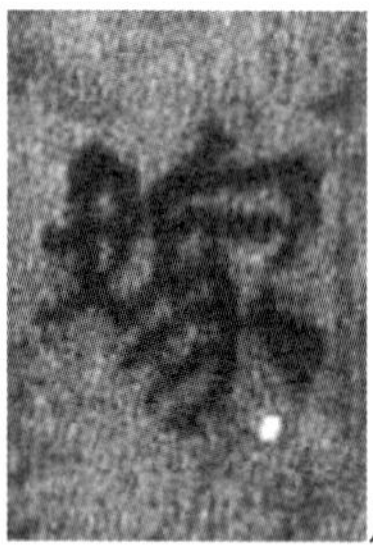
馬壹 76_45

馬貳 8_12 中\16

張・奏讞書 192

銀貳 1762

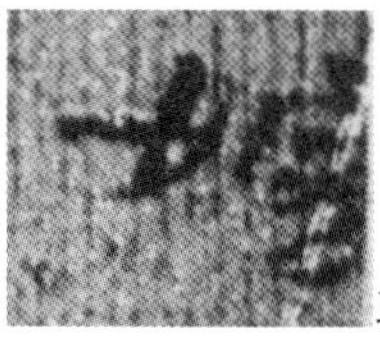
敦煌簡 2045

〇節更嫁毋多

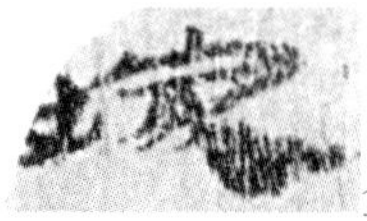
金關 T06:191

〇嫁爲觻得

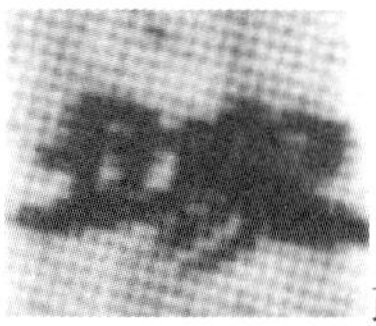
武・儀禮甲《服傳》35

〇未嫁者

東牌樓 118 正

〇與隨嫁事

北魏・張孃誌

【娶】

《說文》：，取婦也。从女从取，取亦聲。

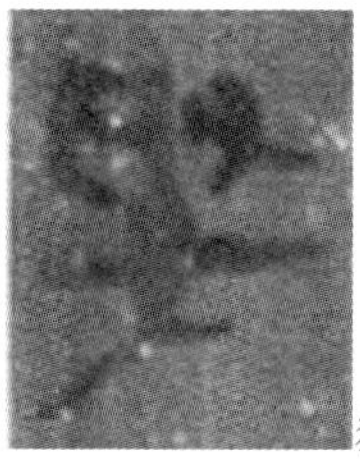
嶽・質日 2730

〇宿陰娶癸卯

里・第八層 1083

〇路娶貲錢二千六

馬貳 245_273

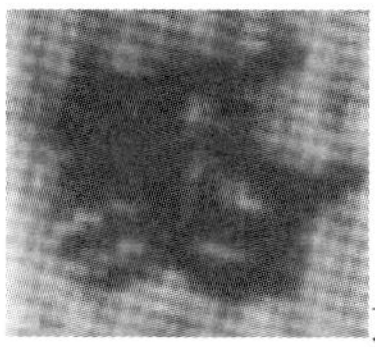
武・儀禮甲《服傳》13

〇後娶達子之志也

北壹・倉頡篇 33

東漢・孟孝琚碑

北魏・元爽誌

【婚】

《說文》：，婦家也。《禮》：娶婦以昏時，婦人陰也，故曰婚。从女从昏，昏亦聲。

【㚾】

《說文》：，籒文婚。

詛楚文・沈湫

〇絆以婚姻

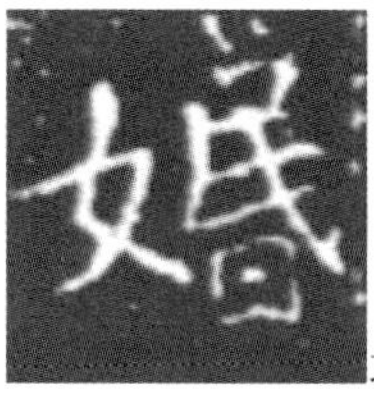
北魏・陸孟暉誌

北魏・劉氏誌

南朝梁・程虔誌

〇邦之婚蜀夢世

【姻】

《說文》：，壻家也。女之所因，故曰姻。从女从因，因亦聲。

【婣】

《說文》：，籒文姻从𣶒。

詛楚文・沈湫

○絆以婚姻

北魏・宋靈妃誌

○姻婭嗟讚

北魏・劉玉誌

○婚姻官帶

北魏・鮮于仲兒誌

○信著群姻

【妻】

《説文》：，婦與夫齊者也。从女从中从又。又，持事，妻職也。

【㛗】

《説文》：，古文妻从肖、女。肖，古文貴字。

漢銘・聖主佐宮中行樂錢

睡・秦律十八種 155

睡・法律答問 61

○遷者妻當包不當

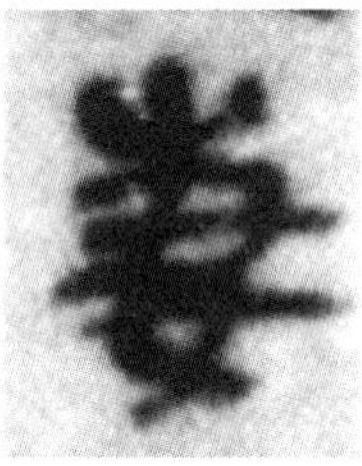
睡・日甲 6

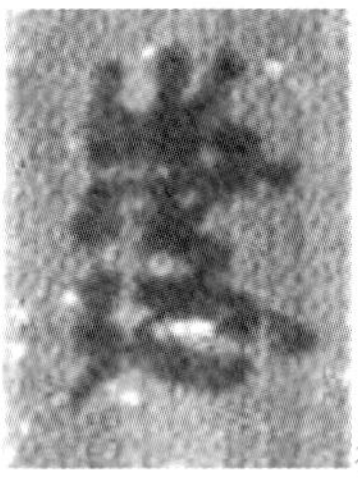
嶽・占夢書 10

○柀枯妻若女必有死

嶽・識劫□案 116

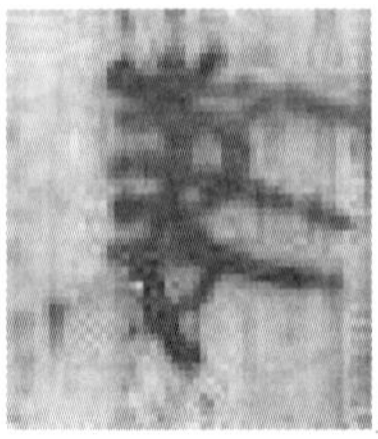
里・第八層 60

馬壹 139_6 下/148 下

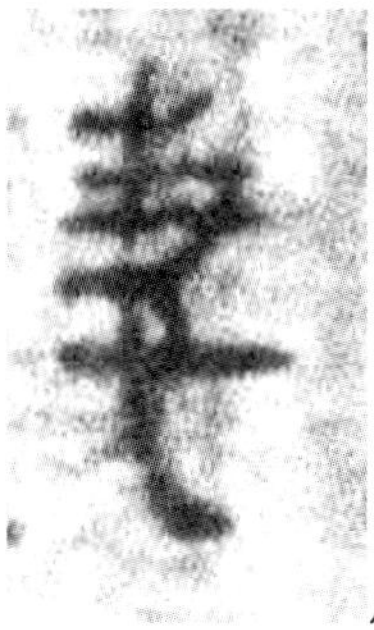
馬壹 92_288

○父母妻子

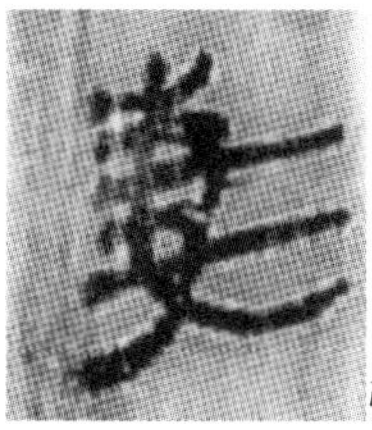
張・賊律 2

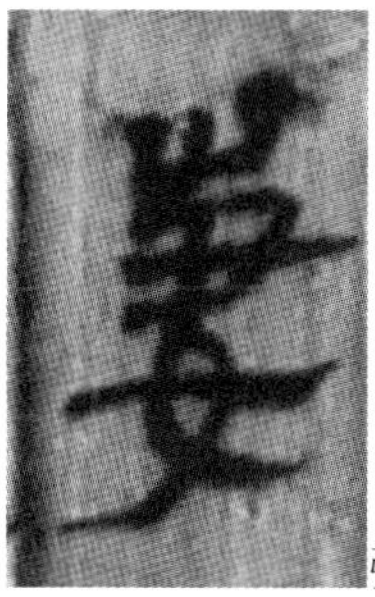
張・奏讞書 218

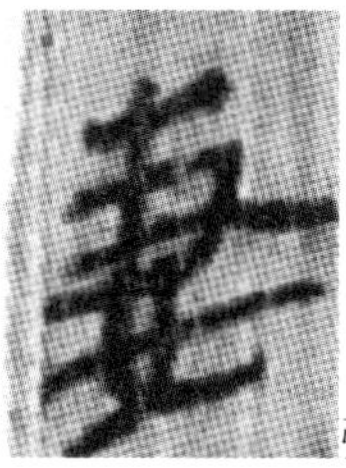
張・奏讞書 20

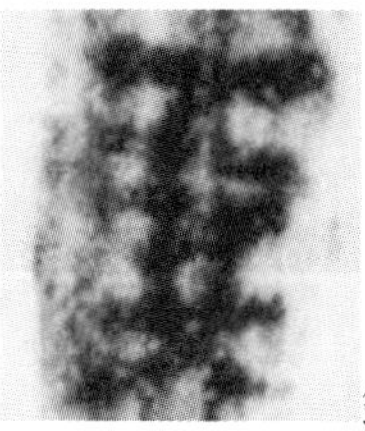
銀壹 788

○父母妻子

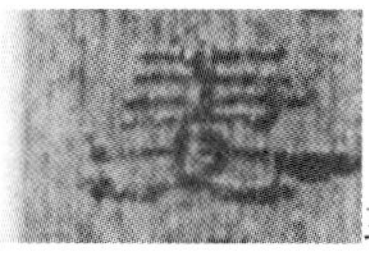
敦煌簡 0795

○操妻子從者奴婢

敦煌簡 0116

○沒校妻子

金關 T09:087

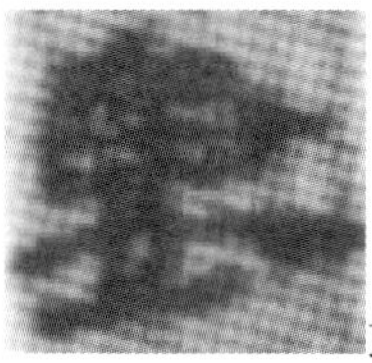
武・儀禮甲《服傳》16

○夫妻辨（胖）

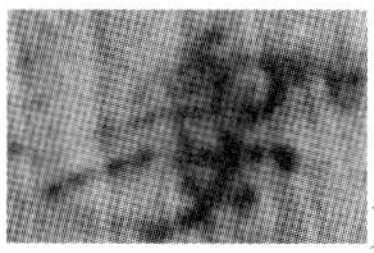
東牌樓 005

○妊爲妻產女

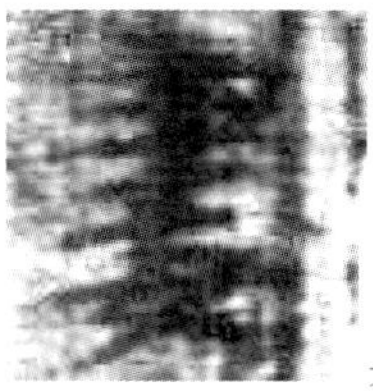
吳簡嘉禾・一

○妻大女

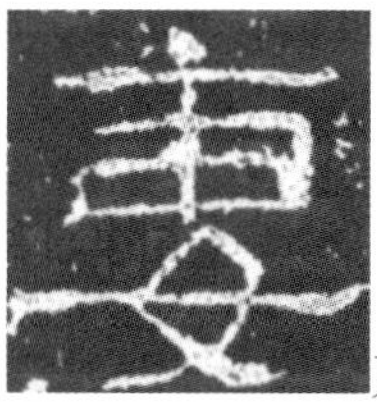
東漢・伯興妻殘碑

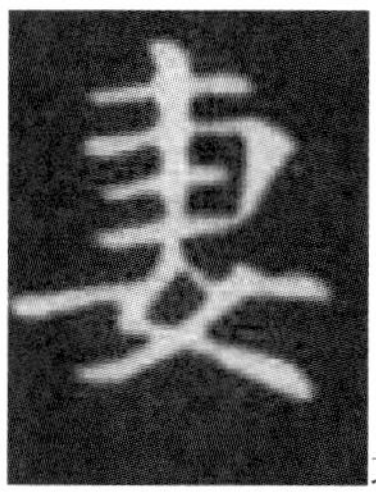
北魏・張玄誌

北魏・郭顯誌

○顯妻濟州平原柏氏

北魏・元遥妻梁氏誌

○妻梁墓

北魏・穆玉容誌

北魏・鄭君妻誌

北魏・韓顯宗誌

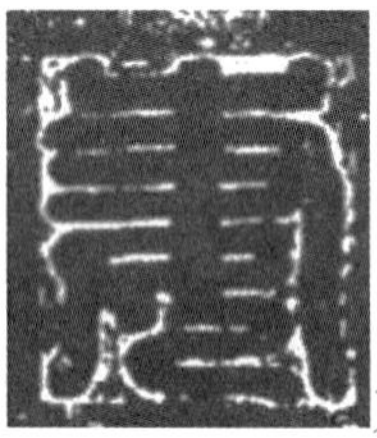
東魏・間叱地連誌蓋

○高公妻

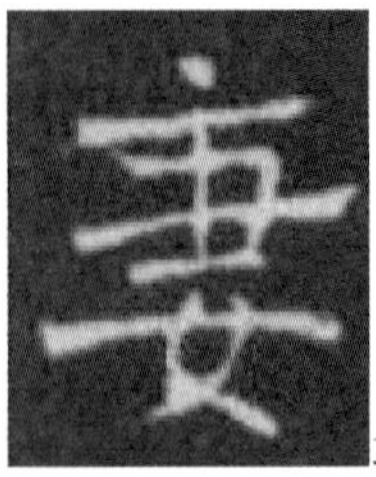
北齊・婁黑女誌

北周・寇嶠妻誌蓋

【婦】

《説文》：，服也。从女持帚灑掃也。

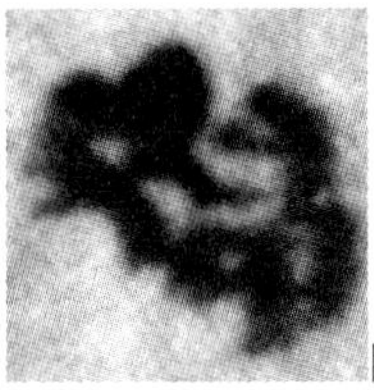
睡・日甲《稷辰》42

○婦家（嫁）

睡・日甲 4

○姡婦以出

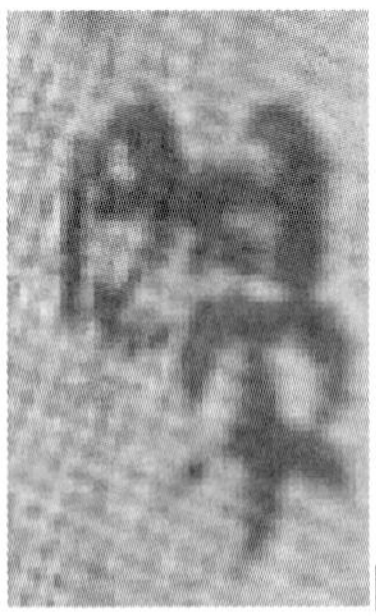
關・日書 141

○娶婦

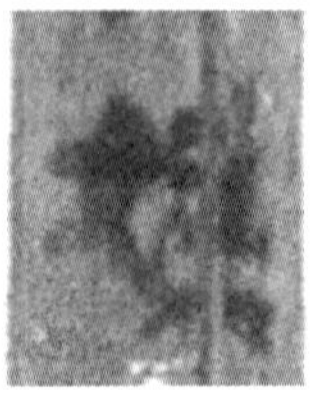
嶽・為吏 10

〇棄婦

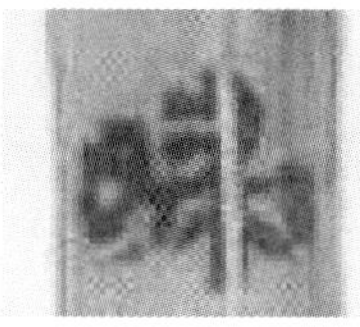
嶽・同顯案 142

〇棄婦毋憂

馬壹 242_7 上\15 上

馬壹 88_193

馬壹 5_26 上

馬貳 12_1 下\24

〇娶婦迎女發者殺

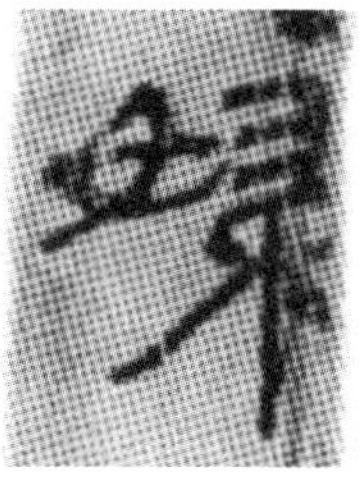
張・告律 133

〇父母婦告威公奴婢

銀貳 1762

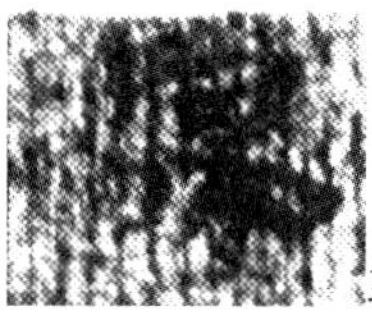
敦煌簡 2045

〇婦未龐

金關 T30:062

〇奉弟婦

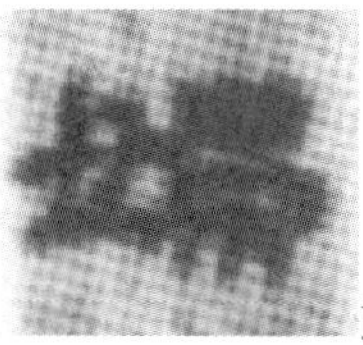
武・儀禮甲《服傳》27

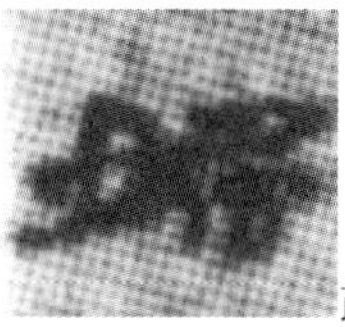
武・甲《特牲》25

〇主婦洗爵于房

武・日忌木簡丙 7

東牌樓 051 正

〇謝婦峻叩頭

漢印文字徵

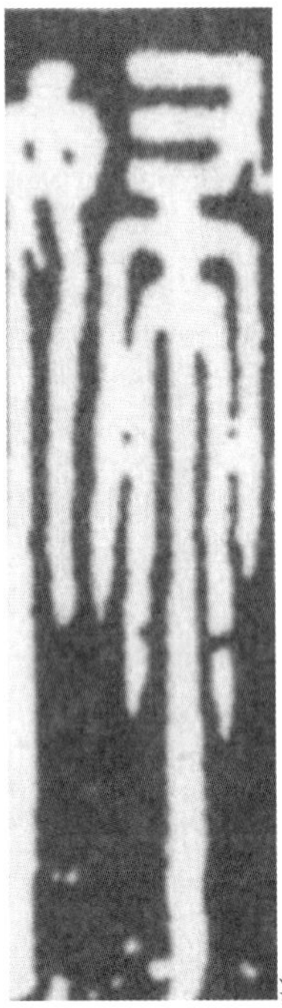

漢晉南北朝印風

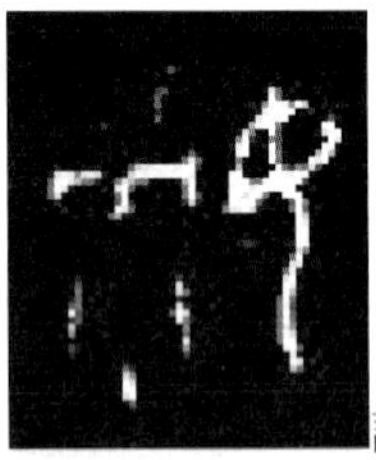

詛楚文・巫咸

○字婦幽刺親戚

東漢・曹全碑陽

東晉・顔謙妻劉氏誌

北魏・鮮于仲兒誌

北魏・元誘妻馮氏誌

東魏・元鷙妃公孫甑生誌

○出昭婦德

東魏・元季聰誌蓋

【妃】

《説文》：，匹也。从女己聲。

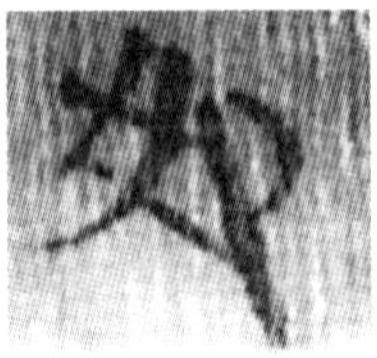

里・第八層 821

○倉守妃

漢印文字徵

○江妃

東漢・郭季妃畫像石墓題記

○西河圜陽郭季妃之槨（椁）

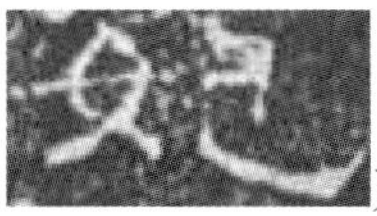
東漢・禮器碑

西晉・郭槐柩記

西晉・徐義誌

北魏・元新成妃李氏誌

北魏・元詳造像

○太妃還家伊川

【媲】

《説文》：，妃也。从女毘聲。

北魏・元譚誌

○號雌黄而豈媲

北齊・赫連子悅誌

○媲金山之銑出

北齊・崔宣華誌

○媲水爭流

北齊・司馬遵業誌

【妊】

《説文》：，孕也。从女从壬，壬亦聲。

北魏・宇文永妻誌

○育媛圖妊

【娠】

《説文》：，女妊身動也。从女辰聲。《春秋傳》曰：“后緍方娠。”一曰宮婢女隸謂之娠。

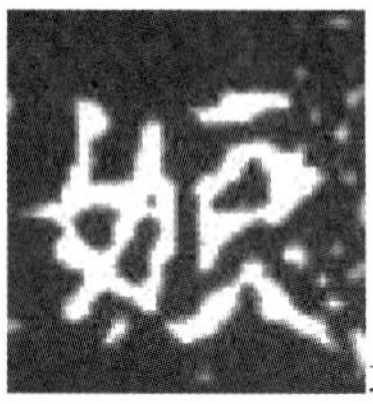
北齊・張潔誌

【㛗】

《説文》：，婦人妊身也。从女芻聲。《周書》曰：“至于㛗婦。”

【嬔】

《説文》：，生子齊均也。从女从生，免聲。

【嫛】

《説文》：，婗也。从女殹聲。

【婗】

《説文》：，嫛婗也。从女兒聲。一曰婦人惡皃。

【母】

《説文》：，牧也。从女，象褱子形。一曰象乳子也。

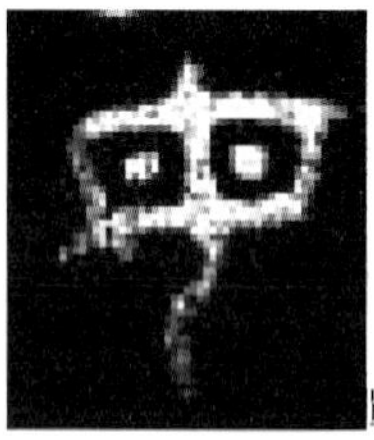
戰晚・新郪虎符

漢銘・聖主佐宮中行樂錢

漢銘・母二泉範

睡・秦律十八種 74
〇食其母日粟一斗

睡・法律答問 116

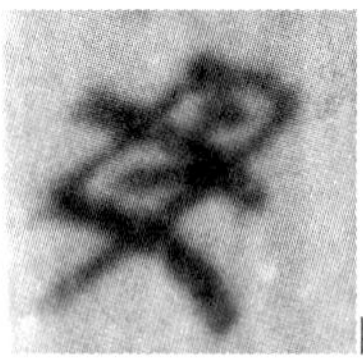
睡・日甲《毀弃》102

睡・日甲 3

關・病方 327

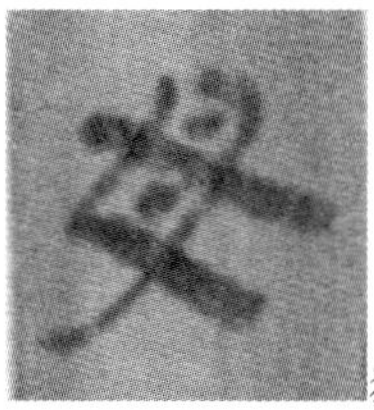
嶽・數 84

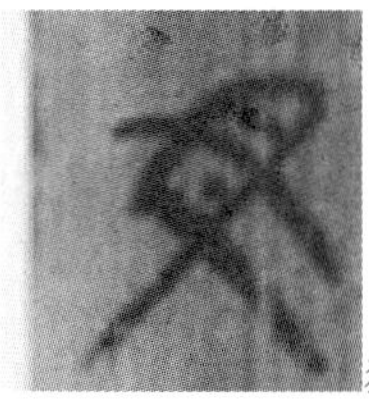
嶽・芮盜案 78

里・第八層 1909

○多問母□□

張・賊律 38

張・奏讞書 183

張・算數書 133

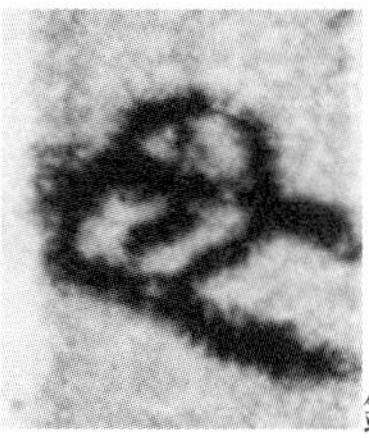
銀壹 433

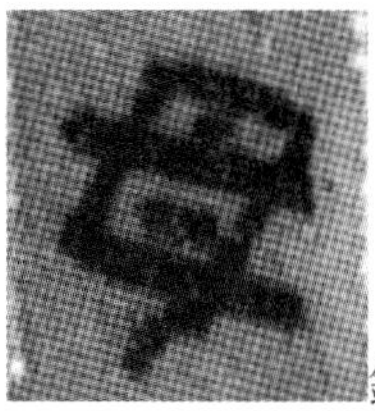
銀貳 1832

北貳・老子 40

敦煌簡 0505

金關 T27:095

○妻子母蒙春

武・儀禮甲《服傳》25

○父母

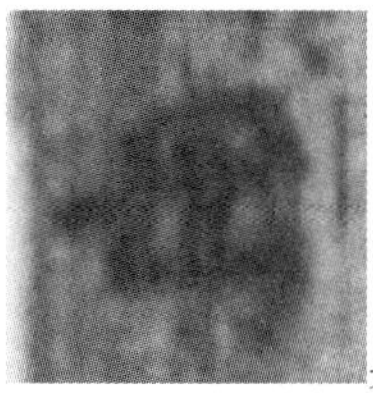
吳簡嘉禾・九二九九

○祿母大女妾

廿世紀璽印三-SY

漢印文字徵

漢晉南北朝印風

石鼓・吾水

東漢・永和二年畫像石題記

東漢・鮮於璜碑陽

○在母不瘽

東漢・楊著碑額

○聞母氏疾病

東漢・史晨前碑

東漢・肥致碑

東漢・曹全碑陽

東漢・成陽靈臺碑

東漢・石祠堂石柱題記

東漢・從事馮君碑

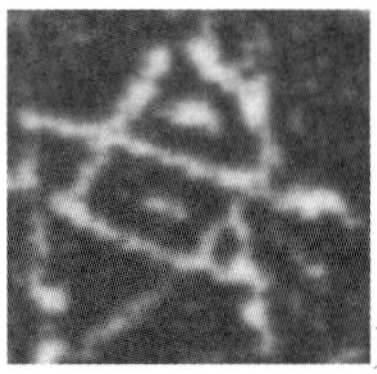
東漢・石祠堂石柱題記額

東漢・石堂畫像石題記

東漢・開母廟石闕銘

東漢・賈仲武妻馬姜墓記

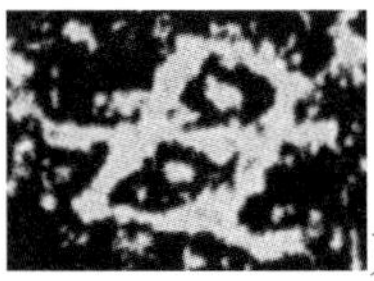
東漢・三老諱字忌日刻石

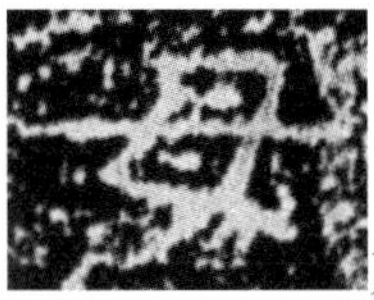
東漢・三老諱字忌日刻石

東漢・元嘉元年畫像石題記一

北魏・元璨誌

北魏・元純陀誌

北魏・鄭長猷造像

北魏・元懷誌

〇世宗宣武皇帝之母弟

北魏・司馬顯姿誌

北魏・馮邕妻元氏誌

北魏・郭顯誌

〇母趙郡李氏

北魏・薛慧命誌

〇斑母惡其先

北魏・元詳造像

〇母子平安

北魏・杜法真誌

〇杜傅母銘

北魏・馮迎男誌

○隨母配宫

東魏・吳叔悅造像

○七世父母

東魏・杜文雅造像

北齊・惠遠造像

○師僧父母

北周・高樹等造像

北周・楊連熙造像

○現世父母

北周・杜世敬造像

○亡母歸首

【嫗】

《說文》：嫗，母也。从女區聲。

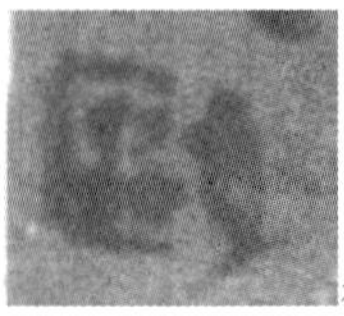
嶽・質日 2726

○亥□嫗死戊戌

漢印文字徵

○齊少嫗

【媼】

《說文》：媼，女老偁也。从女𥁕聲。讀若奧。

馬壹 88_199

○以媼爲長安君計短

馬壹 88_193

○媼之愛燕后

金關 T23:933

【姁】

《說文》：，嫗也。从女句聲。

廿世紀璽印三-SY

○左君姁

漢印文字徵

○吳小姁

漢印文字徵

漢印文字徵

漢晉南北朝印風

漢晉南北朝印風

【姐】

《說文》：，蜀謂母曰姐，淮南謂之社。从女且聲。

【姑】

《說文》：，夫母也。从女古聲。

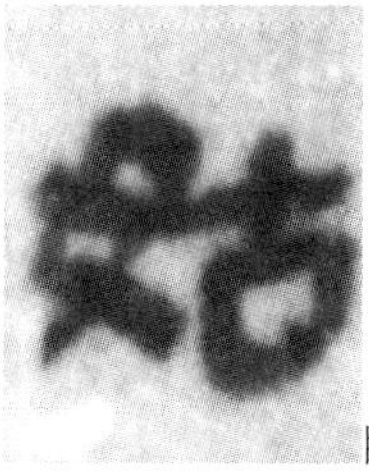
睡·秦律雜抄 40

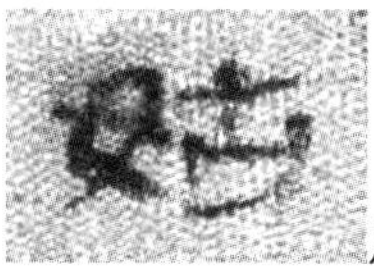
馬壹 72_5

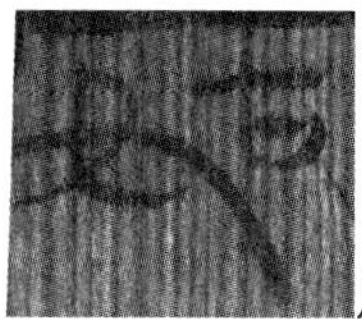
馬貳 295_5

○鷓姑（鴣）

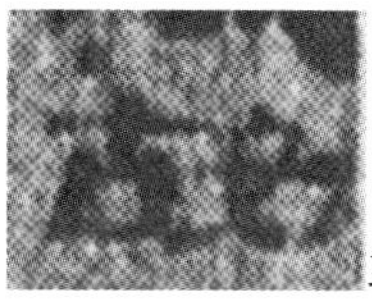
敦煌簡 1730

○姑臧

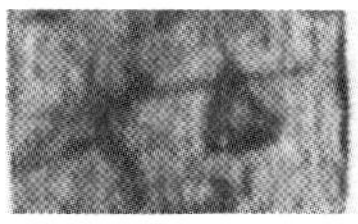
敦煌簡 0091

○亡已得乘姑墨城

金關 T06:052

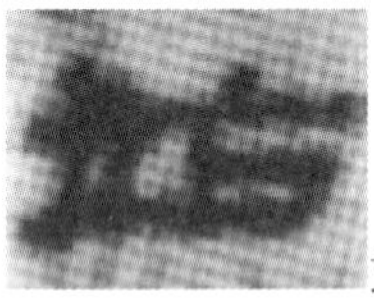
武・儀禮甲《服傳》27

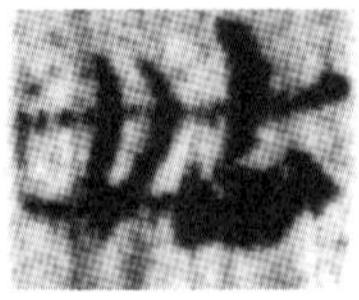
武・日忌木簡丙 7

武・柩銘考釋 1

○姑臧

廿世紀璽印三-GP

○姑幕丞印

漢晉南北朝印風

漢印文字徵

漢印文字徵

漢印文字徵

漢代官印選

詛楚文・沈湫

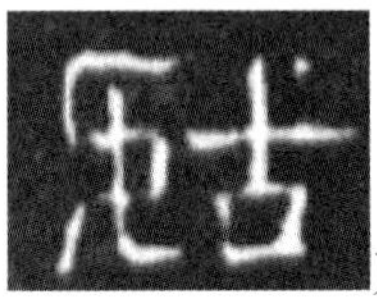
東漢・北海太守爲盧氏婦刻石

○公姑弗許

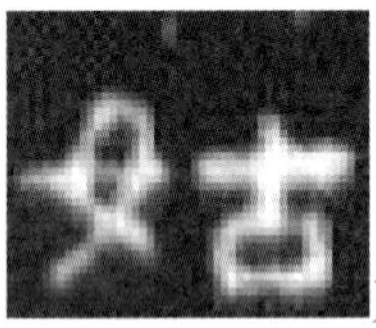
東漢・營陵置社碑

北魏・元洛神誌

北魏・元恪嬪李氏誌

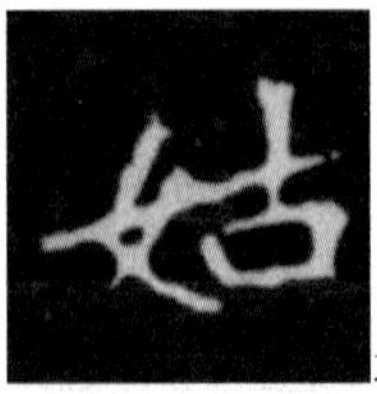
北魏・李元姜誌

【威】

《説文》：威，姑也。从女从戌。漢律曰：“婦告威姑。”

睡・為吏 12

○巧而威

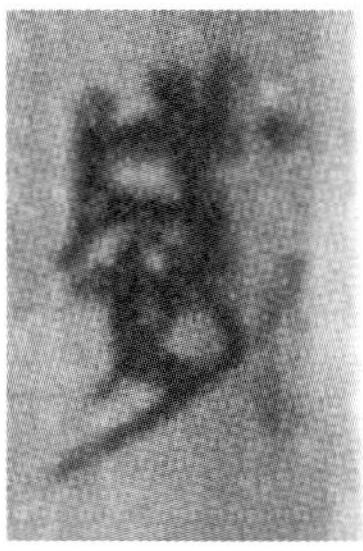
嶽・數 127

馬壹 111_180\349

馬貳 209_77

張・告律 133

○婦告威公

銀壹 258

銀貳 1683

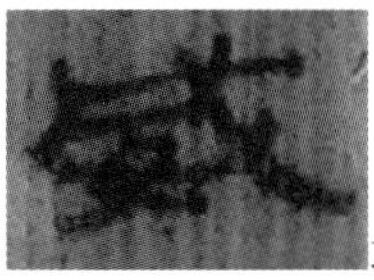
北貳・老子 97

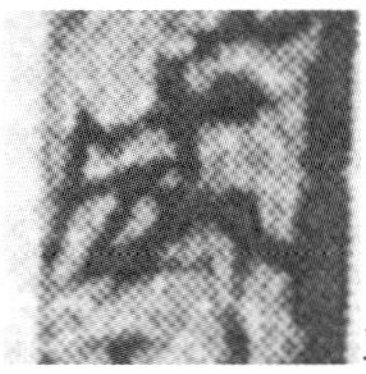
敦煌簡 2189

○揚威隧長

金關 T28:008A

廿世紀璽印三-GY

漢晉南北朝印風

歷代印匋封泥

漢晉南北朝印風

漢晉南北朝印風

○建威將軍章

柿葉齋兩漢印萃

○建威校尉

漢印文字徵

柿葉齋兩漢印萃

漢代官印選

漢印文字徵

漢晉南北朝印風

漢晉南北朝印風

漢晉南北朝印風

○振威將軍章

漢晉南北朝印風

漢晉南北朝印風

漢晉南北朝印風

○虎威將軍章

漢晉南北朝印風

○建威將軍章

漢晉南北朝印風

○虎威將軍章

漢晉南北朝印風

○宣威將軍印

漢晉南北朝印風

廿世紀璽印四-GY

○虎威將軍章

詛楚文・巫咸

東漢・北海相景君碑陽

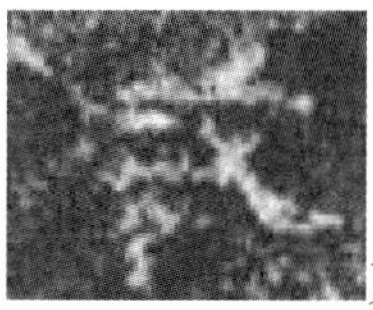
東漢・禮器碑

○朝車威熹

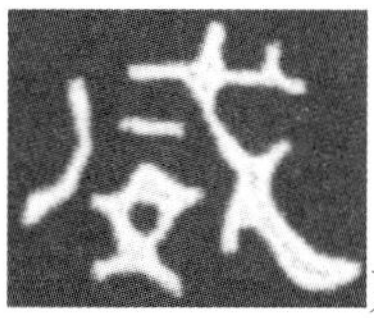
東漢・楊著碑陽

東漢・曹全碑陽

東漢・王威畫像石墓題記

晉・趙府君闕

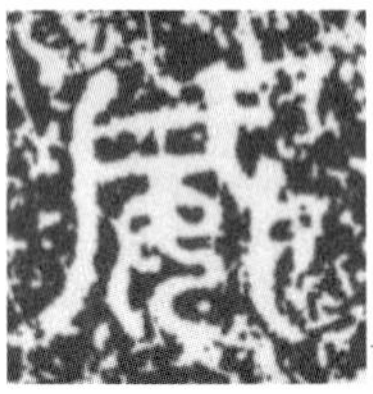
西晉・郛休碑額

東晉・張鎮誌

北魏・元楨誌

北魏・寇憑誌

北魏・元悛誌

東魏・元玕誌

○威逾卻波

【妣】

《說文》：，殁母也。从女比聲。

【𡜵】

《說文》：，籀文妣省。

東漢・景君碑

東漢・夏承碑

北魏・馮會誌

北魏・張正子父母鎮石

【姊】

《說文》：，女兄也。从女𠂔聲。

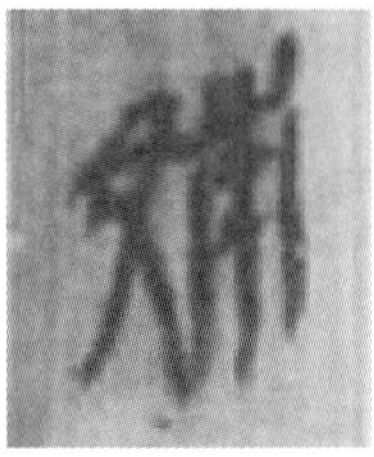
嶽・芮盜案 82

○受多姊

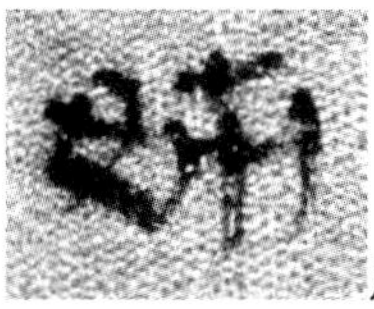
馬壹 72_5

○姊妹

金關 T01:001

○捐之姊子

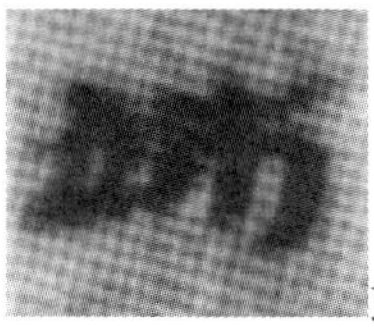
武·儀禮甲《服傳》25

○姊妹

秦代印風

○譊姊

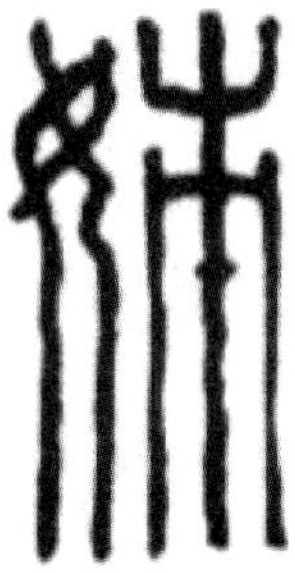
漢印文字徵

○譊姊

漢晉南北朝印風

○譊姊

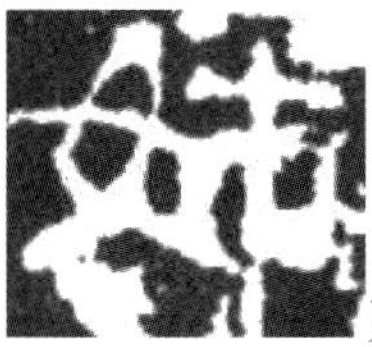
東漢·賈仲武妻馬姜墓記

○明德皇后之姊也

西晉·張伯通造像

○亡父母姊殷

東晉·張鎮誌

○守嘉興徐庸之姊

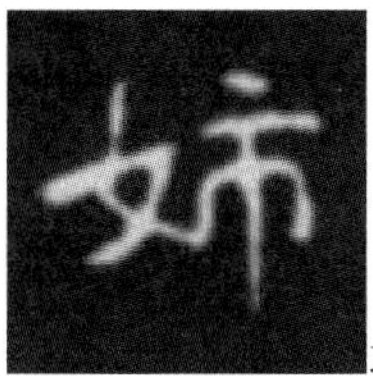
北魏·宋靈妃誌

○譽騰伯姊

【妹】

《說文》：，女弟也。从女未聲。

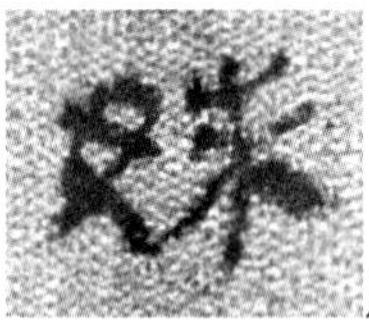
馬壹 72_5

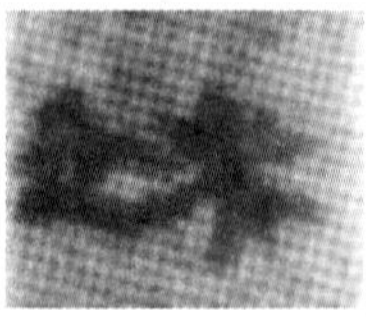
武·儀禮甲《服傳》25

○姑姊妹

漢印文字徵

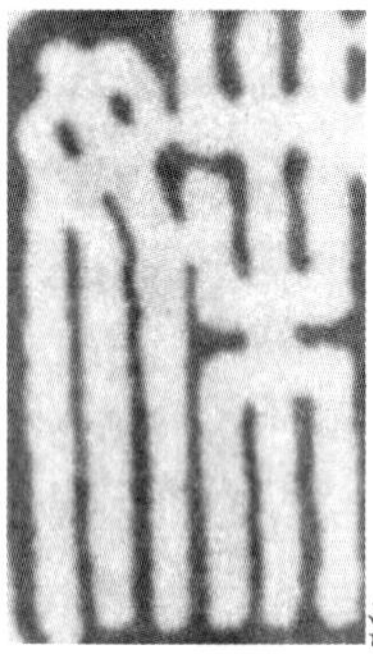
漢晉南北朝印風

懷后磬

【娣】

《說文》：，女弟也。从女从弟，弟亦聲。

北壹·倉頡篇 69

○禋稰姪娣叚耤

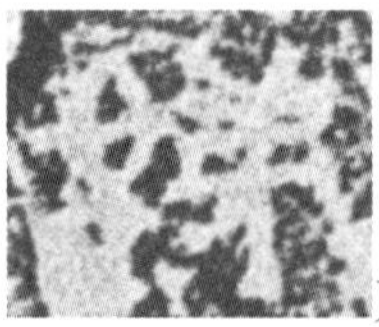
東漢·熹平石經殘石五

○歸妹以娣

北魏·鮮于仲兒誌

北魏·趙光誌

北周·寇嶠妻誌

【媦】

《說文》：，楚人謂女弟曰媦。从女胃聲。《公羊傳》曰："楚王之妻媦。"

漢印文字徵

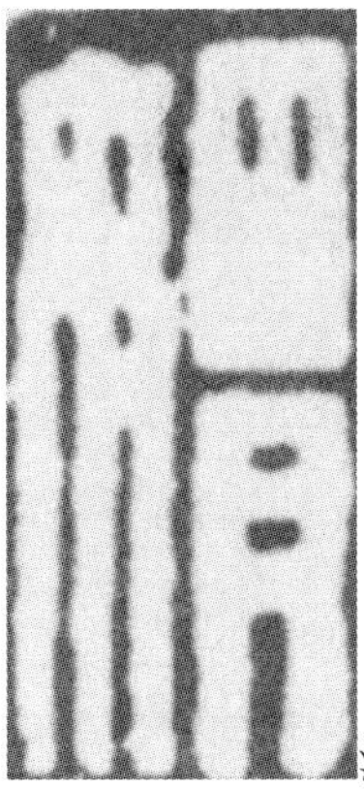漢晉南北朝印風

○郭娟

【嫂】

《説文》：，兄妻也。从女叜聲。

武・儀禮甲《服傳》42

○者是嫂亦可胃

西晉・左棻誌

○嫂翟氏

【姪】

《説文》：，兄之女也。从女至聲。

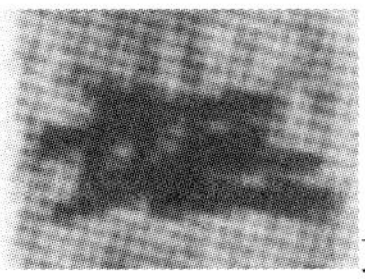武・儀禮甲《服傳》41

○適也姪

北壹・倉頡篇 69

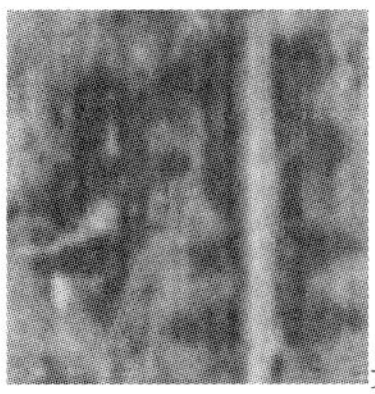吳簡嘉禾・三

○馬姪子男

北魏・楊阿真造像

北魏・胡明相誌

北魏・長孫瑱誌

○子姪泣血而長辭

【姨】

《説文》：，妻之女弟同出爲姨。从女夷聲。

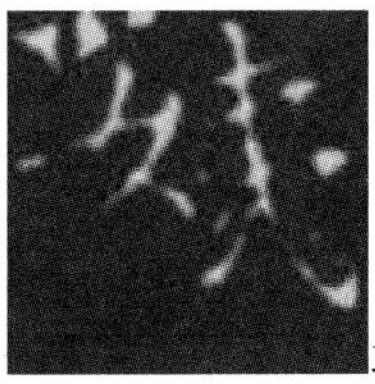北魏・元侔誌

○大宗明元皇帝之姨

北齊・婁黑女誌

○皇姨

【娿】

《説文》：，女師也。从女加聲。杜林說，加教於女也。讀若阿。

秦代印風

漢印文字徵

【姆】

《說文》：，女師也。从女每聲。讀若母。

北壹・倉頡篇 5

○黑媿姆款餌

【媾】

《說文》：，重婚也。从女冓聲。《易》曰："匪寇，婚媾。"

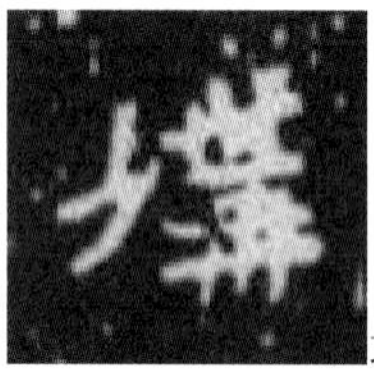
北魏・賈瑾誌

○伉儷未媾

【姼】

《說文》：，美女也。从女多聲。

【㜊】

《說文》：，姼或从氏。

【妭】

《說文》：，婦人美也。从女犮聲。

【媄】

《說文》：，女隸也。从女奚聲。

【婢】

《說文》：，女之卑者也。从女从卑，卑亦聲。

漢銘・張君後夫人馬

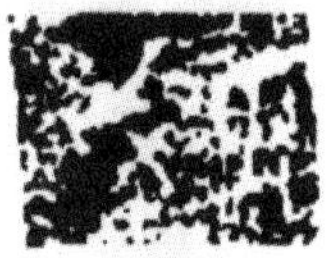
漢銘・張君夫人馬

漢銘・張君前夫人馬

嶽・為吏 12

○奴婢莫之田盜賊

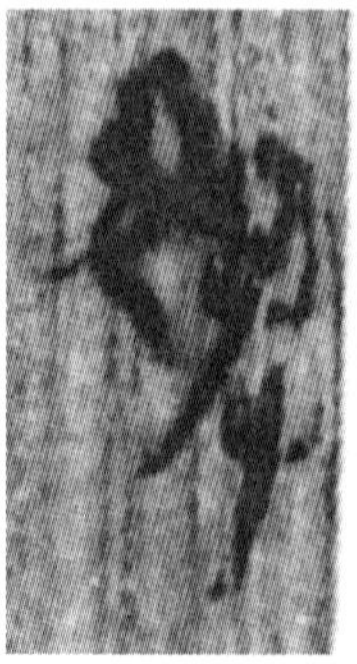
里・第八層 1443

○大婢言

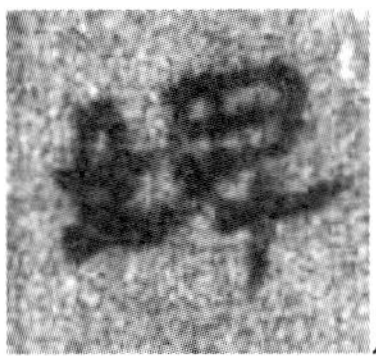
馬壹 139_6 下/148 下

馬貳 261_39/59

○十人婢

馬貳 8_22 中\26

○奴婢六畜

張・具律 107

張・奏讞書 9

○當爲婢媚

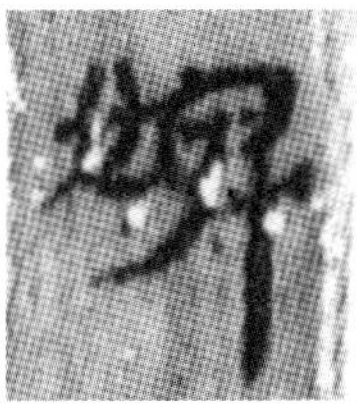
銀貳 1840

敦煌簡 0795

○奴婢出關致籍

金關 T24:047

○成大婢愛

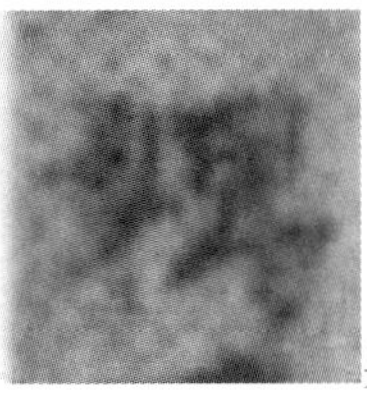
吳簡嘉禾・九二八七

漢印文字徵

漢印文字徵

漢晉南北朝印風

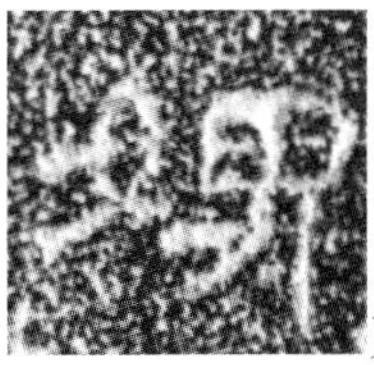
東漢・簿書殘碑

○婢意

北齊・逢遷造像

【奴】

《説文》：，奴、婢，皆古之辠人也。《周禮》曰：“其奴，男子入于辠隸，女子入于舂稾。”从女从又。

【伖】

《説文》：，古文奴从人。

戰晚・高奴簋

戰中・王五年上郡疾戈
○造高奴工

戰晚・二十五年上郡守廟戈
○高奴工

戰晚・高奴禾石權

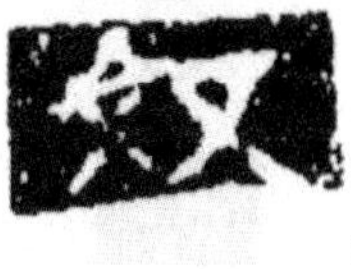
漢銘・張君馬四

漢銘・張君後夫人馬

漢銘・張君馬一

漢銘・常浴盆二

漢銘・張君馬二

漢銘・中山宦者常浴銅錠一

睡・法律答問 106

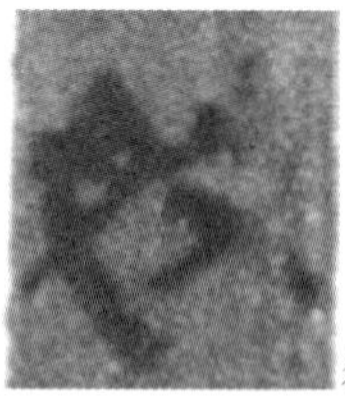
嶽・為吏 74

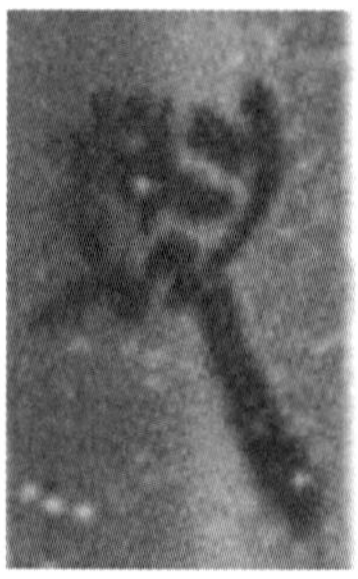
嶽・占夢書 31

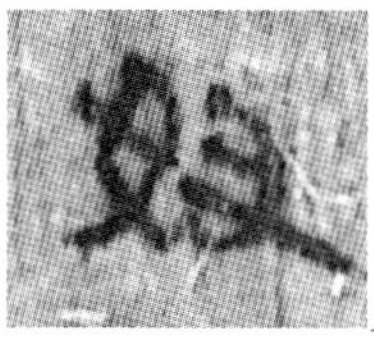
里・第八層 1287

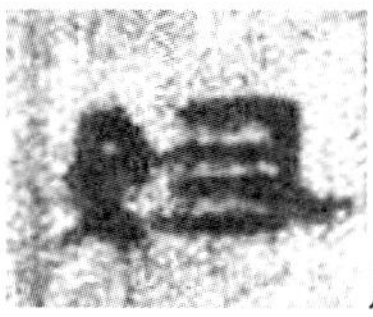
馬貳 34_35 上

○奴（駑）馬

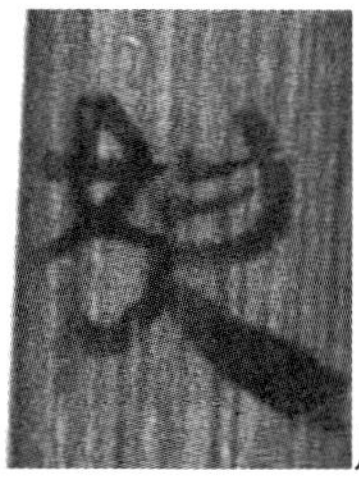
馬貳 259_19/40

○大奴百人衣布

張・賊律 39

銀貳 1840

○奴婢

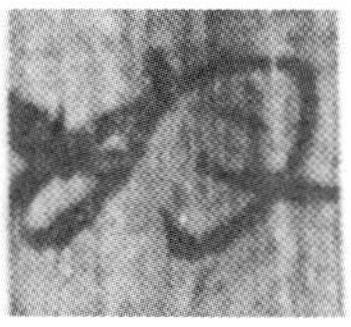
敦煌簡 0114

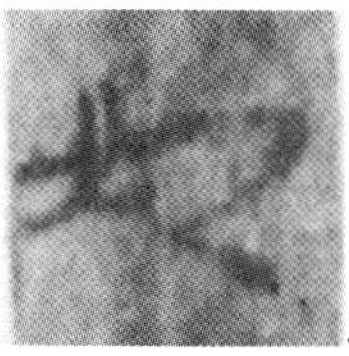
敦煌簡 0098

○恭奴遮焉

金關 T21:191

○郭奴戶十□

東牌樓 024

○奴衣笥印封完

吳簡嘉禾・五・九

秦代印風

秦代印風

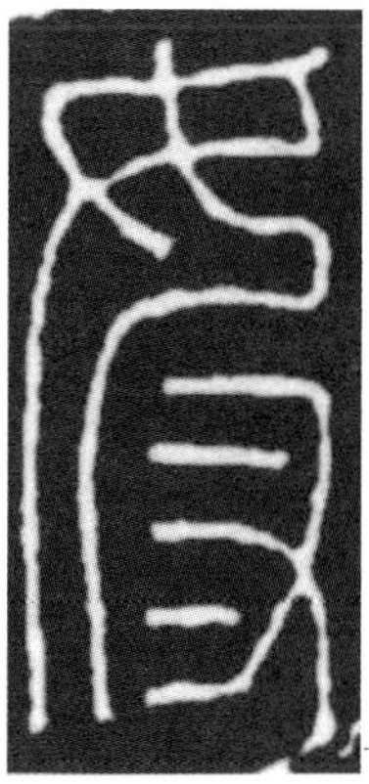
廿世紀璽印三-SY

漢晉南北朝印風

歷代印匋封泥

漢晉南北朝印風

漢晉南北朝印風

廿世紀璽印三-GY

漢晉南北朝印風

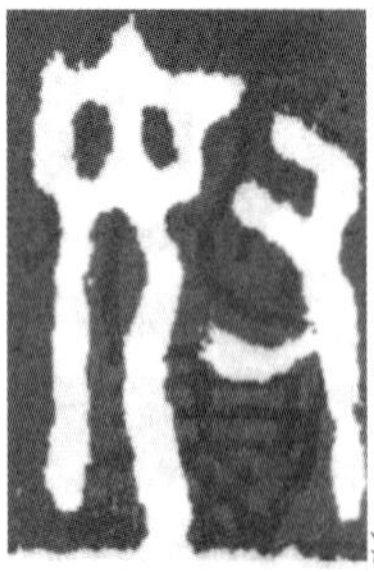
漢代官印選

漢代官印選

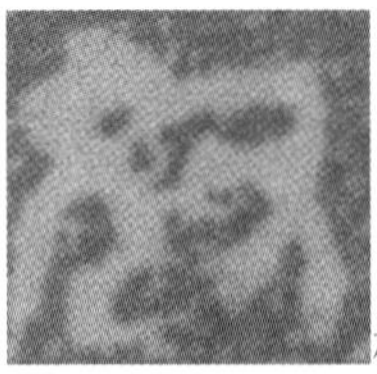
柿葉齋兩漢印萃

漢印文字徵

漢印文字徵

漢印文字徵

○臣奴

漢印文字徵

○徐奴之印

漢印文字徵

○困陸奴

廿世紀璽印四-GY

漢晉南北朝印風

○盧奴令印

漢晉南北朝印風

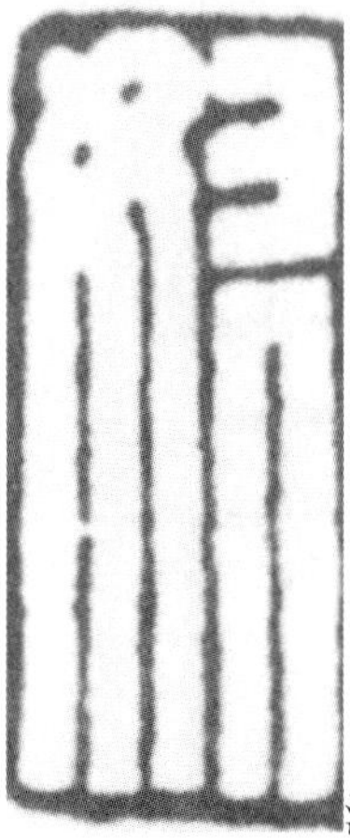
漢晉南北朝印風

○王奴

漢晉南北朝印風

廿世紀璽印四-SP

○叁小奴

懷后磬

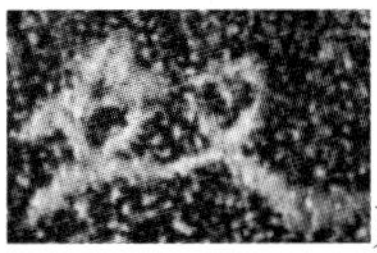
東漢・簿書殘碑

東漢・作石獅題字

晉・鄭舒妻劉氏殘誌

北魏・元朗誌

東魏・任神奴造像

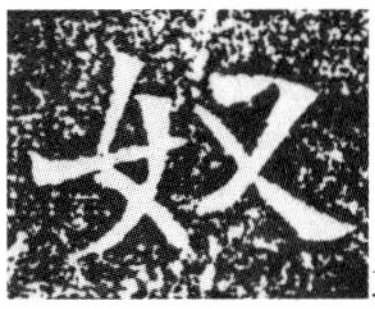
北齊・張子昂造像

【妣】

《說文》：，婦官也。从女弋聲。

【婻】

《說文》：，甘氏《星經》曰：“太白上公，妻曰女婻。女婻居南斗，食

厲，天下祭之。曰明星。”从女前聲。

【媧】

《説文》：，古之神聖女，化萬物者也。从女咼聲。

【㛳】

《説文》：，籀文媧从𠌯。

晉・洛神十三行

〇女歎匏媧之□匹兮

【娍】

《説文》：，帝高辛之妃，偰母號也。从女戎聲。《詩》曰：“有娍方將。”

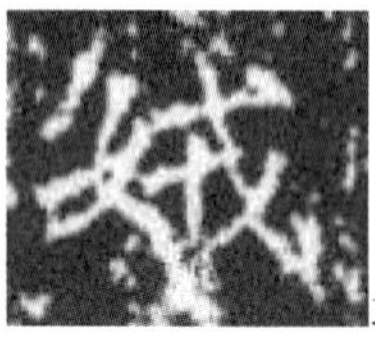
北魏・高貞碑

〇匪娍伊僕

【娥】

《説文》：，帝堯之女，舜妻娥皇字也。秦晉謂好曰娙娥。从女我聲。

東漢・鮮於璜碑陽

〇娥娥厥額

北魏・元洛神誌

北魏・吐谷渾氏誌

北魏・元誘妻馮氏誌

【嫄】

《説文》：，台國之女，周棄母字也。从女原聲。

【嬿】

《説文》：，女字也。从女燕聲。

北周・寇嶠妻誌

〇嬿婉忽違

【妸】

《説文》：，女字也。从女可聲。讀若阿。

【嬃】

《説文》：，女字也。《楚詞》曰：“女嬃之嬋媛。”賈侍中說，楚人謂姊爲嬃。从女須聲。

秦文字編 1771

漢印文字徵

漢印文字徵

漢印文字徵

漢印文字徵

○高頞

漢印文字徵

【婕】

《説文》：，女字也。从女疌聲。

【嬩】

《説文》：，女字也。从女與聲。讀若余。

【嬬】

《説文》：，女字也。从女需聲。

【嫽】

《説文》：，女字也。从女尞聲。

漢印文字徵

○魏嫽

漢晉南北朝印風

○魏嫽

【𡜊】

《說文》：，女字也。从女衣聲。讀若衣。

【婤】

《說文》：，女字也。从女周聲。

【姶】

《說文》：，女字也。从女合聲。《春秋傳》曰：“嬖人婤姶。”一曰無聲。

【改】

《說文》：，女字也。从女己聲。

【妵】

《說文》：，女字也。从女主聲。

【妏】

《說文》：，女字也。从女久聲。

【娸】

《說文》：，女號也。从女耳聲。

【始】

《說文》：，女之初也。从女台聲。

秦代・元年詔版二

秦代・二世元年詔版一

漢銘・更始泉範一

漢銘・苦宮行燭定

漢銘・新一斤十二兩權

漢銘・新嘉量二

漢銘・新始建國尺二

漢銘・新承水盤

漢銘・新中尚方鍾

漢銘・永始乘輿鼎一

漢銘・中尚方鐎斗

關・日書 132

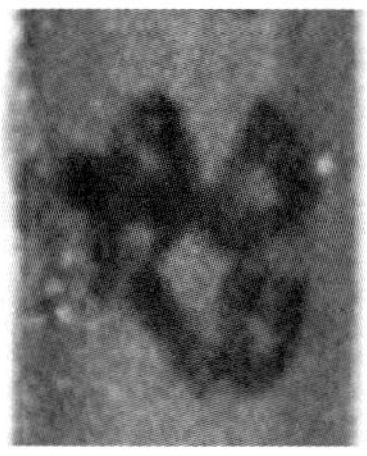
嶽・為吏 66

○事无冬（終）始

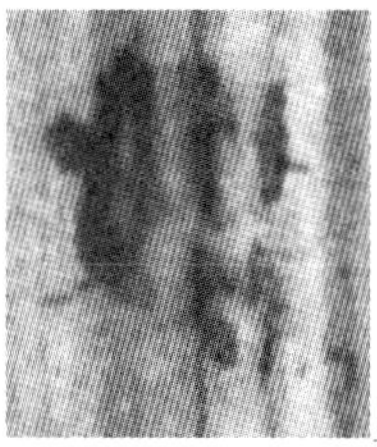
里・第八層 766

○隸妾始令史扁視

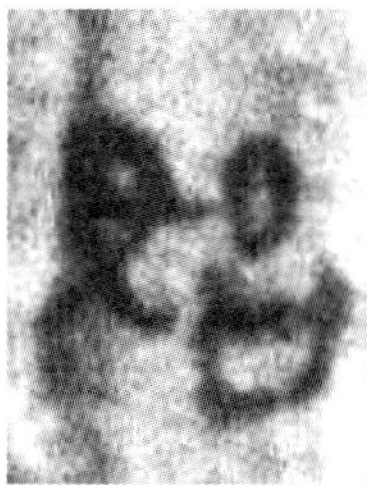
馬壹 96_29

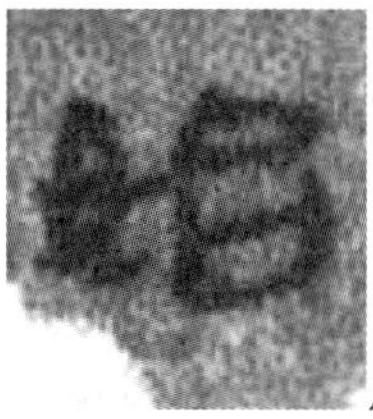
馬壹 128_71 上

馬貳 214_25/126

張・算數書 40

張・引書 35

銀貳 1730

北貳・老子 124

敦煌簡 1859

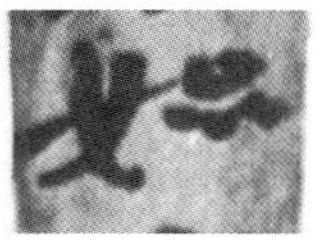
敦煌簡 0614

○新始建國

金關 T24:022

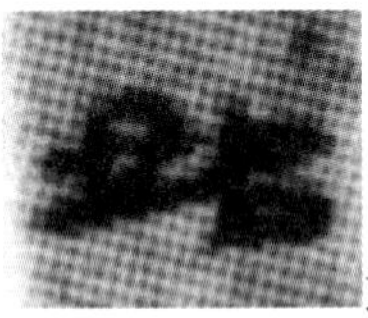
武・儀禮甲《士相見之禮》11

○言始視面中

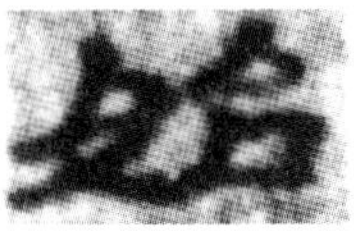
武・王杖 3

秦代印風

○安始

漢晉南北朝印風

廿世紀璽印三-GP

○都元始五年

廿世紀璽印三-SY

○郝始之印

漢印文字徵

○楊始

柿葉齋兩漢印萃

漢印文字徵

○張始

漢印文字徵

○椋始昌

漢印文字徵

漢印文字徵

漢晉南北朝印風

○尹乃始

漢晉南北朝印風

○張始得

漢晉南北朝印風

○王始

漢晉南北朝印風

○株乃始印

漢晉南北朝印風

漢晉南北朝印風

○李始

漢晉南北朝印風

泰山刻石

懷后磬

○王始（姒）之

瑯琊刻石

○始皇帝

東漢・從事馮君碑
○始天道

十六國後秦・呂他表
○弘始四年十二

北魏・奚智誌
○始与大魏同先

北魏・王蕃誌

北魏・嚴震誌

北魏・寇治誌

東魏・元仲英誌

北齊・斛律昭男誌蓋

【媚】

《說文》：，說也。从女眉聲。

張・奏讞書 163
○媚當賜衣

秦代印風
○蘇媚

漢印文字徵

東晉・劉媚子誌

北魏・郭顯誌

北魏・馮會誌

【嫵】

《說文》：，媚也。从女無聲。

【媄】

《說文》：，色好也。从女从美，

美亦聲。

【嬸】

《説文》：，嬸也。从女畜聲。

【嫷】

《説文》：，南楚之外謂好曰嫷。从女隋聲。

【姝】

《説文》：，好也。从女朱聲。

北魏・于仙姬誌

北魏・楊無醜誌

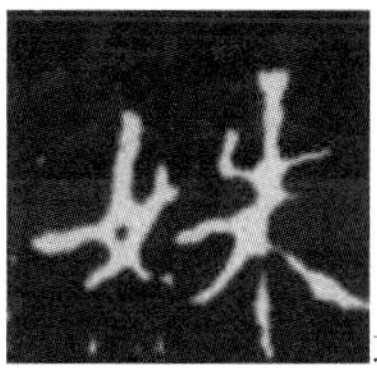
北魏・李元姜誌

【好】

《説文》：，美也。从女、子。

漢銘・楚大官廚鼎

漢銘・好時鼎

漢銘・好哉泉範

漢銘・劉氏洗

睡・語書 1

睡・日甲《詰》32

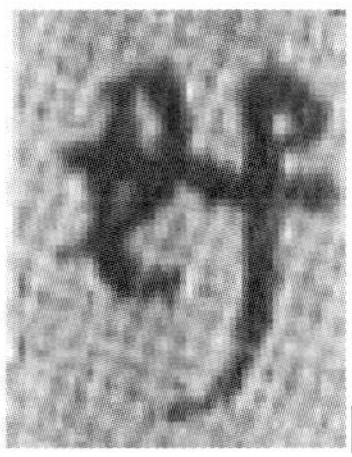
關・日書 247

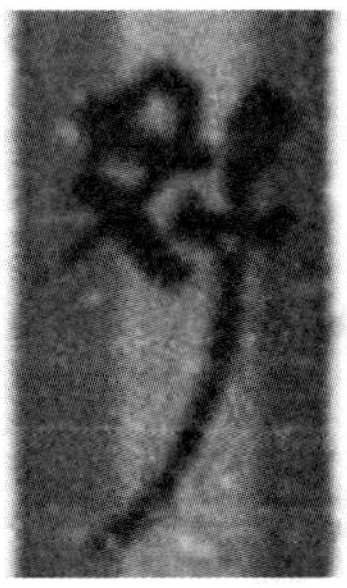
嶽・占夢書 34

嶽・尸等案 36

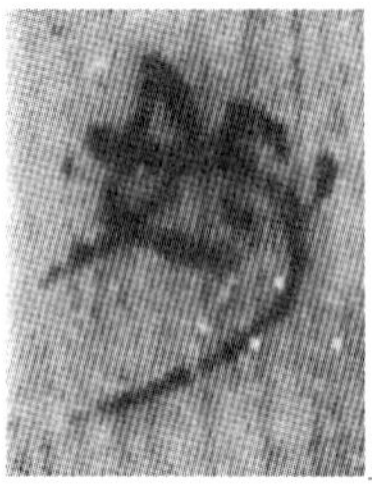
里・第八層 355

馬壹 242_3 上\11 上

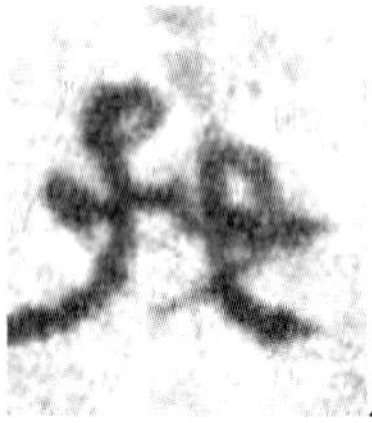
馬壹 96_42

○化我好靜

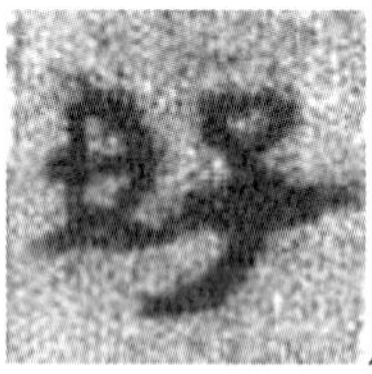
馬壹 39_8 下

張・奏讞書 137

○未來好時

銀壹 687

○隨意好道无極是胃

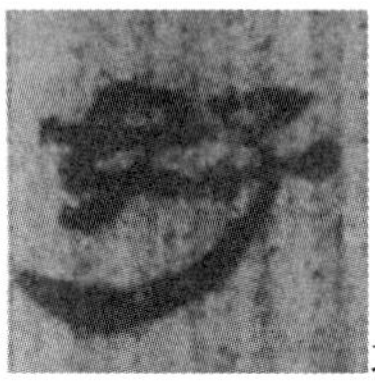
北貳・老子 56

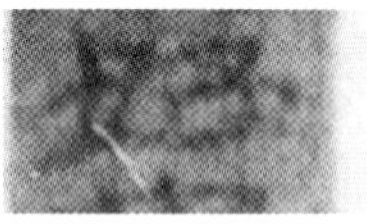
敦煌簡 0845

金關 T09:121

○觻得好仁里

魏晉殘紙

廿世紀璽印三-GP

漢印文字徵

漢印文字徵

歷代印匋封泥

漢代官印選

漢晉南北朝印風

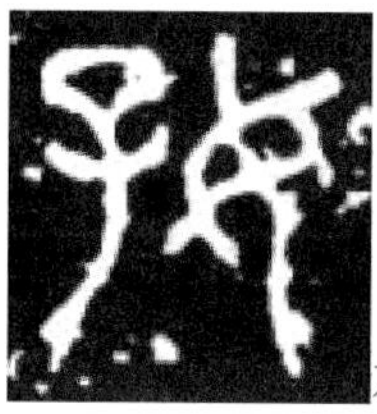
石鼓・車工

東漢・譙敏碑

東漢・曹全碑陽

東漢・建寧三年殘碑

西晉・臨辟雍碑

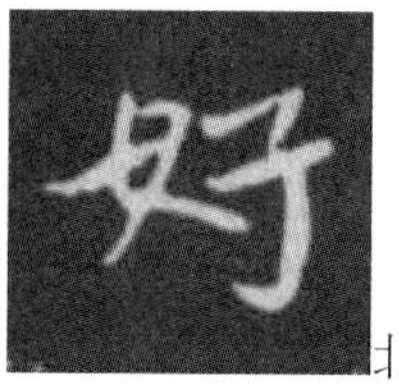
北魏・元恪嬪李氏誌

北魏・元鑒誌

北魏・李謀誌

北魏・元禮之誌

北魏・馮季華誌

東魏・趙紹誌

【嬹】

《説文》：，説也。从女興聲。

【嬮】

《説文》：，好也。从女厭聲。

【㛖】

《説文》：，好也。从女殳聲。《詩》曰：“靜女其㛖。”

【姣】

《説文》：，好也。从女交聲。

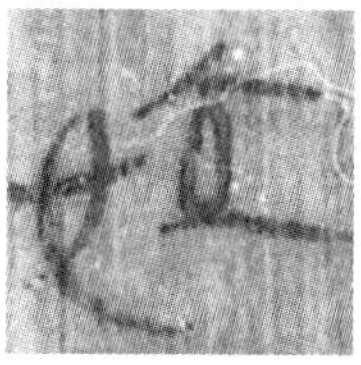
里・第八層 682

○涓姣隋澍

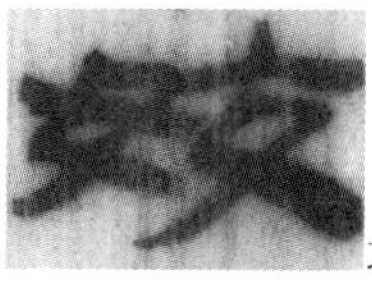
北壹・倉頡篇 35

○姣窔娃婕

漢印文字徵

○姣光之印

東漢・皇女殘碑

【㜕】

《說文》：，好也。从女䙴聲。讀若蜀郡布名。

漢印文字徵

○㜕印千秋

【娧】

《說文》：，好也。从女兌聲。

【媌】

《說文》：，目裏好也。从女苗聲。

北壹・倉頡篇 35

○媌噲菁華

【嫿】

《說文》：，靜好也。从女畫聲。

北壹・倉頡篇 33

○嬰捐姽嫿

【婠】

《說文》：，體德好也。从女官聲。讀若楚郤宛。

北壹・倉頡篇 70

○姿孅婠婈

【婭】

《說文》：，長好也。从女巠聲。

里・第八層 1328

○稾人婭出稾居貲士

北壹・倉頡篇 72

○嫖婭樊厭

【㜺】

《說文》：，白好也。从女贊聲。

【𡤝】

《說文》：，順也。从女𤔔聲。《詩》曰：“婉兮𡤝兮。”

【孌】

《説文》：，籒文嫋。

【妴】

《説文》：，婉也。从女夗聲。

【婉】

《説文》：，順也。从女宛聲。《春秋傳》曰："太子痤婉。"

北魏・元譚妻司馬氏誌

北魏・趙光誌

○四德唯婉

北魏・馮會誌

北魏・趙充華誌

北魏・李元姜誌

北魏・石婉誌

北魏・元弘嬪侯氏誌

東魏・元鷙妃公孫甑生誌

【㛵】

《説文》：，直項皃。从女同聲。

【嫣】

《説文》：，長皃。从女焉聲。

【姌】

《説文》：，弱長皃。从女冄聲。

【嫋】

《説文》：，姌也。从女从弱。

【孅】

《説文》：，鋭細也。从女韱聲。

北壹・倉頡篇 70

○嬓頣娑孅

【嫇】

《説文》：，嬰嫇也。从女冥聲。一曰嫇嫇，小人皃。

【媱】

《説文》：，曲肩行皃。从女䍃聲。

張・奏讞書 138

〇如媱魁言如

秦代印風

漢印文字徵

【嬛】

《説文》：，材緊也。从女瞏聲。《春秋傳》曰："嬛嬛在疚。"

北壹・倉頡篇 5

〇熾嬛荅蜎

漢印文字徵

〇甯嬛

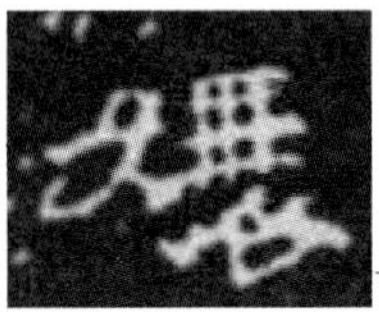
南朝宋・明曇憘誌

〇玉碎宸嬛

【姽】

《説文》：，閑體，行姽姽也。从女危聲。

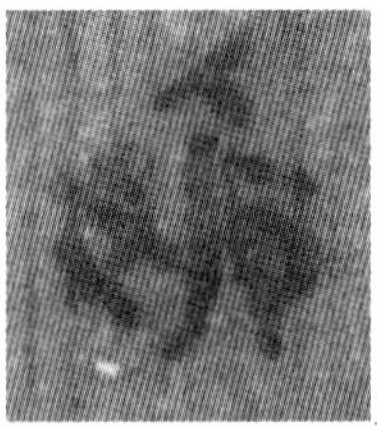
里・第八層 2098

〇嬰姽一名

北壹・倉頡篇 33

漢印文字徵

漢印文字徵

【委】

《説文》：，委随也。从女从禾。

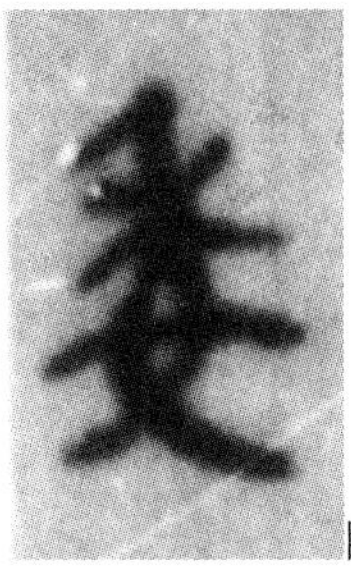
睡・效律 49

里・第八層 142

○宜委

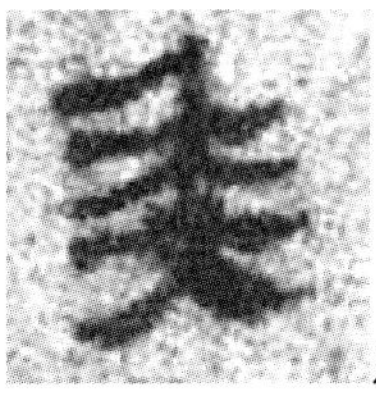
馬壹 12_70 下

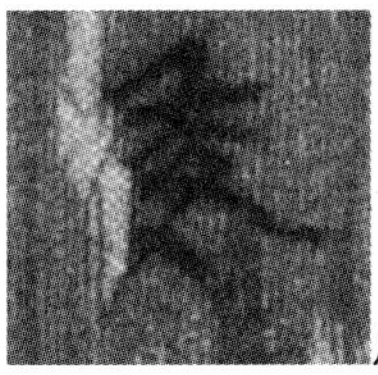
馬貳 134_3

○女羅委□

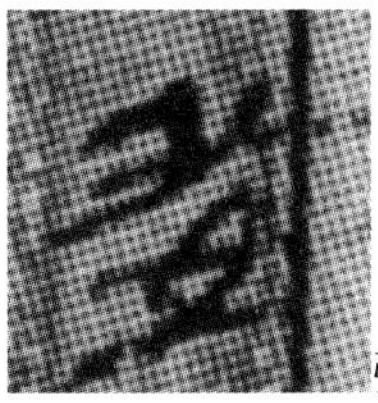
張・徭律 412

○送事委輸

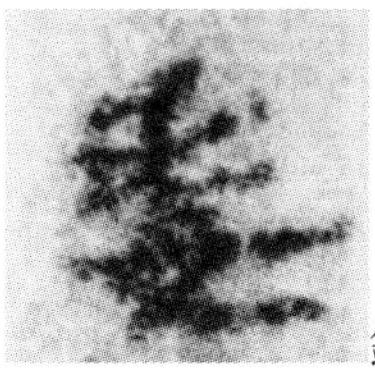
銀壹 250

○夫守而无委

銀貳 1243

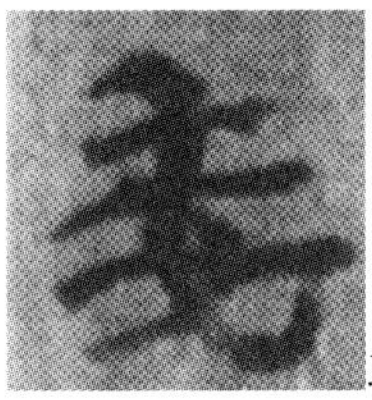
敦煌簡 0006A

○與候長相委也

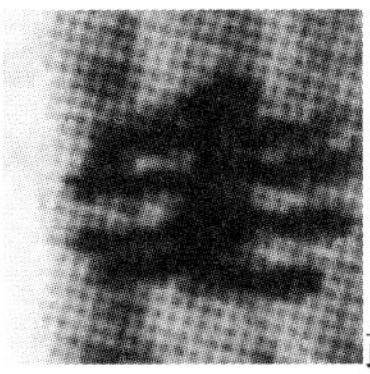
武・甲《有司》44

○委于西階

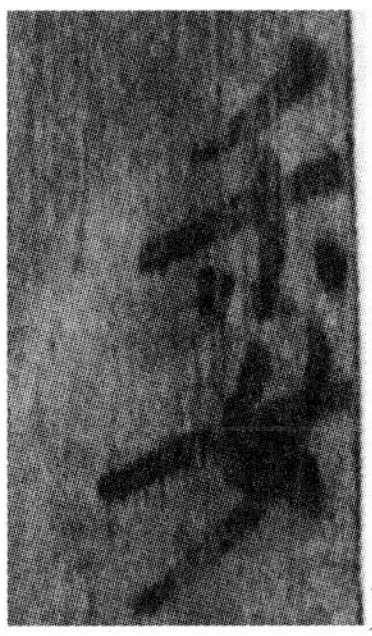
東牌樓 072 正

廿世紀璽印三-SY

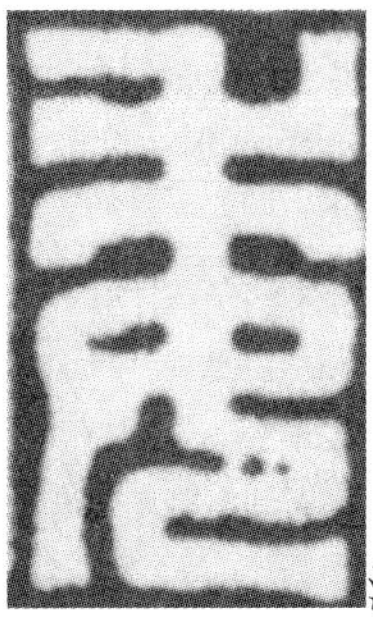
漢晉南北朝印風

漢印文字徵

漢印文字徵

漢印文字徵

漢晉南北朝印風

東漢・孔宙碑陽

北魏・元進誌

北魏・元楨誌

北魏・石婉誌

北魏・元濬嬪耿氏誌

北魏・王誦妻元氏誌

【媟】

《説文》：，妒也。一曰女侍曰媟。讀若騧，或若委。从女果聲。孟軻曰：“舜爲天子，二女媟。”

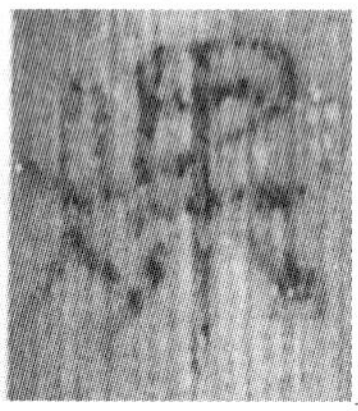
里・第八層 1950

○媟糞□

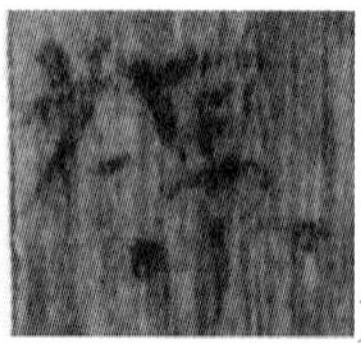
東牌樓 091

○獄史媟亭

秦代印風

【妮】

《説文》：，婐妮也。一曰弱也。从女戹聲。

【姑】

《説文》：，小弱也。一曰女輕薄善走也。一曰多技藝也。从女占聲。或讀若占。

【婆】

《説文》：，妗也。从女沾聲。

【妗】

《説文》：，婆妗也。一曰善笑皃。从女今聲。

漢印文字徵

○莊妗

漢晉南北朝印風

○莊妗

【嬗】

《説文》：，竦身也。从女篕聲。讀若《詩》“糾糾葛屨”。

【婧】

《説文》：，竦立也。从女青聲。一曰有才也。讀若韭菁。

漢印文字徵

漢印文字徵

【姘】

《説文》：，靜也。从女井聲。

【妐】

《説文》：，婦人皃。从女乏聲。

【嫙】

《説文》：，好也。从女旋聲。

【嬭】

《説文》：，材也。从女齊聲。

【婚】

《説文》：，面醜也。从女昏聲。

【嬥】

《説文》：嬥，直好皃。一曰嬈也。从女翟聲。

【嫢】

《説文》：嫢，媞也。从女規聲。讀若癸。秦晉謂細爲嫢。

北壹・倉頡篇 33

○嫢捐姽嬞

【媞】

《説文》：媞，諦也。一曰妍黠也。一曰江淮之閒謂母曰媞。从女是聲。

北壹・倉頡篇 41

○嫛嫛嫣媞

東魏・盧貴蘭誌

東魏・盧貴蘭誌

【婺】

《説文》：婺，不繇也。从女敄聲。

關・日書 140

○二月婺=人不得利

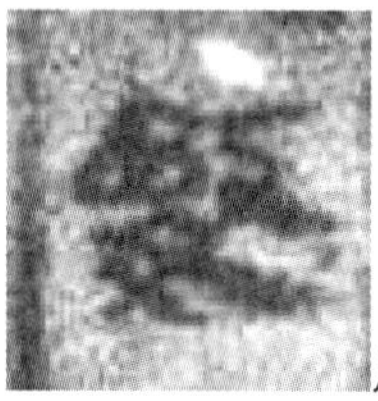
馬壹 226_96

○婺女齊南地也

馬貳 268_114/131

○婺俞缶

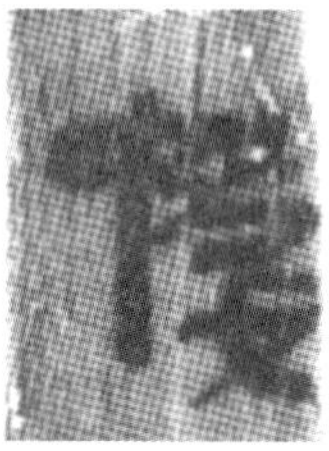
銀貳 1319

○婺光

北魏・元新成妃李氏誌

○婺光垂曜

北魏・元新成妃李氏誌

○太妃稟婺光之淑靈

北魏・元誘妻馮氏誌

【嫺】

《説文》：，雅也。从女閒聲。

北壹・倉頡篇 17

○嫺孅范麃

【媐】

《説文》：，説樂也。从女巸聲。

【婜】

《説文》：，美也。从女臤聲。

金關 T07:016

○婜蠡洛男子蘇縦

【娛】

《説文》：，樂也。从女吳聲。

東魏・元寶建誌

北齊・斛律氏誌

○娛樂未終

【娭】

《説文》：，戲也。从女矣聲。一曰卑賤名也。

北壹・倉頡篇 18

○饋娭䶑䶂

【媅】

《説文》：，樂也。从女甚聲。

【娓】

《説文》：，順也。从女尾聲。讀若媁。

北壹・倉頡篇 40

○娓殿讐娱

【嫡】

《説文》：，孎也。从女啻聲。

北魏・元熙誌

【孎】

《説文》：，謹也。从女屬聲。讀若人不孫爲孎。

【嫋】

《説文》：，宴婉也。从女冤聲。

【㛄】

《説文》：，女有心㛄㛄也。从女弁聲。

【媣】

《説文》：，諟也。从女染聲。

【嫥】

《説文》：，壹也。从女專聲。一曰嫥嫥。

【如】

《説文》：，从隨也。从女从口。

秦代・元年詔版二

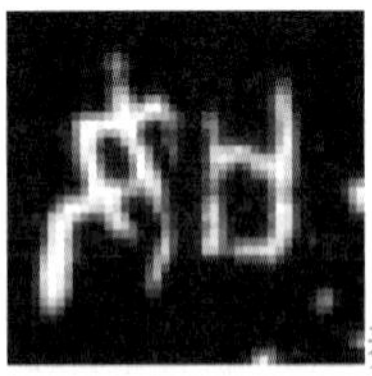
秦代・二世元年詔版一

秦代・美陽銅權

漢銘・新嘉量一

睡・效律 12

睡・日甲《詰》64

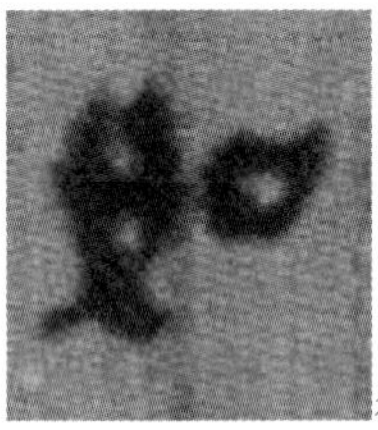
嶽・數 1

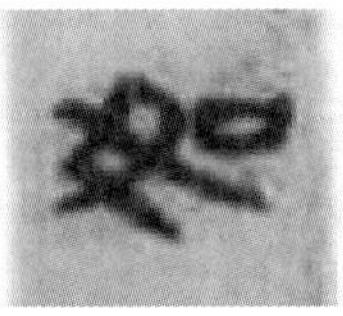
嶽・魏盜案 166

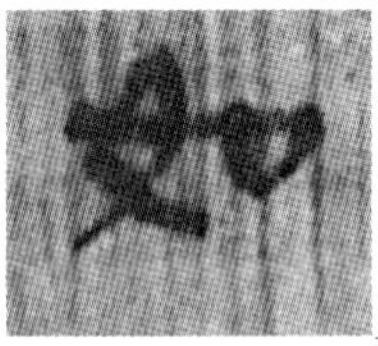
里・第八層 155

里・第八層背 143

馬壹 120_5 上

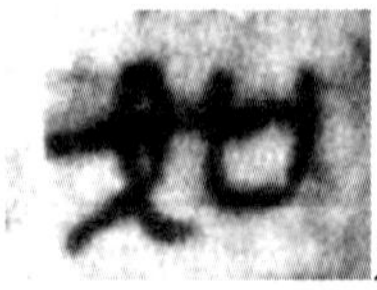
馬壹 82_50

馬貳 210_88

張・金布律 422

張・奏讞書 11

張・脈書 15

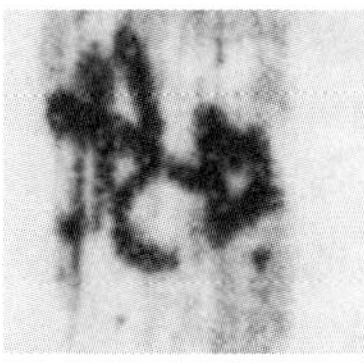
銀壹 989

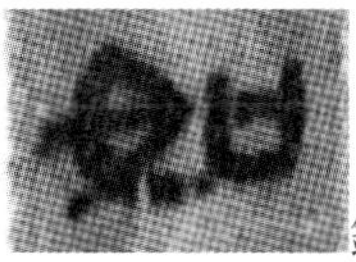
銀貳 1832

北貳・老子 161

敦煌簡 2253

敦煌簡 1929

○各如牒敕

金關 T07:022A

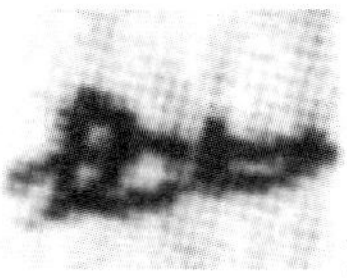
武・甲《特牲》31

魏晉殘紙

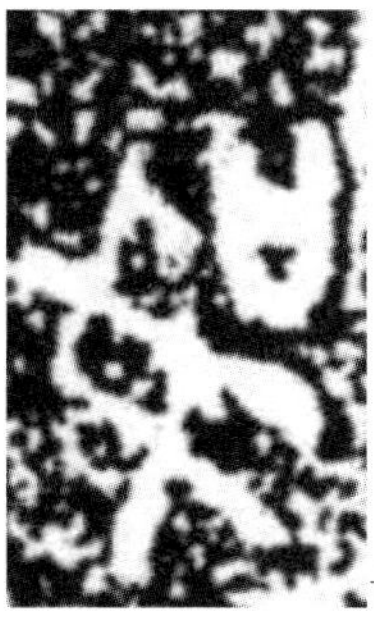
廿世紀璽印二-SP

秦代印風

秦代印風

廿世紀璽印三-SY

廿世紀璽印三-SY

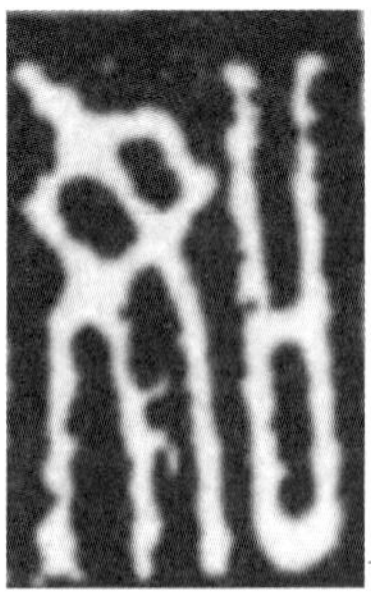
廿世紀璽印三-SY

廿世紀璽印三-SY

〇李如意

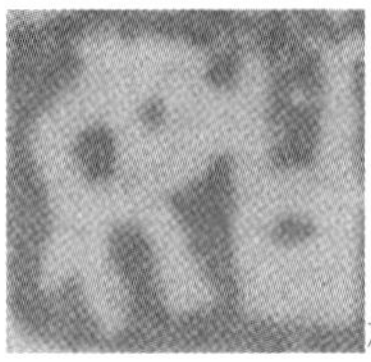
柿葉齋兩漢印萃

漢印文字徵

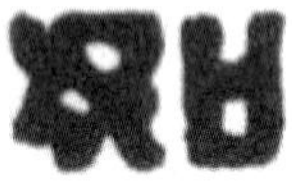
漢印文字徵

漢印文字徵

漢晉南北朝印風

秦駰玉版

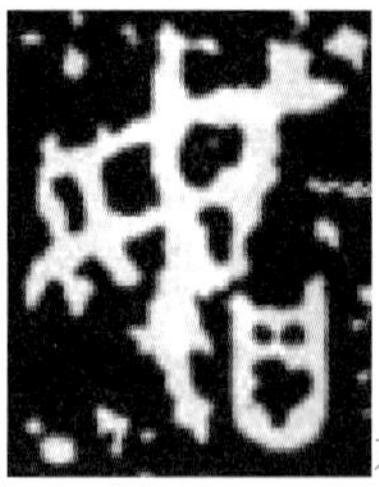
石鼓・鑾車

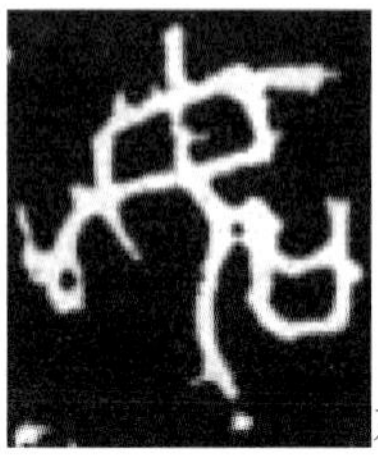
石鼓・鑾車

泰山刻石

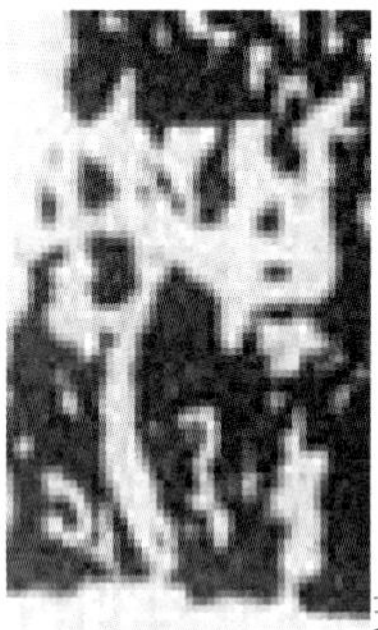
瑯琊刻石

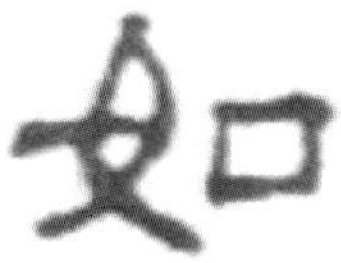
東漢・譙敏碑

東漢・從事馮君碑

東漢・從事馮君碑

東漢・肥致碑

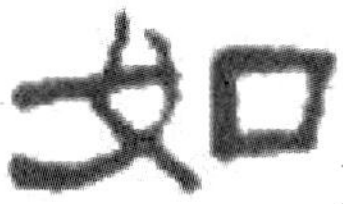
東漢・成陽靈臺碑

東漢・夏承碑

三國吳・浩宗買地券

三國魏・三體石經春秋・篆文

三國魏・三體石經春秋・隸書

北魏・元譚妻司馬氏誌

【嫧】

《説文》：嫧，齊也。从女責聲。

【婡】

《説文》：婡，謹也。从女束聲。讀若謹敕數數。

漢印文字徵

○婡賀私印

漢晉南北朝印風

○婡賀私印

【嬐】

《説文》：嬐，敏疾也。一曰莊敬皃。从女僉聲。

張・奏讞書 62

○嬐疑罪廷報

北壹・倉頡篇 67

○犨嬐婚膂

漢印文字徵

【嬪】

《説文》：嬪，服也。从女賓聲。

西晉・郭槐柩記

○嬪于武公

北魏·胡明相誌

○作嬪黄屋

北魏·元譚妻司馬氏誌

○來嬪王族

北魏·司馬顯姿誌

○下撫嬪御

北魏·元濬嬪耿氏誌

○嬪固節不移

北魏·趙充華誌

○大魏高祖九嬪

北魏·給事君妻韓氏誌

○作嬪蕃室

【摯】

《説文》：，至也。从女執聲。《周書》曰："大命不摯。"讀若摯同。一曰《虞書》雉摯。

【媘】

《説文》：，俛伏也。从女沓聲。一曰伏意。

北壹·倉頡篇 67

○䡝嬐媘瞀魁

【妟】

《説文》：，安也。从女、日。《詩》曰："以妟父母。"

【嬗】

《説文》：，緩也。从女亶聲。一曰傳也。

里·第八層 2034

○嬗一人作務宛

【嫜】

《説文》：，保任也。从女䇮聲。

【媻】

《説文》：，奢也。从女般聲。

北壹・倉頡篇 41

〇瞀嫛嬬媞

【娑】

《說文》：，舞也。从女沙聲。《詩》曰：“市也媻娑。”

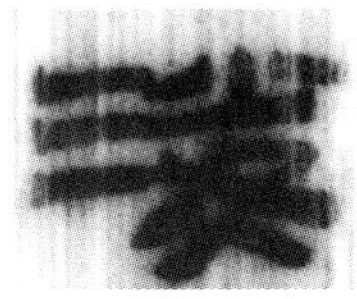
北壹・倉頡篇 70

〇頤娑孅婠

北魏・常岳等造像

北齊・姜纂造像

北周・張子開造像

【姷】

《說文》：，耦也。从女有聲。讀若祐。

【侑】

《說文》：，姷或从人。

馬壹 78_87

〇公子侑對（對）

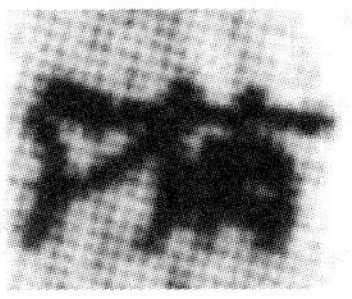
武・甲《特牲》19

〇飽祝侑主人拜

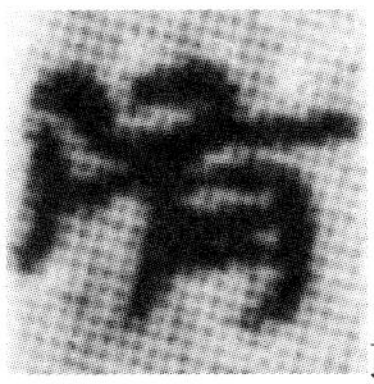
武・甲《少牢》28

〇屬（獨）侑不拜

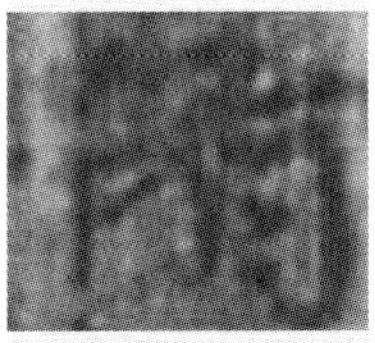
吳簡嘉禾・五・九一四

〇縣吏由侑

秦代印風

〇王姷

東漢・開母廟石闕銘

〇相侑我君

【姰】

《說文》：，鈞適也。男女併也。从女旬聲。

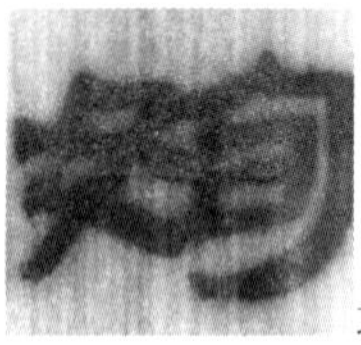
北壹·倉頡篇 41

〇癰效姰卧

【姕】

《說文》：，婦人小物也。从女此聲。《詩》曰："屢舞姕姕。"

漢印文字徵

〇樊姕

漢晉南北朝印風

〇樊姕

【妓】

《說文》：，婦人小物也。从女支聲。讀若跂行。

【嬰】

《說文》：，頸飾也。从女、賏。賏，其連也。

戰晚·七年上郡閒戈

睡·秦律十八種 69

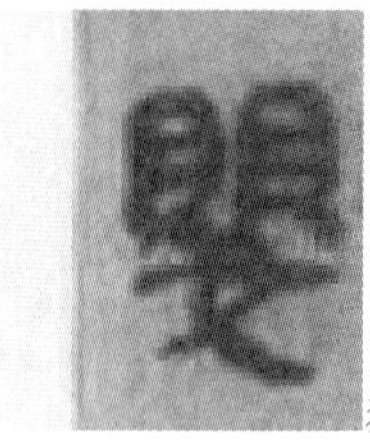
嶽·同顯案 142

里·第八層 217

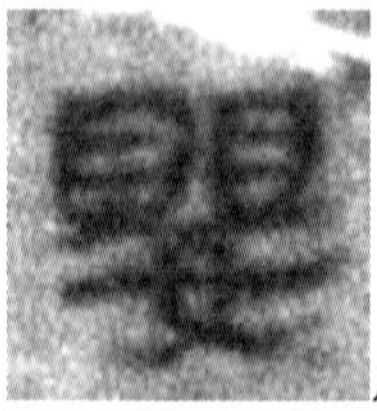
馬壹 146_62/235 上

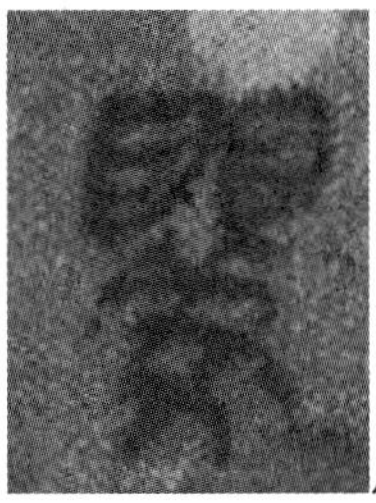
馬貳 118_166/165

○置□嬰（罌）中

張・田律 243

○戶數嬰之

銀壹 614

北貳・老子 145

敦煌簡 0639A

金關 T23:820

北壹・倉頡篇 3

廿世紀璽印二-SP

○咸原少嬰

秦代印風

○張嬰

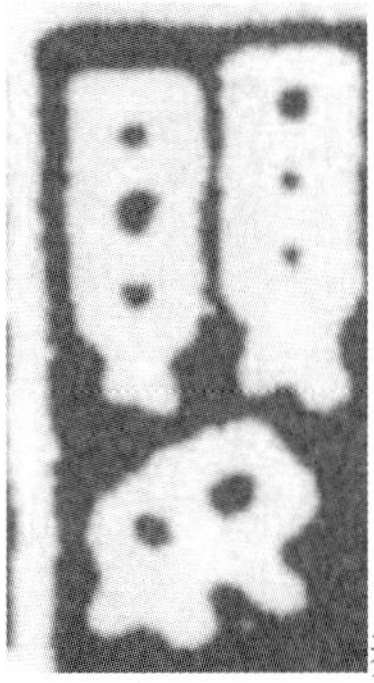
秦代印風

廿世紀璽印三-SP

秦代印風

○王嬰

秦代印風

秦代印風

〇□嬰

秦代印風

廿世紀璽印三-SY

廿世紀璽印三-SY

柿葉齋兩漢印萃

漢印文字徵

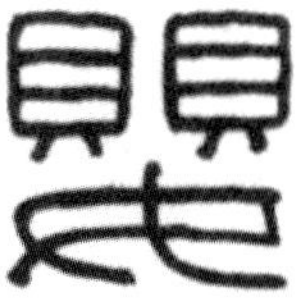
漢印文字徵

漢印文字徵

〇魚嬰齊

漢印文字徵

〇陳印嬰齋

漢印文字徵

漢印文字徵

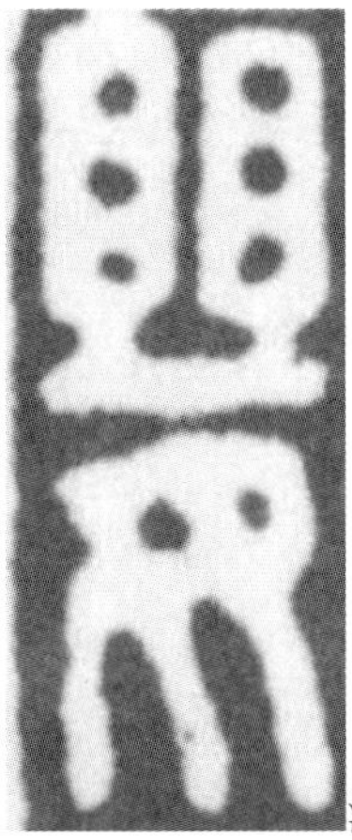
漢晉南北朝印風

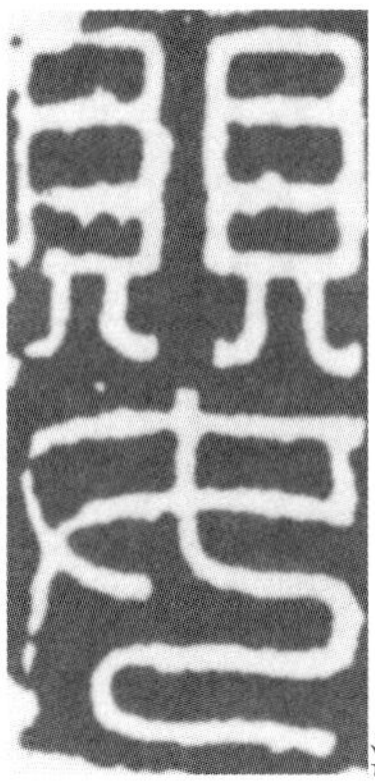
漢晉南北朝印風

漢晉南北朝印風

漢晉南北朝印風

西漢·黃腸石

北魏·元壽妃麴氏誌

北魏·薛慧命誌

北魏·薛慧命誌

北齊·張海翼誌

【㚨】

《説文》：，三女爲㚨。㚨，美也。从女，奴省聲。

【媛】

《説文》：，美女也。人所援也。从女从爰。爰，引也。《詩》曰："邦之媛兮。"

東漢·賈仲武妻馬姜墓記

○育成幼媛

西晉・郭槐柩記

北魏・和醜仁誌

北魏・馮邕妻元氏誌

北魏・盧令媛誌

北魏・李榘蘭誌

北魏・韓氏誌

東魏・閭叱地連誌

東魏・元顯誌

東魏・王令媛誌

北齊・婁黑女誌

【娉】

《説文》：娉，問也。从女甹聲。

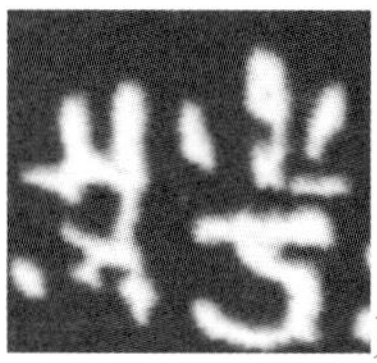
東漢・樊敏碑

○再奉朝娉

西晉・徐義誌

○娉爲東宮皇太子妃

北魏・薛伯徽誌

○乃申嘉娉

北魏・馮邕妻元氏誌

東魏・張玉憐誌

〇爲文貞侯所聘

【娽】

《説文》：，隨從也。从女录聲。

【妝】

《説文》：，飾也。从女，牀省聲。

里・第八層 1328

〇江陵東就妝

馬壹 257_4 下\10

〇不妝□言

【孌】

《説文》：，慕也。从女䜌聲。

漢印文字徵

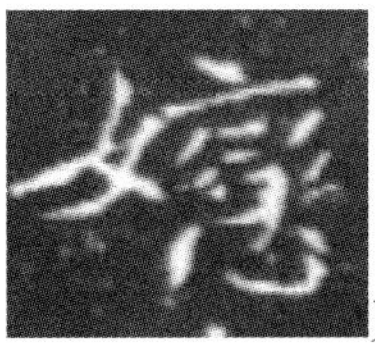
東魏・張玉憐誌

〇婉孌德音

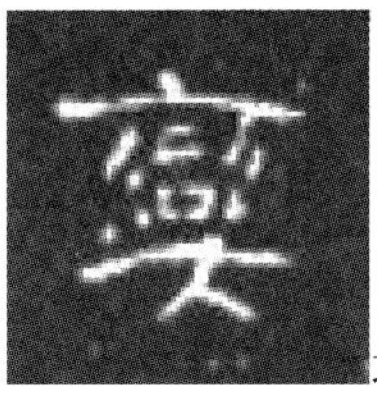
北齊・袁月璣誌

〇婉孌其姿

【媟】

《説文》：，嬻也。从女枼聲。

【嬻】

《説文》：，媟嬻也。从女賣聲。

【㜷】

《説文》：，短面也。从女竂聲。

【嬖】

《説文》：，便嬖、愛也。从女辟聲。

【嫛】

《説文》：，難也。从女㱿聲。

【妎】

《説文》：，妒也。从女介聲。

【妒】

《説文》：，婦妒夫也。从女戶聲。

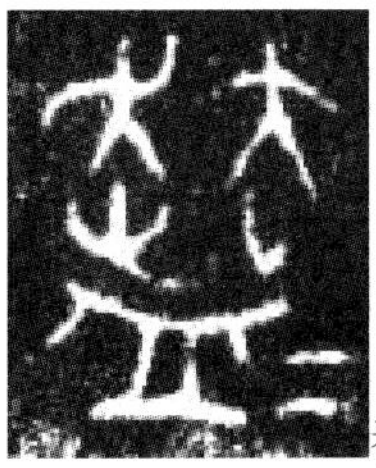
春早・秦公鎛

〇畜左右䖏䖏

【娟】

《說文》：，夫妒婦也。从女冐聲。一曰相視也。

【媄】

《說文》：，巧也。一曰女子笑皃。《詩》曰："桃之媄媄。"从女芺聲。

北壹·倉頡篇 42

○媄羕檦杪

北魏·長孫盛誌

○屬隆緒媄興

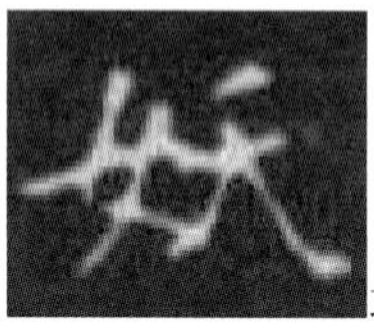
北魏·元天穆誌

○媄逋自潰

北魏·元悌誌

○蕩媄氛於四海

【佞】

《說文》：，巧讇高材也。从女，信省。

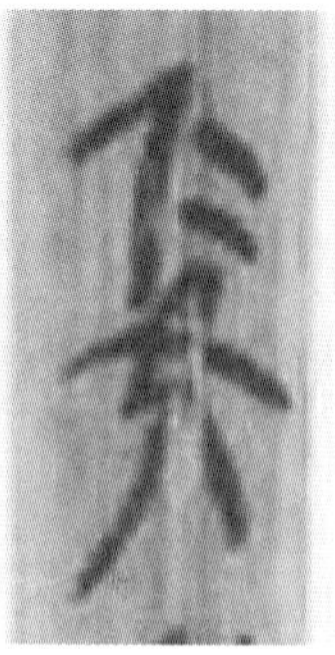
嶽·芮盜賣公列地案 79

○芮妻佞皆已已

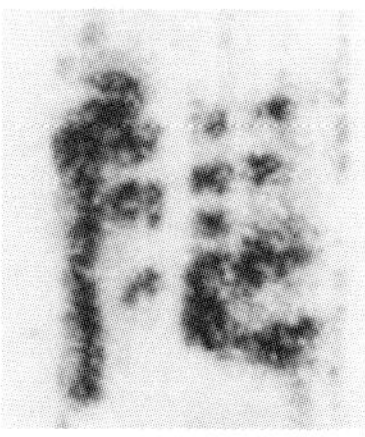
銀壹 580

○佞人之事君

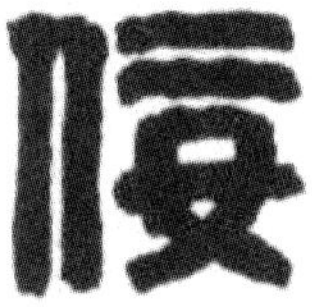
漢印文字徵

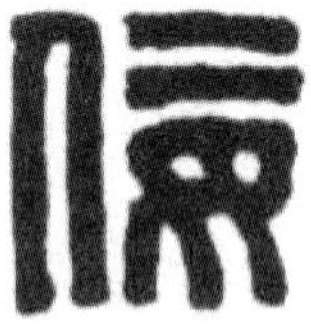
漢印文字徵

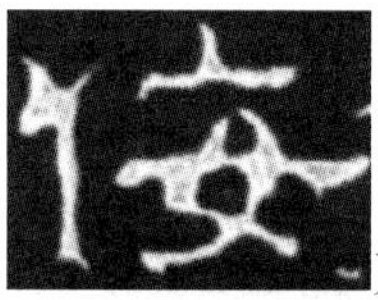
東漢·楊震碑

北魏·元瞻誌

○息步佞諛之室

東魏·蕭正表誌

○不嬉柔於謟佞

【嫈】

《説文》：，小心態也。从女，熒省聲。

【嫪】

《説文》：，媢也。从女翏聲。

【婟】

《説文》：，嫪也。从女固聲。

【姿】

《説文》：，態也。从女次聲。

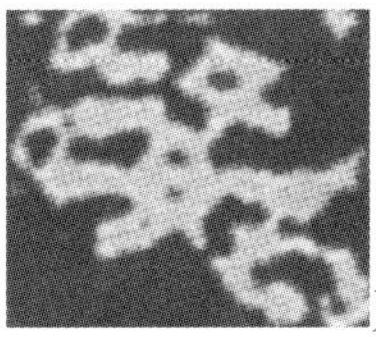
東漢・鮮於璜碑陽

○君天姿明達

三國魏・王基斷碑

○公天姿高素

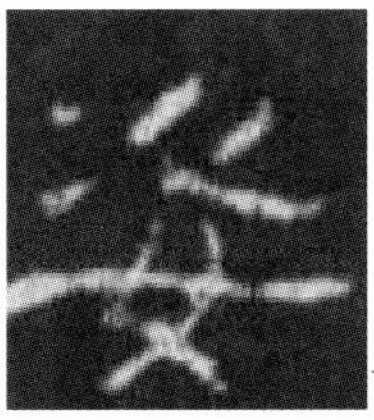
西晉・徐義誌

○美人姿德

北魏・元彦誌

○邈矣瓊姿

北魏・王普賢誌

○稟婉嫕之英姿

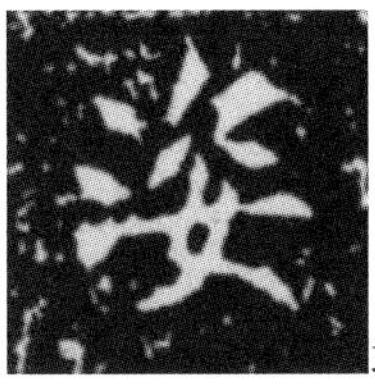
北魏・李元姜誌

北魏・石婉誌

北魏・淨悟浮圖記

【嫿】

《説文》：，嫿也。从女盧聲。

【妨】

《説文》：，害也。从女方聲。

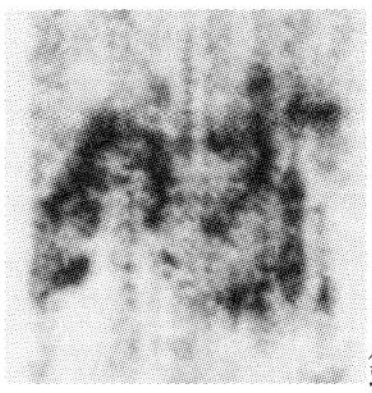
銀壹 530

○罰自妨（防）者

漢印文字徵

○魯紡

漢印文字徵

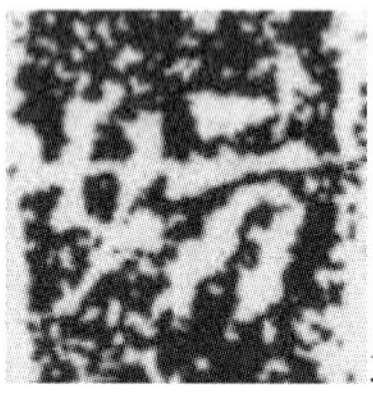
北魏・王阿善造像

○侄馮母紡乘馬上

北魏・常季繁誌

【妄】

《說文》：，亂也。从女亡聲。

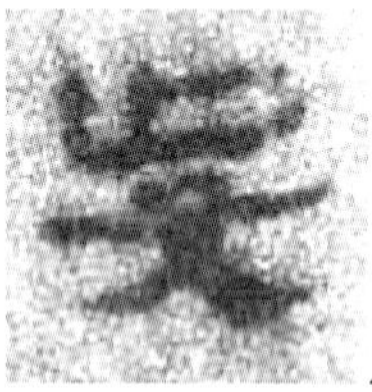
馬壹 7_46 上

○枹（包）妄（荒）用馮河

武・王杖 5

○有敢妄罵詈毆之者

漢印文字徵

漢印文字徵

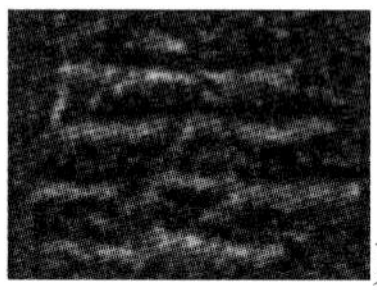
東漢・公乘田魴畫像石墓題記

○歸來無妄行

北魏・李超誌

北魏・元珍誌

東魏・惠好惠藏造像

○前死後妄(亡)

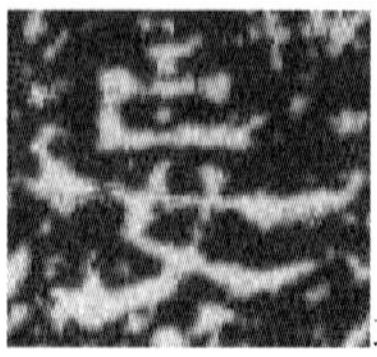
北齊・天柱山銘

北齊・無量義經二

【媮】

《説文》：，巧黠也。从女俞聲。

秦文字編 1781

【娪】

《説文》：，娪鹵，貪也。从女污聲。

【娋】

《説文》：，小小侵也。从女肖聲。

漢印文字徵

○緁伃妾娋

【媣】

《説文》：，量也。从女朶聲。

【妯】

《説文》：，動也。从女由聲。

【嫌】

《説文》：，不平於心也。一曰疑也。从女兼聲。

漢印文字徵

北魏・元舉誌

○家庭致早成之嫌

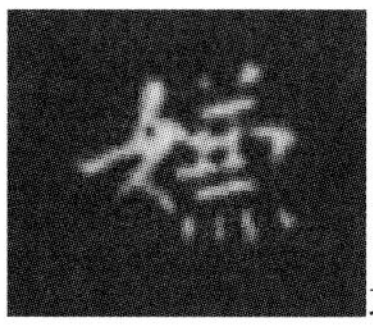
北魏・元融誌

○便譖相疑嫌

北齊・閭炫誌

○未有逕瓜歷李之嫌

【媘】

《説文》：，減也。从女省聲。

【婼】

《説文》：，不順也。从女若聲。《春秋傳》曰："叔孫婼。"

【婞】

《説文》：，很也。从女幸聲。《楚詞》曰："鯀婞直。"

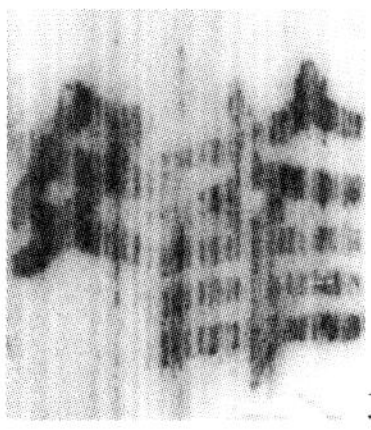
北壹・倉頡篇 40

○轃解娛婞黠媿

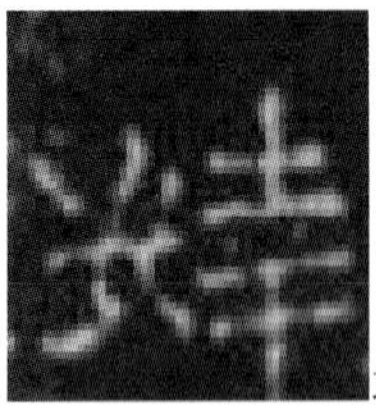
北魏・弔比干文

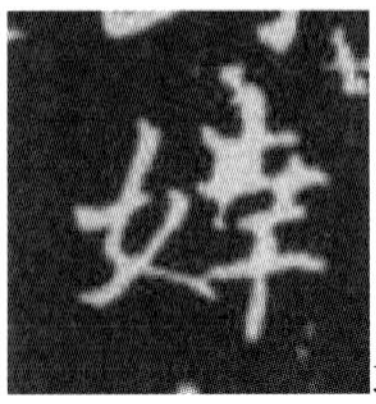
北魏・元順誌

○異節紆婞

北魏・尹祥誌

【嫳】

《說文》：，易使怒也。从女敝聲。讀若擊擎。

北壹・倉頡篇 16

○攖嫳敹嬈

廿世紀璽印三-SY

○□禹

【嫸】

《說文》：，好枝格人語也。一曰靳也。从女善聲。

北壹・倉頡篇 16

○嫳敹嬈嫸

【嬃】

《說文》：，疾悍也。从女叕聲。讀若唾。

北壹・倉頡篇 66

○斟媥黼嬃

【嬒】

《說文》：，含怒也。一曰難知也。从女酓聲。《詩》曰：“碩大且嬒。”

【娿】

《說文》：，媕娿也。从女阿聲。

秦文字編 1781

秦文字編 1781

【妍】

《說文》：，技也。一曰不省録事。一曰難侵也。一曰惠也。一曰安也。

从女幵聲。讀若研。

北魏・趙廣者誌

北魏・宋靈妃誌

北魏・石婉誌

【娃】

《説文》：娃，圜深目皃。或曰吳楚之閒謂好曰娃。从女圭聲。

里・第八層 1069

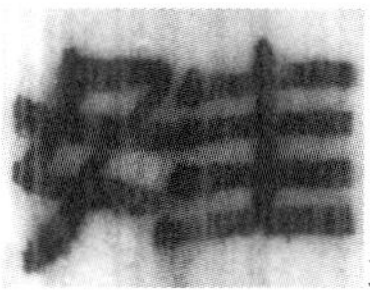
北壹・倉頡篇 35

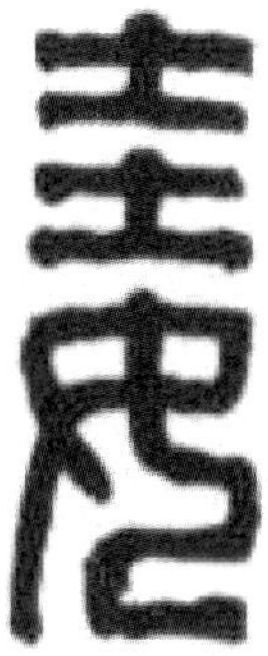
漢印文字徵

○趙娃

漢印文字徵

○賤子娃印

北魏・張九娃造像

【陵】

《説文》：陵，不媨，前却陵陵也。从女陝聲。

【妜】

《説文》：妜，鼻目閒皃。讀若煙火炔炔。从女，決省聲。

【孈】

《説文》：孈，愚戇多態也。从女巂聲。讀若隓。

北壹・倉頡篇 17

○嫺孈范麃

【𡟲】

《説文》：𡟲，不說也。从女恚聲。

北壹・倉頡篇 35

○姣窔娃𡟲啜啗

【嫼】

《說文》：，怒皃。从女黑聲。

【娍】

《說文》：，輕也。从女戉聲。

【嬺（嫖）】

《說文》：，輕也。从女㶾聲。

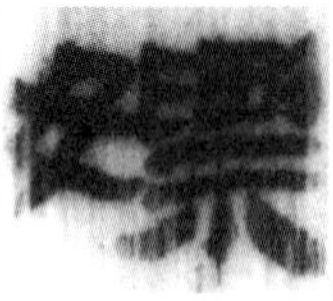
北壹・倉頡篇 72

○㩠嫖娙樊

漢印文字徵

○田嫖之印

漢印文字徵

漢印文字徵

○高嫖

漢印文字徵

○樂印子嫖

漢晉南北朝印風

○高嫖

【娙】

《說文》：，訬疾也。从女坙聲。

【姎】

《說文》：，女人自偁，我也。从女央聲。

北壹・倉頡篇 40

○姎婞黠媿

【媁】

《說文》：，不說皃。从女韋聲。

【婎】

《說文》：，姿婎，姿也。从女隹也。一曰醜也。

【媘】

《説文》：，有守也。从女弦聲。

【媥】

《説文》：，輕皃。从女扁聲。

北壹・倉頡篇 66

○狗獳𪌵鼾

【嫚】

《説文》：，侮易也。从女曼聲。

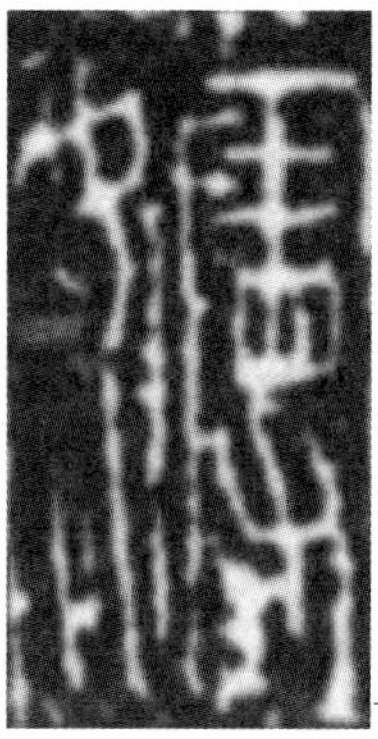
廿世紀璽印三-SY

○陰嫚

漢印文字徵

○陰嫚

【嫍】

《説文》：，疾言失次也。从女臿聲。讀若懾。

【嬬】

《説文》：，弱也。一曰下妻也。从女需聲。

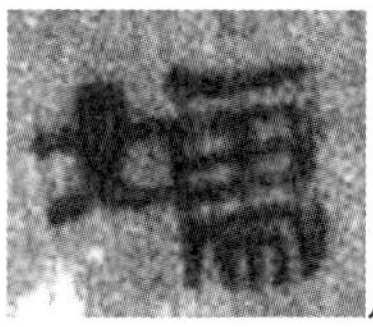
馬壹 7_37 上

○妹以嬬（須）反

銀貳 1886

○養七嬬婦於南堂

北壹・倉頡篇 41

○瞽嫛嬬媞

【娝】

《説文》：，不肖也。从女否聲。讀若竹皮箁。

【嬯】

《説文》：，遲鈍也。从女臺聲。闒嬯亦如之。

秦文字編 1781

【嬗】

《説文》：，下志貪頑也。从女覃聲。讀若深。

【嫪】

《説文》：，婟也。从女參聲。

【婪】

《說文》：，貪也。从女林聲。杜林說，卜者黨相詐驗爲婪。讀若潭。

【嬾】

《說文》：，懈也，怠也。一曰臥也。从女賴聲。

【婁】

《說文》：，空也。从毋、中、女，空之意也。一曰婁，務也。

【𡡀】

《說文》：，古文。

睡・日甲 6

〇奎婁吉

關・日書 146

〇婁東首者貴

里・第八層 1531

〇織歐婁

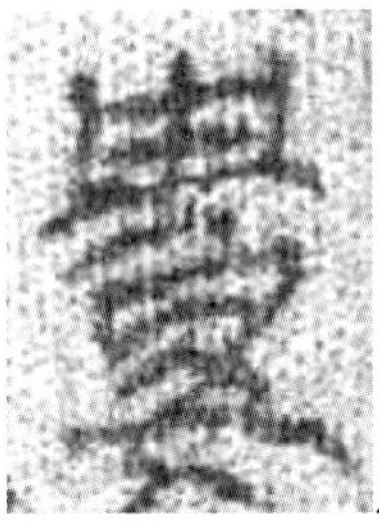
馬壹 246_1 上

〇順婁（數）四日

馬壹 177_78 上

〇與婁震出東方

張・引書 112

〇燥則婁（數）虖

銀壹 898

○刻婁（鏤）

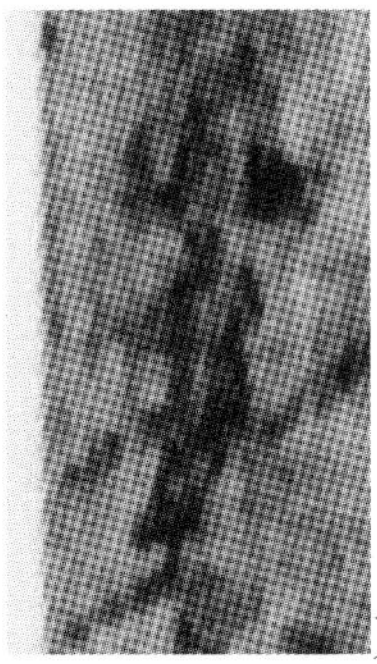
東牌樓 076

○付婁水事史

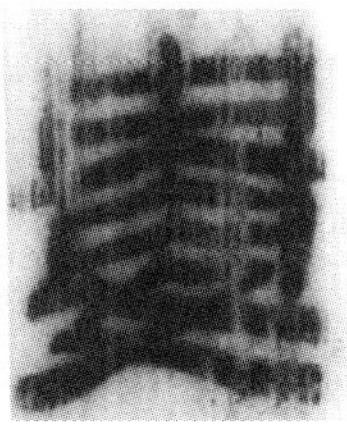
北壹・倉頡篇 60

○宿尾奎婁軫亢

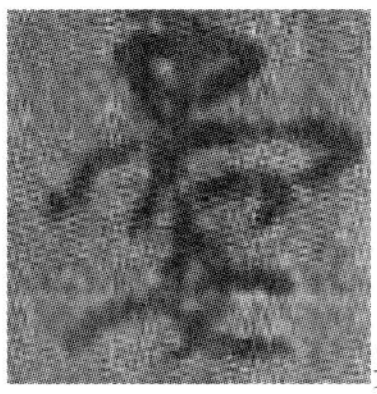
吳簡嘉禾・四・四八〇

○男子婁小佃田卌町

廿世紀璽印三-SY

○荇婁賓印

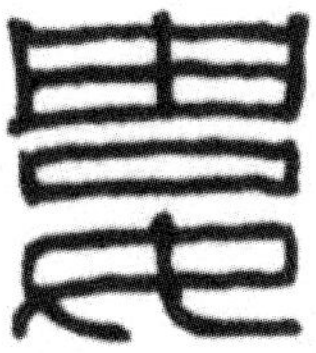
漢印文字徵

漢印文字徵

○婁羈

東漢・景君碑

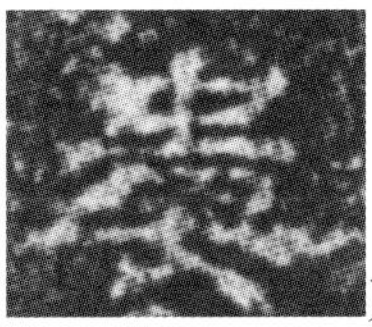
東漢・史晨前碑

○得在奎婁

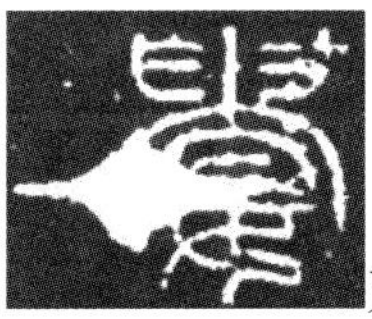
東漢・東漢・婁壽碑額

○婁生之碑

北魏・寇猛誌

○祖諱婁

北魏・李榘蘭誌

○歲次降婁

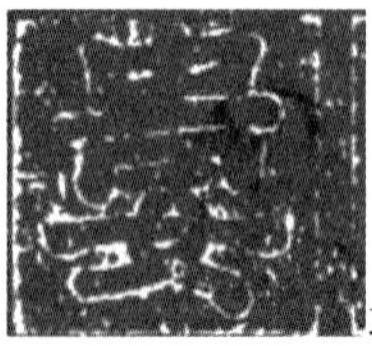
北齊・婁叡誌蓋

○東安婁王墓誌

北齊・婁黑女誌

【娎】

《説文》：，娎婡也。从女折聲。

【婡】

《説文》：，得志婡婡。一曰婡息也，一曰少气也。从女夾聲。

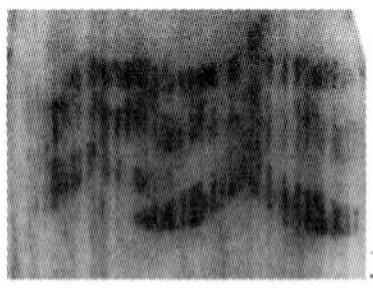
北壹・倉頡篇 14

○苦婡挾貯施

【嬈】

《説文》：，苛也。一曰擾、戲弄也，一曰嬥也。从女堯聲。

里・第八層 145

○林嬈粲鮮

北壹・倉頡篇 16

漢晉南北朝印風

北齊・許儁卅人造像

○孔嬈女王磨女

【嫛】

《説文》：，惡也。一曰人皃。从女毀聲。

【姍】

《説文》：，誹也。一曰翼便也。从女，删省聲。

【䢎】

《説文》：，醜也。一曰老嫗也。从女酋聲。讀若蹴。

【嫫】

《説文》：，嫫母，都醜也。从女莫聲。

【婓】

《説文》：，往來婓婓也。一曰醜皃。从女非聲。

東漢・曹全碑陽

【孃】

《説文》：，煩擾也。一曰肥大也。从女襄聲。

北壹・倉頡篇 13

〇有泫沄孃姪髳

北朝・趙阿令造像

〇清信弟子張洪孃

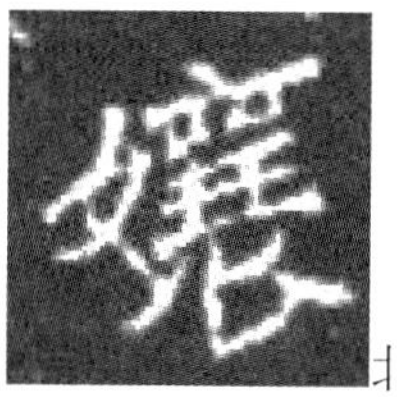
北魏・張孃誌

〇孃姓張

【嬒】

《説文》：，女黑色也。从女會聲。《詩》曰："嬒兮蔚兮。"

【媆】

《説文》：，好皃。从女耎聲。

【媕】

《説文》：，誣挐也。从女奄聲。

【㜲】

《説文》：，過差也。从女監聲。《論語》曰："小人窮斯㜲矣。"

北壹・倉頡篇 72

〇燭熒婿㜲窺鬗

【嫯】

《説文》：，侮易也。从女敖聲。

里・第八層 918

〇求得嫯其產咎安成

北壹・倉頡篇 16

〇埃票風嫯鬓寡

漢印文字徵

【婬】

《説文》：婬，私逸也。从女㸒聲。

【姘】

《説文》：姘，除也。漢律："齊人予妻婢姦曰姘。"从女幷聲。

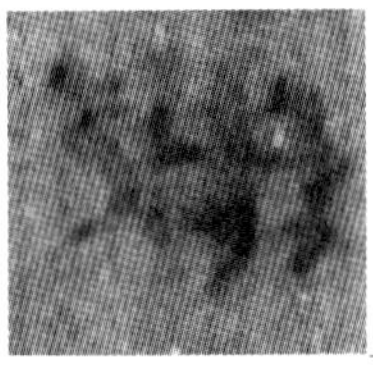
里・第八層 2150

〇曰姘爲人大女子

北壹・倉頡篇 43

漢印文字徵

漢印文字徵

【奸】

《説文》：奸，犯婬也。从女从干，干亦聲。

睡・法律答問 172

嶽・得之案 184

里・第八層 1391

〇坐奸以論者

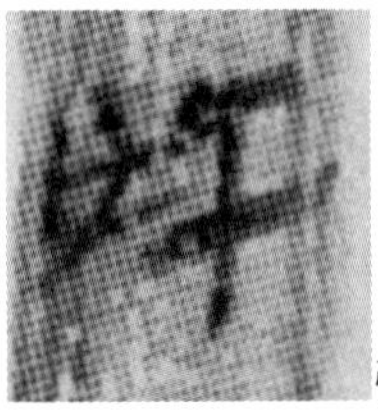
張・襍律 192

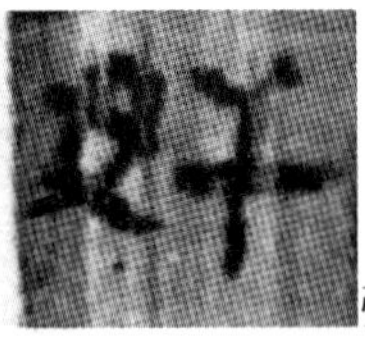
張・奏讞書 195

北魏・于景誌

〇謀除奸醜

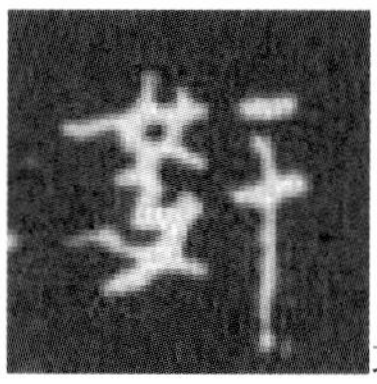
北魏·元昭誌

○窮奸塞暴之政

【姅】

《說文》：，婦人污也。从女半聲。漢律："見姅變，不得侍祠。"

【娗】

《說文》：，女出病也。从女廷聲。

秦文字編 1782

【婥】

《說文》：，女病也。从女卓聲。

里·第八層背 707

○發發婥女

【娷】

《說文》：，諉也。从女垂聲。

秦代印風

○娷

【惱】

《說文》：，有所恨也。从女𡿺聲。今汝南人有所恨曰㛴。

北齊·李難勝誌

○毒兹煩惱

【媿】

《說文》：，慙也。从女鬼聲。

【愧】

《說文》：，媿或从恥省。

北壹·倉頡篇 40

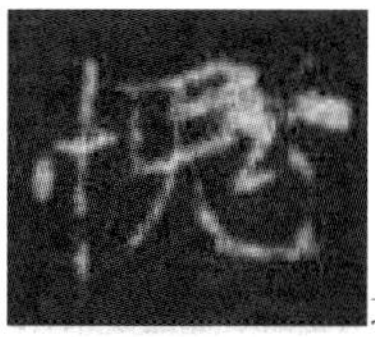
北魏·元純陀誌

○又愧不轉之心

北魏·王翊誌

北魏·石婉誌

東魏・道穎等造像

北齊・高潤誌

北齊・吐谷渾靜媚誌

北齊・庫狄迴洛誌

北周・李府君妻祖氏誌

【奻】

《説文》：，訟也。从二女。

【姦】

《説文》：，私也。从三女。

【⿱旱心】

《説文》：，古文姦从心旱聲。

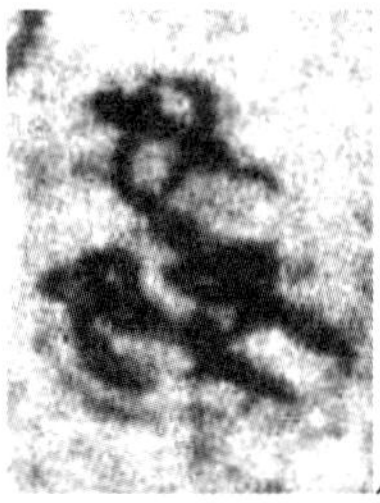
馬壹 91_275

張・奏讞書 78

銀壹 524

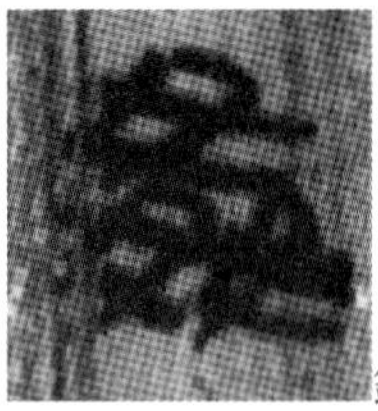
銀貳 1062

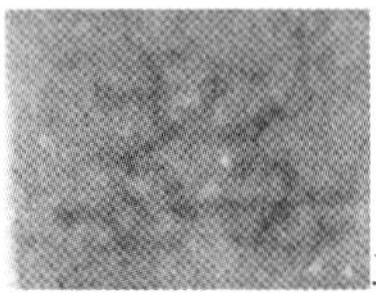
敦煌簡 1012

○止奸

金關 T21:014

漢晉南北朝印風

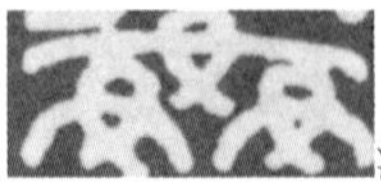
漢晉南北朝印風

○南執奸印

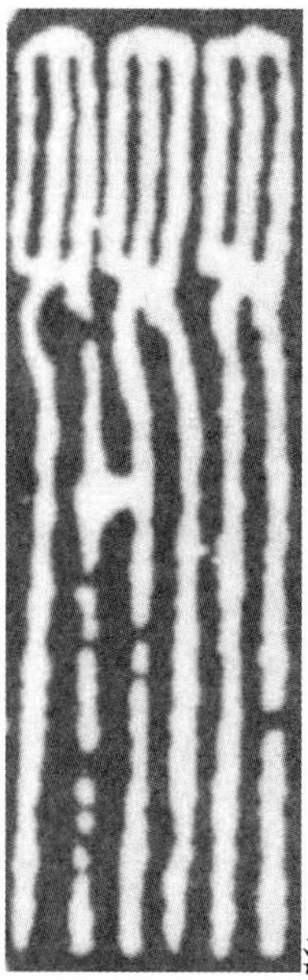
漢晉南北朝印風

漢印文字徵

漢印文字徵

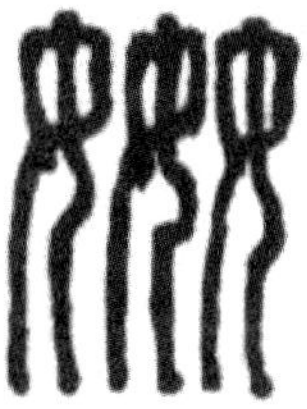
漢印文字徵

漢印文字徵

漢印文字徵

○南執姦印

漢印文字徵

漢印文字徵

東漢・夏承碑

【嫱】

《説文》：嫱，婦官也。从女，牆省聲。

北魏・王僧男誌

○能記釋嬪嫱

【妲】

《說文》：妲，女字。妲己，紂妃。从女旦聲。

北魏・長孫季誌

○披圖戒妲

【嬌】

《說文》：嬌，姿也。从女喬聲。

北齊・徐之才誌

○鍾此嬌主

【嬋】

《說文》：嬋，嬋娟，態也。从女單聲。

北魏・元斌誌

北魏・元詳誌

【娟】

《說文》：娟，嬋娟也。从女肙聲。

漢晉南北朝印風

○緁伃妾娟

北齊・斛律氏誌

【嫠】

《說文》：嫠，無夫也。从女孷聲。

【姤】

《說文》：姤，偶也。从女后聲。

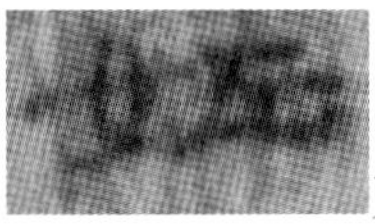
東牌樓 005

○母姤

漢印文字徵

北魏・郭法洛造像

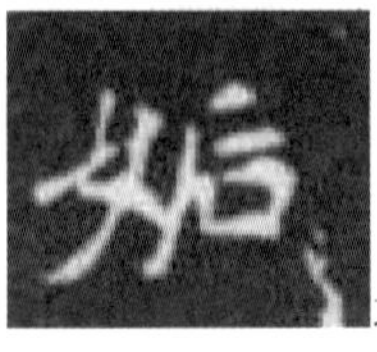
北魏・元昭誌

北魏・馮迎男誌

東魏・張玉憐誌

北齊・崔宣華誌

○帷幬無姤

〖她〗

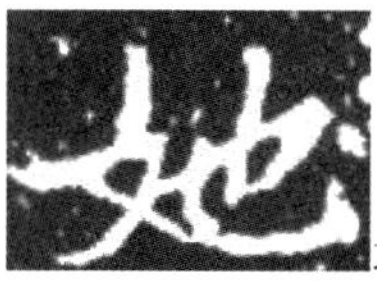
北齊・王貴姜等造像

○大維那王妁她侍佛

〖妮〗

北壹・倉頡篇 72

○娙樊厭妮秩

〖妙〗

東漢・肥致碑

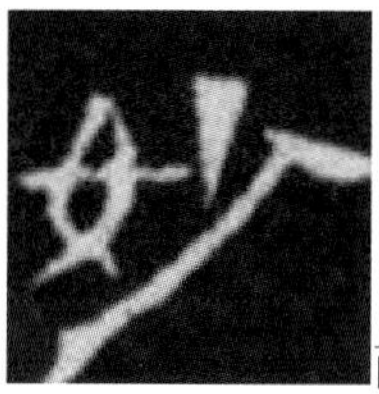
西晉・徐義誌

北魏・元崇業誌

北魏・寇憑誌

北魏・王普賢誌

北魏・元弘嬪侯氏誌

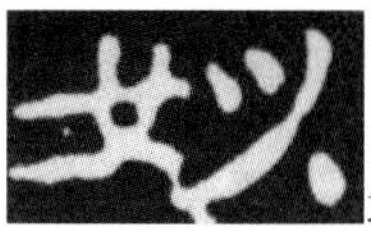
北魏・塔基石函銘刻

○妙法熙隆

北魏・張石生造像

北齊・無量義經二

〖妥〗

秦代印風

○韓妥

漢印文字徵

〖妔〗

東魏・四十九人造像

○吳妔姬

〖⿰女尺〗

張・盜律 81

○鄭⿰女尺書

〖⿱允女〗

西晚・不其簋

○玁⿱允女(狁)

西晚・不其簋

○玁⿱允女(狁)

〖姒〗

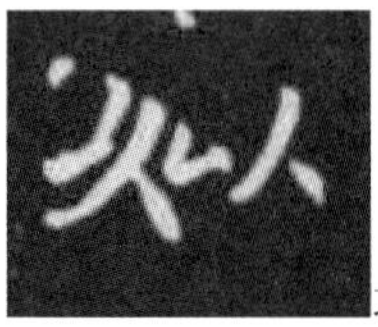
北魏・元洛神誌

○奉接娣姒

北魏・薛慧命誌

○娣姒貴其仁

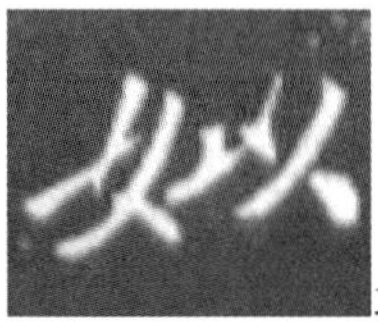
北魏・宇文永妻誌

○載姬模姒

北齊・崔幼妃誌

○崔太姒墓誌銘

北周・寇嶠妻誌

〖娫〗

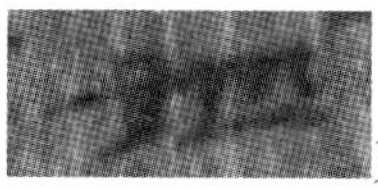
東牌樓 005

○建爲妊敵男

〖妬〗

馬壹 139_8 下/150 下

○隱忌妬妹

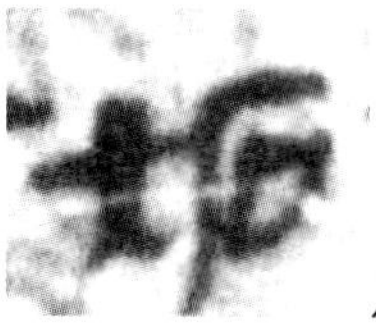
馬壹 87_171

東魏・馮令華誌

〖妿〗

漢印文字徵

○妿後來

〖妷〗

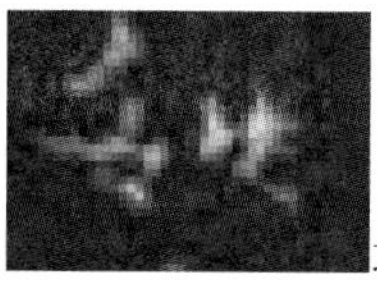
北齊・潘景暉造像

○芳蓉妷婉

〖妰〗

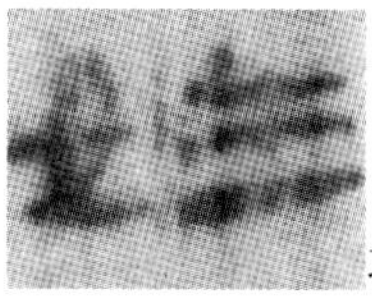
孔・嫁女 174

○妰婦之日也

孔・嫁女 174

○妰夫之建

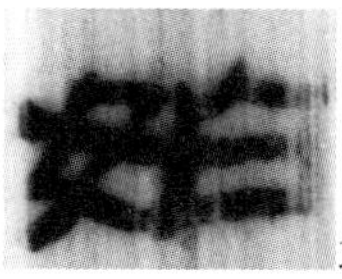
北壹・倉頡篇 70

○妰鬃姗膭（䐴）

〖姗〗

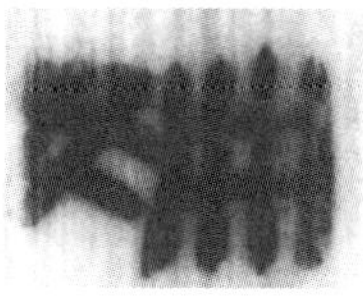
北壹・倉頡篇 70

○靖姑鬃姗膭

〖妿〗

晉・洛神十三行

○妿媧

〖姛〗

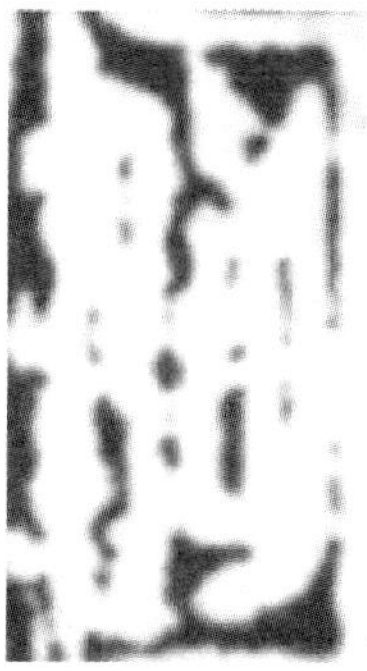
廿世紀璽印三-SY

○閔娴

〖姆〗

北魏・王遺女誌

北周・盧蘭誌

〖姥〗

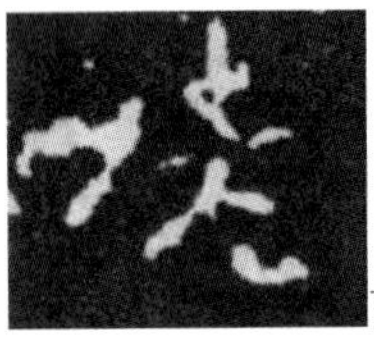
南朝梁・□宣造像

○公姥男女眷屬

〖婅〗

北壹・倉頡篇 40

○恚魃袳婅再

〖娨〗

東牌樓 005

○中升娨取

〖娖〗

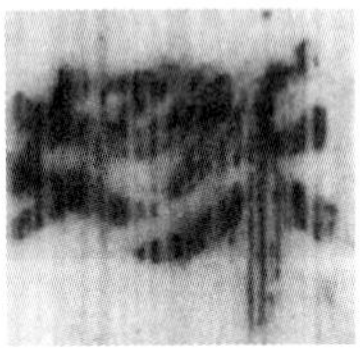
北壹・倉頡篇 40

○娓殸譬娖

〖娏〗

漢印文字徵

○娏丙始

〖娰〗

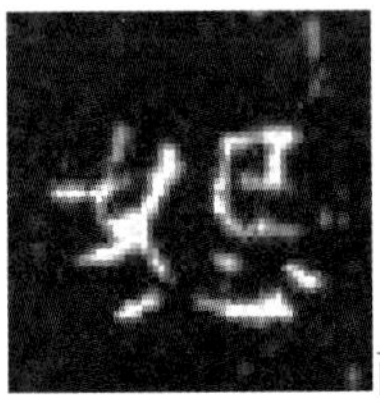
西魏・韋隆妻梁氏誌

○蚣蝑罔娰

〖婜〗

廿世紀璽印三-SY

○友門婜印

〖娙〗

北魏・宋靈妃誌

○姻娙嗟讚

北魏・元洛神誌

○二族姻娙

〖娍〗

里・第八層 1584

○欬娍

〖娕〗

秦代印風

○文娕

〖婞〗

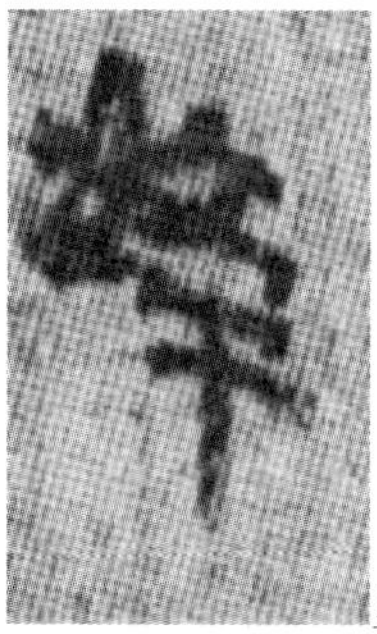
里・第八層 145

○爲席婞

北魏・盧令媛誌

○修婞窈窕

〖娍〗

北魏・韓氏誌

○誕生娍媛

北魏・元弘嬪侯氏誌

○誕稟娍靈

〖婸〗

秦文字編 1782

〖娓〗

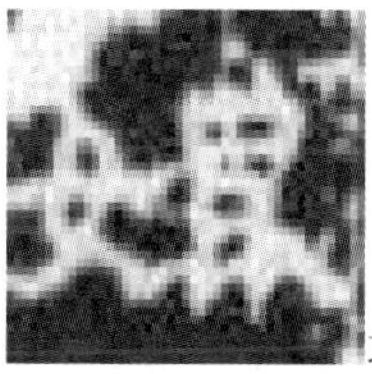
北齊・柴季蘭造像

○以好□娓

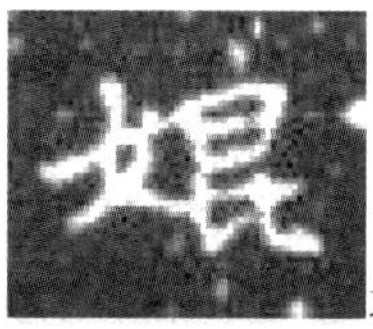
北齊・庫狄迴洛誌

○侔伊娓呂

〖姿〗

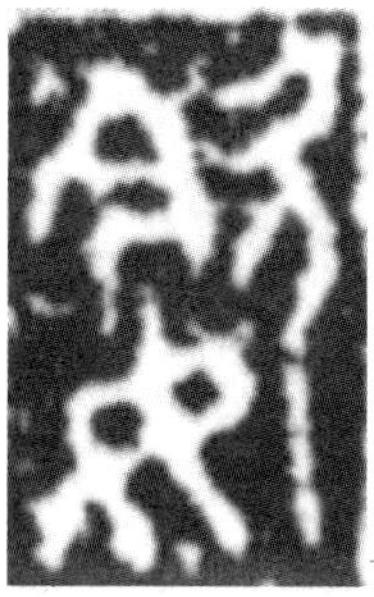
廿世紀璽印三-SY

○李姿

〖婘〗

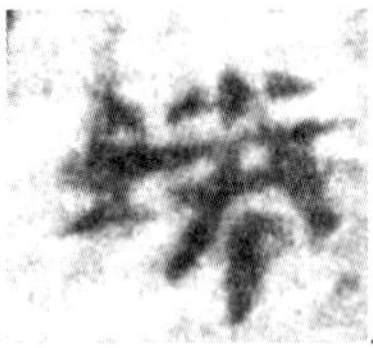
馬壹 110_171\340

○婘（輾）榑（轉）反廁（側）

〖婒〗

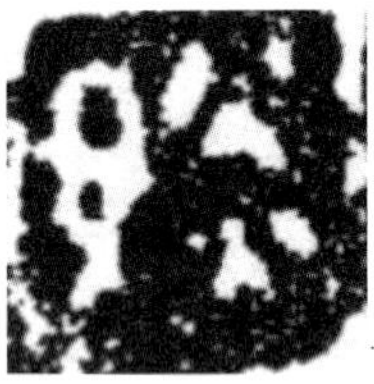
廿世紀璽印二-SP

○咸里□婒

〖婆〗

北魏・常岳等造像

北齊・姜纂造像

〖嬰〗

北壹・倉頡篇 70

○婠嬰眇靖

〖⿰女畏〗

銀貳 1059

○有大事必⿰女畏（畏）

〖媀〗

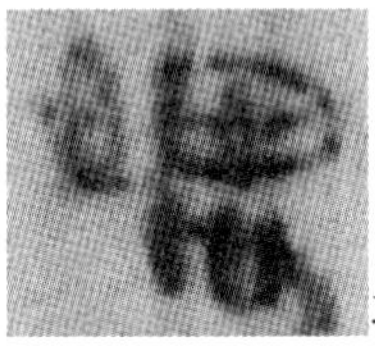
孔・直室門 281

○婦女媀族人

〖媫〗

北齊・斛律氏誌

○寶珥媫娟

〖⿰女冤〗

北壹・倉頡篇 5

○⿰女冤娒款餌

漢印文字徵

○姑陶⿰女冤

〖嫽〗

秦文字編 1782

〖嫱〗

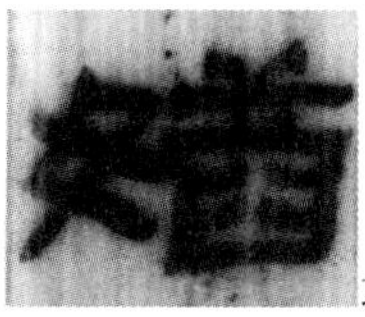
北壹・倉頡篇 72

○嫱嬏窺鬐

〖婞〗

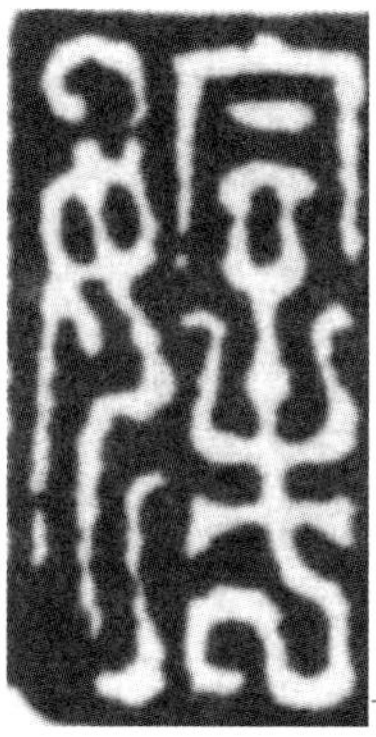
廿世紀璽印三-SY

○劉婞

〖嫍〗

北周・尉遲將男誌

○楚白貞嫍（媪）

〖媵〗

北魏・元徽誌

北魏・司馬顯姿誌

○方當母訓衆媵

北齊・智靜造像

○比丘尼僧媵

〖嫕〗

東魏・元季聰誌

○姿儀婉嫕

北齊・盧脩娥誌

○婉嫕天然

〖媶〗

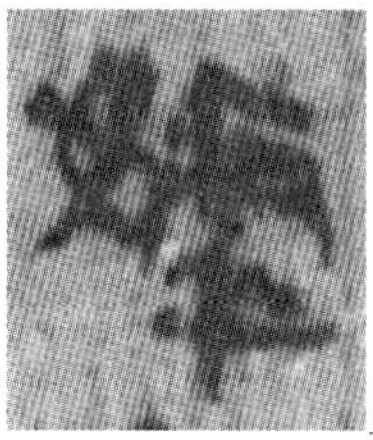
里・第八層 2101

○守囚媶

〖嬉〗

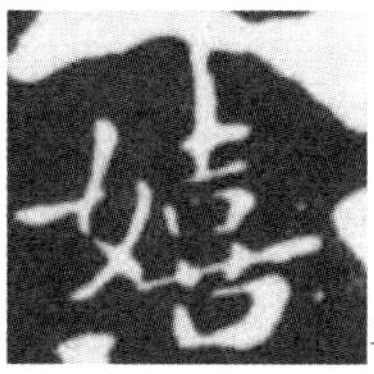
晉・洛神十三行

北周・華岳廟碑

○乘白鹿以遊嬉

〖嫛〗

漢印文字徵

○張嫛之印

〖嬔〗

北壹・倉頡篇 44

○議篇稽嬔欺蒙

〖嫸〗

馬壹 114_12\415

○士材（裁）巽（選）海內

廿世紀璽印三-SY

○妾嫸

廿世紀璽印三-SY

○曹嫸

漢印文字徵

○曹嫸

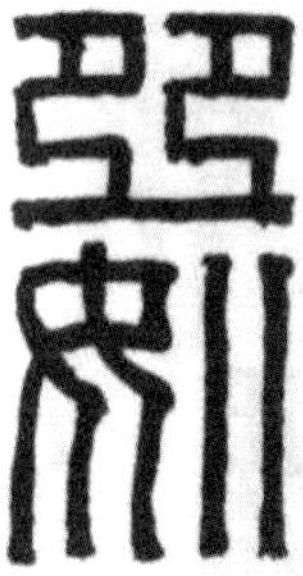
漢印文字徵

○曹嫸

〖⿱癶女〗

秦文字編 1783

〖⿰女喿〗

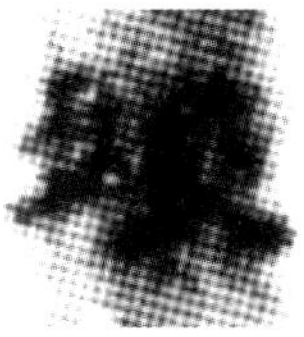
武・丙《喪服》19

○衰常（裳）⿰女喿（澡）麻

〖嬓〗

北壹・倉頡篇 70

○嬓頣娑孅

〖嫕〗

東魏・閭叱地連誌

北齊・傅華誌

○柔風婉嫕

北周・李府君妻祖氏誌

○婉嫕之風

〖⿰妻畏〗

漢銘・驕“妻+畏”博局

〖⿰女慮〗

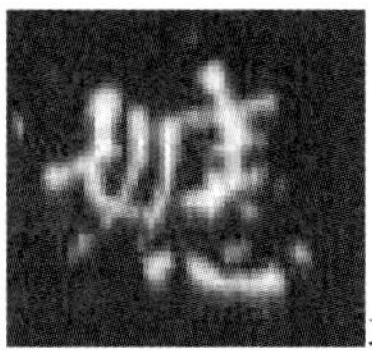
北周・董榮暉誌

○婉⿰女慮情抱

〖孅〗

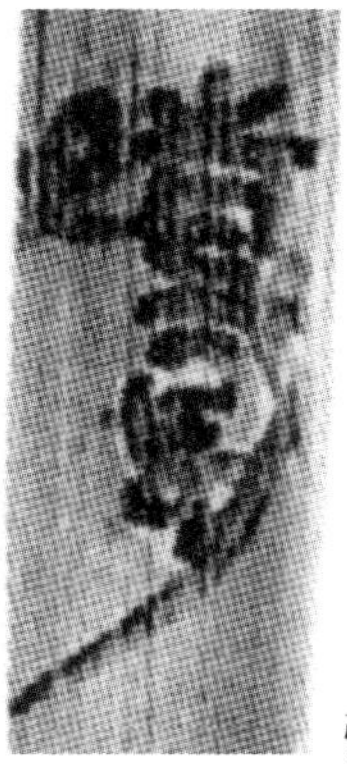
張・遣策 32

○綈孅（襪）一

〖嬛〗

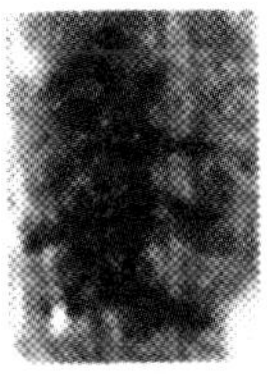
秦文字編 1774

〖嬕〗

北壹・倉頡篇 33

○盨娶裹嬕舞

〖⿰女樂〗

秦文字編 1782

漢印文字徵

○任嬫私印

漢印文字徵

○嬫郭

〖㜸〗

北魏・元液誌

○志掃窮㜸

北魏・元道隆誌

○群㜸斯緝

〖孀〗

北魏・元彝誌

○叫叫孀孤

北魏・李超誌

北齊・婁黑女誌

北周・寇嶠妻誌

毋部

【毋】

《説文》：，止之也。从女，有奸之者。凡毋之屬皆从毋。

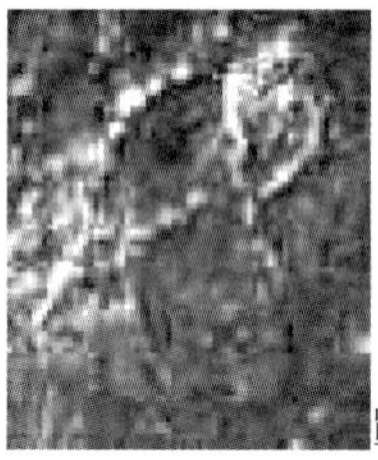
戰晚・十六年少府戈

○工毋少

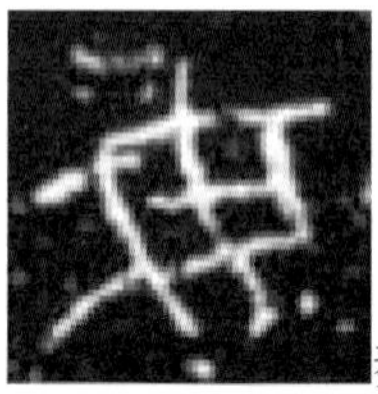
秦代・二世元年詔版一

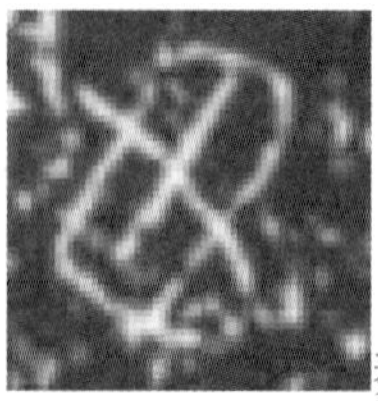
秦代・元年詔版三

漢銘・聖主佐宮中行樂錢

漢銘・願君毋相忘鉤

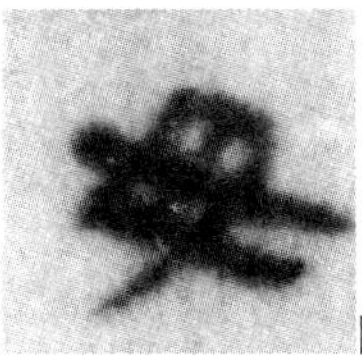
睡・語書 11

睡・秦律十八種 106

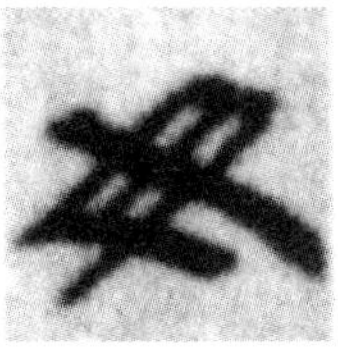
睡・法律答問 129

睡・為吏 41

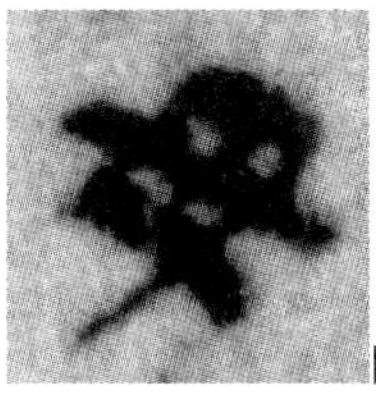
睡・日甲《行》127

睡・日甲 127

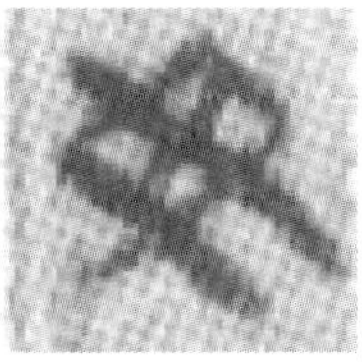
關・病方 368

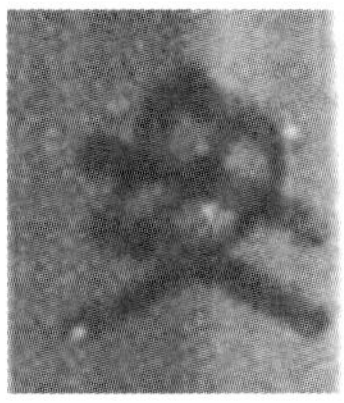
嶽・為吏 86

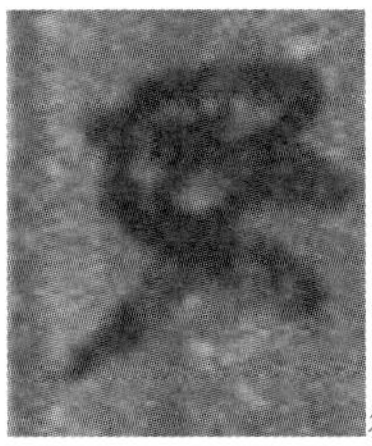
嶽・占夢書 38

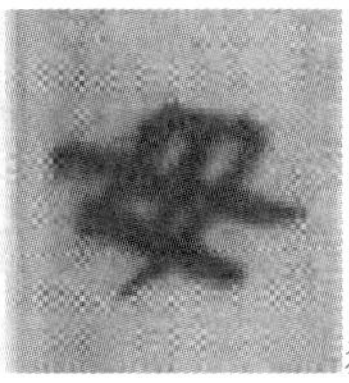
嶽・魏盜案 154

里・第八層 8

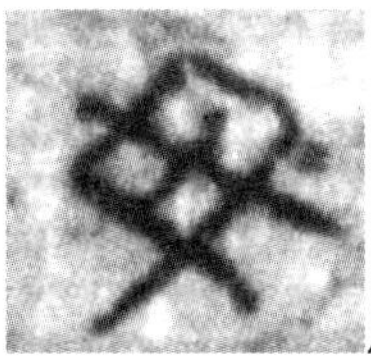
馬壹 82_58

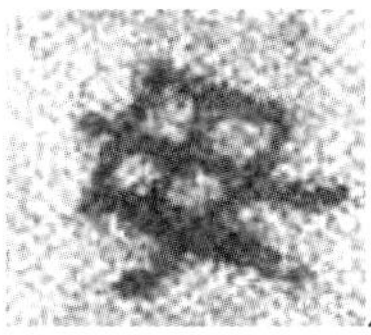
馬貳 21_29 下

張・田律 249

張・奏讞書 191

銀壹 947

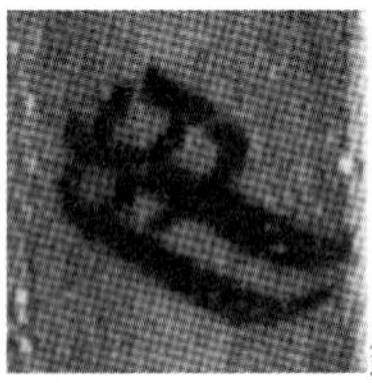
銀貳 1761

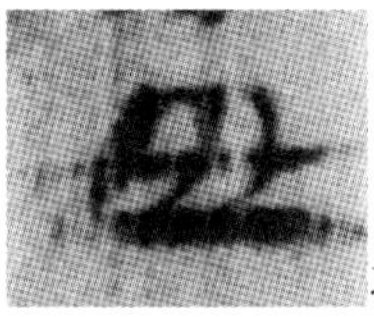
孔・日書残 19

○三月毋以大

北貳・老子 7

敦煌簡 0850A

金關 T24:976

武・甲《特牲》42

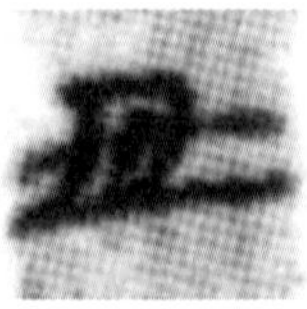
武・甲《泰射》50

武・王杖 2

武・柩銘考釋 2

秦代印風

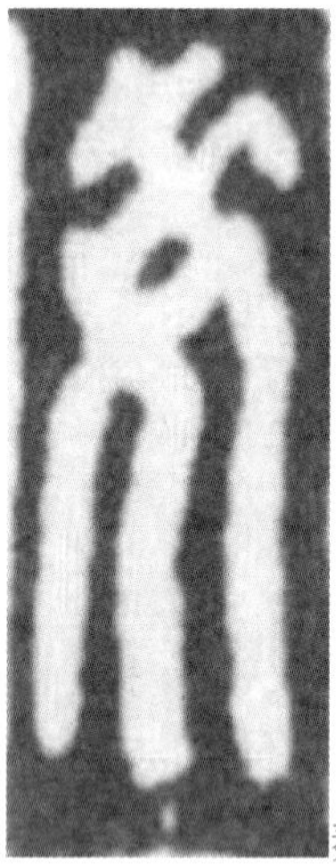
秦代印風

○毋苦夫

秦代印風

秦代印風

○畀毋齒

秦代印風

○駱毋地

秦代印風

秦代印風

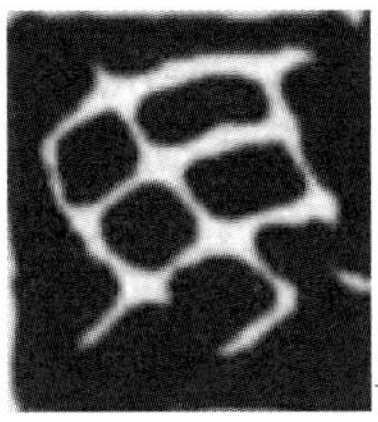
廿世紀璽印三-SY

廿世紀璽印三-SY

廿世紀璽印三-SY

○鄭毋何

廿世紀璽印三-SY

○張毋巳

漢晉南北朝印風

○父老毋死萬歲

漢晉南北朝印風

○千歲單祭尊毋極印

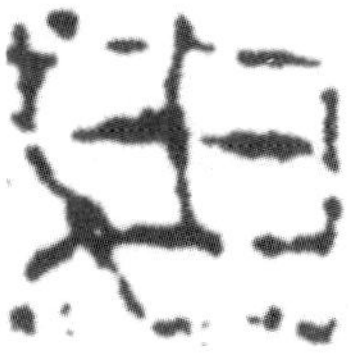
歷代印匋封泥

○般毋害

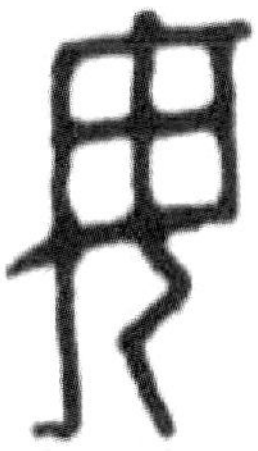
漢印文字徵

柿葉齋兩漢印萃

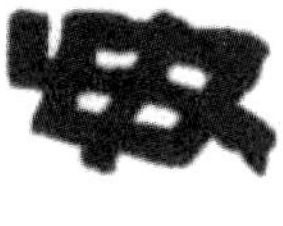
漢印文字徵

漢印文字徵

漢印文字徵

漢印文字徵

漢印文字徵

○綦毋勝

漢印文字徵

○綦毋從印

漢印文字徵

○尹印毋姽

漢印文字徵

漢印文字徵

○行毋咎

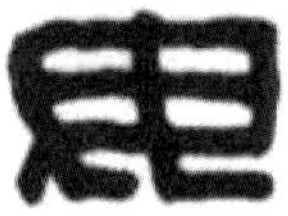
漢印文字徵

漢印文字徵

漢晉南北朝印風

漢晉南北朝印風

漢晉南北朝印風

漢晉南北朝印風

詛楚文·沈湫

○毋相爲不利

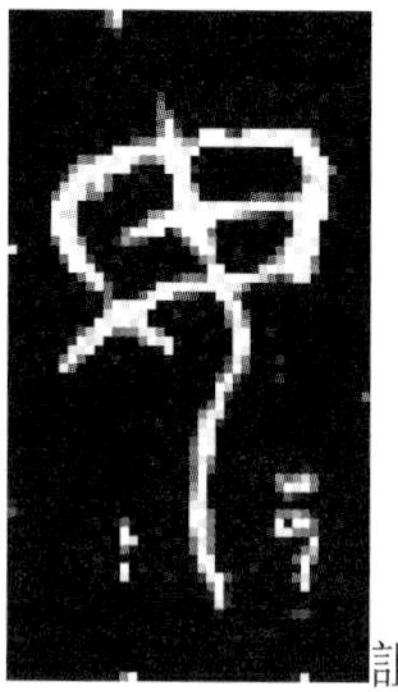
詛楚文·亞駝

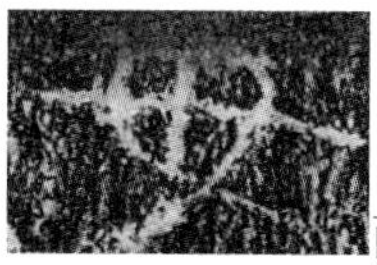
西漢·楚王墓塞石銘

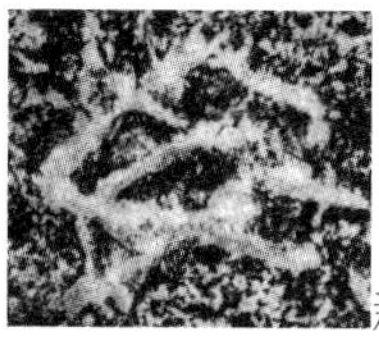
新莽·禳盜刻石

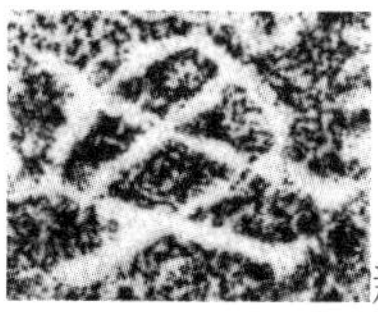
新莽·禳盜刻石

新莽·萊子侯刻石

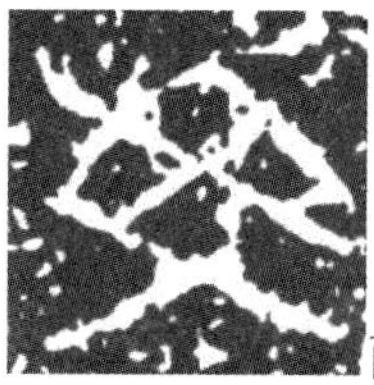
西漢·山東金鄉漢墓鎮墓文

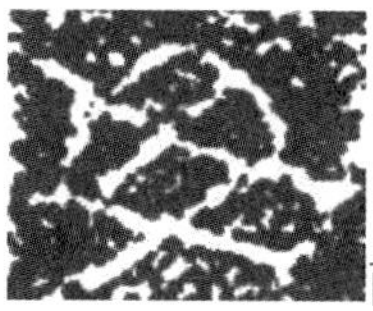
西漢·山東金鄉漢墓鎮墓文

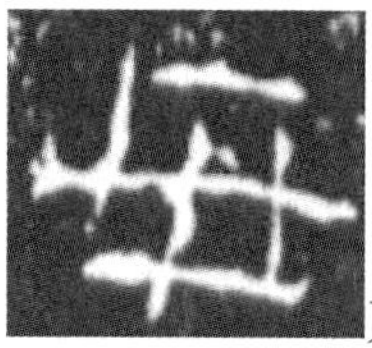
東漢·北海太守爲盧氏婦刻石

北魏·元順誌

【毐】

《説文》：，人無行也。从士从毋。賈侍中說，秦始皇母與嫪毐淫，坐誅，故世罵淫曰嫪毐。讀若娭。

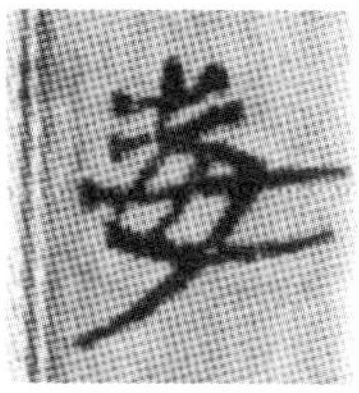
張·賊律 20

○肉毐（毒）殺

民部

【民】

《説文》：，衆萌也。从古文之象。凡民之屬皆从民。

【㒎】

《説文》：，古文民。

春晚・秦公簋

○萬民是敕(敉)

春晚・秦公鎛

漢銘・□民高燭豆

漢銘・聖主佐宮中行樂錢

漢銘・新衡杆

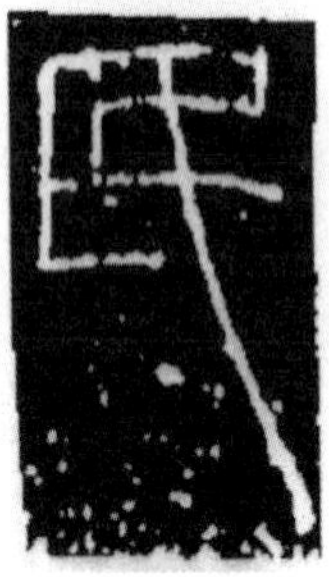
漢銘・新嘉量二

睡・語書 3

睡・法律答問 157

睡・為吏 39

睡・為吏 40

睡・為吏 39

睡・為吏 4

睡・日甲《詰》25

○令民毋麗（罹）

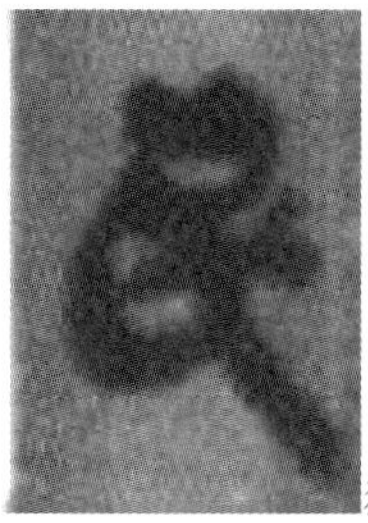
嶽・為吏 2

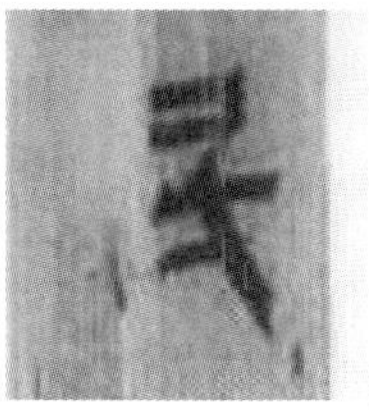
嶽・猩敞案 51

〇獄史民詣

馬壹 144_20/194 上

馬壹 96_25

馬壹 88_210

馬壹 16_6 下\99 下

馬壹 261_16 上

〇民痺病

馬貳 205_24

張・盜律 70

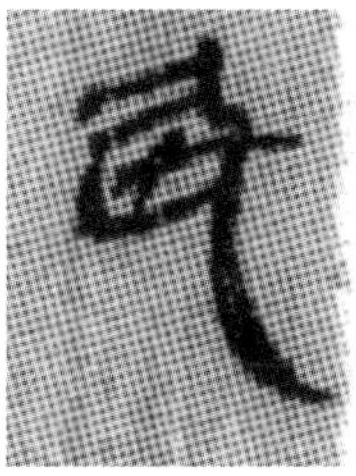
張・田律 249

張・奏讞書 144

張・蓋盧 46

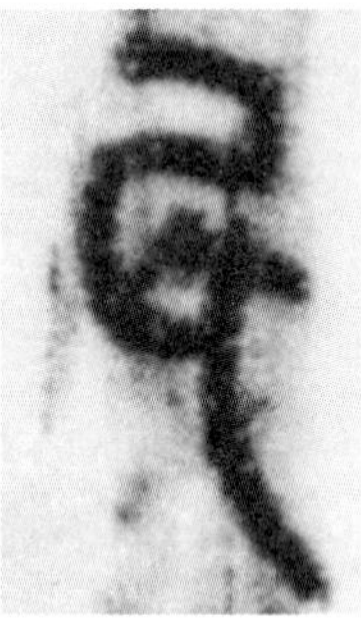
銀壹 716

銀貳 1035

北貳・老子 58

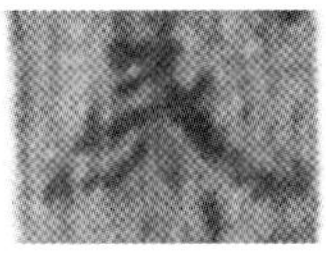
敦煌簡 0213

○隨窳民不迫

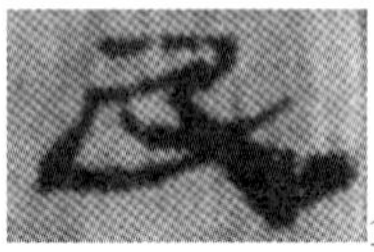
金關 T26:065

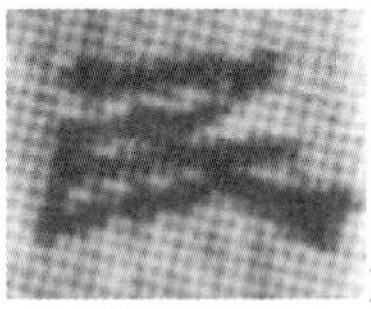
武・儀禮甲《服傳》31

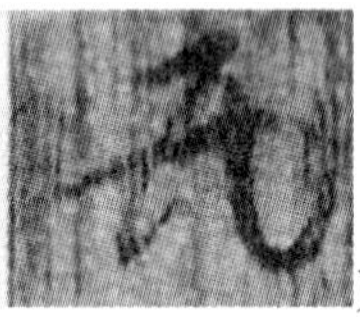
東牌樓 129

○責民錢

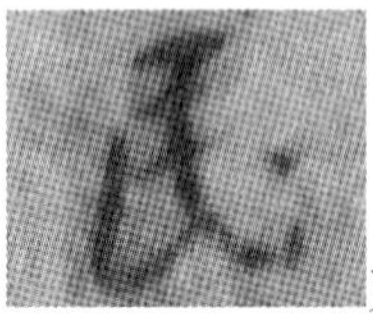
東牌樓 007

○姓發民作

吳簡嘉禾・九六八一

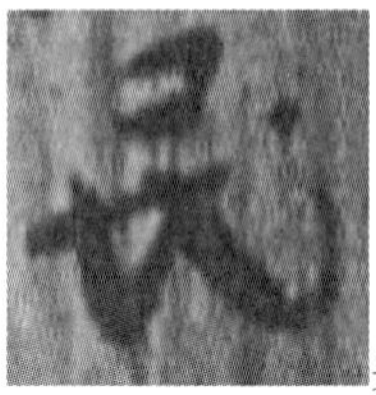
吳簡嘉禾・四・一

○吏民

秦代印風

秦代印風

○民樂

秦代印風

漢晉南北朝印風

漢晉南北朝印風

○安民千歲單祭尊之印

漢印文字徵

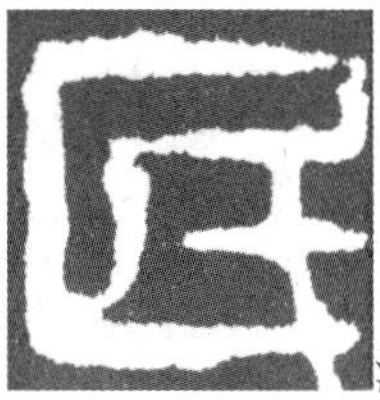
漢代官印選

漢印文字徵

漢印文字徵

○辛安民

漢印文字徵

漢晉南北朝印風

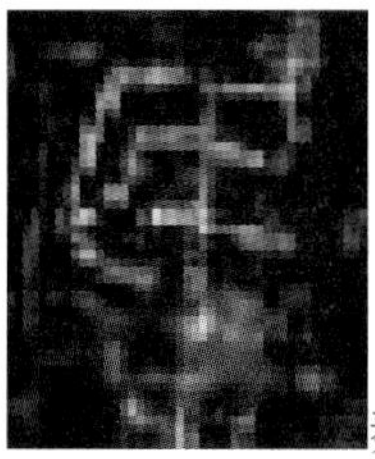
秦駰玉版

東漢・尚博殘碑

東漢・李孟初神祠碑

東漢・鮮於璜碑陰

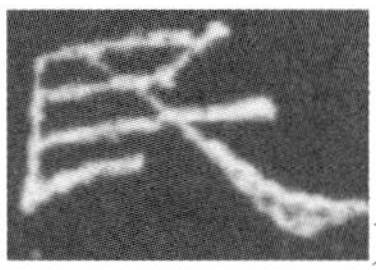
東漢・桐柏淮源廟碑

東漢・鮮於璜碑陰

東漢・史晨後碑

三國魏・三體石經尚書・隸書

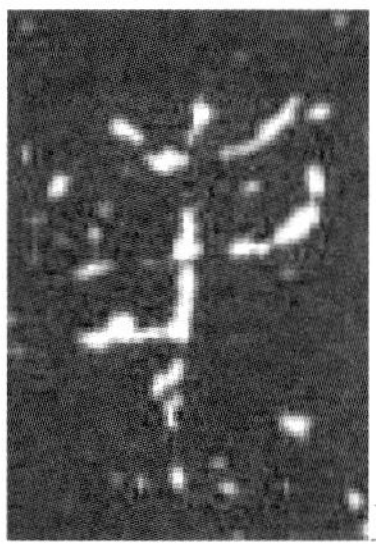
三國魏・三體石經尚書・古文

○乃非民所訓

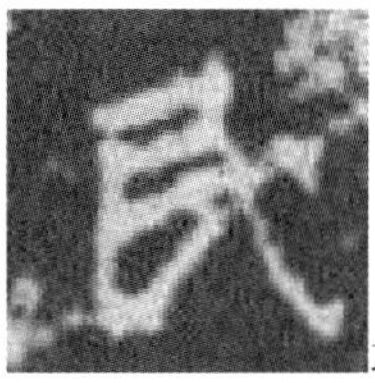
北齊・報德像碑

北周・寇熾誌

北周・王榮及妻誌

【氓】

《説文》：氓，民也。从民亡聲。讀若盲。

東漢・析里橋郙閣頌

○愛氓如□

北魏・封魔奴誌

北魏・元鑒誌

○滑氓順軌

北魏・元楨誌

○惠結東氓

東魏・蕭正表誌

丿部

【丿】

《説文》：丿，右戾也。象左引之形。凡丿之屬皆从丿。

【乂】

《説文》：乂，芟艸也。从丿从乀，相交。

【刈】

《説文》：刈，乂或从刀。

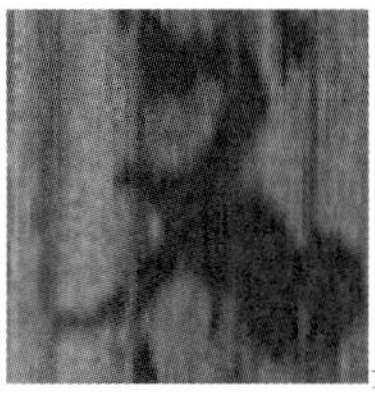
吳簡嘉禾・四・一七二

○陳乂佃田

漢晉南北朝印風

○主乂信印

東漢・趙菿殘碑

○乂無紞胤堂構圮

東漢・白石神君碑

三國魏・三體石經尚書・隸書

○巫咸乂王

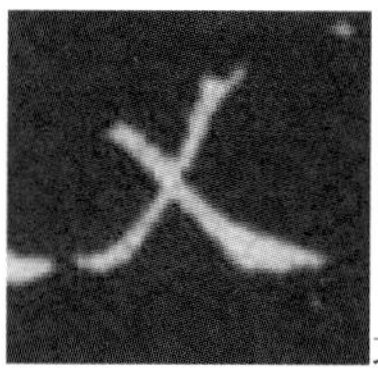
北魏・元乂誌

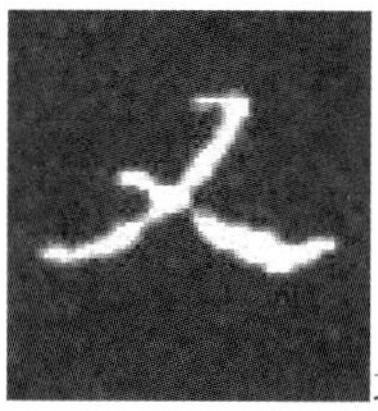
北齊・張潔誌

東漢・校官碑

○□刈骾雄

北魏・伏君妻咎雙仁誌

北魏・張整誌

○并州上黨郡刈陵縣東路鄉吉遷里人

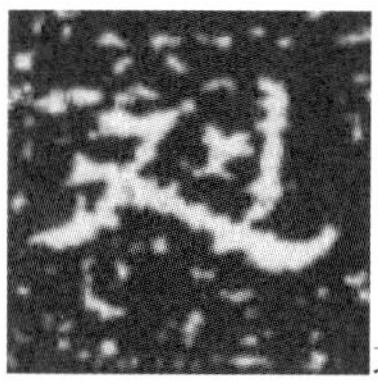
北齊・鄭子尚誌

○言刈翹楚

【弗】

《説文》：弗，撟也。从丿从乀，从韋省。

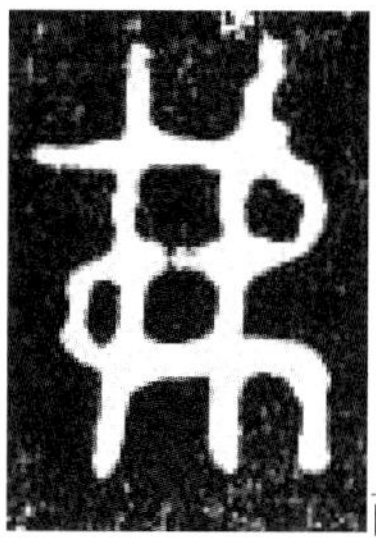
西晚・不其簋

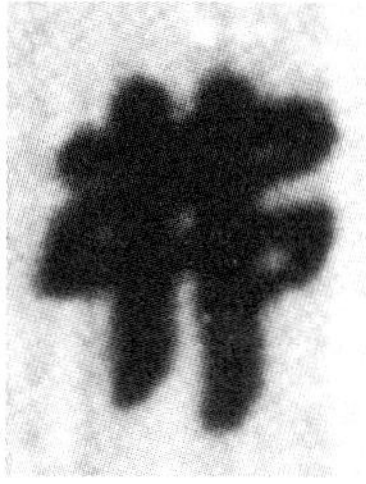
睡・語書 6

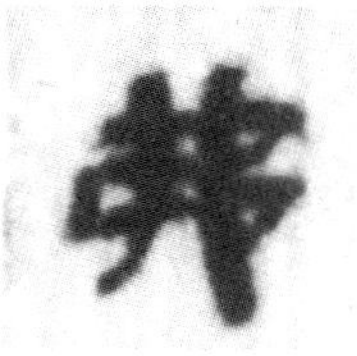
睡・秦律十八種 68

睡・日甲《土忌》130

關・日書 207

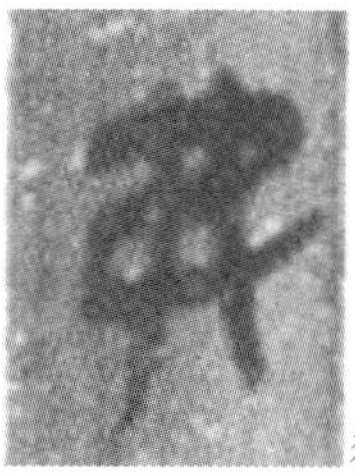
嶽・為吏 18

嶽・癸、瑣相移謀購案 11

里・第八層 135

馬壹 107_92\261

張・賊律 19

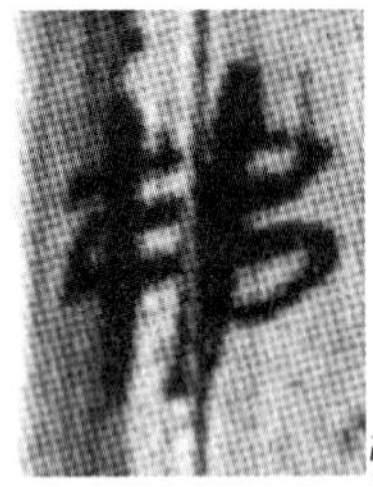
張・奏讞書 215

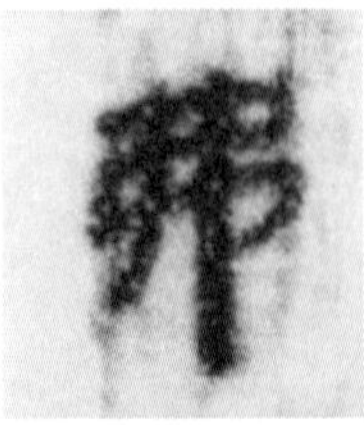
銀壹 583

北貳・老子 114

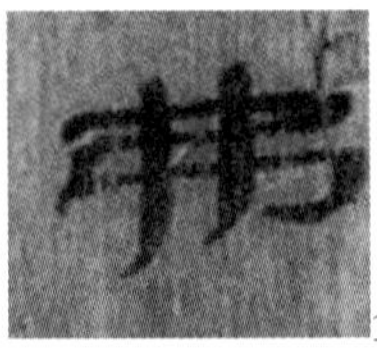
金關 T21:058

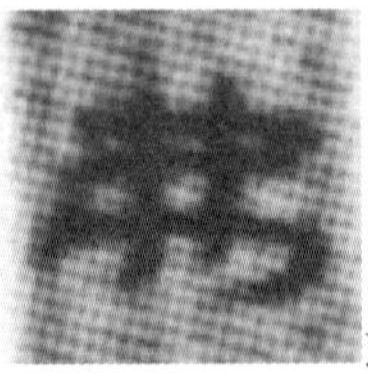
武・儀禮甲《服傳》39

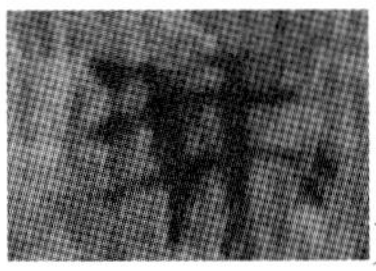
東牌樓 006

○楳雄弗力精人兵詣

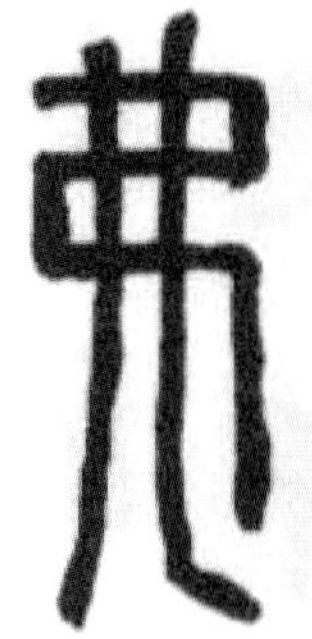
漢印文字徵

漢印文字徵

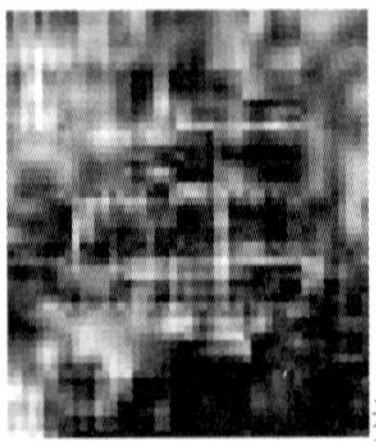
秦駰玉版

東漢・北海相景君碑陽

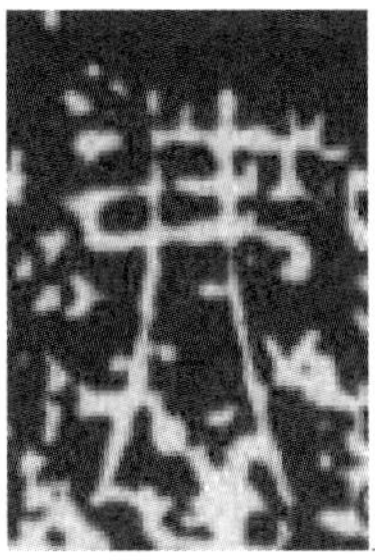
三國魏・三體石經尚書・篆文

三國魏・三體石經尚書・古文

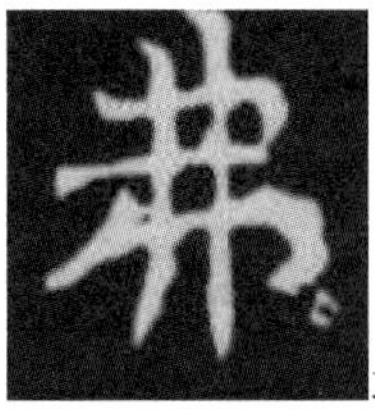
北魏・元誘妻馮氏誌

北魏・元澄妃誌

北魏・高英誌

【乀】

《説文》：乀，左戾也。从反丿。讀與弗同。

〖么〗

北魏・□伯超誌

〇么麼遻（遁）迹

厂部

【厂】

《説文》：厂，抴也。明也。象抴引之形。凡厂之屬皆从厂。虒字从此。

【弋】

《説文》：弋，橜也。象折木衺鋭著形。从厂，象物挂之也。

睡・日甲《稷叢辰》40

〇得利弋邋（獵）

銀貳 1897

〇勿禁弋射田邋

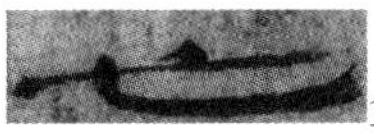
金關 T30:022

〇人騎弋居孝里

廿世紀璽印二-GP

〇弋左

廿世紀璽印三-GP

〇佐弋丞印

歷代印匋封泥

〇北宮弋丞

漢印文字徵

漢印文字徵

漢晉南北朝印風

北魏・元誘誌

北魏・寇演誌

〖厇〗

漢印文字徵

〇厇欣之印

乀部

【乀】

《説文》：乀，流也。从反厂。讀若移。凡乀之屬皆从乀。

【也】

《説文》：也，女陰也。象形。

【𠃟】

《説文》：𠃟，秦刻石也字。

秦代・元年詔版二

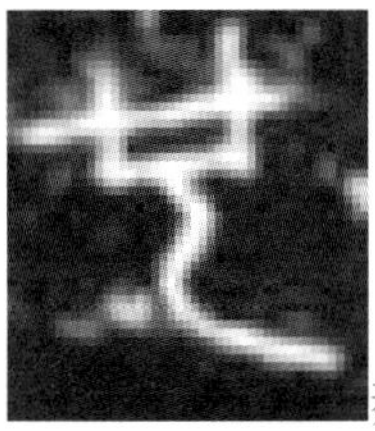
秦代・美陽銅權

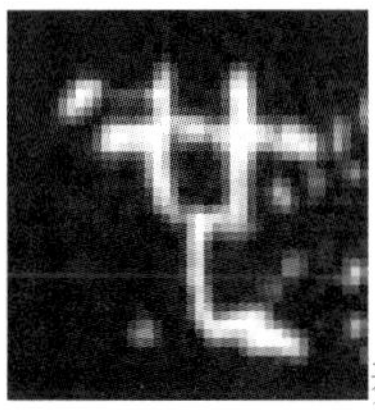
秦代・二世元年詔版一

漢銘・君宜子孫也洗

睡・日甲《歸行》132

睡・日甲2

睡・日甲《詰》68

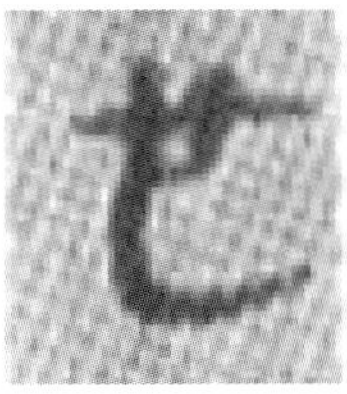
關・日書193

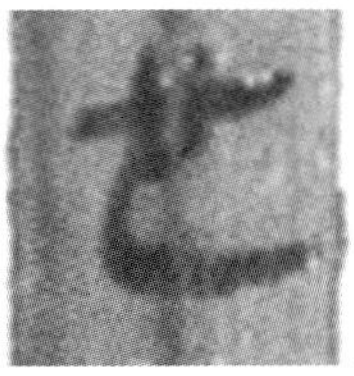
嶽・為吏71

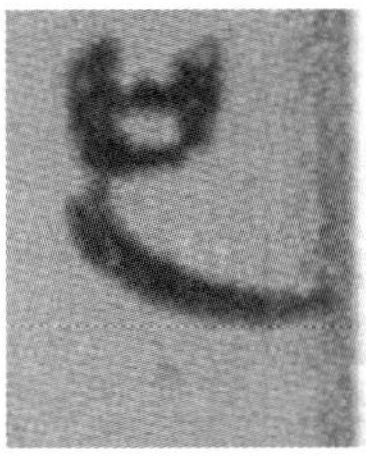
嶽・數77

〇分一也分乘三

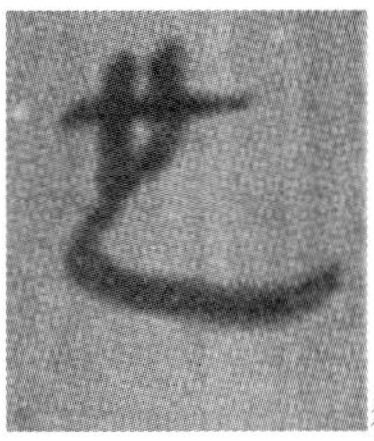
嶽・數193

里・第八層背687

馬壹178_66下

馬壹 36_31 上

馬壹 80_5

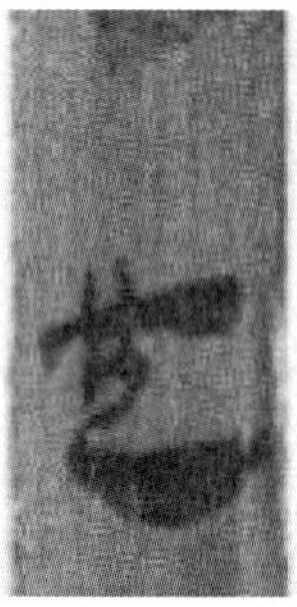
馬貳 219_41/52

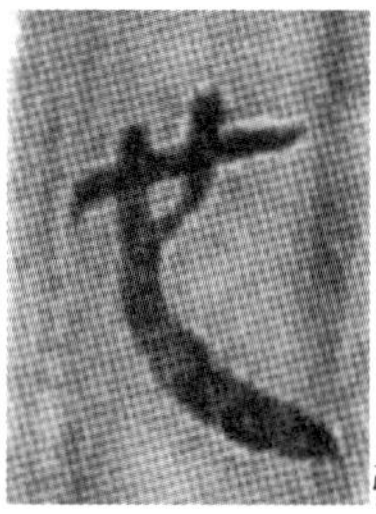
張・置吏律 210

張・奏讞書 118

張・蓋盧 26

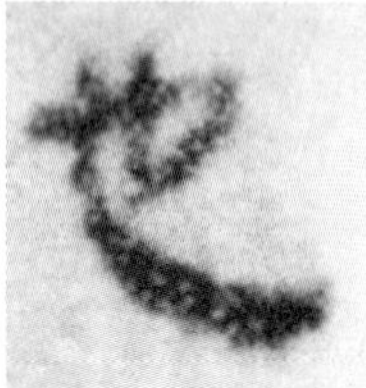
銀壹 411

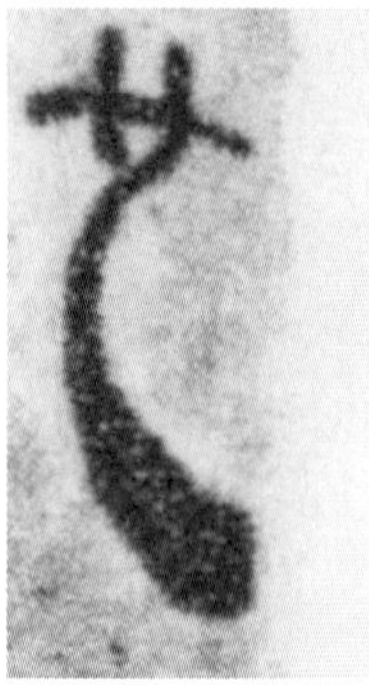
銀壹 921

〇度量也 九百六

銀貳 1459

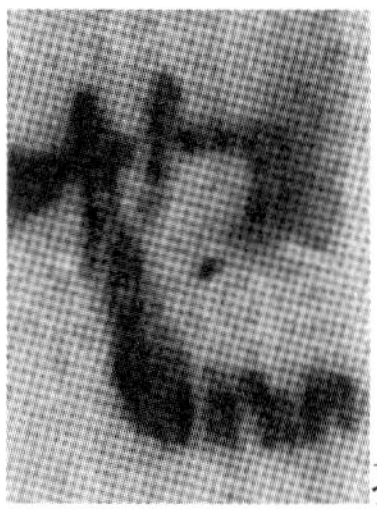
孔・日書残 2

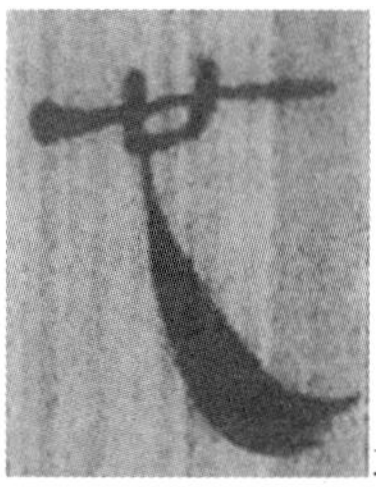
北貳・老子 44

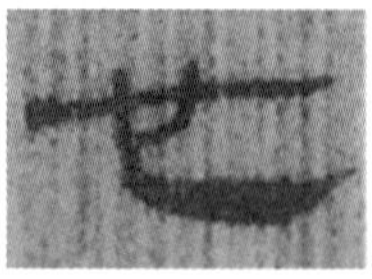
北貳・老子 35

敦煌簡 2255B

金關 T31:139

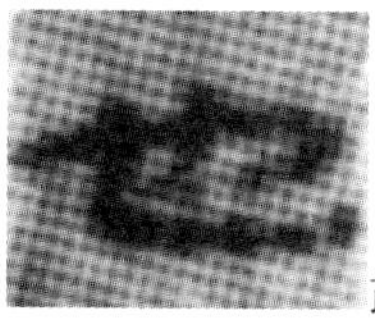
武・儀禮甲《士相見之禮》7

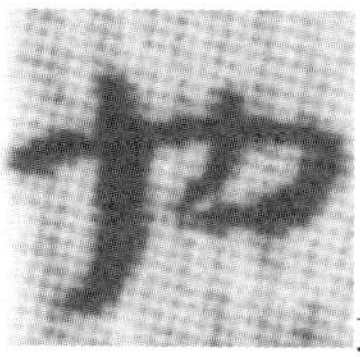
武・儀禮甲《服傳》53

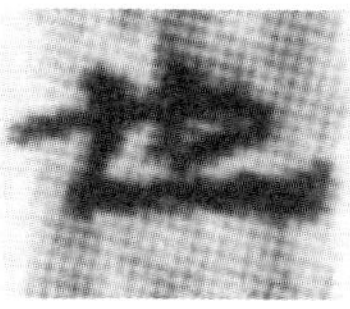
武・甲《特牲》44

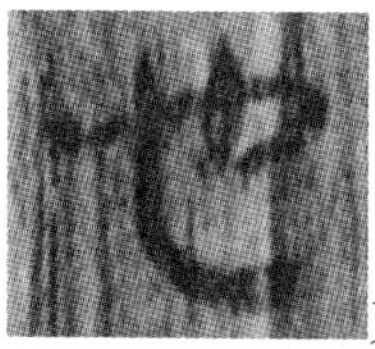
東牌樓 036 背

東牌樓 105 正

○倉券也

秦代印風

廿世紀璽印三-SY

○葛也人印

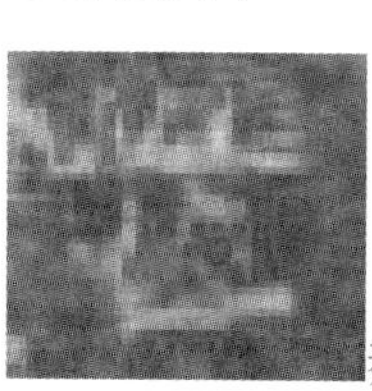
秦駰玉版

○余五皋也

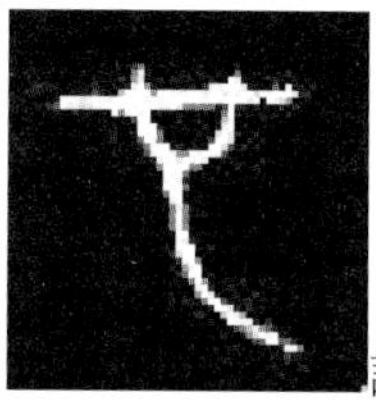
詛楚文・沈湫

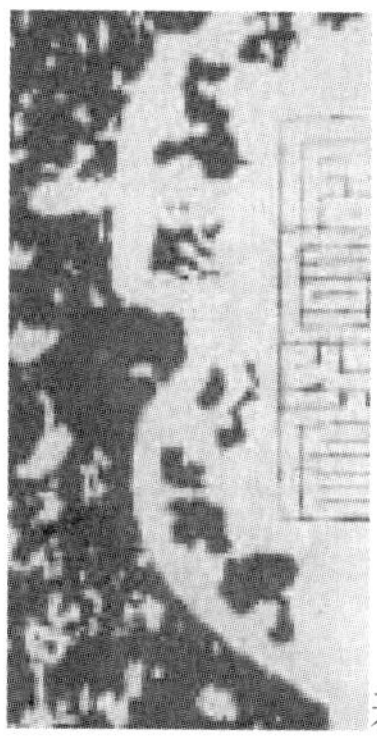
泰山刻石

○其於久遠也

瑯琊刻石

○始皇帝所為也

西漢・楚王墓塞石銘

○目此也

東漢・夏承碑

東漢・三老諱字忌日刻石

東漢・肥致碑

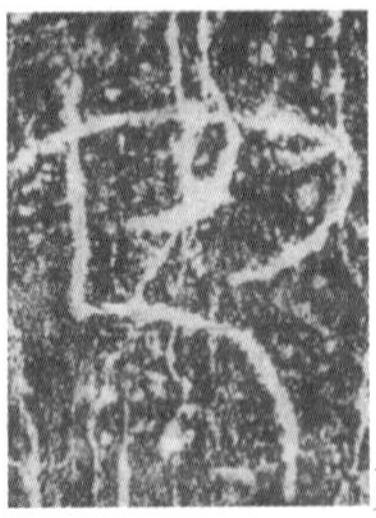
東漢・東安漢里刻石

○山魯市東安漢里禺石也

東漢・執金吾丞武榮碑

西晉・成晃碑

西晉・徐義誌

北魏・元文誌

○河南洛陽人也

北魏・韓顯宗誌

北魏・于景誌

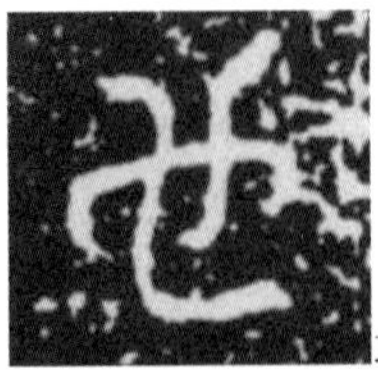
北魏・寇偘誌

北魏・寇治誌

氏部

【氏】

《説文》：氏，巴蜀山名岸脅之旁箸欲落墯者曰氏，氏崩，聞數百里。象形，乀聲。凡氏之屬皆从氏。楊雄賦：響若氏隤。

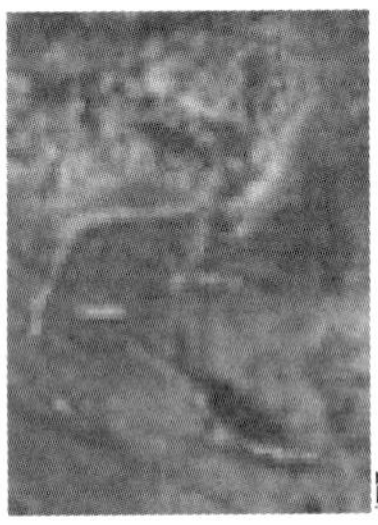
戰晚・十四年口平匽氏戟

○平匽氏

西晚・不其簋

漢銘・賈氏家鈁

漢銘・注氏器

漢銘・千金氏器三

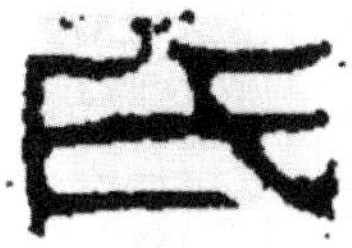
漢銘・蜀郡嚴氏富昌洗

漢銘・蜀郡嚴氏洗一

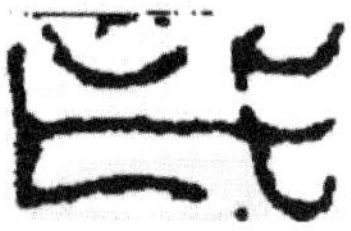
漢銘・嚴氏作洗三

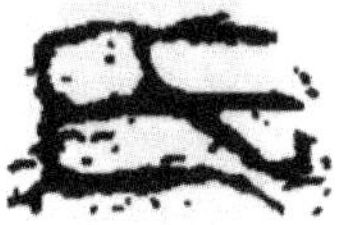
漢銘・嚴氏作洗二

漢銘・蜀郡董氏洗

漢銘・董氏造洗

漢銘・攀氏鋗

漢銘・張氏鼎

漢銘・唐氏洗

漢銘・盧氏鼎

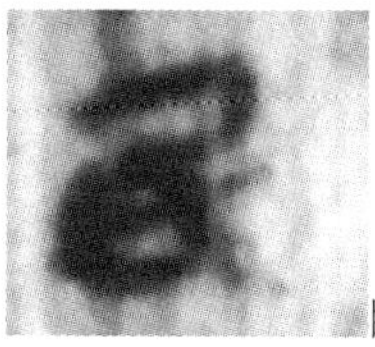
睡・編年記 25

○攻兹氏

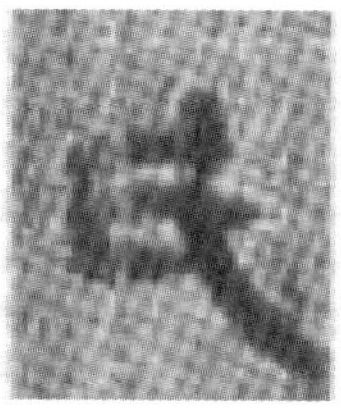
關・日書 142

里・第八層 1555

馬壹 113_41\392

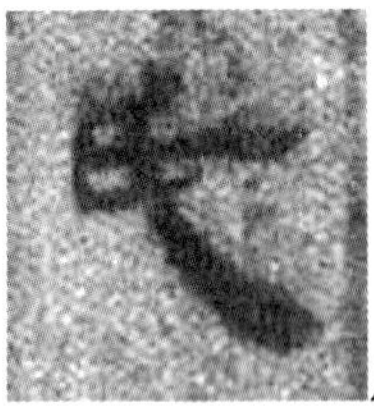
馬壹 39_10 下

馬壹 82_68

馬壹 85_133

○趙氏不割

張・秩律 455

○泫氏高都

張・奏讞書 138

銀貳 1117

○而戰氏（是）胃

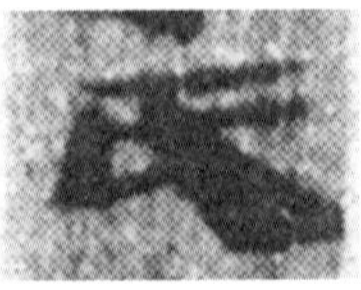
敦煌簡 2190

金關 T04:020

廿世紀璽印二-GP

歷代印匋封泥

廿世紀璽印二-SP

○烏氏援

秦代印風

歷代印匋封泥

○烏氏援

秦代印風

廿世紀璽印三-SP

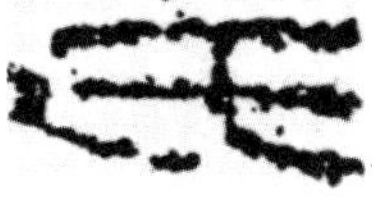
廿世紀璽印三-GP

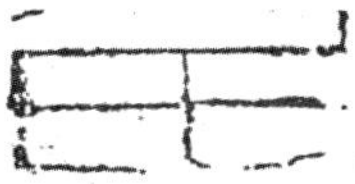
廿世紀璽印三-SY

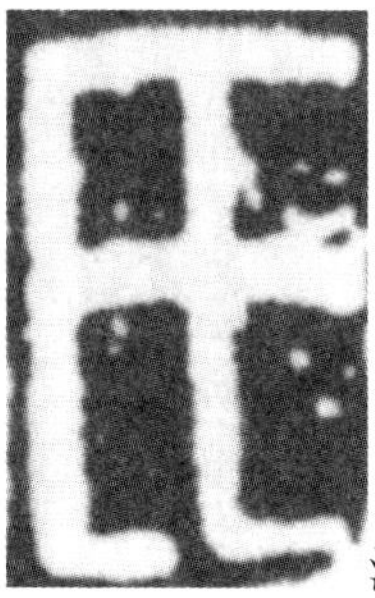
漢晉南北朝印風

廿世紀璽印三-SY

○趙氏

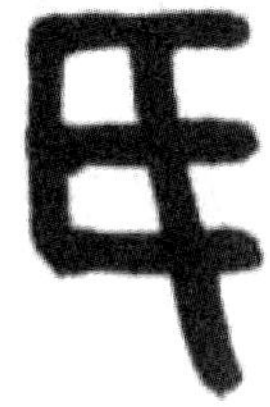
漢印文字徵

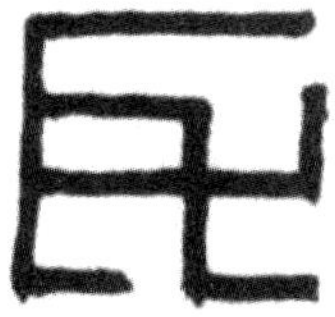
漢印文字徵

○泫氏令印

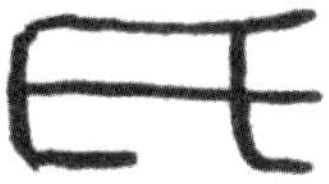
漢印文字徵

漢代官印選

○緱氏令印

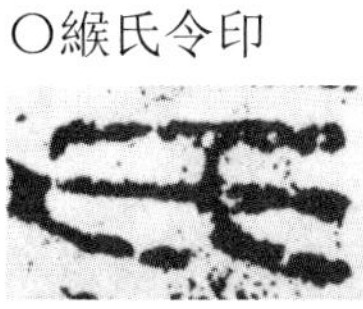
歷代印匋封泥

漢印文字徵

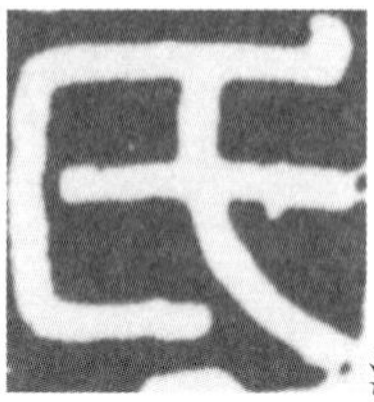
漢晉南北朝印風

漢晉南北朝印風

○蘇氏

漢晉南北朝印風

○王氏信印

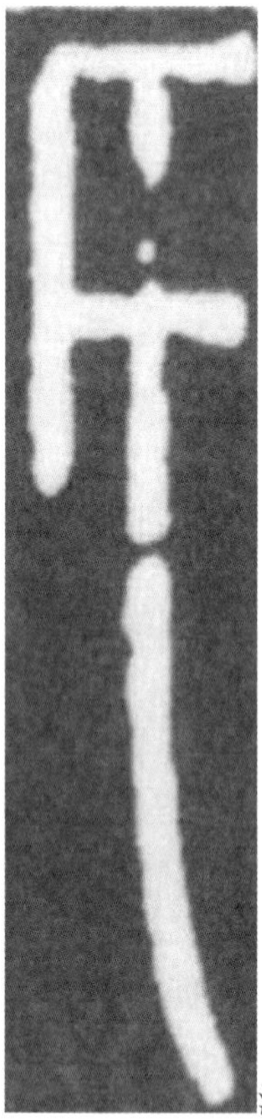
漢晉南北朝印風

○曹氏印信

漢晉南北朝印風

秦駰玉版

○法氏

東漢・從事馮君碑

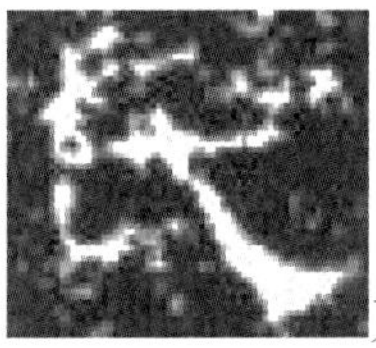
東漢・東漢・魯峻碑陽

○門生陳留尉氏

北魏・王翊誌

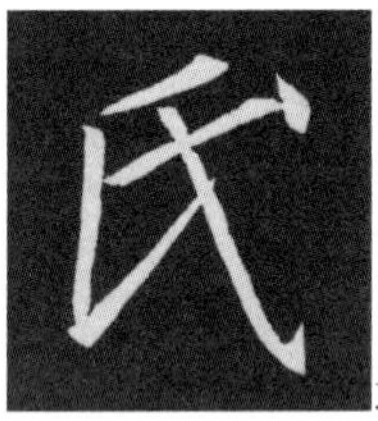
北魏・元洛神誌蓋

東魏・趙胡仁誌蓋

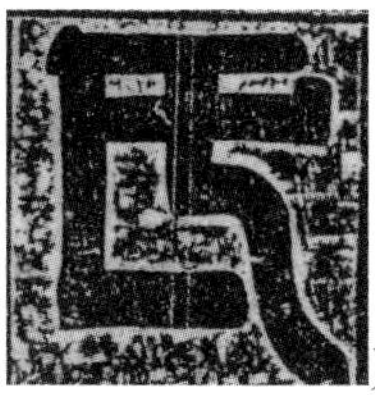
東魏・祖氏誌蓋

東魏・崔令姿誌

北齊・斛律氏誌

北周・董榮暉誌蓋

○故夫人董氏

【氒】

《說文》：氒，木本。从氏。大於末。讀若厥。

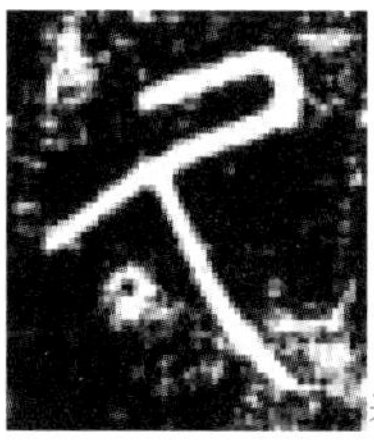
春晚・秦公簋

○氒龕(秦)虢事

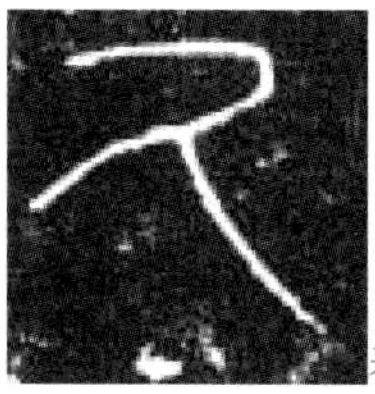
春早・秦公鎛

○氒龢鐘霝(靈)

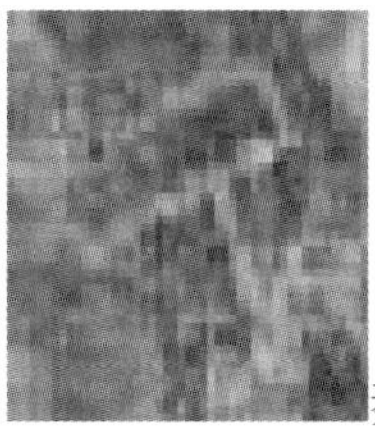
秦駰玉版

○氒（厥）氣

詛楚文・巫咸

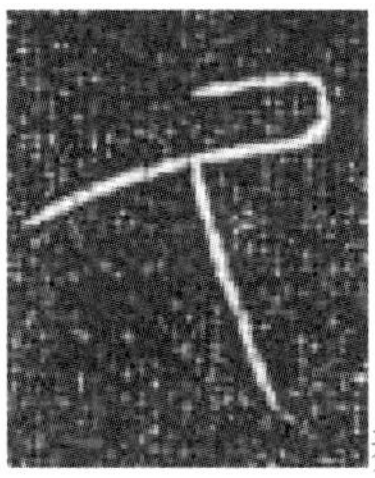
秦公大墓石磬

懷后磬

〖汪〗

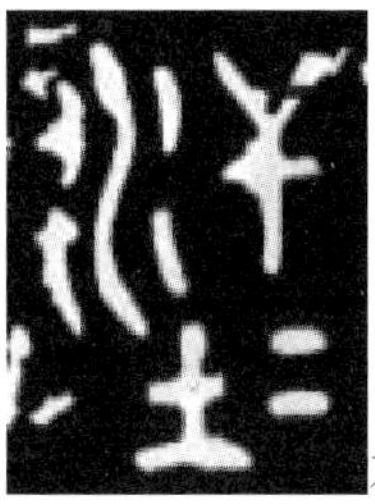
石鼓・汧殹

○汪=趞=

氐部

【氐】

《說文》：氐，至也。从氏下箸一。一，地也。凡氐之屬皆从氐。

睡・日甲《除》1

○九月氏

里・第八層 1557

○鄉守氏夫佐吾

馬壹 181_110 上

○與氏晨出東方

馬壹 145_21/195 下

○根固氏（柢）長

張・秩律 459

○氏道

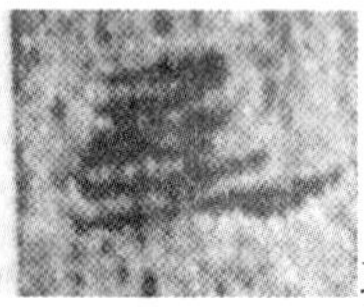
敦煌簡 2365

○張軫氏心

金關 T04:063A

○日之氏池

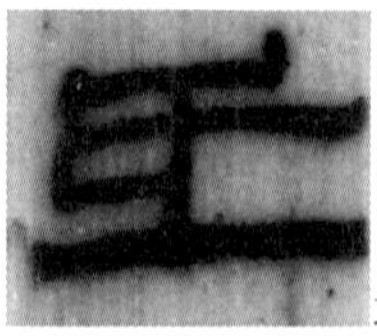
北壹・倉頡篇 61

漢晉南北朝印風

○漢歸義氏佰長

漢印文字徵

○漢歸義氏司馬

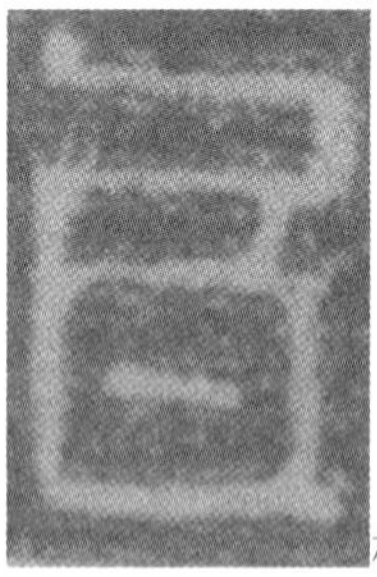
柿葉齋兩漢印萃

○魏率善氏仟長

漢印文字徵

○魏率善氏佰長

漢晉南北朝印風

○魏率善氐邑長

廿世紀璽印四-GY

○魏率善氐仟長

漢晉南北朝印風

○魏率善氐佰長

漢晉南北朝印風

○魏率善氐佰長

廿世紀璽印四-GY

○魏率善氐佰長

漢晉南北朝印風

○魏率善氐邑長

漢晉南北朝印風

○魏率善氐仟長

廿世紀璽印四-GY

○晉歸義氐王

廿世紀璽印四-GY

○晉率善氐仟長

廿世紀璽印四-GY

○晉率善氐邑長

漢晉南北朝印風

○晉率善氏佰長

漢晉南北朝印風

○親晉氏王

漢晉南北朝印風

○晉率善氏邑長

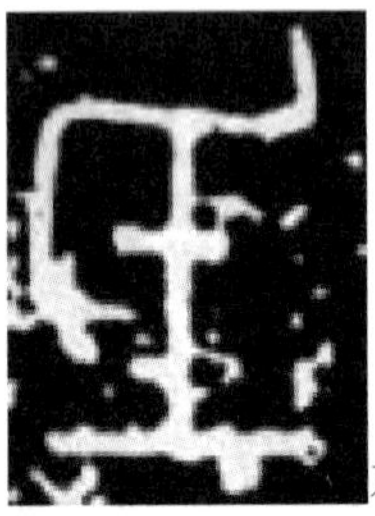
石鼓・汧殹

東漢・燕然山銘

○氏羌

東漢・譙敏碑

○優遊氏京

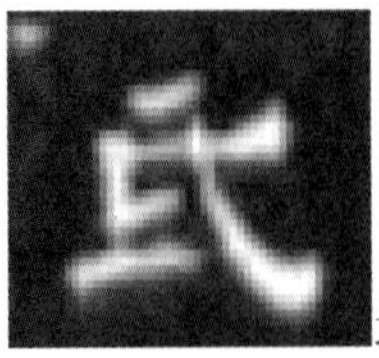
北周・叱羅協誌

【⿰氏垔】

《説文》：，臥也。从氏垔聲。

【⿰氏失】

《説文》：，觸也。从氏失聲。

【⿱甶氏】

《説文》：，闕。

戈部

【戈】

《説文》：，平頭戟也。从弋，一横之。象形。凡戈之屬皆从戈。

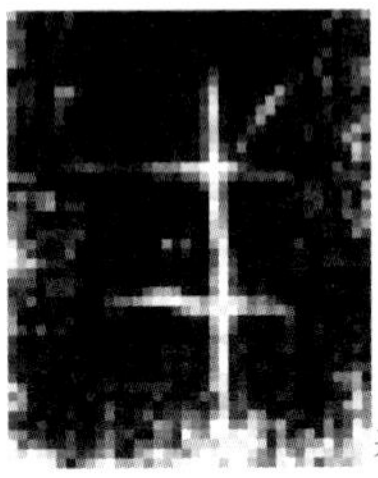
春早・口元用戈

○用戈

戰晚・九年呂不韋戈

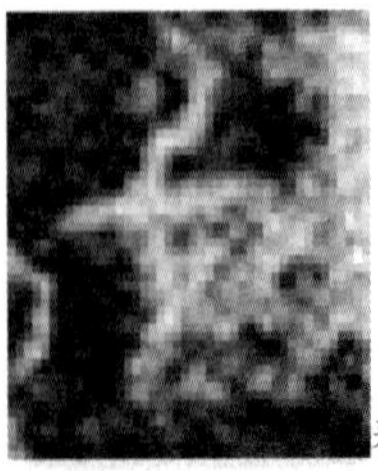
春早・秦政伯喪戈之一

○造元戈

春早・秦政伯喪戈之二

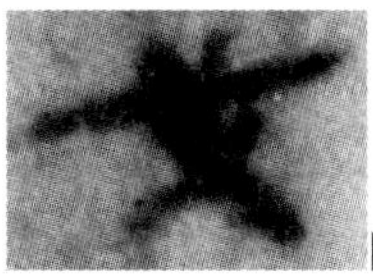
睡・日甲《玄戈》49

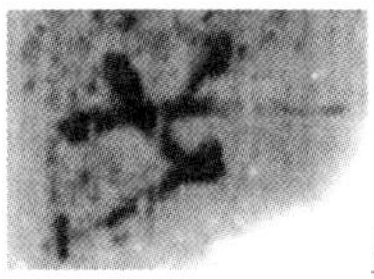
里・第五層背 5

馬貳 279_239/38

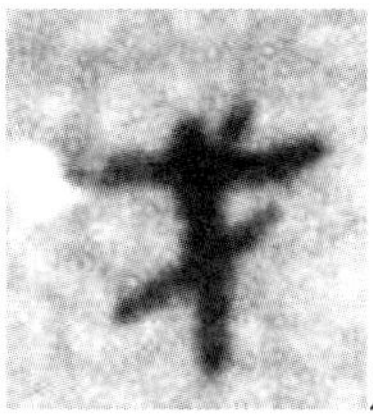
馬貳 7_6 下\16

銀貳 2138

漢印文字徵

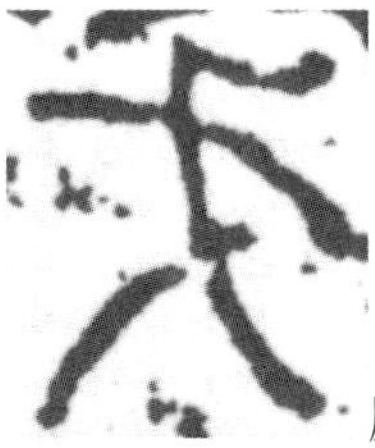
歷代印匋封泥

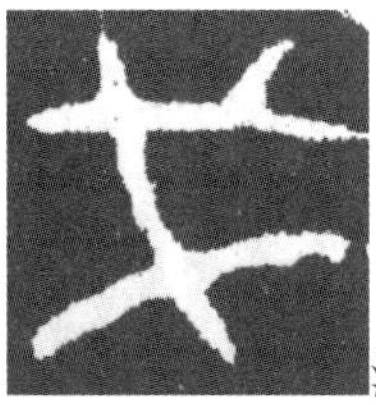
漢代官印選

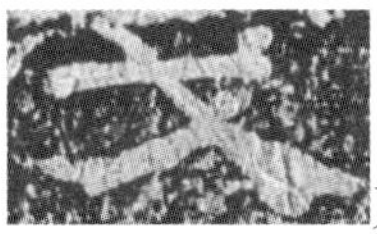
東漢・舉孝廉等字殘碑

北魏・檀賓誌

北魏・元詳造像

北周・須蜜多誌

【肇】

《說文》：，上諱。

西晚・不其簋

○肇(肈)誨(敏)

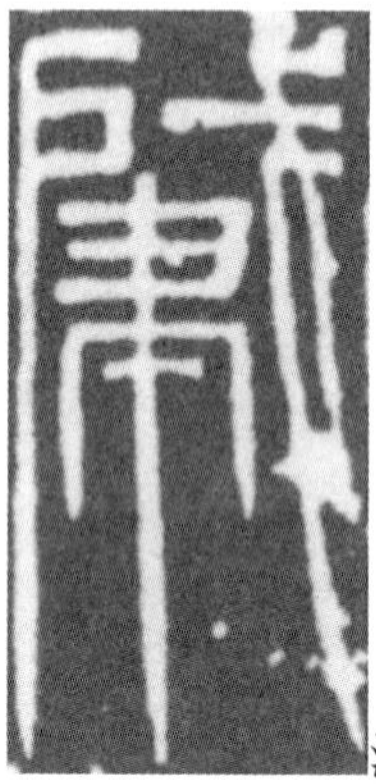
漢晉南北朝印風

○氾肇

漢晉南北朝印風

東漢・王舍人碑

北魏・寇偘誌

北魏・奚真誌

北魏・吳光誌

○凶路開肇

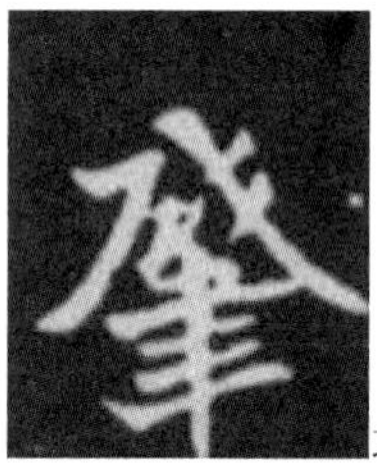
北魏・王誦妻元氏誌

○肇自軒皇

北魏・鄭君妻誌

○肇允才淑

北魏・元誘妻馮氏誌

【戎】

《説文》：，兵也。从戈从甲。

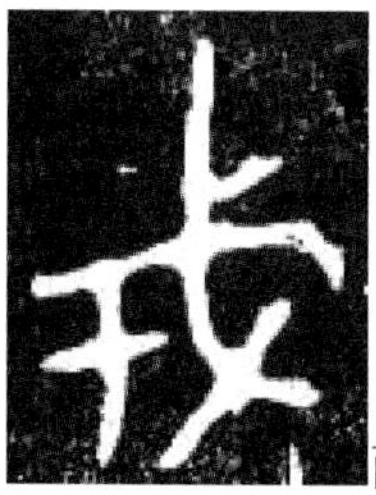
西晚・不其簋

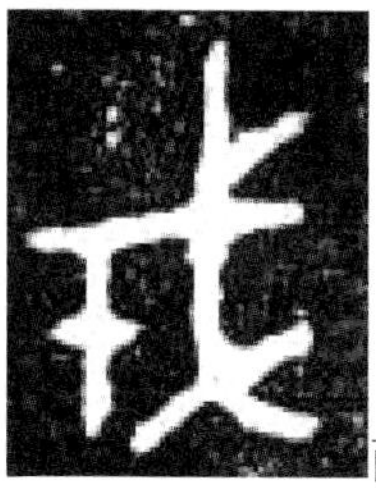
西晚・不其簋

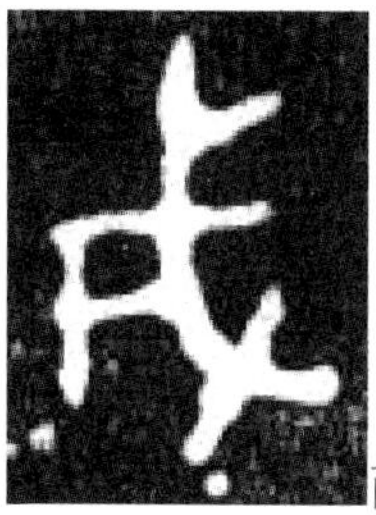
西晚・不其簋

○訊戎

春晚・秦王鐘

睡・法律答問 113

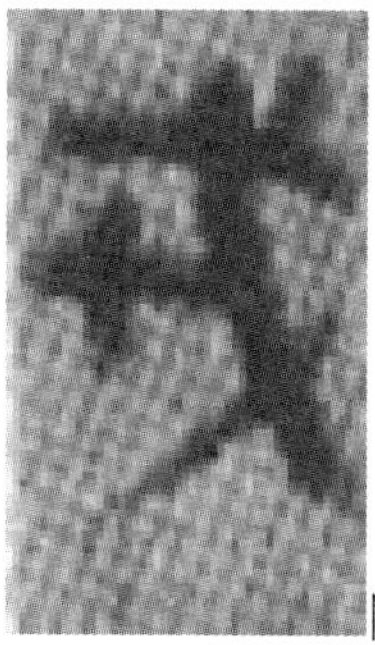
關・日書 132

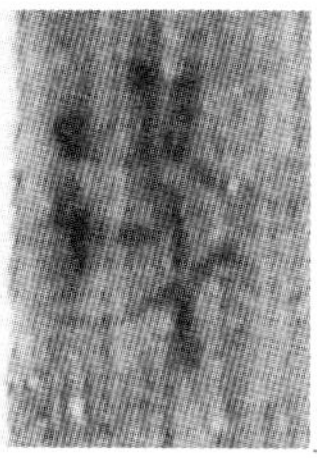
里・第八層 1551

○令史戎夫監

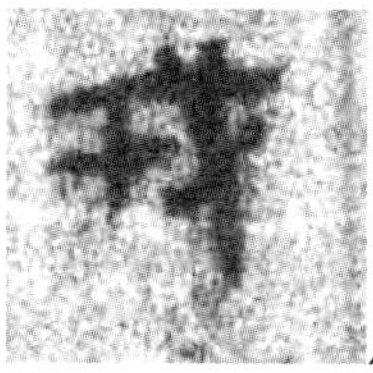
馬壹 132_27 上\104 上

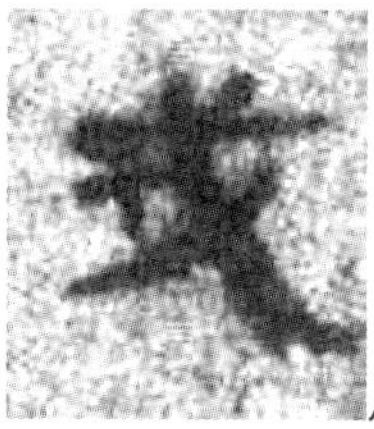
馬壹 9_57 上

馬貳 77_182/169

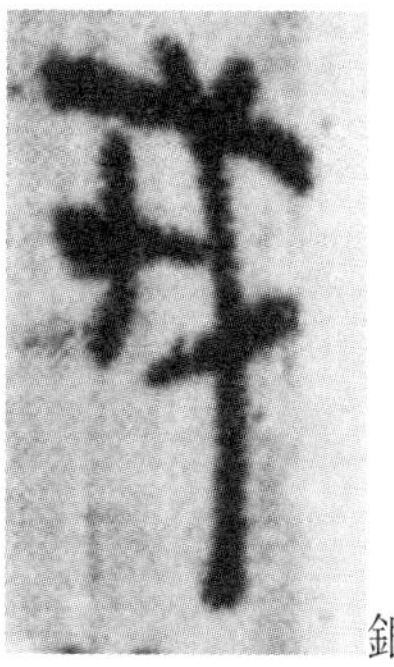
銀壹 900

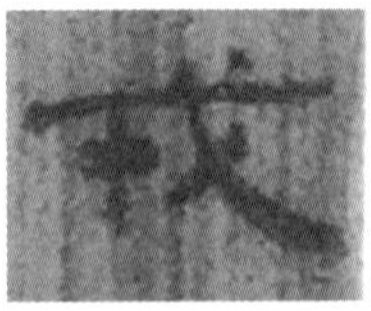
北貳・老子 25

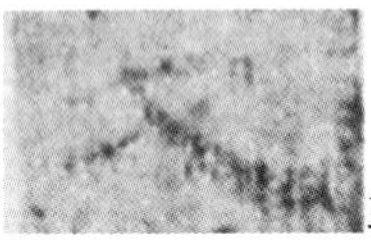
敦煌簡 1998

○鄣尉戎告候長

金關 T14:025

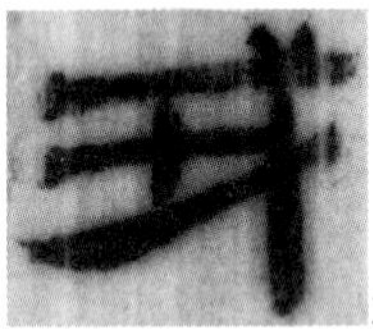
北壹・倉頡篇 8

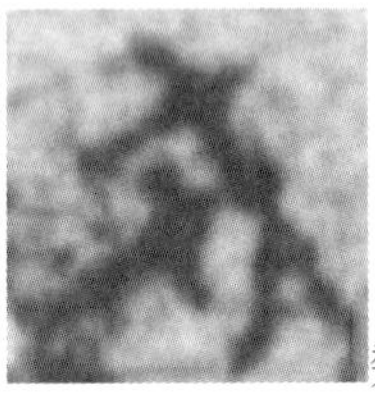
魏晉殘紙

○執軍戎

歷代印匋封泥

秦代印風

○戎夜

秦代印風

秦代印風

秦代印風

○司馬戎

秦代印風

○王兵戎器

廿世紀璽印三-SY

廿世紀璽印三-SY

柿葉齋兩漢印萃

柿葉齋兩漢印萃

○萇戎印

漢印文字徵

○薄戎奴

漢印文字徵

漢印文字徵

漢印文字徵

○左戎私印

漢印文字徵

○戎賢之印

漢印文字徵

○稱戎

漢印文字徵

漢印文字徵

漢晉南北朝印風

漢晉南北朝印風

○薄戎奴

漢晉南北朝印風

漢晉南北朝印風

○左戎私印

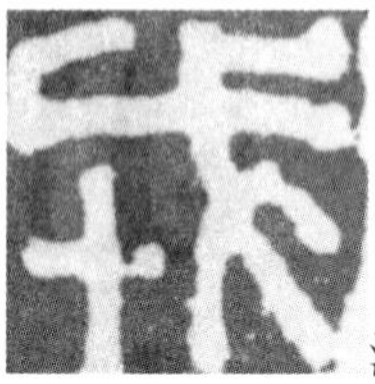漢晉南北朝印風

漢晉南北朝印風

石鼓・田車

○遨戎止阪

東漢・張遷碑陽

西晉・臨辟雍碑

北魏・元詳造像

北魏・元融誌

北周・安伽誌

【戣】

《説文》：，《周禮》：侍臣執戣，立于東垂。兵也。从戈癸聲。

【戰】

《説文》：，盾也。从戈旱聲。

【戟】

《説文》：，有枝兵也。从戈、倝。《周禮》：“戟，長丈六尺。”讀若棘。

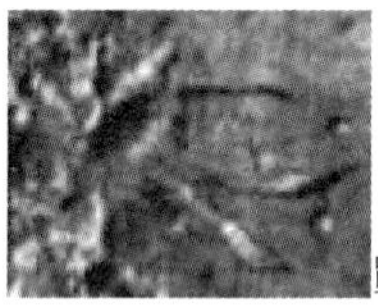戰晚・十四年口平匽氏戟

○匽氏造戟平

戰晚・大良造鞅戟

○鞅之造戟

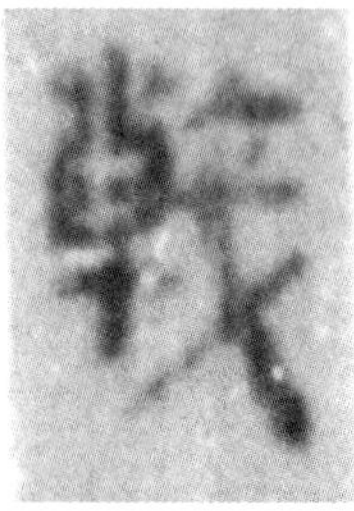睡・效律 45

○殳戟

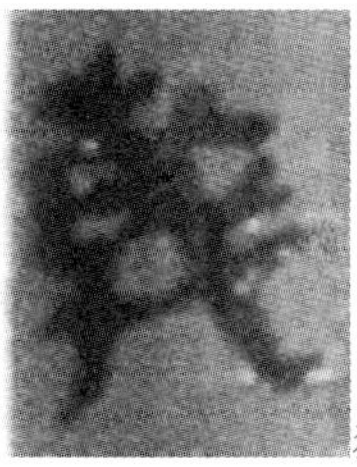
嶽・數 69

○置戟

馬壹 226_79

○卑竣戟用

馬壹 226_72

○樓戟

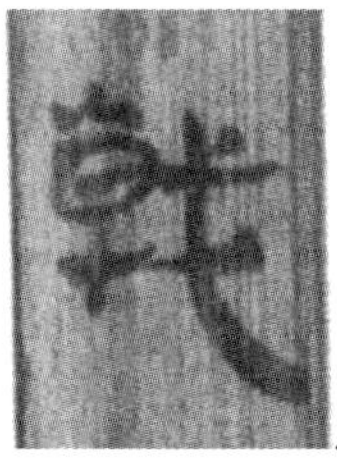
馬貳 259_15/24

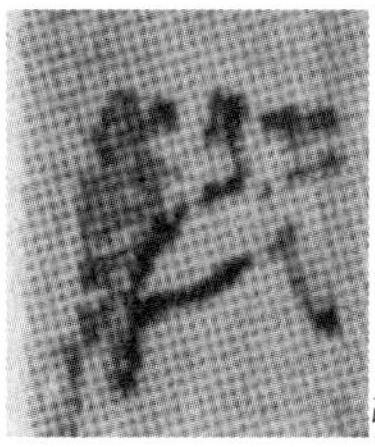
張・津關令 504

○執戟

銀壹 298

銀貳 1173

○荷戟而守

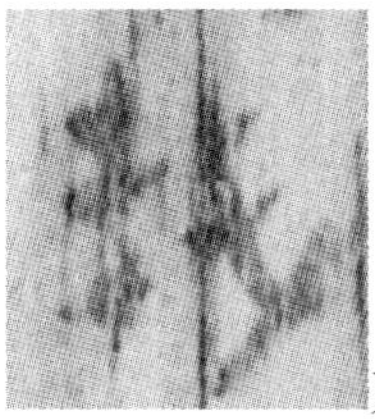
東牌樓 047 正

○小時戟護汝大恩

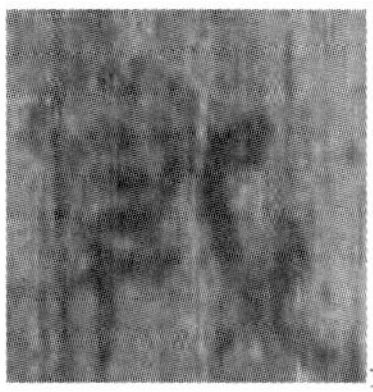
吳簡嘉禾・五・二〇八

○烝戟佃田十一町

北魏・元頊誌

○執戟清途

北魏・元子直誌

○執戟云疲

北齊・崔宣華誌

北周·匹婁歡誌

○二戟兼提

【戛】

《説文》：戛，戟也。从戈从百。讀若棘。

【賊】

《説文》：賊，敗也。从戈則聲。

睡·法律答問 134

○告乙賊傷人

嶽·為吏 12

○田盜賊弗得

里·第八層 574

馬壹 146_60/234 上

○利盜賊

張·津關令 494

張·奏讞書 94

○律謀賊殺

張·奏讞書 75

○賊武以六月

銀貳 1908

○扶盜賊

北貳·老子 55

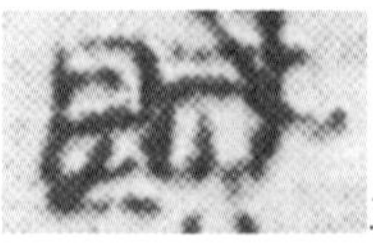
敦煌簡 1676

○當時賊燔網歸城

金關 T28:008A

金關 T23:566

東牌樓 103

○右賊□□曹

北壹・倉頡篇 52

廿世紀璽印三-GP

歷代印匋封泥

漢印文字徵

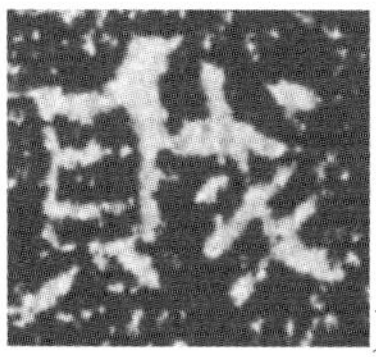
東漢・元嘉元年畫像石題記一

○都督在前後賊曹

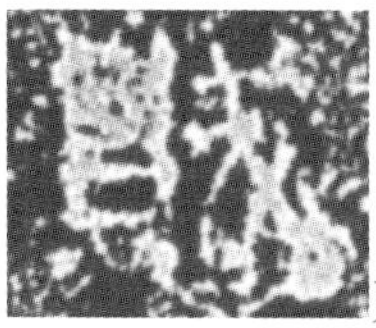
東漢・北海相景君碑陰

○故門下督盜賊劇騰頌

東漢・武氏前石室畫像題字

○賊曹車

東漢・馮緄碑

○討賊范容

東漢・朝侯小子殘碑

東漢・漢建安殘石

東漢・曹全碑陽

○逆賊

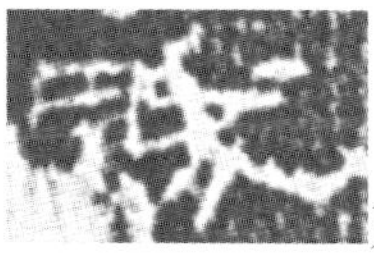
東漢・倉頡廟碑側

○衙門下賊曹白餘子

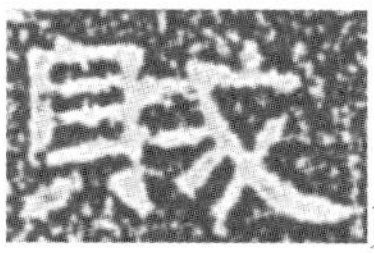
東漢・張景造土牛碑

東漢・李孟初神祠碑

西晉・石尠誌

○逆賊

東晉・高句麗好太王碑

○倭賊退

北魏・寇霄誌

北魏・爾朱襲誌

北魏・元襲誌

北魏・李璧誌

北周・賀屯植誌

○平竇賊於小關

【戍】

《說文》：戍，守邊也。从人持戈。

睡・秦律十八種 101

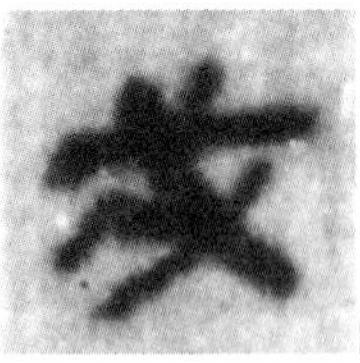
睡・秦律雜抄 40

嶽・癸瑣案 13

里・第八層 143

里・第八層背 2026

馬壹 85_141

○上以戍大梁（梁）

張・徭律 414

張・奏讞書 147

○爵令戍今新黔首實

銀壹 978

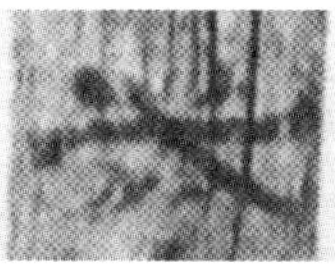
敦煌簡 0694

○戍卒尚官

金關 T30:102

○累山戍卒

北壹・倉頡篇 71

○内戍闌踐

三國魏・三體石經春秋・隸書

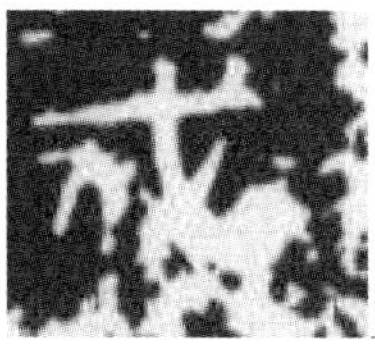
三國魏・三體石經尚書・古文

○戍刺之

北魏・劉賢誌蓋

○劉戍主之墓誌

北魏・元顥誌

北魏・檀賓誌

【戰】

《說文》：戰，鬬也。从戈單聲。

睡・秦律雜抄 37

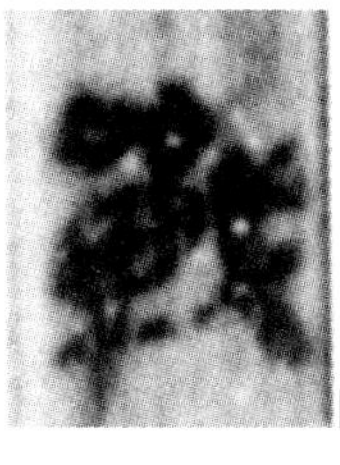
睡・封診式 34

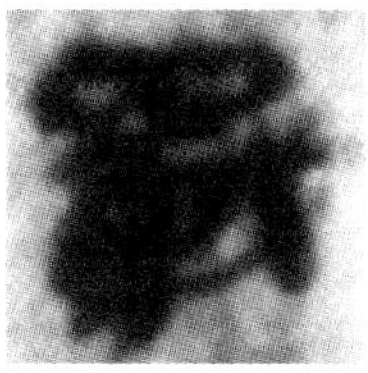
睡・日甲《稷叢辰》34

○時以戰命胃謂

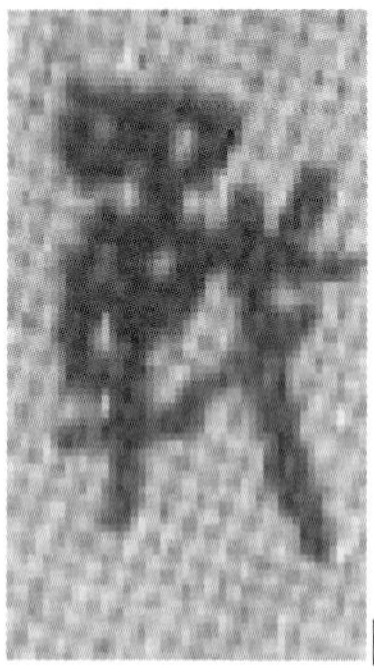
關・日書 190

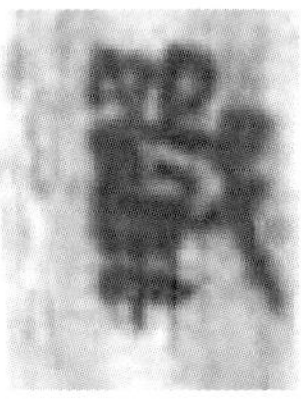
嶽・綰等案 243

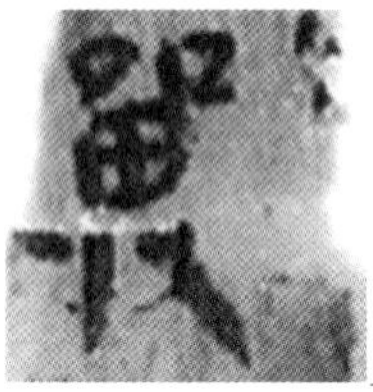
里・第五層 29

○□戰半

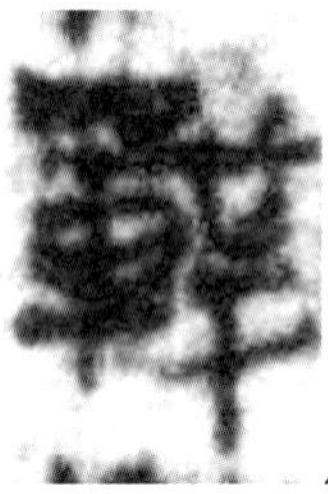
馬壹 85_132

○秦戰勝魏

馬壹 85_133

馬壹 174_34 下

○爲大戰躁勝

馬壹 245_2 下\10 下

○凡戰左天右地勝

馬壹 77_72

馬壹 245_4 下\12 下

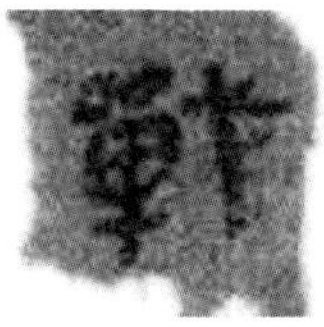
馬貳 16_5

張・奏讞書 135

○發與戰義死

張・蓋盧 20

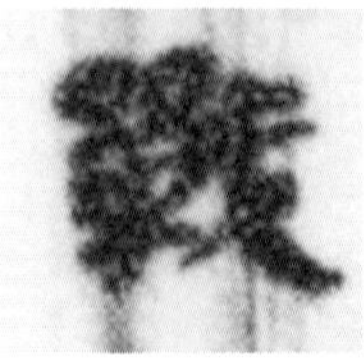
銀壹 464

銀壹 858

○不能戰

銀貳 1747

北貳・老子 207

○戰勝

敦煌簡 0133

○以復戰從尉穀食孚

東牌樓 048 背

○戰悖兢兢

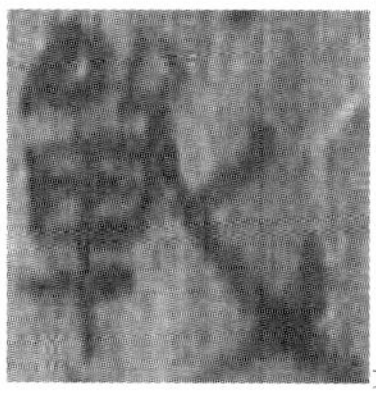
吴簡嘉禾・五・一八七

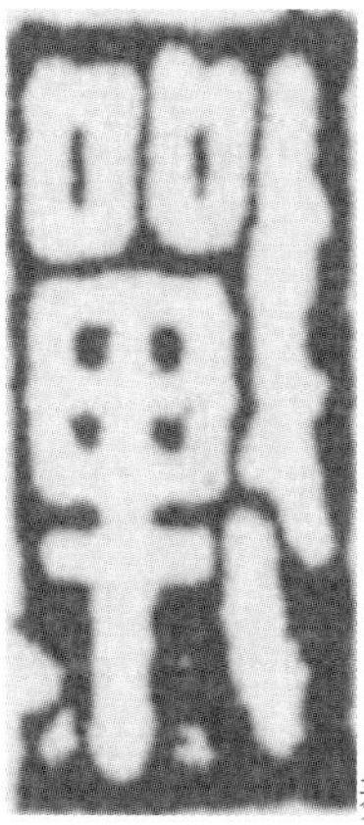
秦代印風

○戰過

廿世紀璽印三-GY

漢印文字徵

○戰護

柿葉齋兩漢印萃

漢印文字徵

漢印文字徵

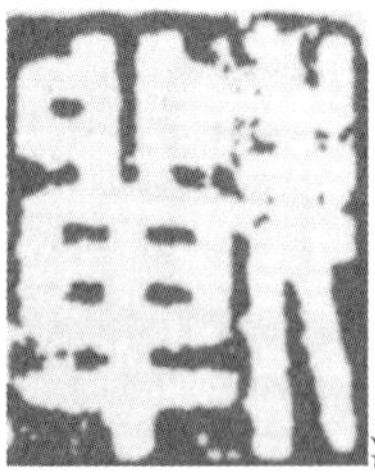
漢晉南北朝印風

東漢・曹全碑陽

○攻城野戰

東漢・趙寬碑

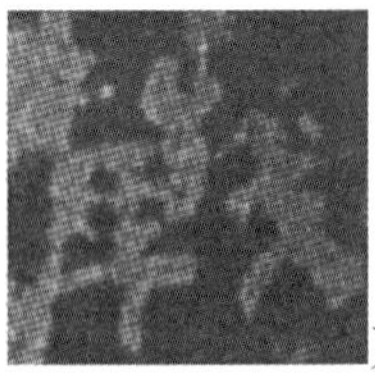
東漢・楊統碑陽

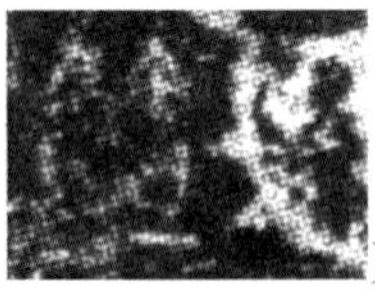
東漢・太室石闕銘

○戰慄

三國魏・三體石經春秋・篆文

三國魏・三體石經春秋・古文

○師戰于彭衙

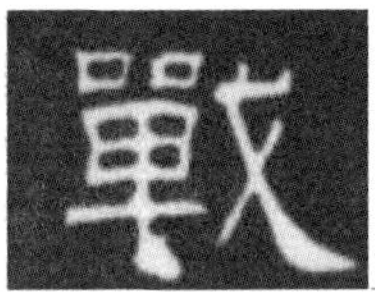
三國魏・三體石經春秋・隸書

三國魏・曹真殘碑

西晉・魯銓表

北魏・元壽安誌

北魏・元天穆誌

北齊・狄湛誌

【戲】

《說文》：戲，三軍之偏也。一曰兵也。从戈䖒聲。

睡・日甲《詰》32

○鬼善戲人

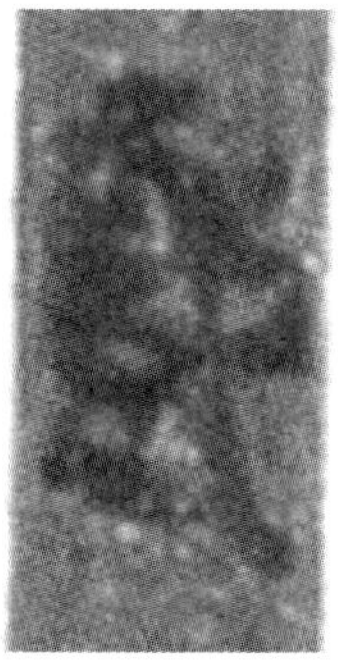
嶽・質日 3514

○宿戲

里・第八層 1094

○涪陵戲里

馬壹 133_26 下\103 下

○自戲也

馬貳 212_5/106

○次（恣）戲道

張・興律 396

○戲而殺人

金關 T26:072

○部尤戲孝誠

北壹・倉頡篇 6

秦代印風

○戲

廿世紀璽印三-GP

秦代印風

歷代印匋封泥

漢印文字徵

○楊戲之印

漢印文字徵

東漢・圉令趙君碑

○戲我君

西晉・徐義誌

○戲處庭堂

北魏・爾朱襲誌

○圖城起於戲竹

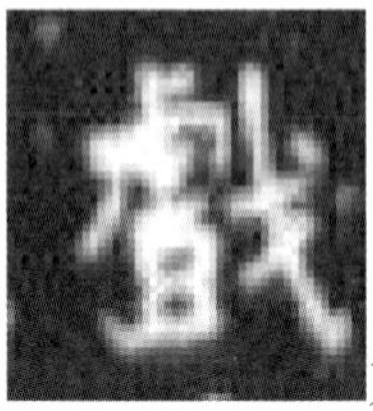
東魏・公孫略誌

○戲晝星辰

北齊・文殊般若經

○不作戲論

【戥】

《説文》：戥，利也。一曰剔也。从戈呈聲。

【或】

《説文》：或，邦也。从口从戈，以守一。一，地也。

【域】

《説文》：域，或又从土。

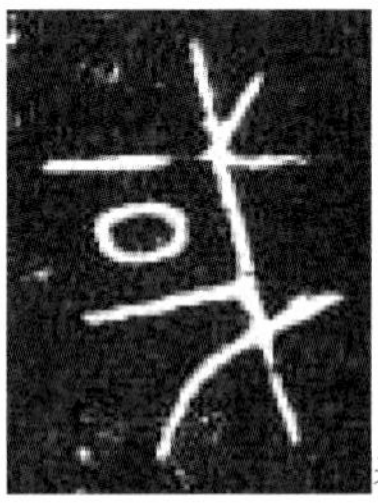
春早・秦公鎛

春早・秦公鐘

漢銘・建武泉範二

漢銘・建武泉範一

睡・語書 1

睡・秦律十八種 119

睡・效律 49

睡・法律答問 25

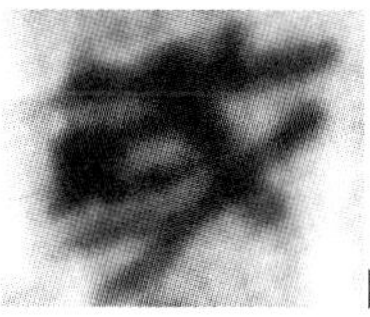
睡・日甲《生子》143

○言語或生（眚）

睡・日乙 49

嶽・癸瑣案 24

里・第八層 141

馬壹 267_5

馬壹 4_5 下

馬壹 76_63

馬貳 10_29

張・具律 104

張・奏讞書 77

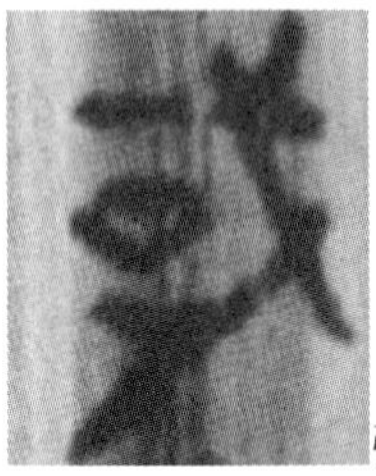
張・蓋盧 25

○熒或（惑）火

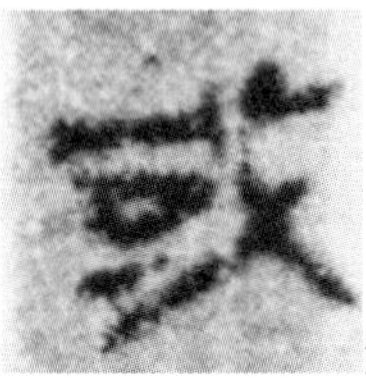
銀壹 387

銀貳 2071

北貳・老子 17

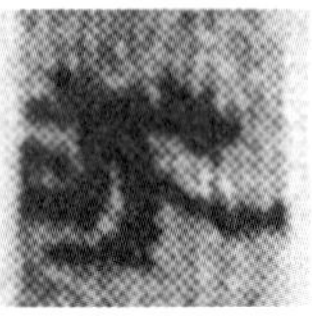
敦煌簡 1846

○或貧困

金關 T23:658

金關 T22:009

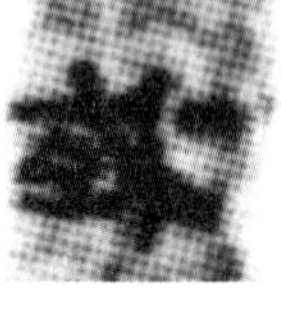
武・甲《有司》6

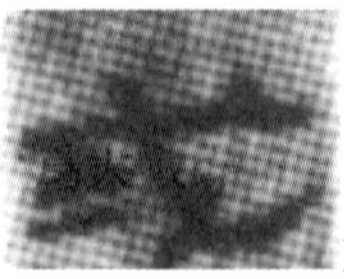
武・甲《泰射》4

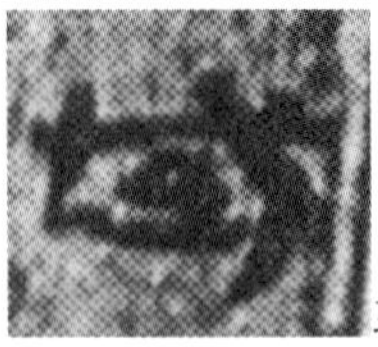
敦煌簡 2062

○西域東域北域將

北壹・倉頡篇 44

○梧域邸造

魏晉殘紙

○西域長史

柿葉齋兩漢印萃

漢印文字徵

漢晉南北朝印風

○或

漢代官印選

○西域副校尉

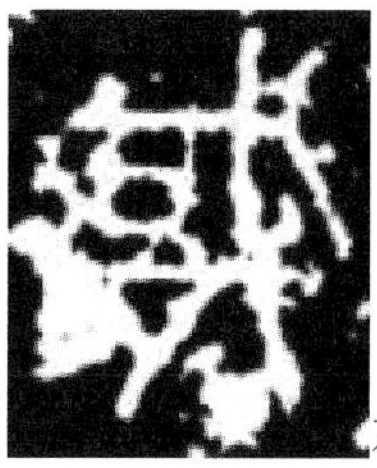
石鼓·霝雨

○或陰或陽

秦公大墓石磬

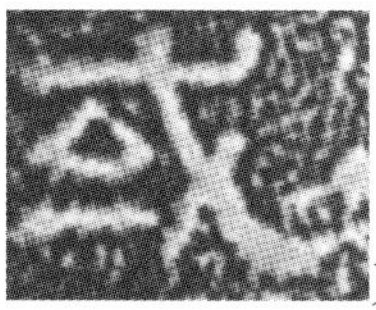
東漢·白石神君碑

東漢·曹全碑陽

東晉·筆陣圖

○或恐風燭掩及

北魏·元順誌

○或致觸鱗之失

北魏·元詮誌

○陵谷或虧

北魏·吐谷渾璣誌

○行年未或（惑）

北魏·封魔奴誌

○儻或有徵

北魏·劇市誌

○或時或期

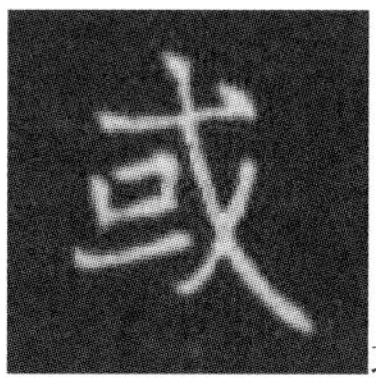
北魏·元子正誌

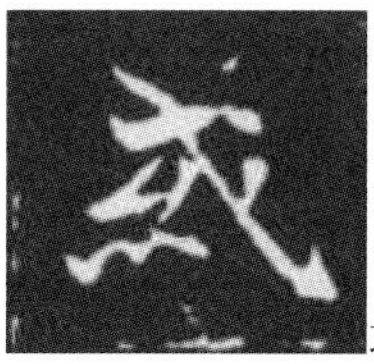
北魏·元寧誌

○或剛其帝

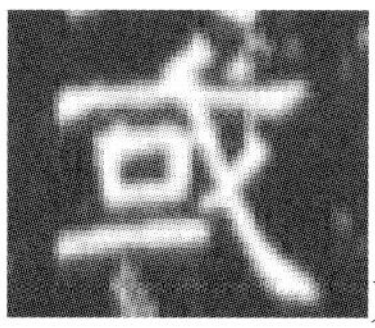
東魏·司馬興龍誌

東魏·張瓘誌

○或師範萬乘

東魏・元玕誌

東魏・慧光誌

○迷徒曉或（惑）

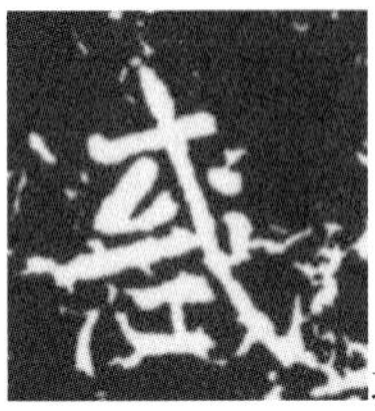
北周・祁令和造像

○或終須濯□

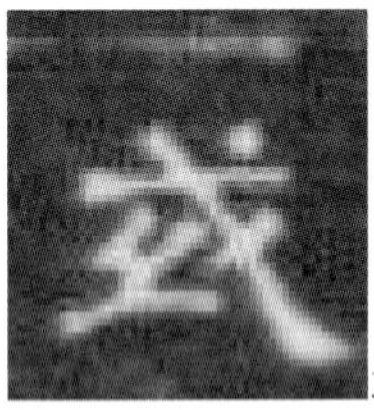
北周・王榮及妻誌

○或出駕朱輪

東漢・曹全碑陽

東漢・白石神君碑

○建立兆域

十六國北涼・沮渠安周造像

○莫罕於域中

北魏・張正子父母鎮石

○妣鄒氏孺人塋域

北魏・趙充華誌

○葬於山陵之域

北魏・成嬪誌

○葬于山陵之域

北魏・元祐誌

○仁沾涇域

北魏・元倪誌

○西域校尉

北齊・高湝誌

○西域奇香

北齊・劉碑造像

○晉魏九域

【戩（截）】

《說文》：，斷也。从戈雀聲。

北壹・倉頡篇 71

○朾截

漢印文字徵

○系截

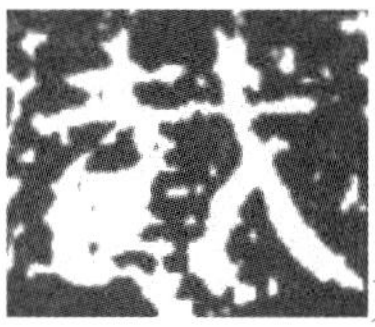
東漢・燕然山銘

○勦凶虐兮截海外

東漢・石門頌

○未秋截霜

北魏・元暐誌

○西龕有截

北齊・元賢誌

○海外有截

【𢦟】

《說文》：，殺也。从戈今聲。《商書》曰：“西伯既𢦟黎。”

【戕】

《說文》：，搶也。他國臣來弑君曰戕。从戈爿聲。

【戮】

《說文》：，殺也。从戈翏聲。

春早・秦政伯喪戈之二

○戮政西旁

詛楚文・亞駝

○不孝刑戮

東漢・楊統碑陽

○則畏辜戮

北魏・鄭羲上碑之四

○朝市無鞭戮之刑

北魏・張安姬誌

○家戮沒宮

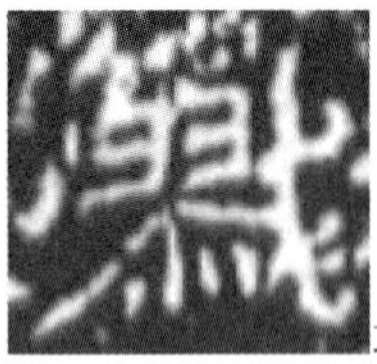
北魏・鄭羲下碑

〇朝市無鞭戮之刑

【戡】

《說文》：戡，刺也。从戈甚聲。

【戭】

《說文》：戭，長搶也。从戈寅聲。《春秋傳》有擣戭。

【𢦏】

《說文》：𢦏，傷也。从戈才聲。

馬壹 88_195

〇相繼爲王也𢦏（哉）

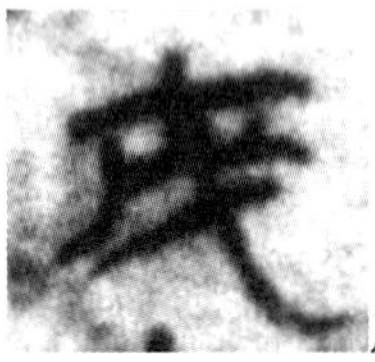
馬壹 83_94

〇得此於燕𢦏（哉）

張・奏讞書 172

張・蓋盧 4

張・算數書 36

張・算數書 36

張・算數書 34

〇當倍𢦏（哉）

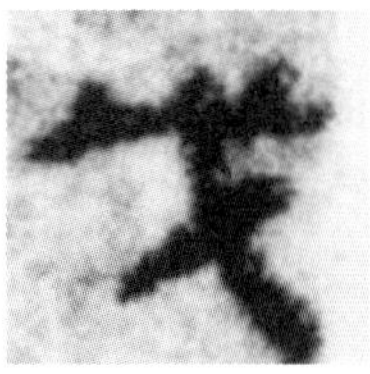
銀壹 22

〇𢦏（災）也

漢印文字徵

〇臣𢦏

漢印文字徵

〇臣可𢦏

漢印文字徵

○董欒𢦏

漢印文字徵

○宿𢦏

漢印文字徵

○翁𢦏

【戩】

《説文》：，滅也。从戈晉聲。《詩》曰：“實始戩商。”

北魏・和邃誌

北魏・李伯欽誌

○來戩有言

【𢦔】

《説文》：，絕也。一曰田器。从从持戈。古文讀若咸。讀若《詩》云“攕攕女手”。

漢印文字徵

○𢦔意私印

【武】

《説文》：，楚莊王曰：“夫武，定功戢兵。故止戈爲武。”

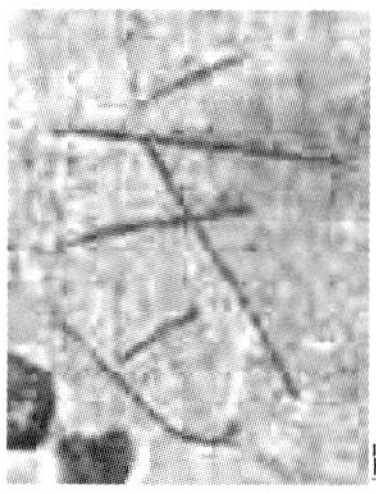
戰晚・三十二年相邦冉戈

○武北廿

戰晚・十三年少府矛

○工儋武

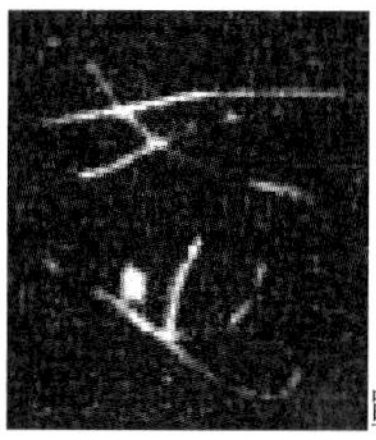
戰晚・二十六年蜀守武戈

戰晚・二十六年蜀守武戈

戰晚・丞相觸戈

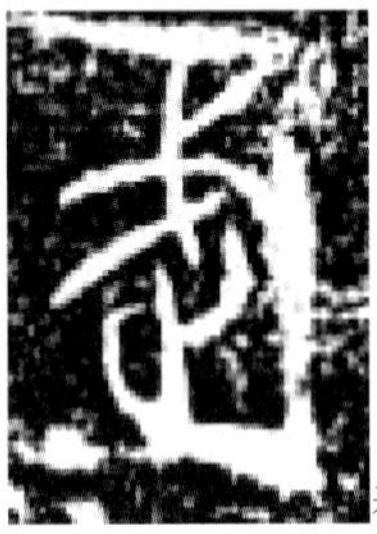
春晚・秦公簋

春晚・秦公鎛

○文武

漢銘・建武卅二年弩鐖

漢銘・敬武主家銚

漢銘・元延乘輿鼎一

漢銘・建武平合

漢銘・萬歲宮高鐙

漢銘・山陽邸鐙

漢銘・上黨武庫戈

睡・日甲《生子》142

○生子武以聖聽

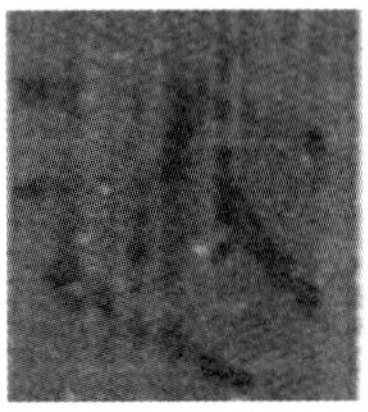
嶽・質日 2738

○寅宿武強

里・第五層背 5

○武夌行士

里・第八層 1437

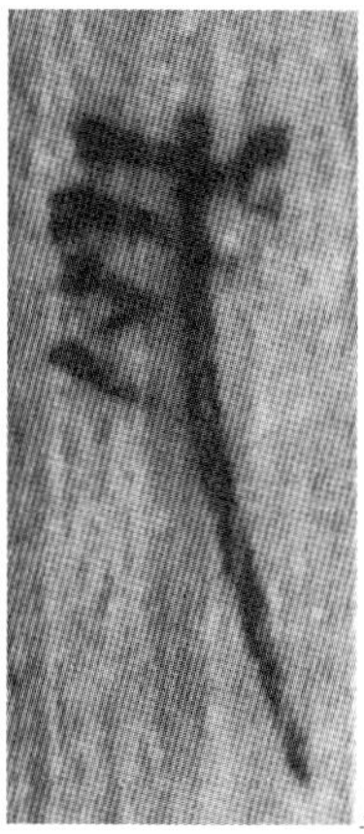
里・第八層 1069

○子庫武作徒薄受司

里・第八層背 745

○前日武武武

馬壹 36_37 上

馬壹 88_204

馬壹 98_70

○善爲士者不武

馬壹 144_34/208 上

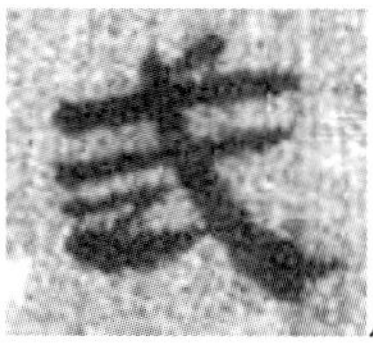
馬壹 13_82 上

○利武人之貞九二

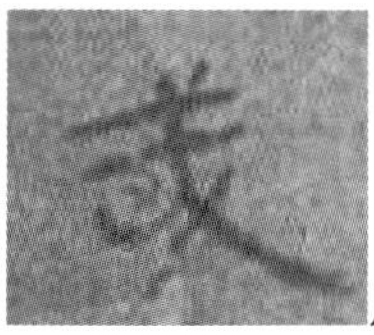
馬貳 144_9

○武弟子百刃毋敢起

張・秩律 451

張・奏讞書 43

○●武曰自以非軍亡

張・奏讞書 75

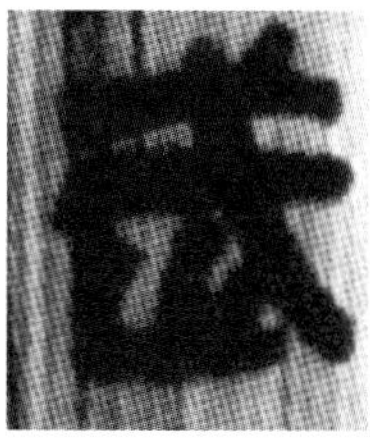
張・蓋盧 12

張・引書 28

○武指者前左足

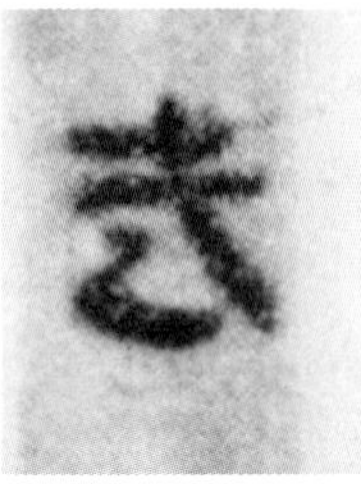
銀壹 327

○武之葆寶

銀貳 1515

銀貳 1594

○以食武王治其岐周

北貳・老子 196

敦煌簡 0770

○亥廣武候長尚敢言

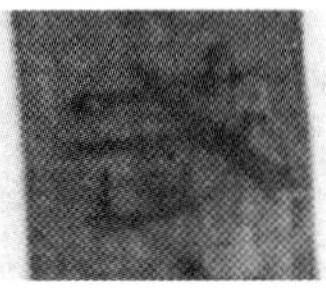
敦煌簡 1186A

○敦煌武安里公乘吕

金關 T23:933

○詣昭武

金關 T09:092A

東牌樓 052 正

○知告武叔

北壹・倉頡篇 48

○建武牴觸

廿世紀璽印二-SP

○武南

秦代印風

○昌武君印

秦代印風

秦代印風

秦代印風

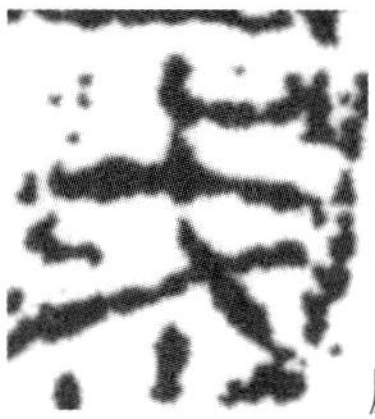
歷代印匋封泥

○□武陽丞

歷代印匋封泥

○東武市

秦代印風

漢晉南北朝印風

漢晉南北朝印風

漢晉南北朝印風

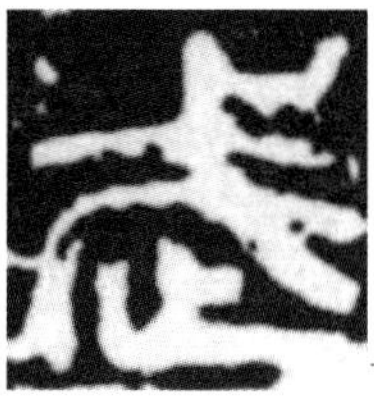
廿世紀璽印三-SY

廿世紀璽印三-SY

廿世紀璽印三-SY

廿世紀璽印三-GP

廿世紀璽印三-GP

廿世紀璽印三-GY

〇武岡長印

歷代印匋封泥

歷代印匋封泥

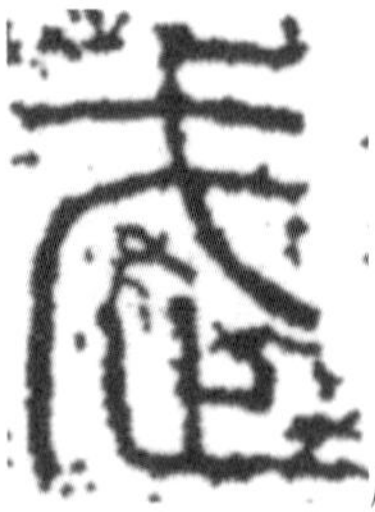
歷代印匋封泥

漢晉南北朝印風

漢晉南北朝印風

廿世紀璽印三-SY

柿葉齋兩漢印萃

〇武Q都尉

柿葉齋兩漢印萃

柿葉齋兩漢印萃

柿葉齋兩漢印萃

歷代印匋封泥

漢代官印選

歷代印匋封泥

漢代官印選

○武安長印

漢印文字徵

○王武

漢代官印選

歷代印匋封泥

漢代官印選

漢印文字徵

漢印文字徵

漢印文字徵

漢印文字徵

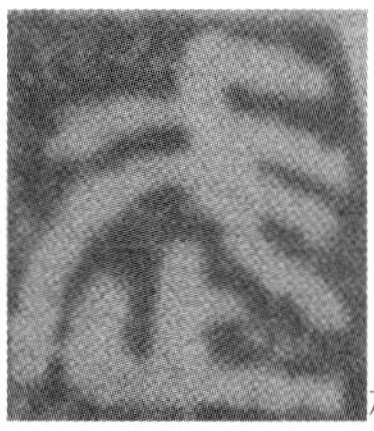
柿葉齋兩漢印萃

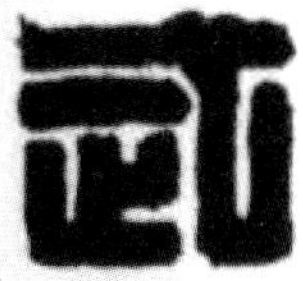
漢印文字徵

○臣廣武

漢印文字徵

漢印文字徵

○符武

漢印文字徵

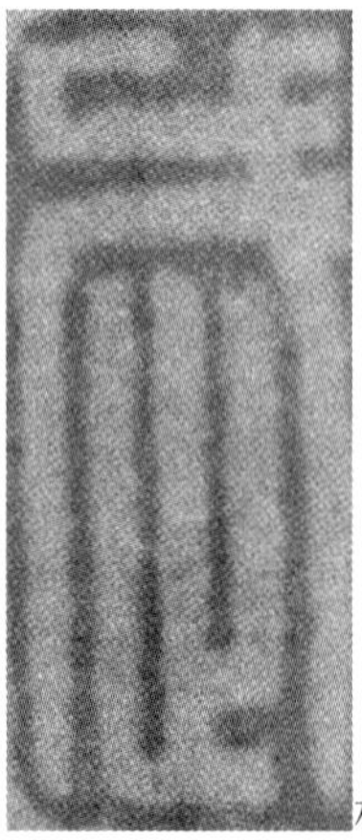
柿葉齋兩漢印萃

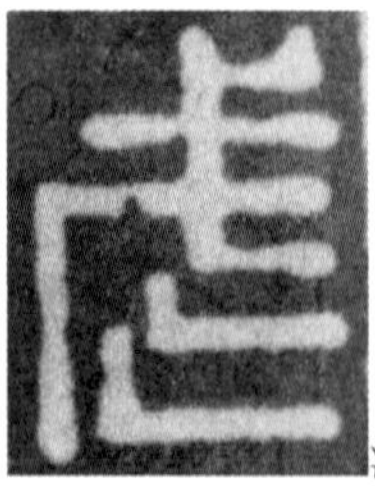
漢晉南北朝印風

○武威太守章

漢晉南北朝印風

○武猛都尉

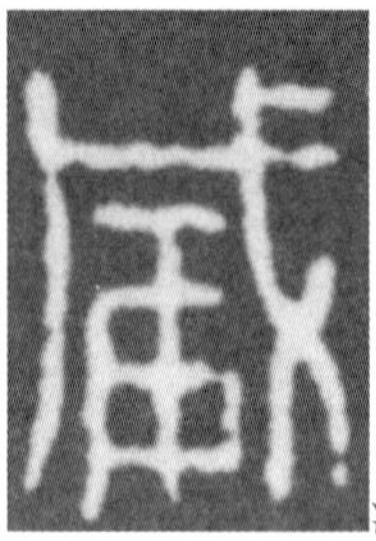
漢晉南北朝印風

○宣武將軍章

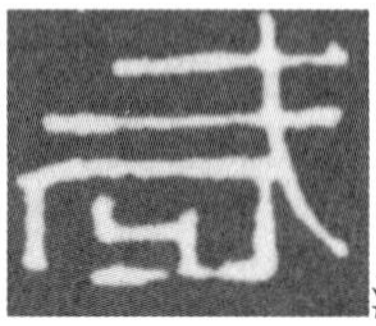
漢晉南北朝印風

○廣武司馬

漢晉南北朝印風

○振武將軍章

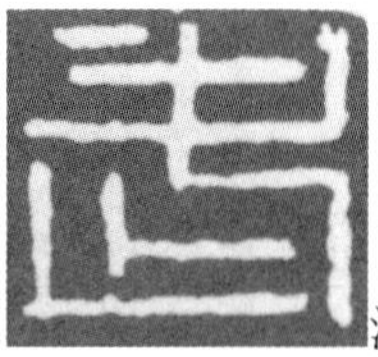
漢晉南北朝印風

○武毅將軍印

漢晉南北朝印風

漢晉南北朝印風

漢晉南北朝印風

○公孫武印

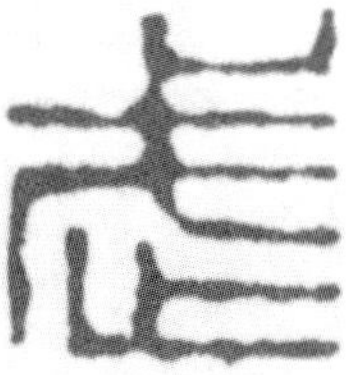
漢晉南北朝印風

漢晉南北朝印風

○景武成印

漢晉南北朝印風

○武將

漢晉南北朝印風

○王武

漢晉南北朝印風

○武意

漢晉南北朝印風

○高武

漢晉南北朝印風

漢晉南北朝印風

○建武將軍章

廿世紀璽印四-GY

東漢・任城王墓黃腸石

○魯武央武

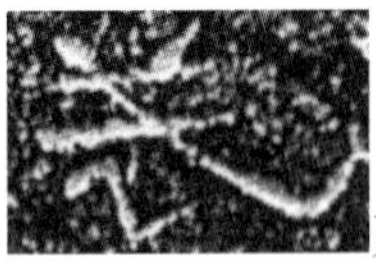
東漢・永平四年畫像石題記

○建武十八年臘月子日死

東漢・從事馮君碑

○文武之盛

東漢・孔宙碑陰

○門生東郡東武陽梁淑

東漢・譙敏碑

東漢・西狹頌

○尉曹（曺）史武都王尼

東漢・西狹頌

東漢・執金吾丞武榮碑

○丞武居之碑

東漢・孔宙碑陰

○門生東郡東武陽凌穆，字奉德

東漢・石門頌

○武陽楊君

東漢・四神刻石

○北方黑帝禹玄武患□□□

三國魏・王基斷碑

○遷荊州刺史揚武將軍

三國魏・三體石經尚書・隸書

○賢在武丁

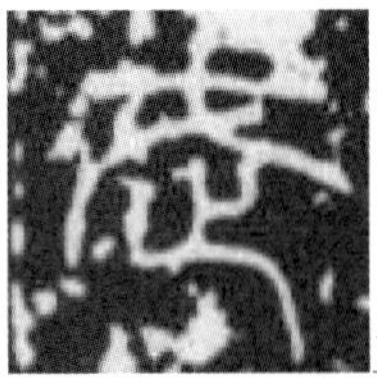
三國魏・三體石經尚書・篆文

東晉・劉媚子誌

○修武令乂之孫

北魏・元彬誌

○章武王

北魏・王禎誌

北魏・元譚妻司馬氏誌

北魏・元乂誌

北魏・劉賢誌

○以守先祀魏太武皇帝

北魏・昭玄法師誌

○武明之世

北魏・侯剛誌蓋

○魏侍中車騎大將軍儀同三司武陽公誌

東魏・王蓋周造像

○大魏武定五年

北齊・斛律昭男誌蓋

○齊故庫狄氏武始郡君斛律夫人墓誌銘

北齊・婁叡誌

○才兼文武

北齊・唐邕刻經記

北齊・赫連子悅誌

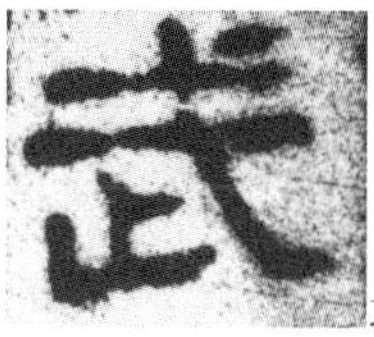
北齊・馬天祥造像

【戢】

《説文》：戢，藏兵也。从戈咠聲。《詩》曰："載戢干戈。"

東漢・朝侯小子殘碑

北魏・劇市誌

○鳳戢

東魏・馮令華誌

○神儀永戢

北齊・婁叡誌

【戠】

《説文》：戠，闕。从戈从音。

廿世紀璽印二-SP

○左戠

秦代印風

○任感

北齊・魯思榮造像

○息戠

北齊・路衆及妻誌

○君諱衆字戠醜

北齊・許儁卅人造像

○董戠

北齊・王幸造像

○息戠寶供養佛

【戔】

《説文》：戔，賊也。从二戈。《周書》曰："戔戔巧言。"

漢銘・永初鍾

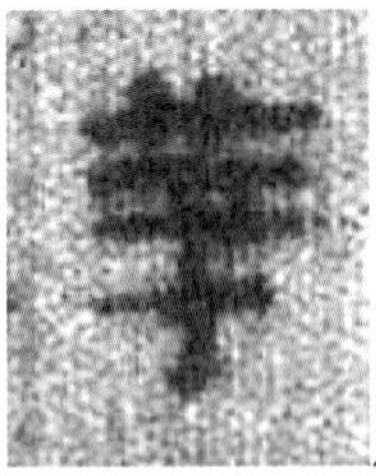
馬壹 46_66 下

○以我戔（殘）吳吾

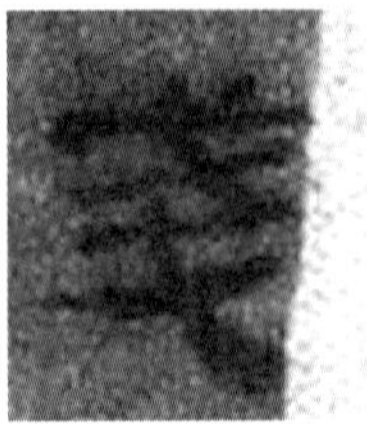
馬壹 6_17 下

馬貳 82_276/263

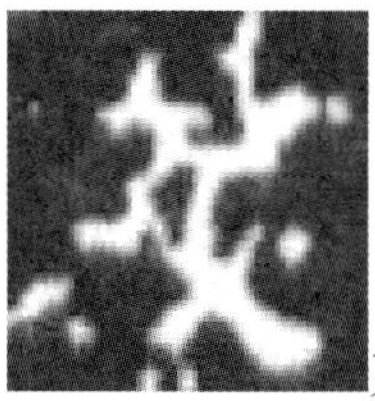
東漢・校官碑

○禽姦戔猾

北齊・李君穎誌

〖⿹戈大〗

戰晚・口陽邑令戈

〖⿰冊戈〗

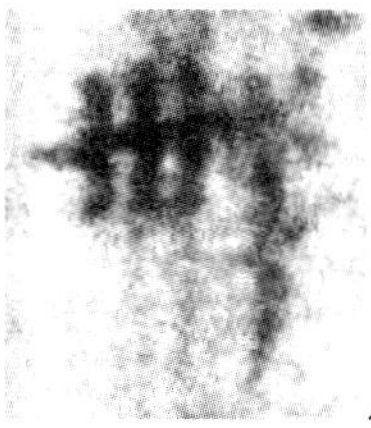
馬壹 103_11\180

○不說不⿰冊戈

〖⿰巾戈〗

銀壹 859

○弗先⿰巾戈（陳）

〖⿰求戈〗

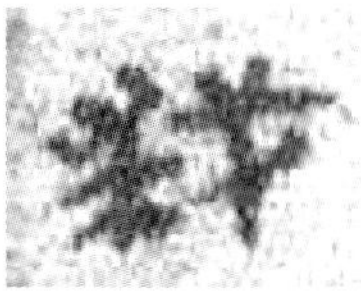
馬壹 36_24 上

○⿰求戈(救)之不死必亡

〖⿰啇戈〗

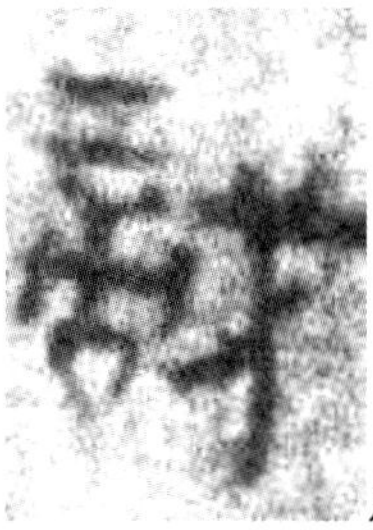
馬壹 114_15\418

○佁服軨（粼）⿰啇戈（敵）

〖⿰壴戈〗

戰晚・五年呂不韋戈（一）

○圖丞⿰壴戈

戰晚・五年相邦呂不韋戈

○圖丞⿰壴戈

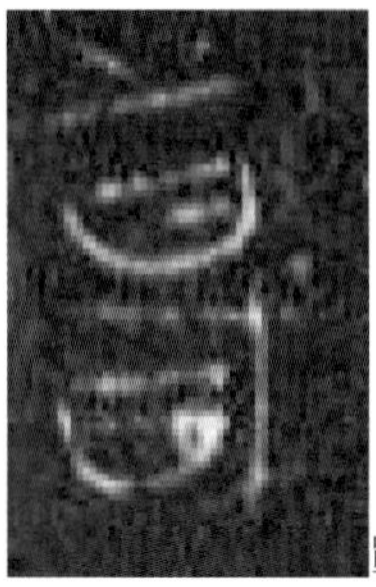
戰晚・八年相邦呂不韋戈

○圖丞戠

戰晚・十四年屬邦戈

○戠丞

戉部

【戉】

《說文》：戉，斧也。从戈乚聲。《司馬法》曰："夏執玄戉，殷執白戚，周左杖黃戉，右秉白髦。"凡戉之屬皆从戉。"

馬壹 45_64 上

○強以戉（越）戔

廿世紀璽印三-SY

【戚】

《說文》：戚，戉也。从戉尗聲。

馬壹 92_288

○有親戚父母妻子皆

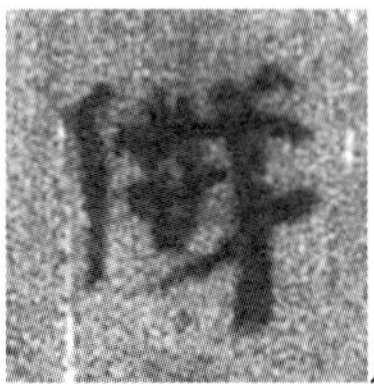
馬壹 78_94

○失親戚之有（又）

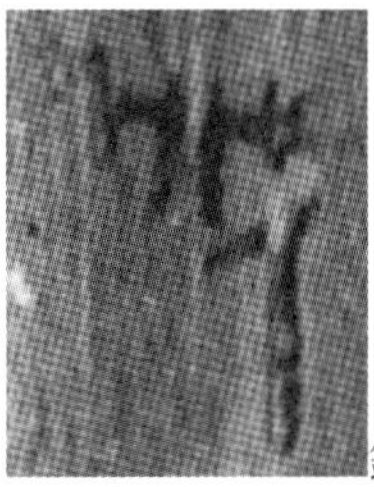
銀貳 1537

○不可戚（蹙）數

金關 T01:001

○頤常戚額朐頻狀身

廿世紀璽印三-SY

○戚中公印

詛楚文・沈湫

○幽剌親戚

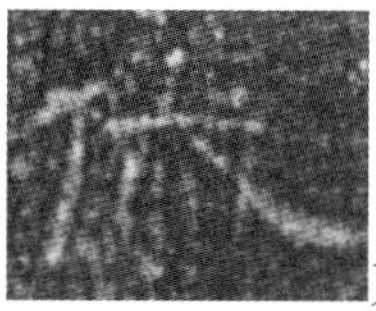
東漢・禮器碑陰

○彭城廣戚姜尋子長二百

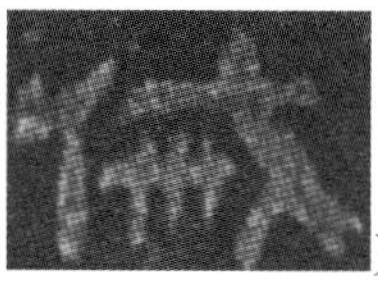
東漢・楊統碑陽

○遭貴戚專權

東漢・譙敏碑

○寮朋親慼（戚）

三國魏・三體石經春秋・古文

○會晉侯于戚

三國魏・三體石經春秋・篆文

三國魏・三體石經春秋・隸書

北魏・張孃誌

○承奉貴戚

北魏・元思誌

北魏・李榘蘭誌

○故能六戚仰其徽猷

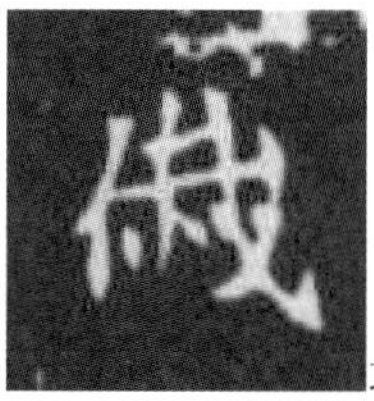
北魏・元朗誌

○寔擬賢戚

北魏・爾朱紹誌

北魏・元誨誌

北魏・高英誌

東魏・元玕誌

○世以左戚右賢

北齊·高肅碑

〇戚與恒資

我部

【我】

《說文》：我，施身自謂也。或說我，頃頓也。从戈从𠂂。𠂂，或說古垂字。一曰古殺字。凡我之屬皆从我。

【𢦐】

《說文》：𢦐，古文我。

西晚·不其簋

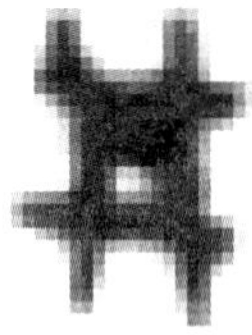
戰晚·四年相邦呂不韋戟

〇詟丞我

西晚·不其簋

〇王令我羞(羞)

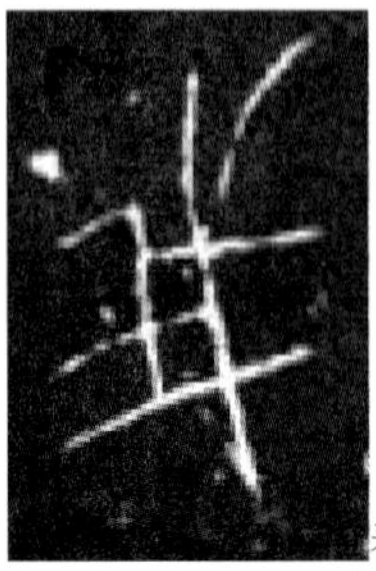
春早·秦公鎛

睡·日甲《盜者》76

〇為人我（娥）

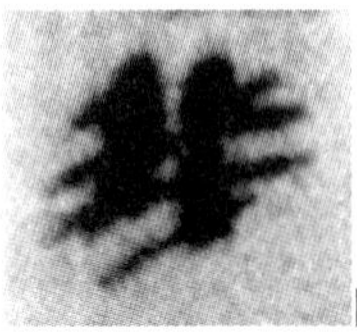
睡·日甲《詰》62

睡·日甲《詰》29

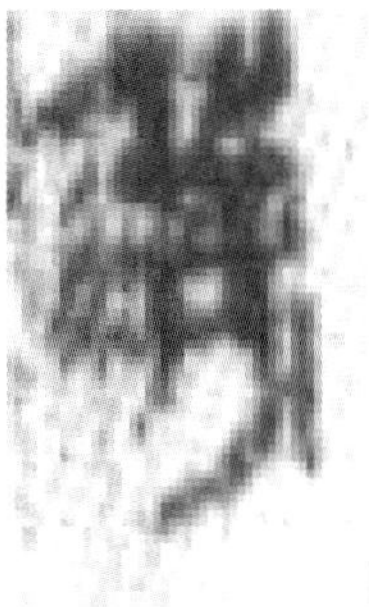
關·病方 347

〇泰父我獨祠

馬壹 255_42 下

馬壹 7_36 上

馬壹 91_275

馬壹 146_62/236 上

馬壹 146_62/235 上

○登臺我博（泊）焉

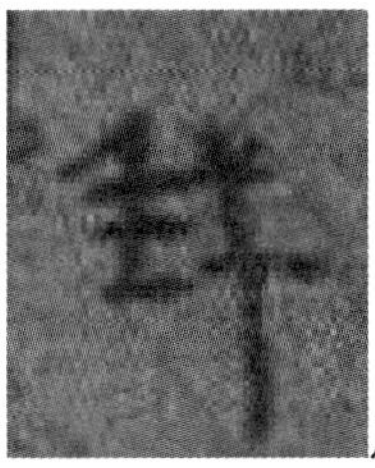
馬貳 144_11

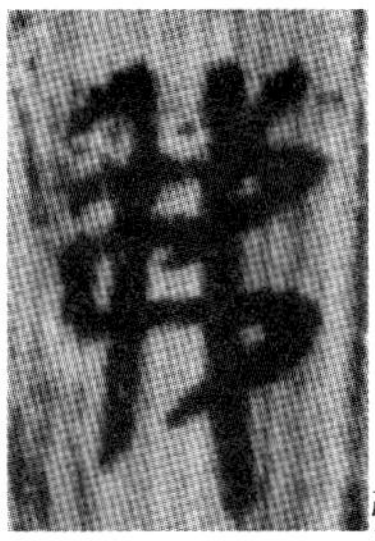
張・蓋盧 38

○善侍（待）我

張・算數書 34

○我出租當倍

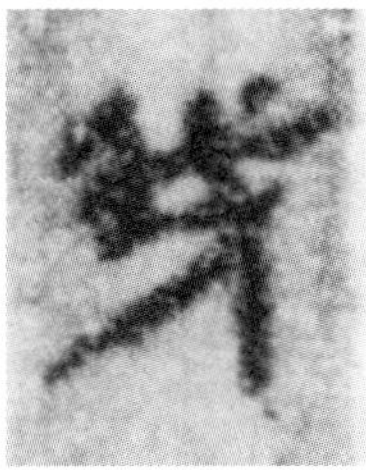
銀壹 263

銀貳 1213

銀貳 1557

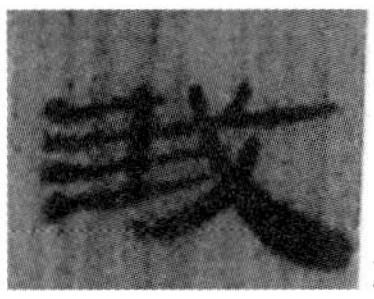
北貳・老子 43

○使我介（挈）

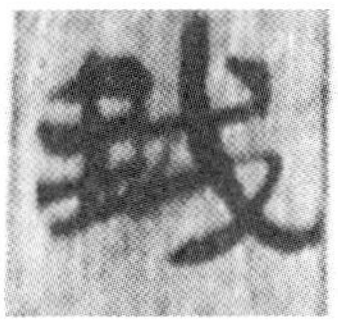
敦煌簡 0114

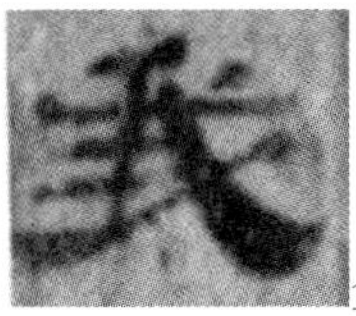
金關 T23:978

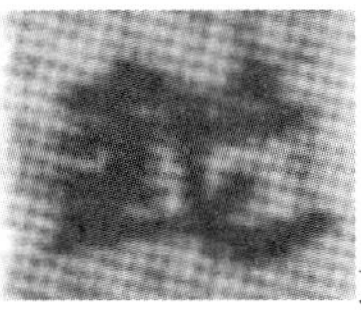
武・儀禮甲《服傳》41

○謂我姑者

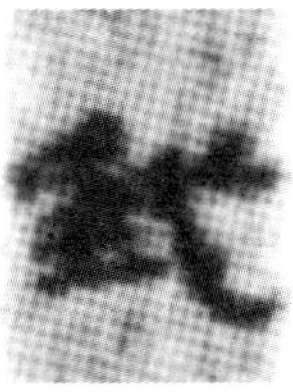
武・甲《燕禮》33

○以我安

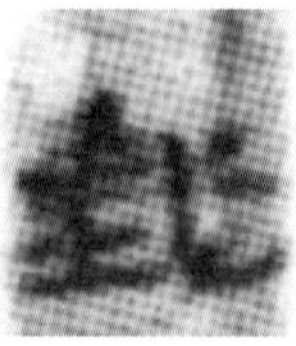
武・甲《泰射》39

○以我安

東牌樓 069 背

○當還我錢

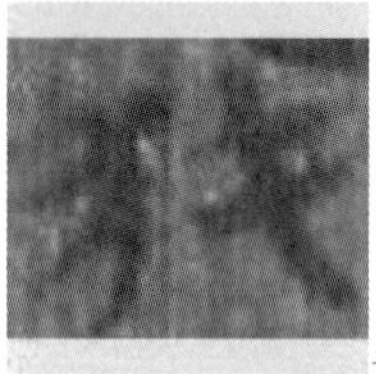
吳簡嘉禾・五・五五

○男子光我佃田四町

魏晉殘紙

○我南

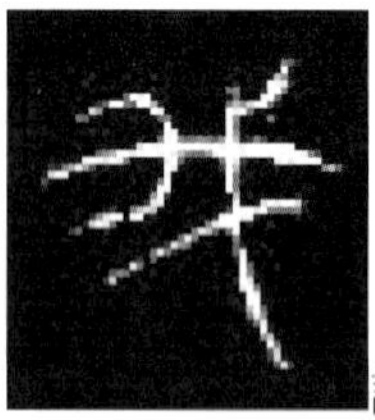
詛楚文・沈湫

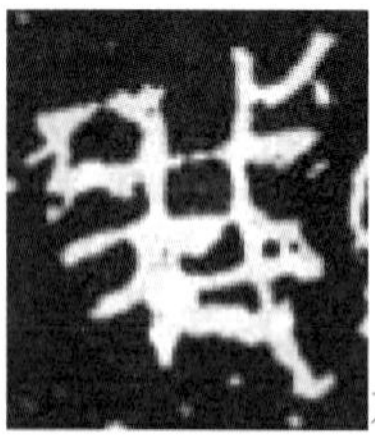
石鼓・作原

詛楚文・沈湫

○我先君穆公

詛楚文・巫咸

○昔我先君穆公

秦駰玉版

○為我惑憂

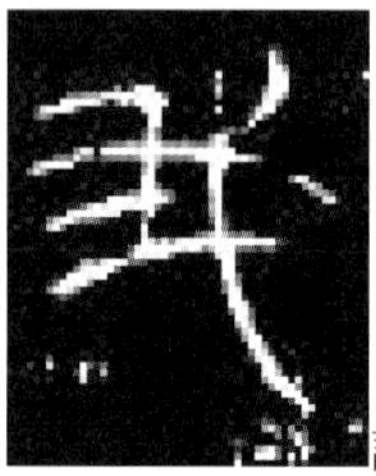
詛楚文・巫咸

東漢・熹平石經殘石三

○匪我愆期

東漢・楊著碑陽

○不我憖遺

東漢・建寧三年殘碑

○於穆我君

東漢・楊著碑額

○于我楊君

三國魏・三體石經尚書・篆文

〇周既受我

三國魏・三體石經尚書・古文

〇我後嗣子孫

三國魏・三體石經尚書・隸書

十六國北涼・沮渠安周造像

北魏・寇憑誌

〇殲我良人

北魏・元弼誌

北魏・楊熙僊誌

〇殲我良朋

北齊・王憐妻趙氏誌

北齊・無量義經二

北齊・唐邕刻經記

【義】

《說文》：義，己之威儀也。從我、羊。

【羛】

《說文》：羛，《墨翟書》義从弗。魏郡有羛陽鄉，讀若錡。今屬鄴，本内黄北二十里。

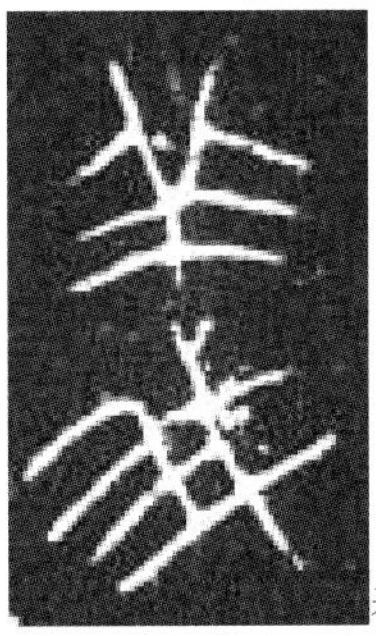
春早・秦公鎛

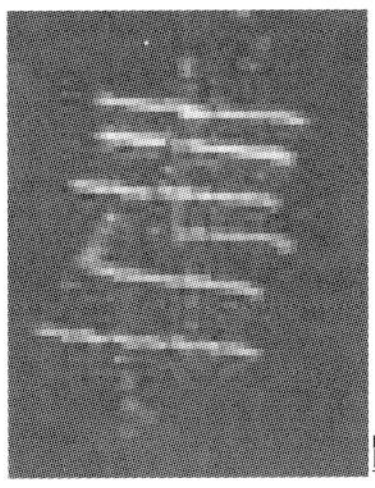
戰晚・□年相邦呂不韋戈

〇丞義

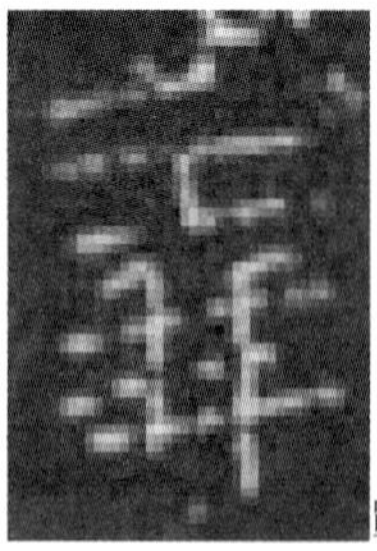
戰晚・七年相邦呂不韋戟

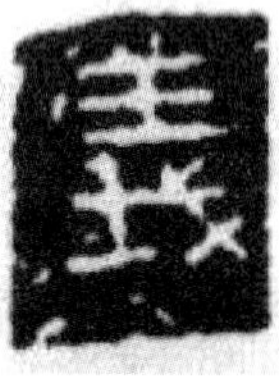
漢銘・元康鴈足鐙

漢銘・元康高鐙

漢銘・義陽是鍾

睡・秦律十八種 27

○粟積義（宜）積

睡・為吏 11

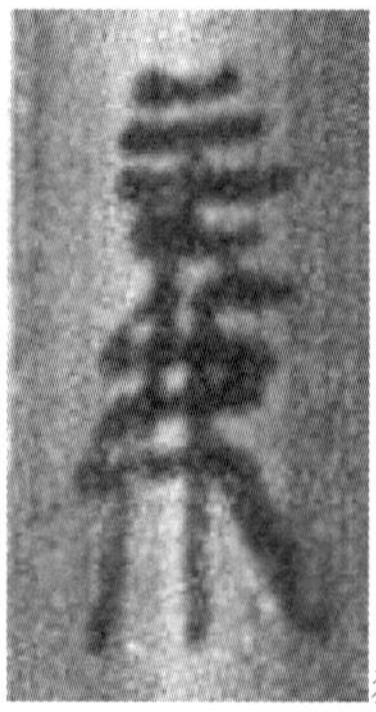
嶽・占夢書 3

○節善羛(義)

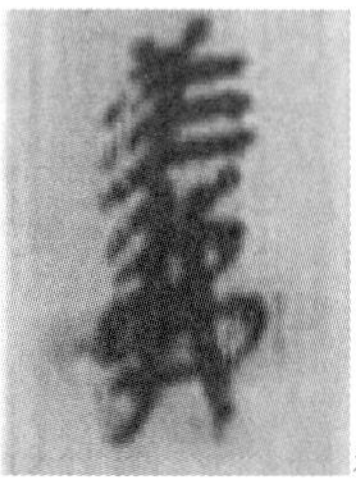
嶽・識劫案 115

○歲沛死羛（義）代為戶

里・第八層 135

○史衰義所

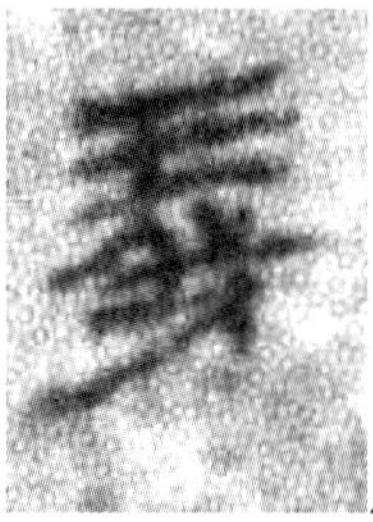
馬壹 143_1/175 下

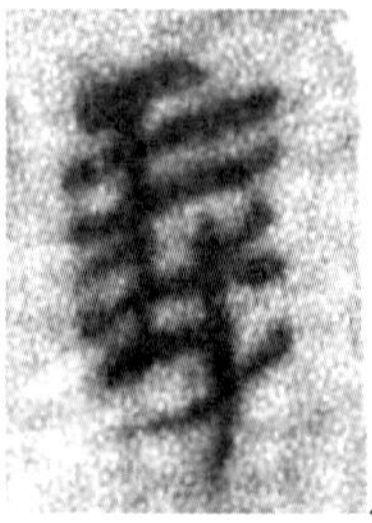
馬壹 109_140\309

馬壹 90_256

○張羛（儀）

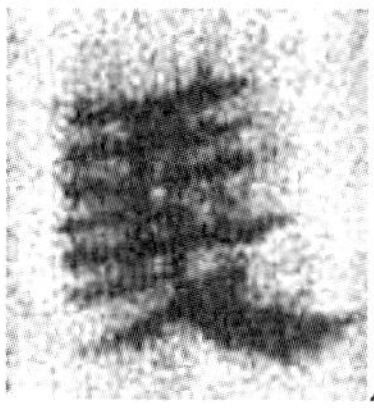
馬壹 48_7 下

○君之義乎

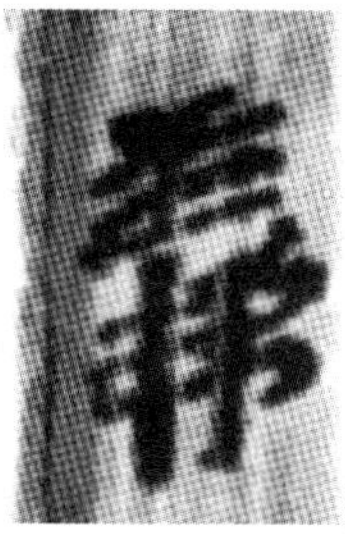
張・奏讞書 154

○救援義

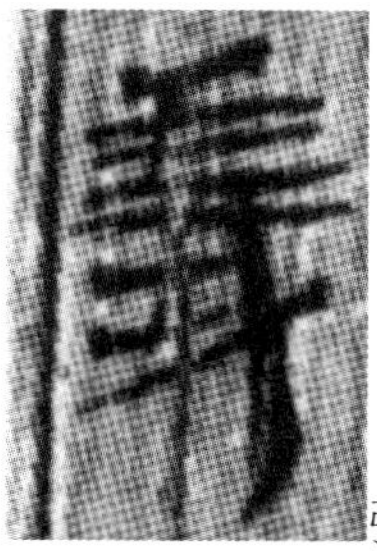
張・奏讞書 71

○興義皆言如恢

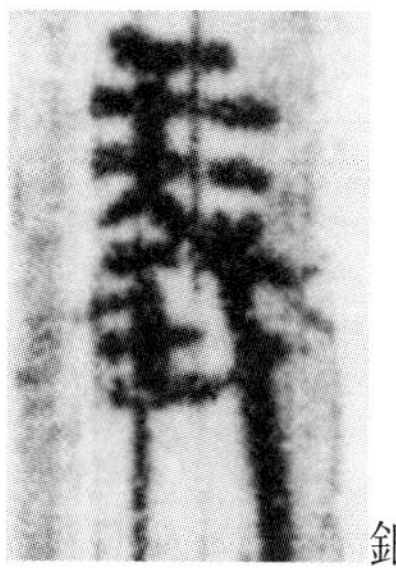
銀壹 819

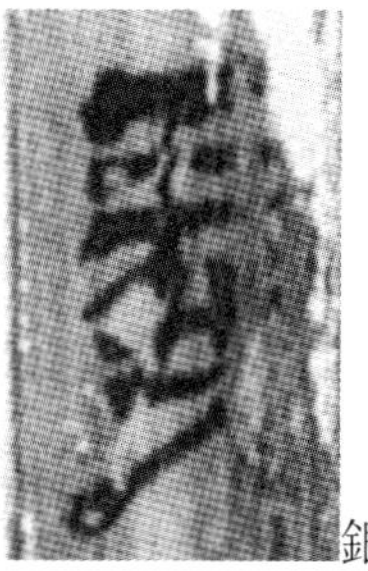
銀貳 1913

○則發義令

敦煌簡 1161

○士吏義敢言之

金關 T07:036

○龍義字君都

金關 T09:120

○是脩義里

武・儀禮甲《服傳》16

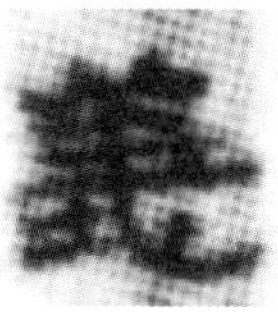
武・甲《特牲》35

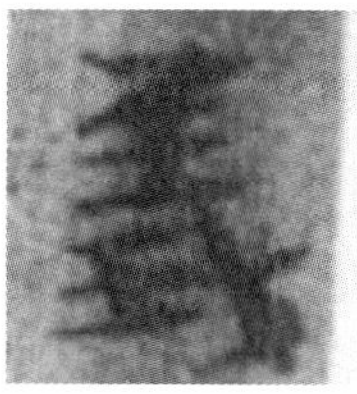
吳簡嘉禾・一一三四

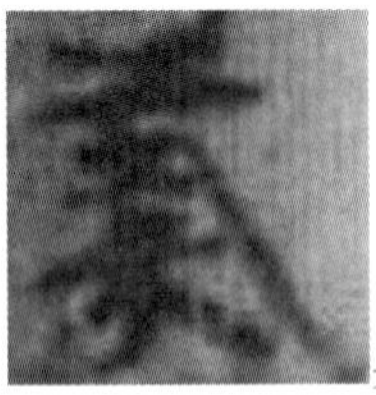
吳簡嘉禾・五・四八九

○吏孫義畢其旱畝不

廿世紀璽印二-SP

○義渠新乘

廿世紀璽印二-SY

廿世紀璽印二-SY

廿世紀璽印二-SY

秦代印風

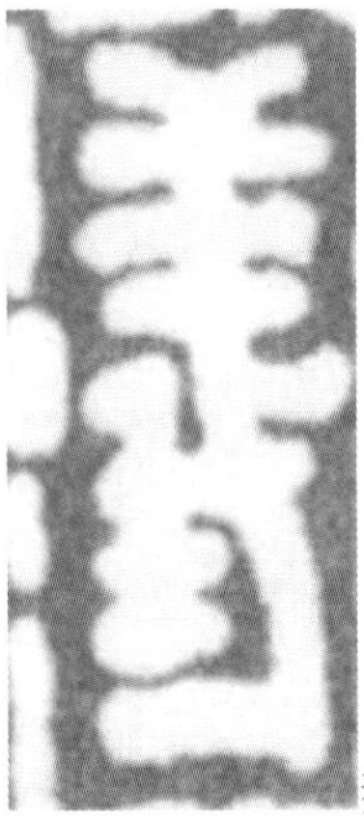
秦代印風

○閻義

秦代印風

廿世紀璽印三-SY

漢晉南北朝印風

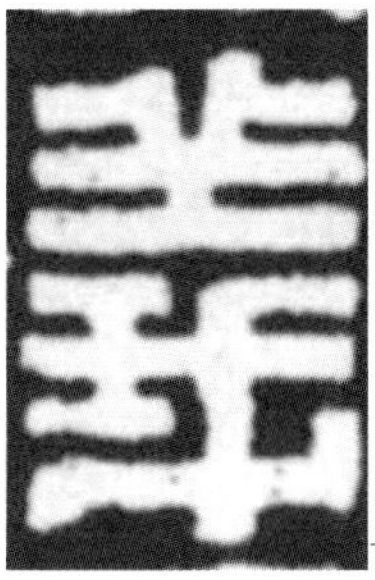
廿世紀璽印三-GY

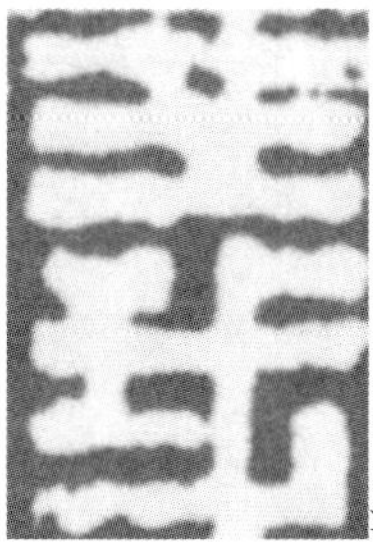
漢晉南北朝印風

廿世紀璽印三-SY

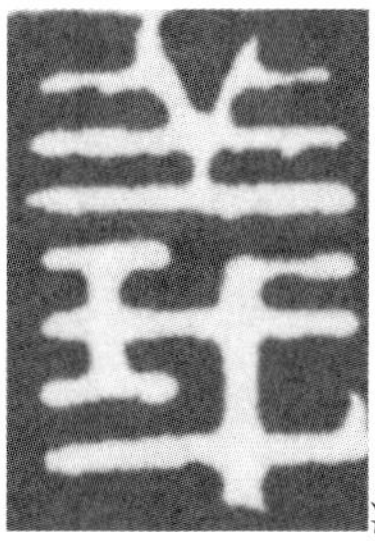
漢晉南北朝印風

漢晉南北朝印風

漢晉南北朝印風

柿葉齋兩漢印萃

○晉歸義胡王

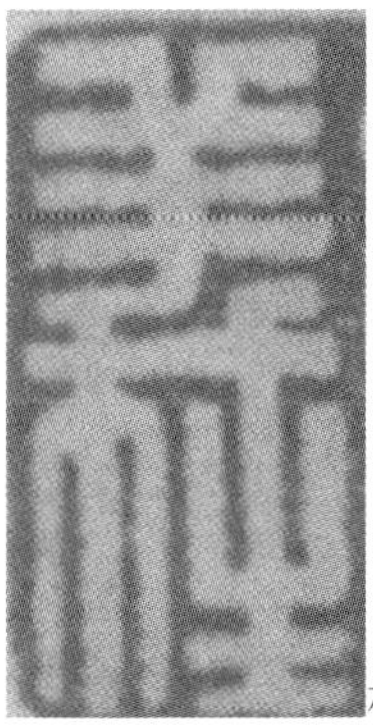
柿葉齋兩漢印萃

○弓義

柿葉齋兩漢印萃

柿葉齋兩漢印萃

漢印文字徵

漢代官印選

漢印文字徵

漢代官印選

柿葉齋兩漢印萃

○建義將軍章

漢印文字徵

○周義

漢印文字徵

○鄭義

漢印文字徵

漢印文字徵

漢印文字徵

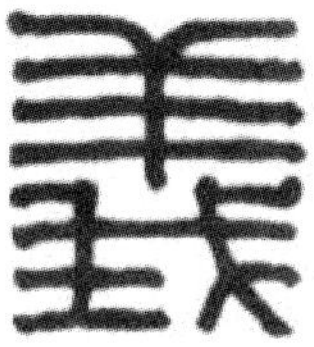
漢印文字徵

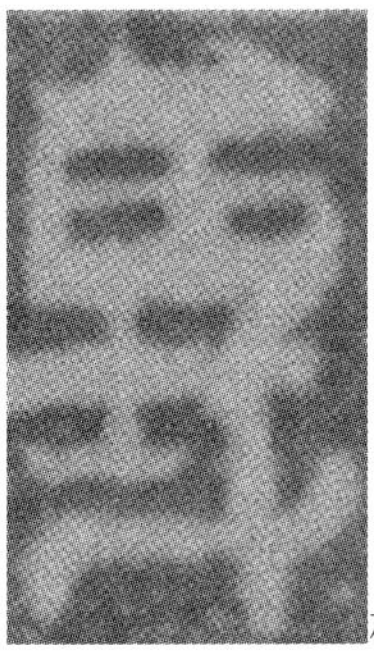
柿葉齋兩漢印萃

〇漢歸義夷仟長

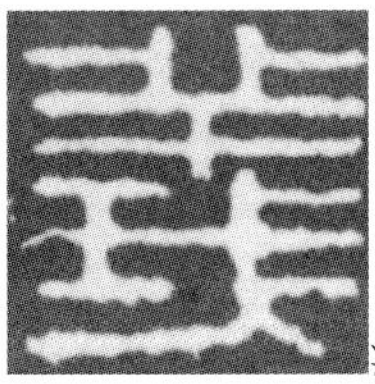
漢晉南北朝印風

廿世紀璽印四-GY

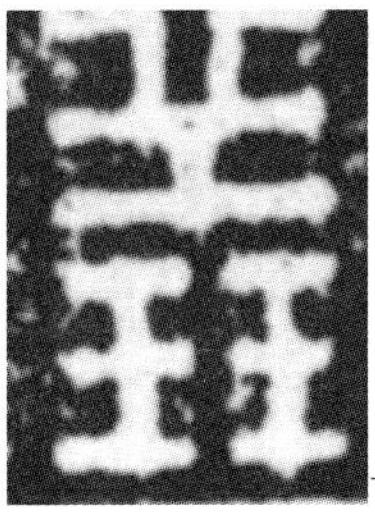
廿世紀璽印四-GY

〇晉歸義羌王

廿世紀璽印四-GY

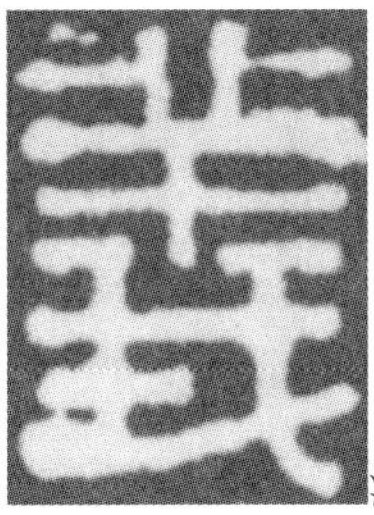
漢晉南北朝印風

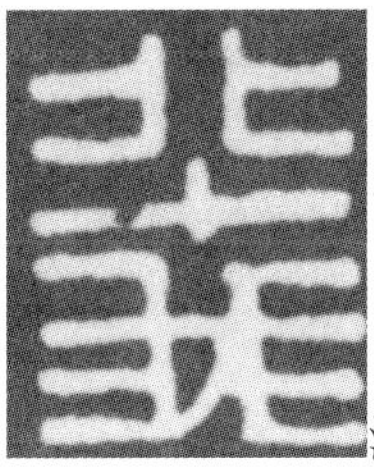
漢晉南北朝印風

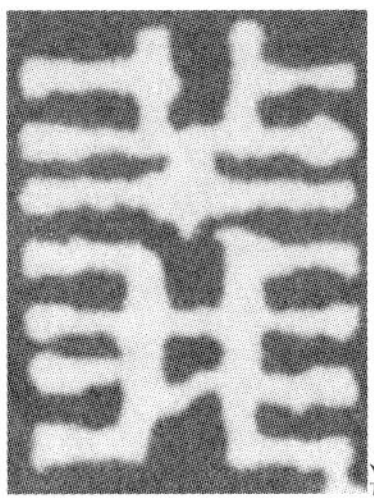
漢晉南北朝印風

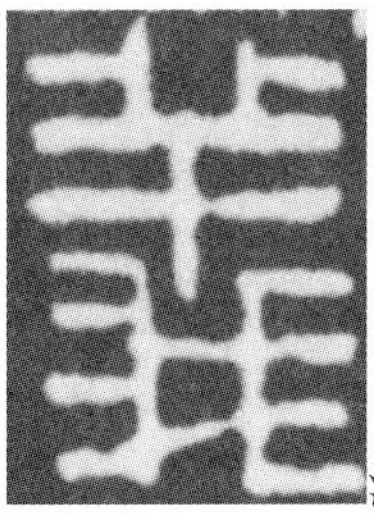
漢晉南北朝印風

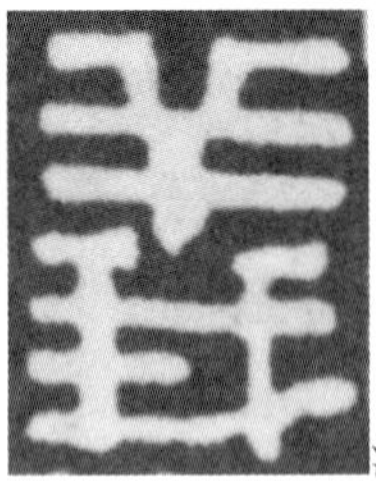
漢晉南北朝印風

漢晉南北朝印風

漢晉南北朝印風

廿世紀璽印四-GY

漢晉南北朝印風

泰山刻石

東漢・孔彪碑陽

○義之所欲

東漢・成陽靈臺碑

○陳敘大義

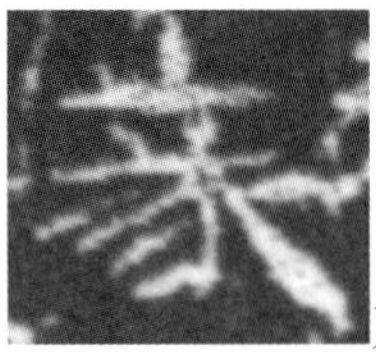
東漢・石祠堂石柱題記

○使師操義

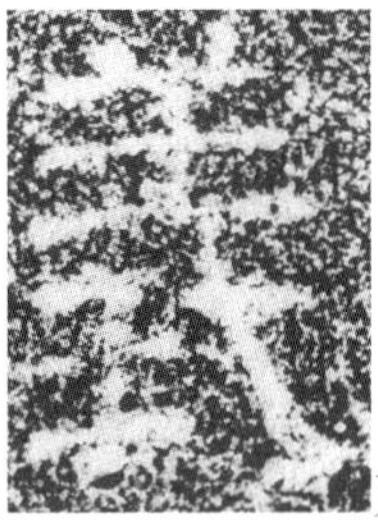
東漢・觀音廟漢墓殘碑

○□義以

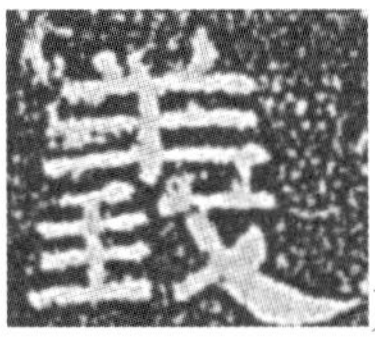
東漢・張景造土牛碑

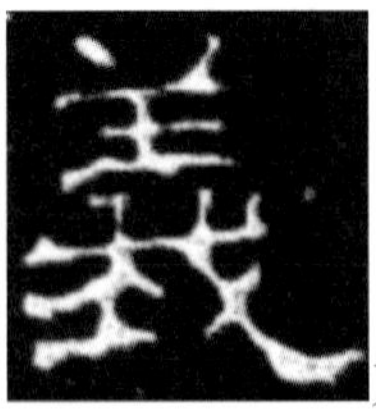
東漢・楊震碑

○緣在三義

東漢・石門頌

東漢・虔恭等字殘碑

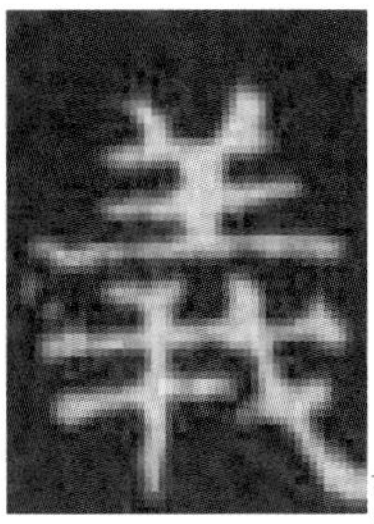
西晉・臨辟雍碑

西晉・趙氾表

○貴義尚和

北魏・趙謐誌

○行義則恭

北魏・石婉誌

○屈身敦義

東魏・義橋石像碑額

亅部

【亅】

《説文》：亅，鉤逆者謂之亅。象形。凡亅之屬皆从亅。读若橜。

【𠄌】

《説文》：𠄌，鉤識也。从反亅。讀若捕鳥罬。

琴部

【琴】

《説文》：珡，禁也。神農所作。洞越。練朱五弦，周加二弦。象形。凡珡之屬皆从珡。

【鑋】

《説文》：鑋，古文珡从金。

馬貳 280_243/53

○珡（琴）一青綺綉

魏晉殘紙

秦代印風

○琴□

北魏・元茂誌

北魏・劉氏誌

北魏・石婉誌

○唯聞琴絕

西魏・韋隆妻梁氏誌

○如誠琴瑟

【瑟】

《說文》：，庖犧所作弦樂也。从珡必聲。

【】

《說文》：，古文瑟。

馬貳 260_32/48

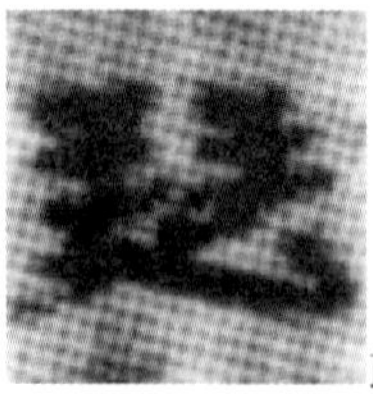
武・甲《少牢》33

○年勿瑟（替）引

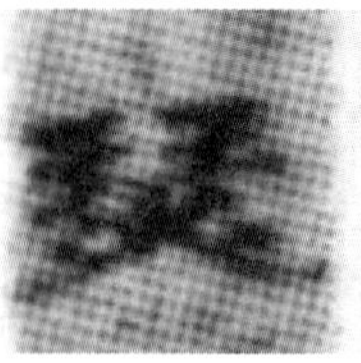
武・甲《泰射》36

○左何瑟後首內弦汙

廿世紀璽印三-GP

歷代印匋封泥

東漢・禮器碑

北魏・吐谷渾氏誌

○蕭瑟泉扃

北魏・劉氏誌

北魏・元誘妻馮氏誌

【琵】

《説文》：琵，琵琶，樂器。从珡比聲。

【琶】

《説文》：琶，琵琶也。从珡巴聲。義當用枇杷。

乚部

【乚】

《説文》：乚，匿也，象迟曲隱蔽形。凡乚之屬皆从乚。讀若隱。

【直】

《説文》：直，正見也。从乚从十从目。

【𣖻】

《説文》：𣖻，古文直。

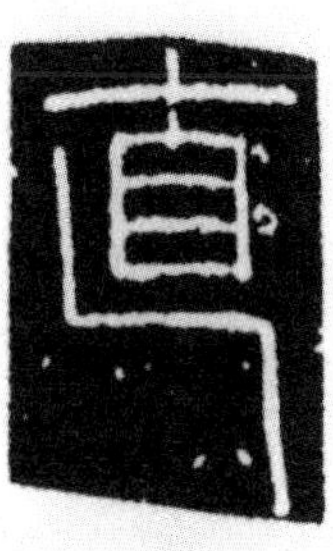
漢銘・新嘉量二

漢銘・扶侯鍾

漢銘・新銅丈

睡・秦律十八種80

睡・效律8

睡・法律答問94

睡・日甲2

關・日書133

〇一日直者

嶽・為吏44

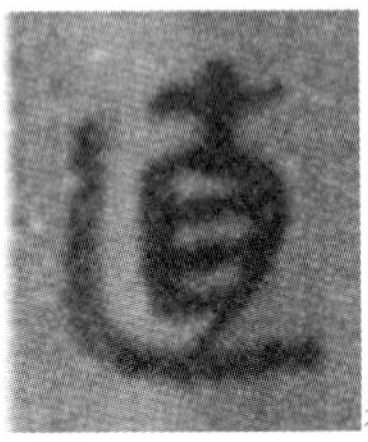
嶽・數 131

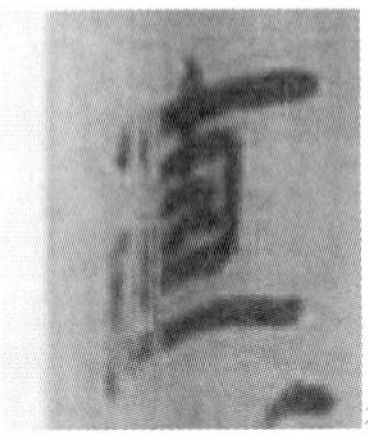
嶽・芮盜案 64

里・第八層 2021

○直令曰

里・第八層 63

馬壹 106_87\256

馬壹 8_44 下

馬貳 82_281/268

張・盜律 58

○并直（值）其臧（贓）以論之

張・算數書 132

張・引書 9

○胻直蹱（踵）

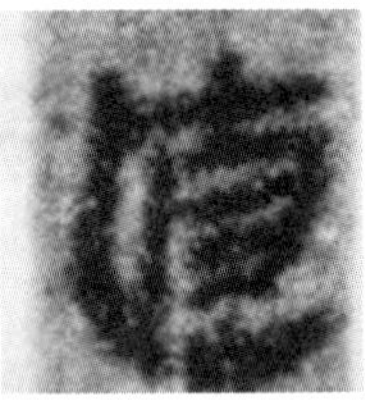
銀壹 343

銀貳 1515

北貳・老子 32

敦煌簡 1838

金關 T24:011

○言版得直

金關 T05:008A

金關 T21:008

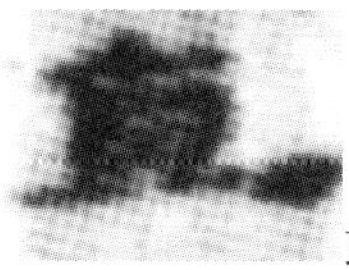
武・甲《特牲》47

○深東直東榮水在洗

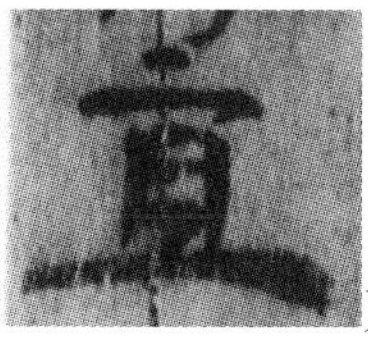
東牌樓 130

北壹・倉頡篇 34

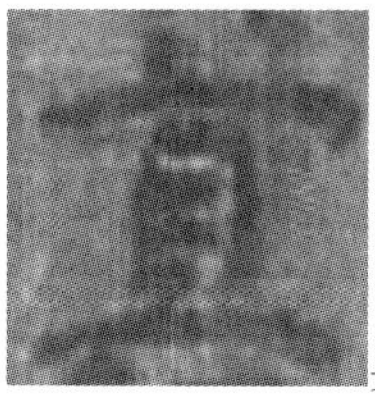
吴簡嘉禾・四・三七四

魏晉殘紙

○州内直

歷代印匋封泥

○咸直里繚

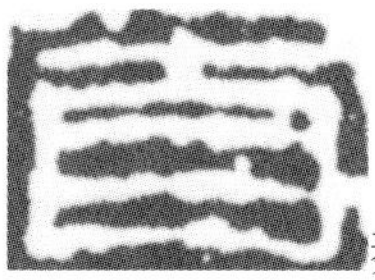
秦代印風

○直璽

漢晉南北朝印風

廿世紀璽印三-SP

○黄直室大君度

漢代官印選

柿葉齋兩漢印萃

○張青直印

漢印文字徵

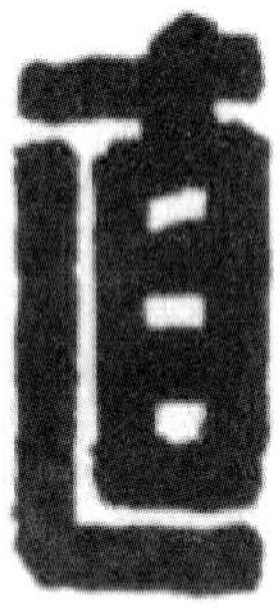
漢印文字徵

漢印文字徵

○閔可直

新莽・羊窩頭刻石

○西直

東漢・陽嘉二年崖墓題記

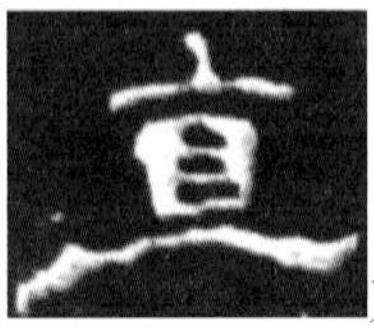
東漢・楊震碑

東漢・簿書殘碑

東漢・簿書殘碑

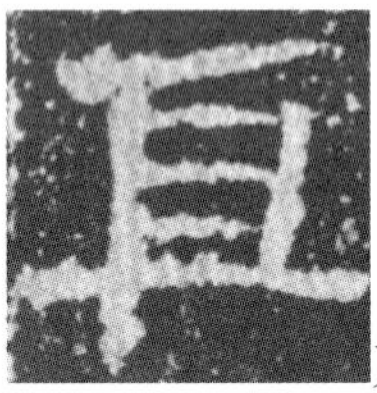
東漢・元嘉元年畫像石題記一

○中直柱

東漢・乙瑛碑

東漢・肥致碑

東漢・肥致碑

東漢・熹平石經殘石四

東漢・曹全碑陽

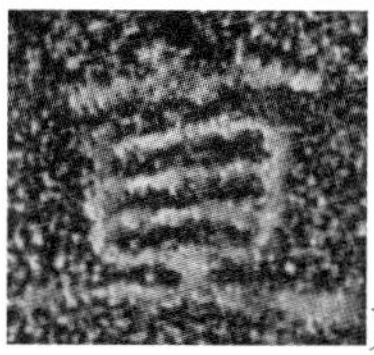
東漢・簿書殘碑

北魏・元子直誌

北魏・楊大眼造像

北魏・張盧誌

北魏・馮邕妻元氏誌

北魏・元引誌

東魏・元悰誌

亡部

【亡】

《説文》：亾，逃也。从入从乚。凡亡之屬皆从亡。

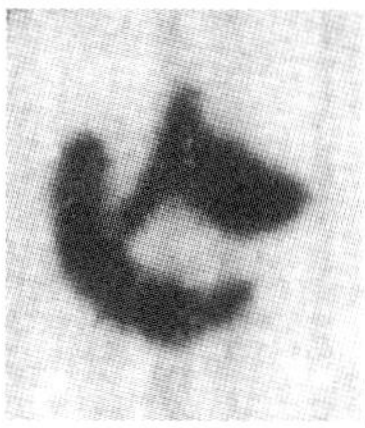
睡・秦律十八種 184

○書有亡者

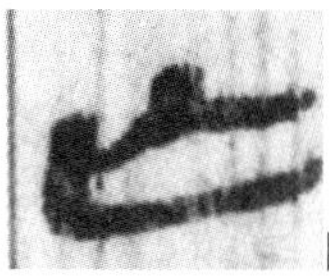
睡・法律答問 132

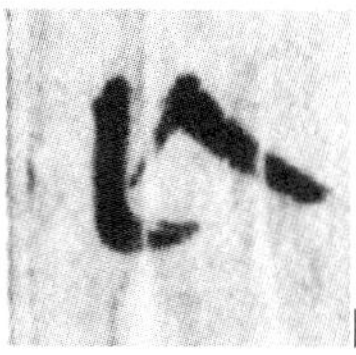
睡・日甲 3

○棄若亡

關・日書 207

○追亡人弗得

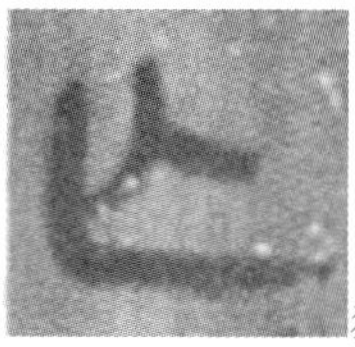
嶽・質日 3434

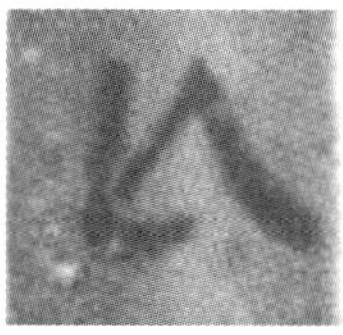
嶽・占夢書 31

○得亓（其）亡奴婢

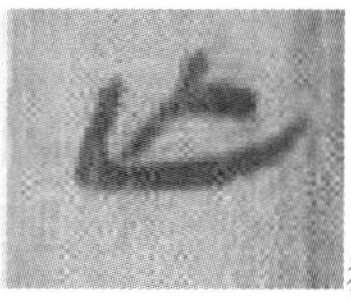
嶽・尸等案 33

里・第八層 1716

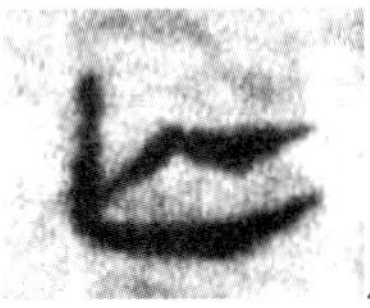
馬壹 89_228

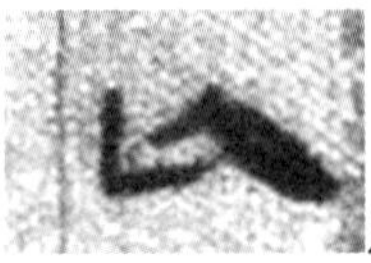
馬壹 172_11 下

馬壹 5_31 上

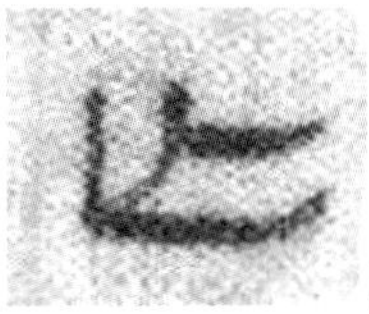
馬貳 19_6 下

張・捕律 154

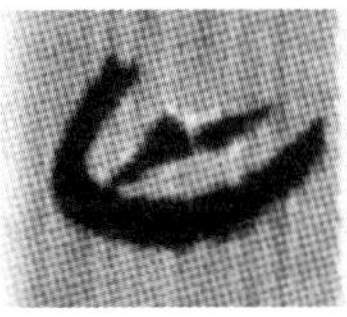
張・奏讞書 28

銀貳 1823

北貳・老子 212

敦煌簡 1135

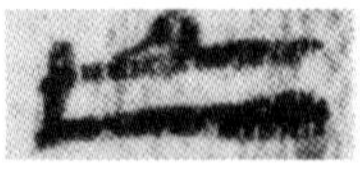
金關 T25:047

東牌樓 006

廿世紀璽印三-SP

〇亡

秦代印風

漢印文字徵

〇長毋相亡

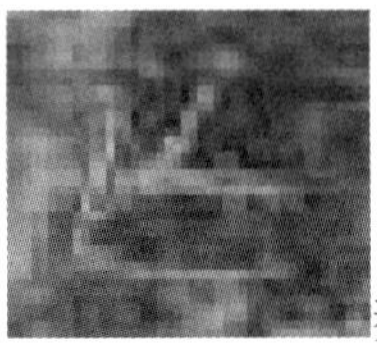
秦駰玉版

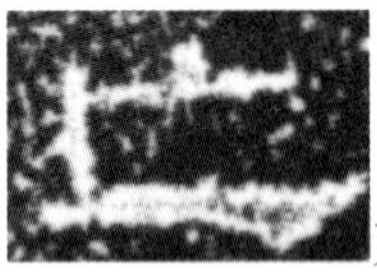
東漢・北海相景君碑陽

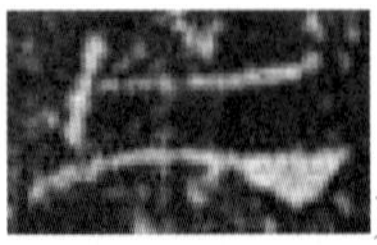
東漢・禮器碑

東漢・西岳華山廟碑陽

東漢・曹全碑陽

東漢・成陽靈臺碑

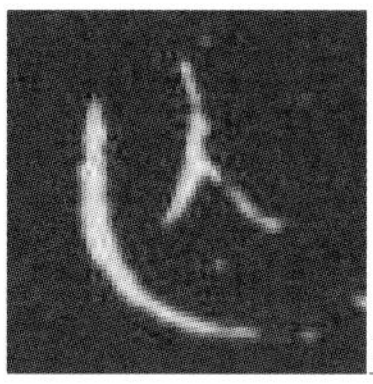
三國魏・三體石經尚書・古文

西晉・荀岳誌

西晉・臨辟雍碑

東晉・劉剋誌

東晉・劉媚子誌

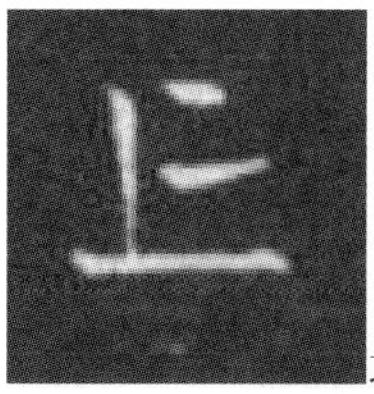
北魏・元子直誌

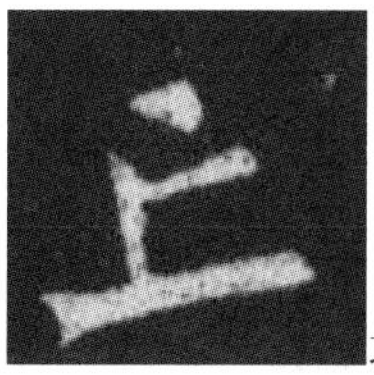
北魏・元始和誌

北魏・韓顯宗誌

北魏・鄭長猷造像

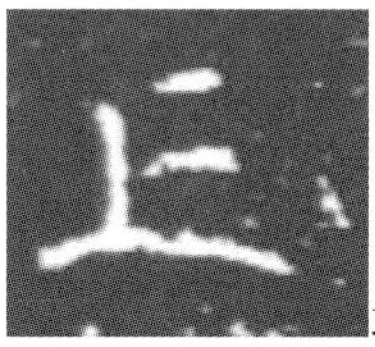
北魏・陸孟暉誌

北魏・元子直誌

北魏・元乂誌

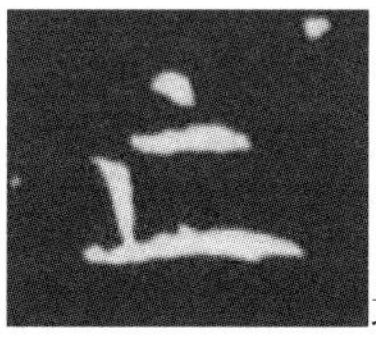
北魏・薛慧命誌

北魏・元宥誌

北魏・元繼誌

北魏・元子直誌

東魏・李憲誌

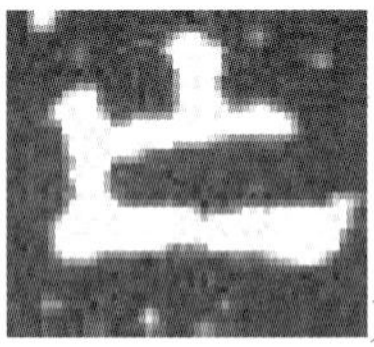
東魏・趙胡仁誌

北齊・淳于元皓造像

北齊・姜纂造像

北齊・范粹誌

北齊・張猛之妻周氏造像

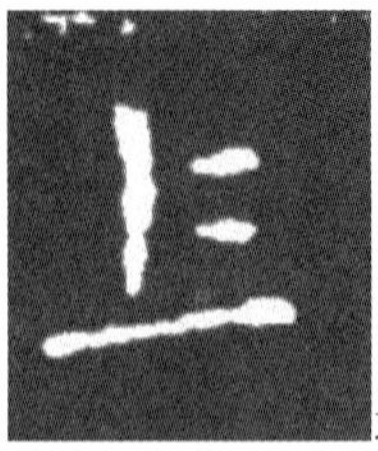
北齊・成天順造像

○仰爲亡父母

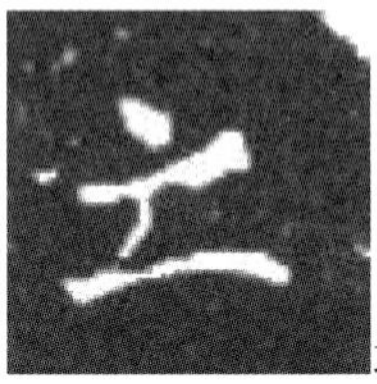
北齊・張道貴誌

北齊・韓裔誌

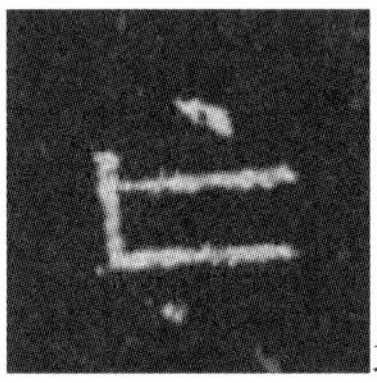
北齊・張思伯造浮圖記

南朝梁・杜僧逸造像

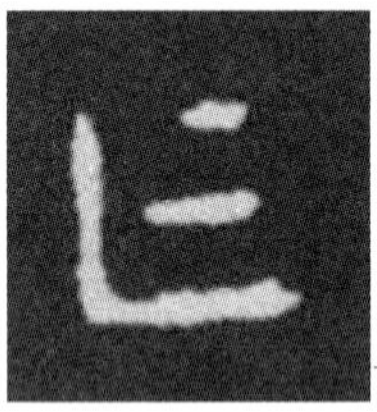
南朝梁・張元造像

【乍】

《説文》：，止也，一曰亡也。从亡从一。

春早・秦公鎛

西晚・不其簋

春早・秦公鼎

春晚・秦公簋

歷代印匋封泥

〇乍（作）人舍

秦公大墓石磬

石鼓・作原

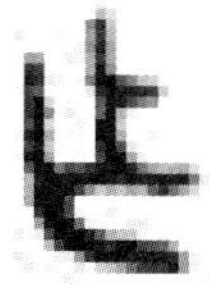
懷后磬

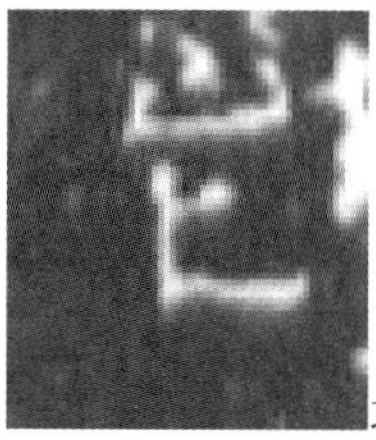
北齊・元始宗誌

〇乍公乍侯

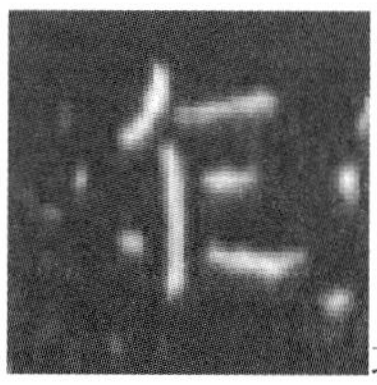
北齊・元始宗誌

北齊・高建妻王氏誌

〇雕珮乍離

【望】

《說文》：，出亡在外，望其還也。从亡，朢省聲。

金關 T24:046

〇時東望隧卒□

漢印文字徵

○高望君印

漢印文字徵

東漢・司馬芳殘碑額

○以資望之重

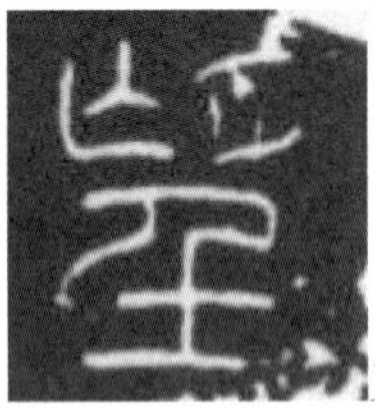
三國魏・三體石經春秋・篆文

○免牲猶三望秋

三國魏・三體石經春秋・古文

○免牲猷三望秋

北魏・元彧誌

○倚門有望

北魏・伏君妻咎雙仁誌

北魏・李璧誌

○望旗鳥散

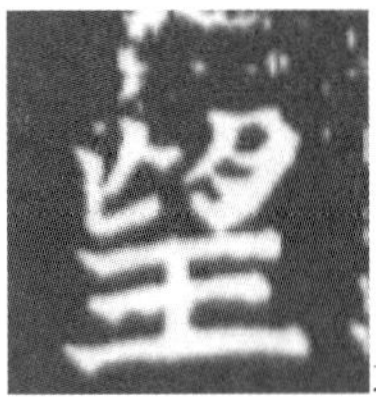
北魏・劉氏誌

北魏・元願平妻王氏誌

東魏・元悰誌

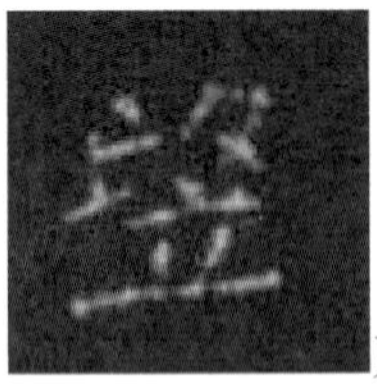
東魏・穆子巖誌銘

○夙標譽望

北齊・逢哲誌

○羽儀之望已顯

北齊・劉碑造像

○相望若語

【橆（無）】

《説文》：橆，亡也。从亡無聲。

【无】

《説文》：无，奇字无，通於元者。王育說，天屈西北爲无。

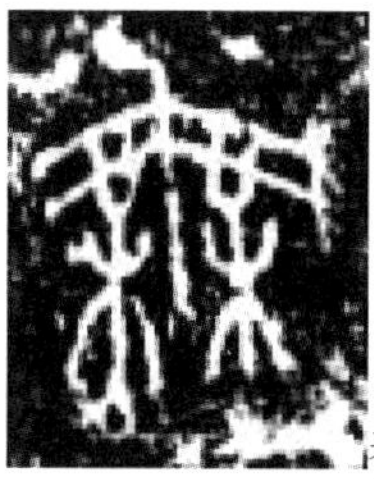
春晚・秦公簋

西晚・不其簋

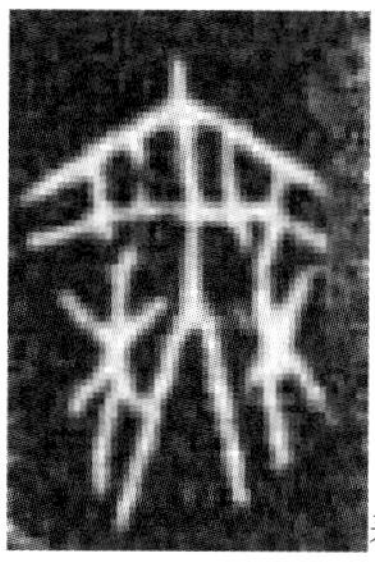
春早・秦公鐘

春晚・秦公鎛

漢銘・大吉田器

漢銘・無蔞氏鋗

漢銘・新無射律管

里・第八層 143

○病馬無小

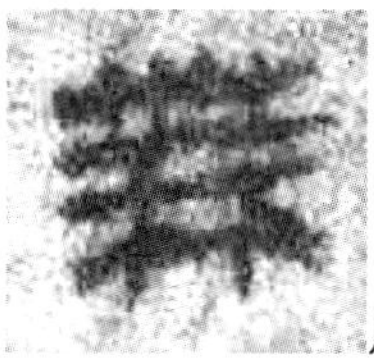
馬壹 15_10 上\103 上

○無車而獨行

張・置吏律 215

○無輕重

張・蓋盧 52

○疏而無親

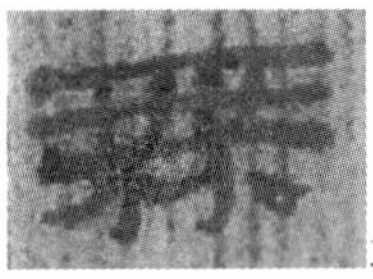
北貳・老子 105

○夫唯無以生

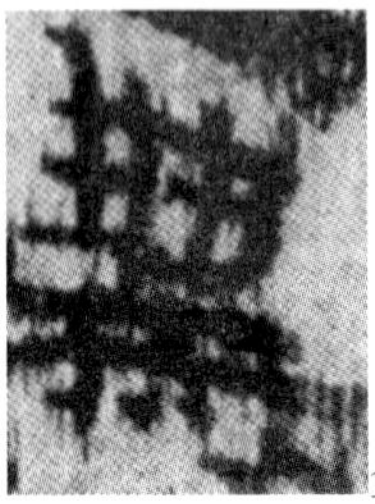
金關 T01:001

○大逆無道

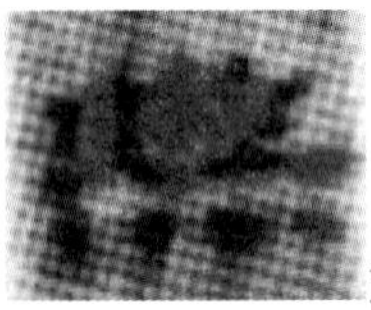
武・儀禮甲《士相見之禮》12

○視面無（毋）改

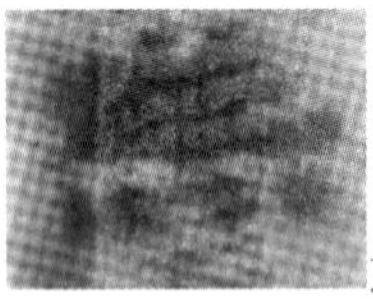
武・儀禮甲《服傳》25

○適人無主者

東牌樓 039 正

○無用

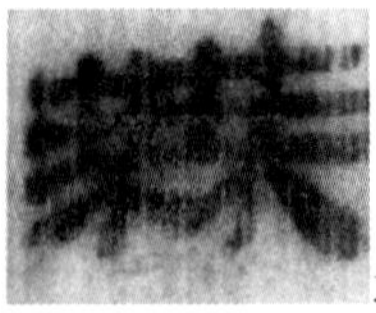
北壹・倉頡篇 8

○胡無噍類

嶽・為吏 66

○度事无冬（終）

馬壹 124_40 上

○雖无成功

銀壹 681

○大兵无創

魏晉殘紙

魏晉殘紙

秦代印風

〇王無

廿世紀璽印三-GP

歷代印匋封泥

〇徐無丞印

廿世紀璽印三-GP

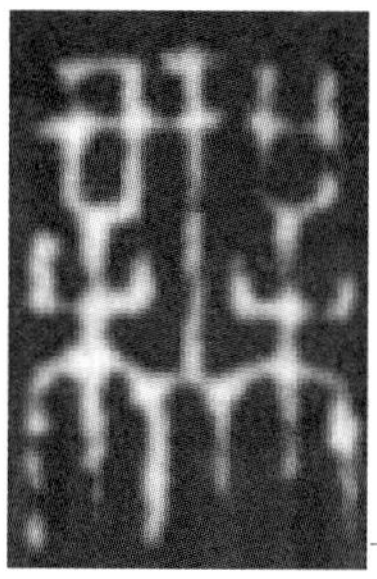
廿世紀璽印三-SY

歷代印匋封泥

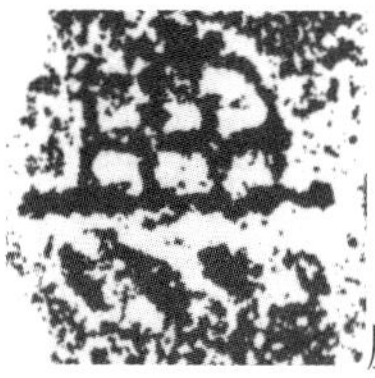
歷代印匋封泥

〇惠無極

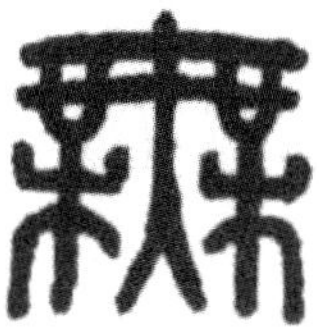
漢印文字徵

漢印文字徵

〇賈無恙

漢印文字徵

〇無婁昌印

漢印文字徵

〇萬歲無極

漢印文字徵

漢印文字徵

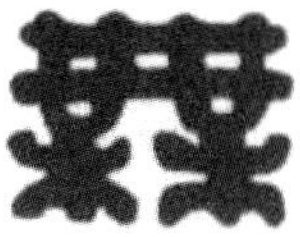
漢印文字徵

〇賈無恙

秦公大墓石磬

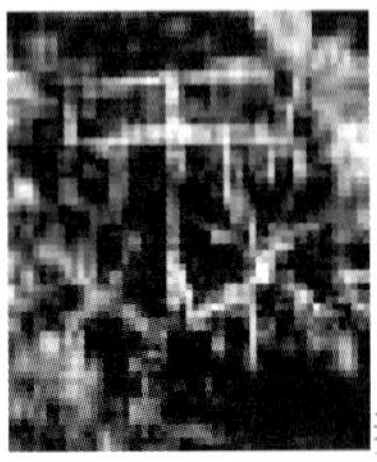
秦駰玉版

○無間

詛楚文・亞駝

○相康回無道淫失甚

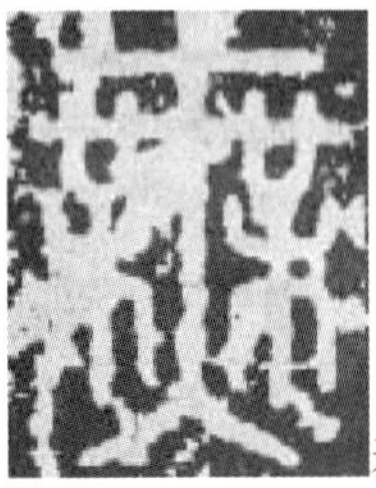
泰山刻石

新莽・蘇馬灣刻石

○各承無極

東漢・武氏石室祥瑞圖題字

○明無不通

東漢・東漢・婁壽碑陽

東漢・西狹頌

東漢・任城王墓黃腸石

○無監石工浩大

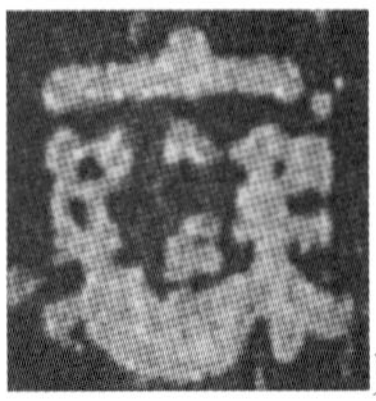
東漢・楊統碑陽

○願從贖其無由

東漢・鮮於璜碑陰

東漢・石門頌

東漢・善言者無題刻

○善言者無永和

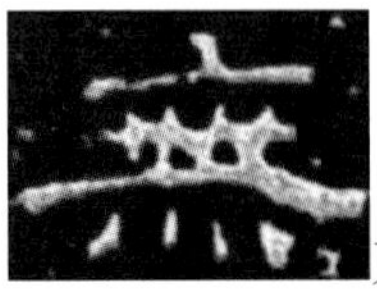
東漢・楊震碑

東漢・徐無令畫像石墓題記

○徐無令

三國魏・三體石經尚書・隸書

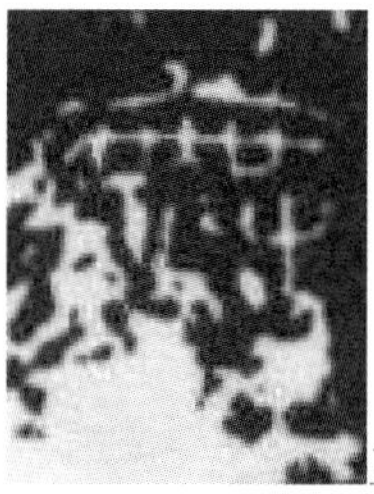
三國魏・三體石經尚書・篆文

○亂罰無辠

北魏・楊舒誌

○恧慚無述

北魏・辛穆誌

○聲徽無絕

北魏・李頤誌

○無罔無怠

北魏・元壽安誌

○式播無窮

北魏・郭顯誌

○酎金無爽

北魏・馮邕妻元氏誌

北魏・封魔奴誌

○無子

北魏・楊胤誌

○在德無貳

北魏・韓顯宗誌

○無以爲主

北魏・長孫瑱誌

○而冥造無心

北魏・王誦妻元氏誌

北魏・彌勒頌碑

○無生無伏

北魏・元融妃穆氏誌

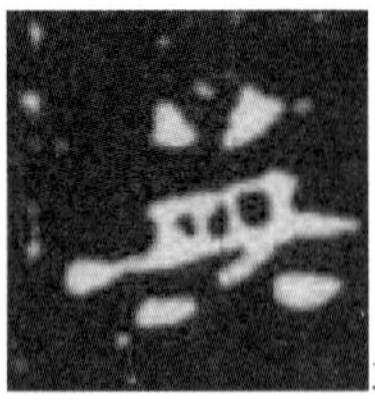
北魏・元颺誌

○永夜無光

北魏・盧令媛誌

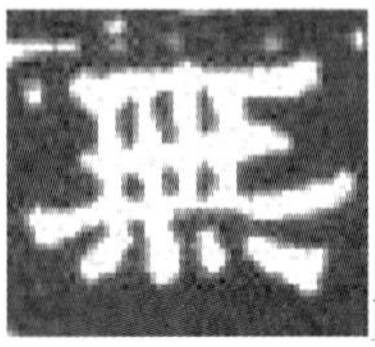
東魏・趙胡仁誌

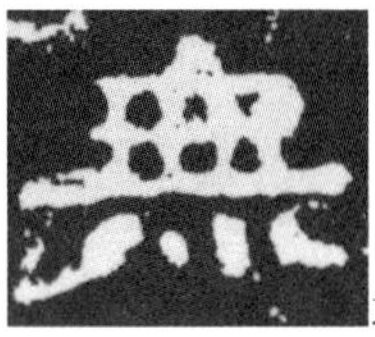
北齊・嵺山摩崖

○無歸依

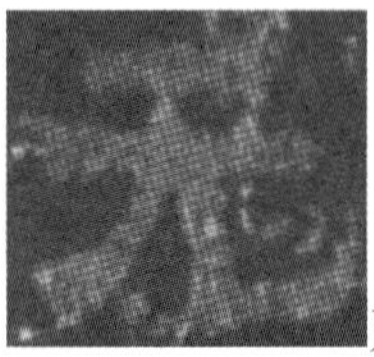
東漢・楊統碑陽

○詒于无疆

東漢・乙瑛碑

十六國北涼・沮渠安周造像

○无明彰其神慧

北魏・卅一人造像

○流轉无竊

北魏・奚智誌

○故无任焉

北齊・僧道建造象

北齊・無量義經二

○无漏无爲緣覺處

【匃】

《說文》：，气也。逯安說，亡人爲匃。

西晚・不其簋

里・第八層 157

○成里匃

里・第八層背 157

○除成匃爲啓陵郵人

馬壹 90_250

○乘屈匄之敝

馬壹 90_242

○乘屈匄之㡀（敝）

張・賜律 286

○疾病匄者

居・EPF22.298

○燧長桃匄

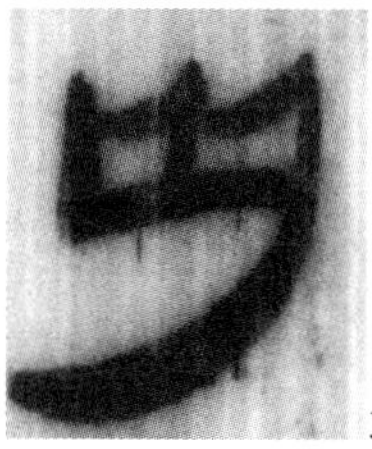
北壹・倉頡篇 32

○气匄貰捈

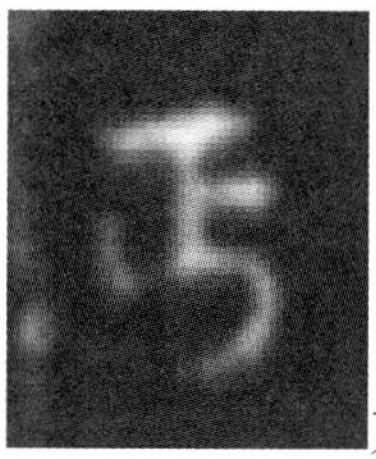
東魏・劉靜憐誌

○家人匄位

北齊・張世寶造塔記

○匄滅家珍

匸部

【匸】

《說文》：匸，衺徯，有所俠藏也。从乚，上有一覆之。凡匸之屬皆从匸。讀與傒同。

【區】

《說文》：區，踦區，藏匿也。从品在匸中。品，眾也。

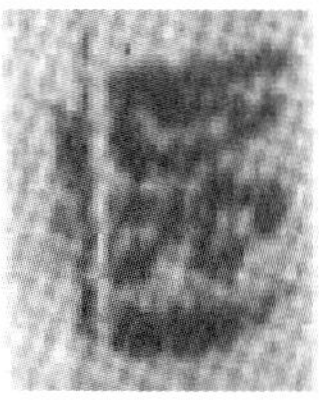
關・曆譜 55

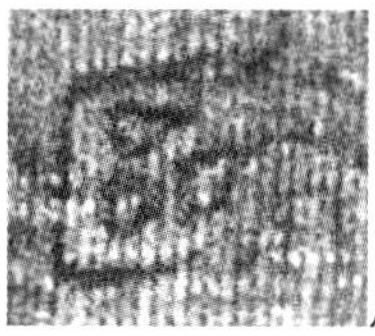
馬貳 78_192/179

○而一區燔之坎中以

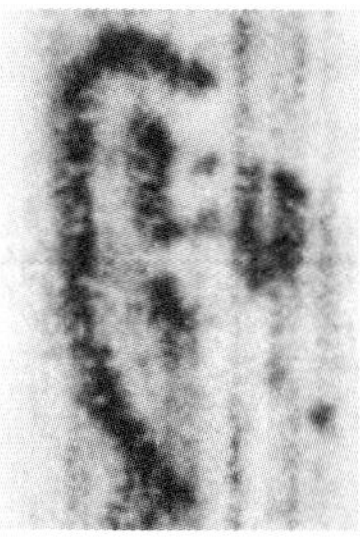
銀壹 938

○人爲區

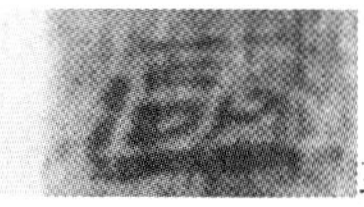
敦煌簡 0792

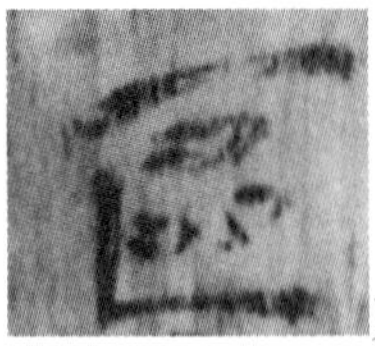
東牌樓 035 背

吳簡嘉禾・四・一七五

歷代印匋封泥

○王區

歷代印匋封泥

○敀亭區

廿世紀璽印二-GP

○區市

歷代印匋封泥

○坾（市）區

歷代印匋封泥

○敀亭區

歷代印匋封泥

○公區

廿世紀璽印二-GP

○王區

廿世紀璽印三-SY

○區徑

漢印文字徵

漢印文字徵

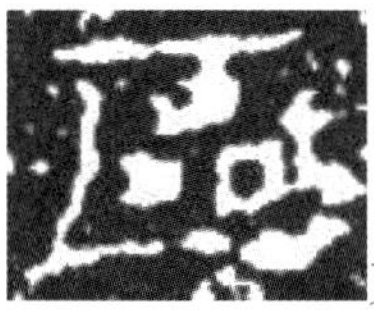
東漢・燕然山銘

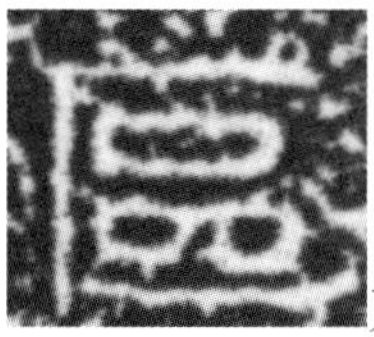
東漢・張遷碑陽

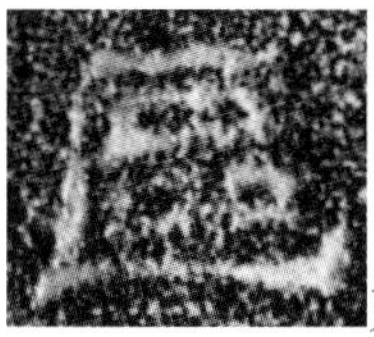
東漢・簿書殘碑

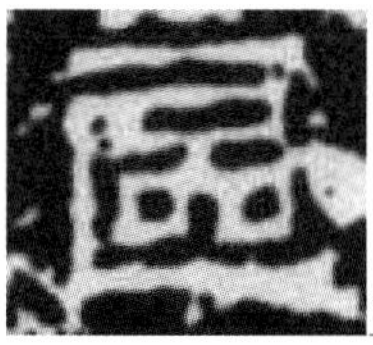
三國魏・孔羨碑

北魏・趙阿歡造像

北魏・賈景等造像

北魏・元思誌

東魏・高歸彥造像

東魏・朱舍捨宅造寺記

○爲亡父母捨宅一區

西魏・陳神姜造像

北齊・王福芝造像

○王福芝敬造佛一區

北齊・武成胡后造像

北周・薛迴顯造像

○觀世音石像一區

【匿】

《説文》：匿，亡也。从匸若聲。讀如羊騶箠。

睡・語書 6

睡・效律 34

睡・法律答問 14

○妻所匿三百可

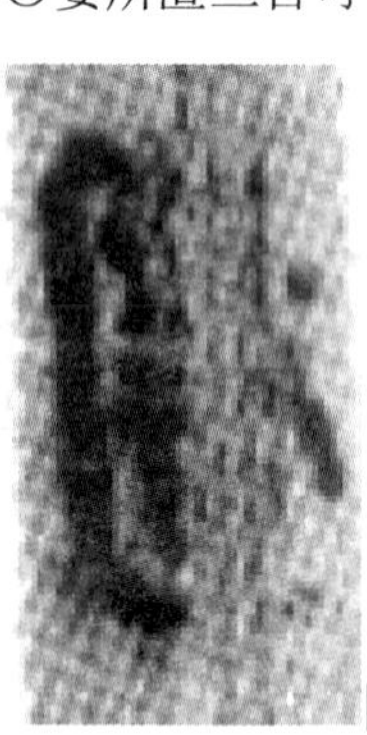
關・病方 333

○操歸匿屋中令

嶽・識劫□案 134

馬壹 78_96

馬壹 104_34\203

馬壹 108_127\296

馬壹 108_132\301

馬壹 37_25 下

○用者匿也

馬貳 38_75 上

○玉中匿者艮（眼）

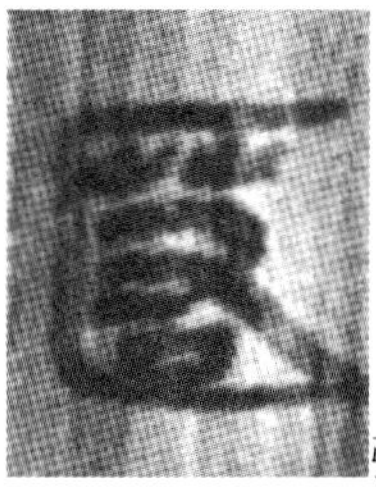
張·市律 260

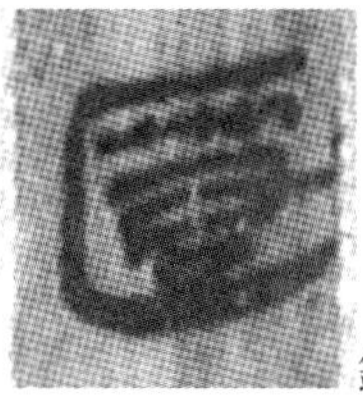
銀貳 1056

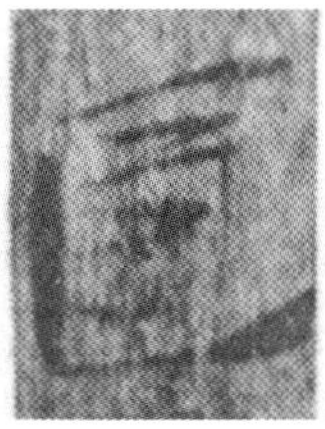
敦煌簡 0073

○尚隱匿深山危谷

金關 T23:677

北壹·倉頡篇 7

漢印文字徵

東漢·朝侯小子殘碑

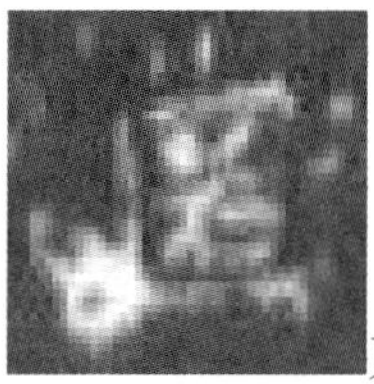
東魏·昌樂王元誕誌

北齊·魯思明造像

○遂使真儀匿曜

【㔷】

《説文》：㔷，側逃也。从匚丙聲。一曰箕屬。

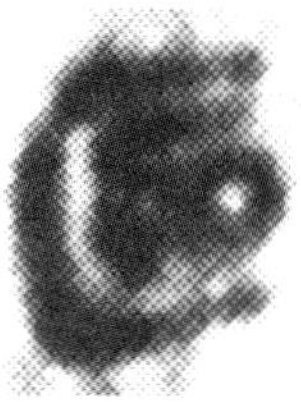
秦文字編 1824

【匽】

《説文》：匽，匿也。从匚妟聲。

戰晚·十四年口平匽氏戟

○平匽氏

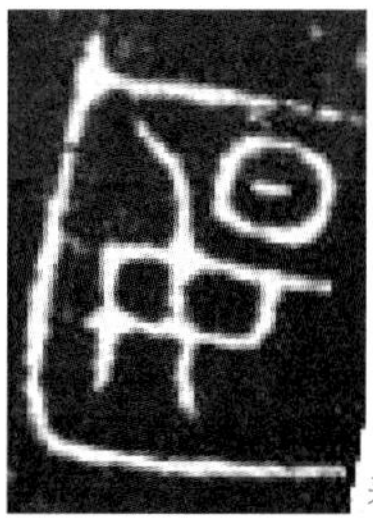
春早·秦公鎛

春早・秦公鎛

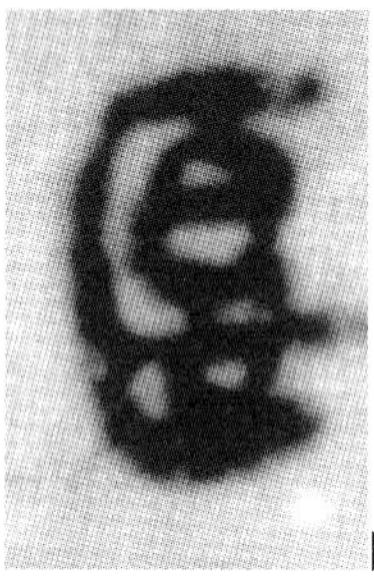
睡・日甲《盜者》81

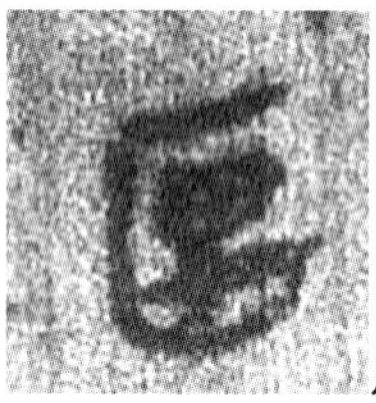
馬壹77_79

○毛士匽爲魯君

張・引書26

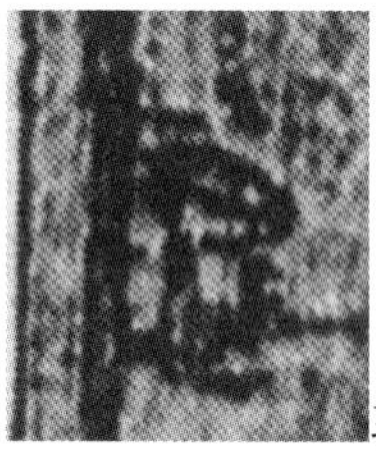
敦煌簡1783

○爲匽事發

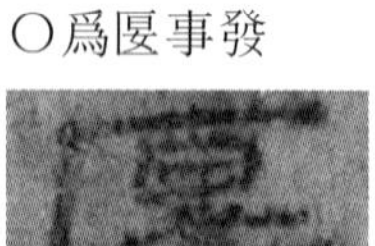
金關T21:021

○河南匽師西信里蘇

秦代印風

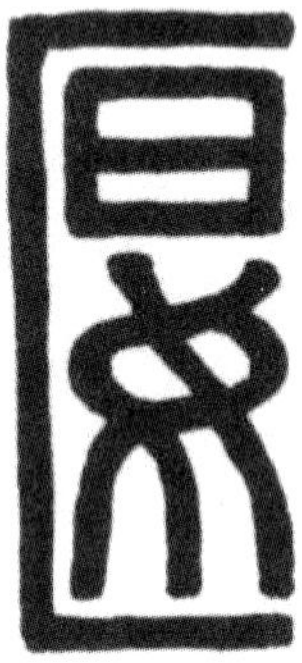
漢印文字徵

漢印文字徵

漢印文字徵

漢印文字徵

漢印文字徵

漢晉南北朝印風

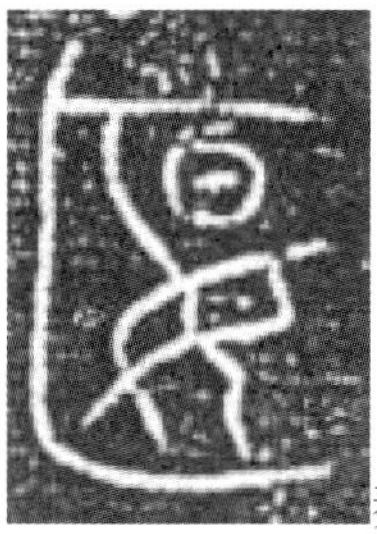
秦公大墓石磬

東漢・禮器碑側

【医】

《説文》：，盛弓弩矢器也。从匸从矢。《國語》曰："兵不解医。"

【匹】

《説文》：，四丈也。从八、匸。八揲一匹，八亦聲。

漢銘・張君郎君馬

漢銘・張君馬三

漢銘・張君馬一

里・第八層 1443

○馬一匹

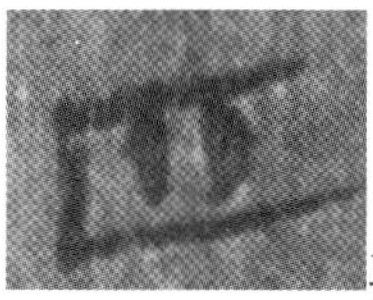
敦煌簡 1044

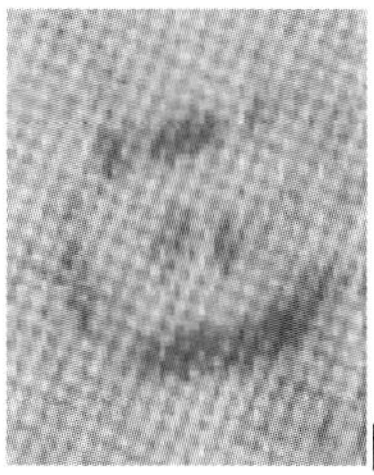
關沮・蕭・遣冊 2

○馬一匹

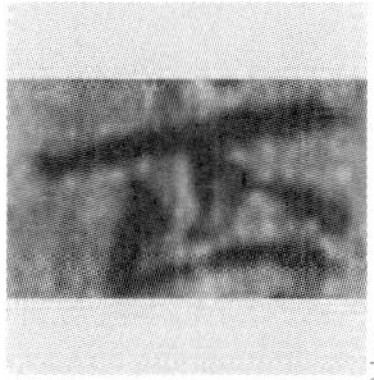
吳簡嘉禾・五・二九六

○布一匹

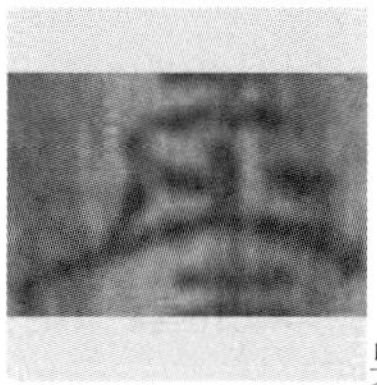
吳簡嘉禾・四・一八九

○布一匹

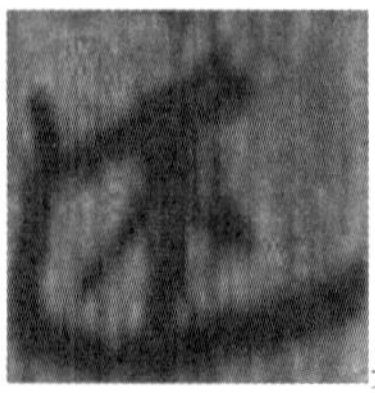
吳簡嘉禾・五・一一〇一

○布二匹

吳簡嘉禾・四・一一四

○布二匹

漢印文字徵

漢印文字徵

漢晉南北朝印風

東漢・馮緄碑

○收逋賨布卅萬匹

西晉・徐義誌

○賞絹千匹

北魏・鮮于仲兒誌

○匹紇曹

北魏・王蕃誌

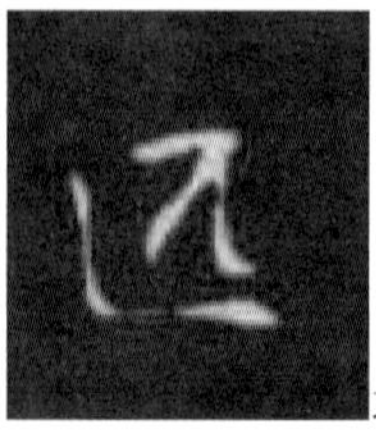
北魏・乞伏寶誌

北魏・趙光誌

北魏・崔鴻誌

○遠未兹匹

北魏・元舉誌

○倫華非匹

北魏・韓震誌

○雖令君取匹玉瑩

北魏・薛慧命誌

○然匹夫懷痛

東魏・高盛碑

東魏・李憲誌

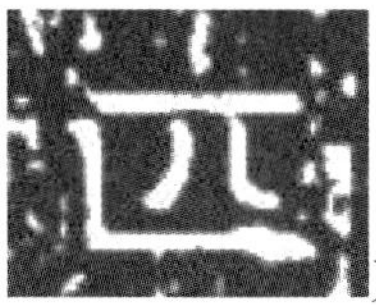
東魏・鄭氏誌

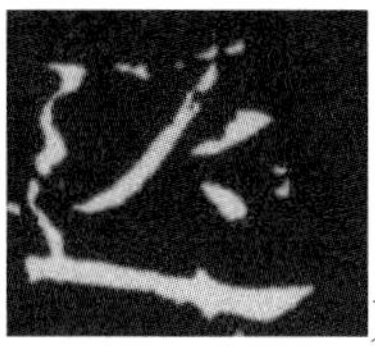
東魏・杜文雅造像

○論其罕匹

東魏・元季聰誌

西魏・吳輝誌

○一時罕匹

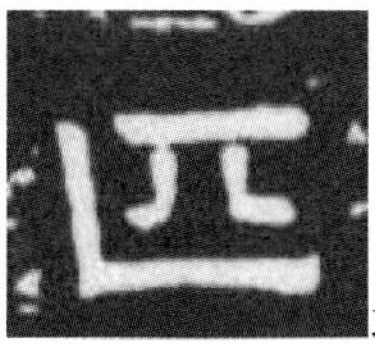
北齊・唐邕刻經記

匚部

【匚】

《說文》：匚，受物之器。象形。凡匚之屬皆从匚。讀若方。

【𠥱】

《說文》：𠥱，籀文匚。

【匠】

《說文》：匠，木工也。从匚从斤。斤，所以作器也。

睡・秦律十八種 124

里・第八層 756

○匠及它急事

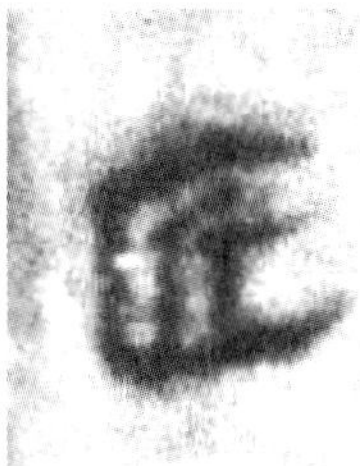
馬壹 145_38/212 下

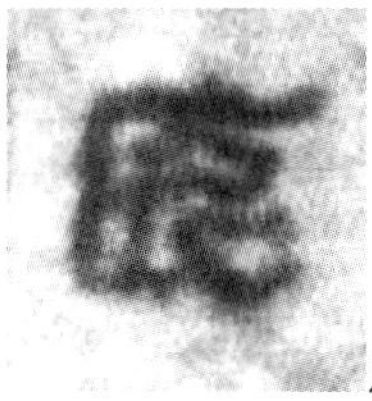
馬壹 144_39/213 上

○代大匠斲

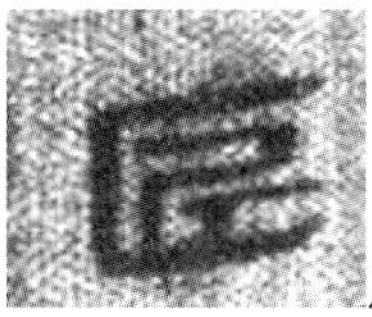
馬貳 33_9 下

張・秩律 462

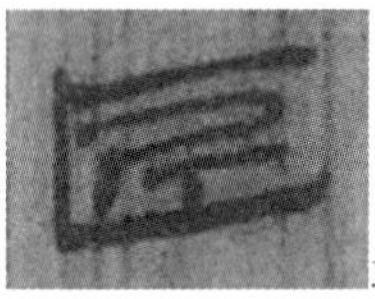
北貳・老子 102

金關 T22:080

吳簡嘉禾・四・四六九

○周匠佃田五十九

廿世紀璽印二-GP

○大匠

廿世紀璽印二-GP

○大匠

歷代印匋封泥

歷代印匋封泥

廿世紀璽印三-GP

○大匠丞印

秦代印風

漢印文字徵

漢印文字徵

漢印文字徵

○獨匠常

漢印文字徵

歷代印匋封泥

○大匠丞印

漢印文字徵

漢印文字徵

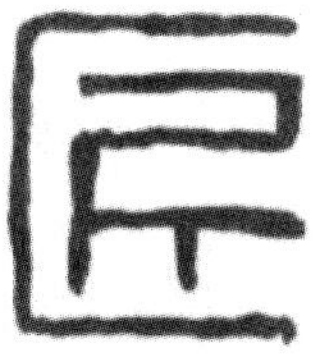
漢印文字徵

歷代印匋封泥

○將作大匠章

漢代官印選

○將作大匠

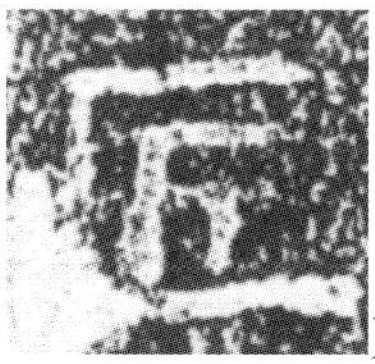
東漢・楊淮表記

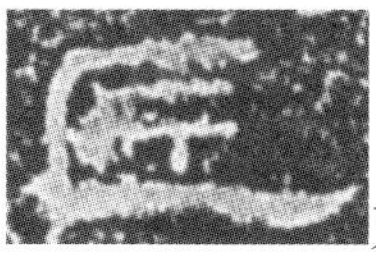
東漢・張景造土牛碑

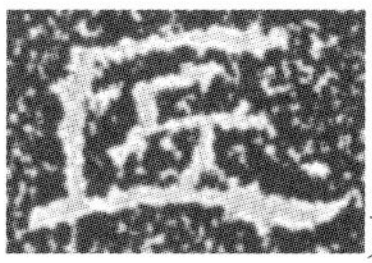
東漢・張景造土牛碑

東漢・馮緄碑

十六國北涼・沮渠安周造像

○來爲郢匠

北魏・元固誌

北魏・元固誌

○俄正大匠

北魏・元固誌

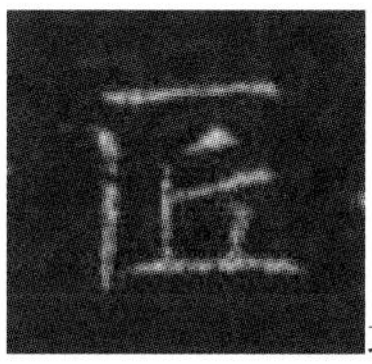
北魏・元熙誌

東魏・劉雙周造塔記

○□名匠在四衢之内

東魏・道匠題記

東魏・王蓋周造像

○臧惠匠

北齊・姜興紹造像

○工匠雕刻，辟此慈□

北齊・劉碑造像

北齊・赫連子悅誌

北周・張子開造像

【匧】

《說文》：匧，藏也。从匚夾聲。

【篋】

《說文》：篋，匧或从竹。

睡・法律答問 204

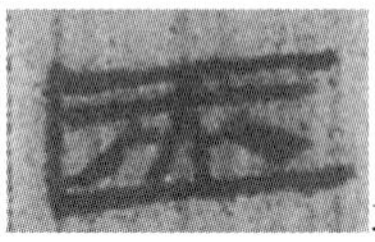
北貳・老子 32

金關 T10:051

張・戶律 331

○皆以篋

敦煌簡 0178

○務欲篋使之

北壹・倉頡篇 11

○筐篋籢笥

北魏・馮邕妻元氏誌

○鏡塵象篋

【匩（匡）】

《說文》：匩，飲器，筥也。从匚㞷聲。

【筐】

《說文》：筐，匩或从竹。

馬壹44_43下

馬貳36_48上

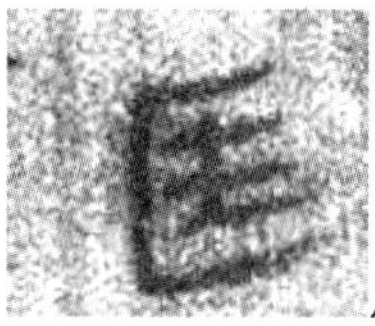
馬貳35_25下

敦煌簡0243B

○匡治事

敦煌簡0243A

○原匡叩頭

馬壹7_38上

○承筐无實

金關T01:135

○陽丞筐里

北壹·倉頡篇11

○筐篋籔笥

廿世紀璽印三-SY

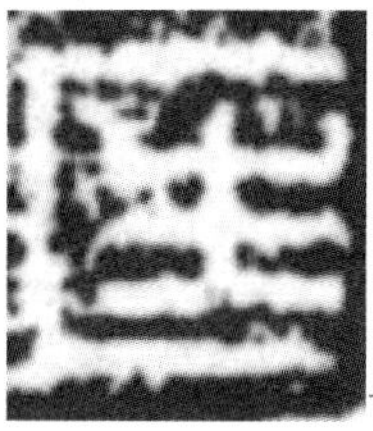
廿世紀璽印三-SY

漢印文字徵

漢印文字徵

漢印文字徵

柿葉齋兩漢印萃

漢印文字徵

漢晉南北朝印風

漢印文字徵

○筐印將巨

漢印文字徵

○筐定

漢印文字徵

○筐光私印

漢印文字徵

○筐里唯印

漢晉南北朝印風

○筐當之印

東漢・楊震碑

東漢・趙寬碑

東漢・夏承碑

○屈己匡君

東漢・石門頌

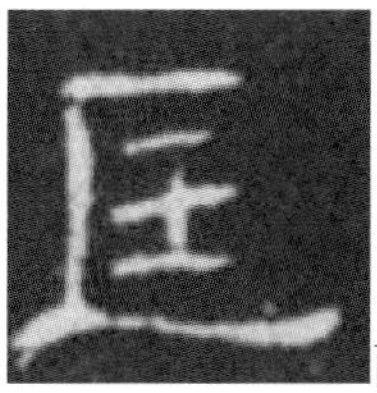
西晉・徐義誌

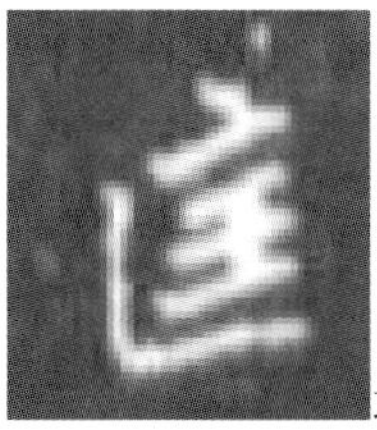
北魏・皮演誌

○匡時讚世

北魏・王普賢誌

○匡維晉社

北魏・元孟輝誌

○一匡濟時

北魏・元靈曜誌

○甚有匡益

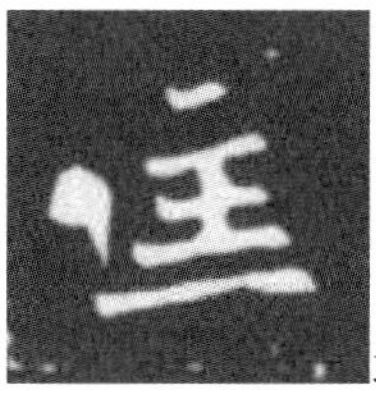
北魏・奚真誌

○代匡王政

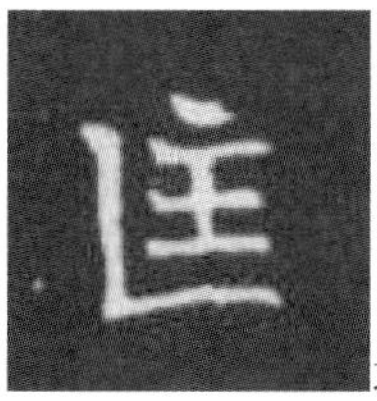
北魏・于纂誌

○每以匡政爲效

北魏・元順誌

北魏・笱景誌

北魏・穆紹誌

○直道匡時

北魏・鄭黑誌

北魏・元恭誌

○事上盡匡救之理

北魏・元緒誌

東魏・元均及妻杜氏誌

北齊・高阿難誌

○□筐五色

【匜】

《説文》：匜，似羹魁，柄中有道，可以注水。从匚也聲。

漢銘・陳倉成山匜

敦煌簡 2185

○鍘鋗匜銚釭

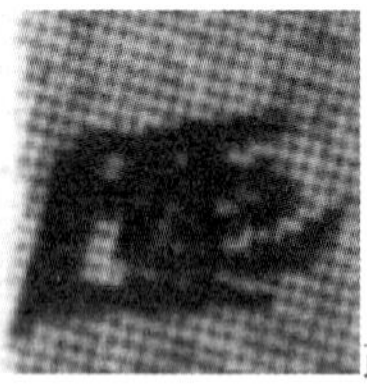
武・甲《特牲》11

○盥匜水實于般（盤）

【匴】

《説文》：匴，淥米籔也。从匚算聲。

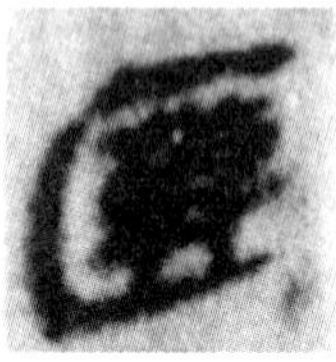
睡・日甲《詰》62

○恆執匴以入人室曰

【⿷匚贛】

《説文》：⿷匚贛，小桮也。从匚贛聲。

【⿰木贛】

《説文》：⿰木贛，⿷匚贛或从木。

【匪】

《説文》：匪，器，似竹筐。从匚非聲。《逸周書》曰："實玄黄于匪。"

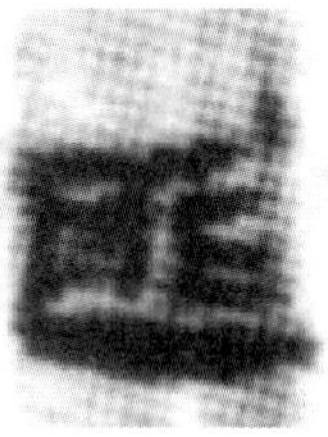
武・甲《特牲》35

武・甲《少牢》12

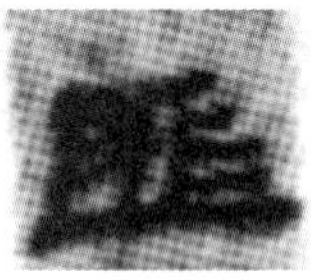
武・甲《泰射》33

東漢・成陽靈臺碑

東漢・石門頌

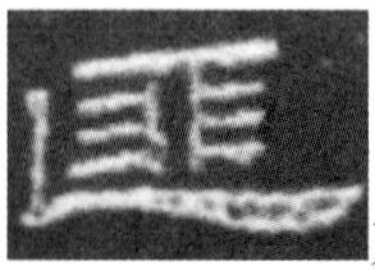
東漢・桐柏淮源廟碑

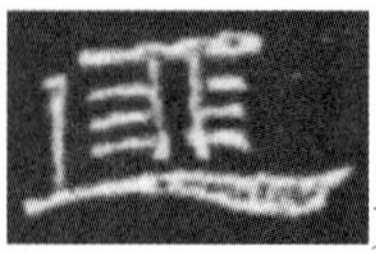
東漢・桐柏淮源廟碑

東漢・建寧元年殘碑

東漢・景君碑

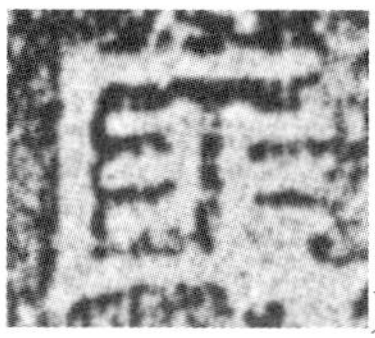
東漢・熹平石經殘石五

東漢・陽嘉殘碑陽

東漢・白石神君碑

東漢・熹平石經殘石三

○匪我愆期

北魏・鄭君妻誌

北魏・胡顯明誌

○匪唯慶結兩門

北魏・元謐誌

北齊・法懃塔銘

【⿷匚倉】

《說文》：⿷匚倉，古器也。从匚倉聲。

【⿷匚攸】

《說文》：⿷匚攸，田器也。从匚攸聲。

【⿷匚異】

《說文》：⿷匚異，田器也。从匚異聲。

【匫】

《說文》：匫，古器也。从匚曶聲。

【匬】

《說文》：匬，甌，器也。从匚俞聲。

里・第八層503

○匬分

【匱】

《說文》：匱，匣也。从匚貴聲。

里・第八層 244

○人爲匱

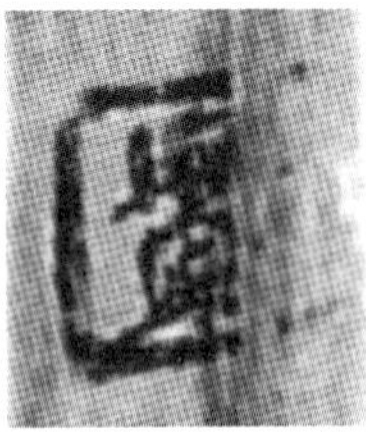
張・戶律 331

○若匣匱盛緘閉

東漢・鮮於璜碑陽

○周無振匱

東漢・石門頌

○匱餧之患

北魏・元舉誌

北魏・元瞻誌

北魏・公孫猗誌

○俯仰藴匱

東魏・馮令華誌

北周・盧蘭誌

【匵】

《説文》：匵，匱也。从匚賣聲。

【匣】

《説文》：匣，匱也。从匚甲聲。

張・戶律 331

廿世紀璽印四-SP

○三九匣

北齊・報德像碑

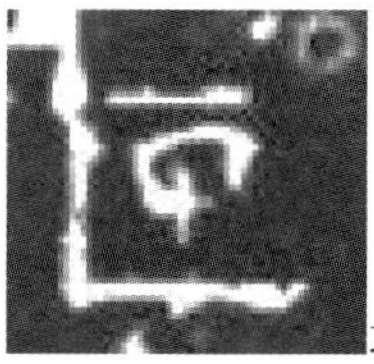
北齊・吐谷渾靜媚誌

○鏡終委匣

【匯】

《説文》：匯，器也。从匚淮聲。

【柩】

《説文》：柩，棺也。从匚从木，久聲。

【匶】

《説文》：匶，籀文柩。

武・柩銘考釋2

○升之柩過所毋哭

北壹・倉頡篇11

○冢郭棺柩

晉・張永昌神柩刻石

西晉・郭槐柩記

○郭氏之柩

西晉・裴祇誌

北魏・趙廣者誌

北魏・趙充華誌

○即柩追贈充華焉

東魏・元均及妻杜氏誌

北周・王榮及妻誌

○謹迎亡考靈柩於此

【匰】

《説文》：匰，宗廟盛主器也。《周禮》曰："祭祀共匰主。"从匚單聲。

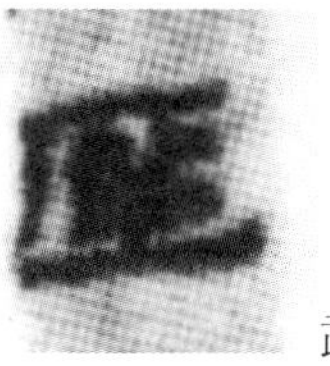
武・甲《少牢》12

○與匰（箪）

曲部

【曲】

《説文》：，象器曲受物之形。或説曲，蠶薄也。凡曲之屬皆从曲。

【偀】

《説文》：，古文曲。

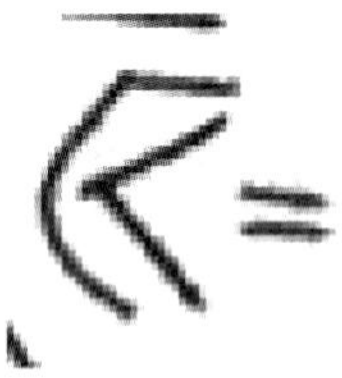
戰晚・上皋落戈

漢銘・曲廟鼎

漢銘・曲成家高鐙一

漢銘・曲成家行鐙

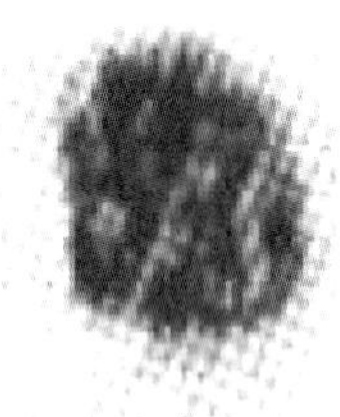
關・病方 339

〇曲沱（池）某癰

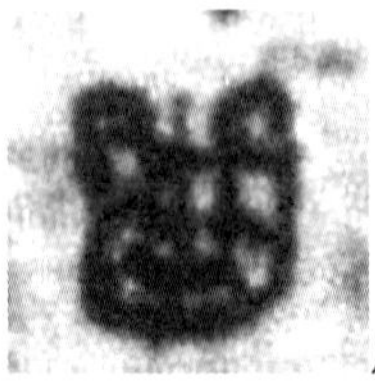
馬壹 84_121

〇事印曲盡害是故臣

馬壹 83_92

〇事印曲盡從

馬貳 32_20 上

〇爲牡曲爲牝

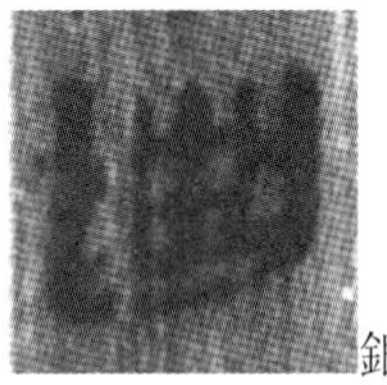
銀貳 1704

〇木其鄉曲

北貳・老子 179

〇曲則全

敦煌簡 1854

金關 T01:040

〇曲□卒謝充

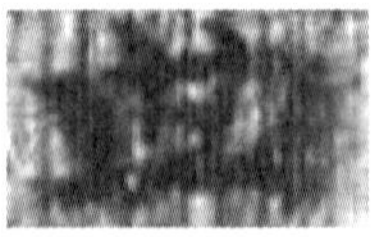
吳簡嘉禾・五・一六八

〇區曲佃田六町

秦代印風

〇曲陽左尉

廿世紀璽印三-SY

〇少曲合衆

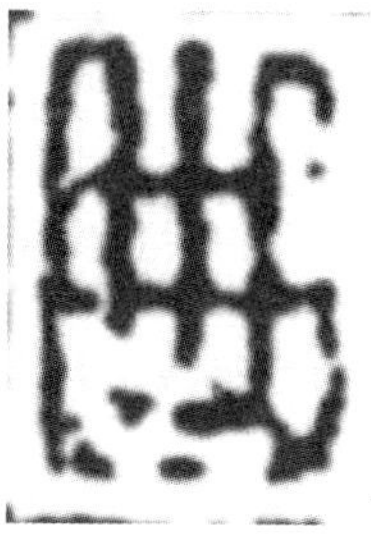
廿世紀璽印三-SY

〇少曲子盂

漢晉南北朝印風

〇軍曲侯印

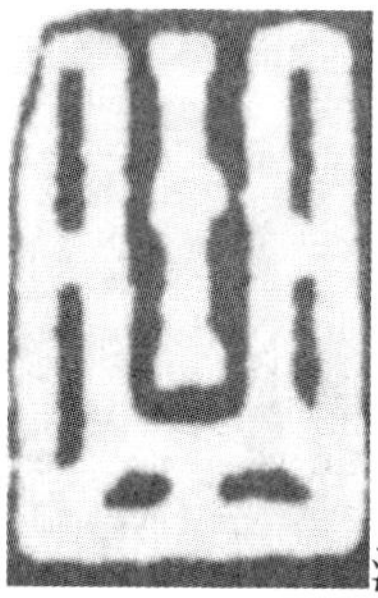
漢晉南北朝印風

〇常樂蒼龍曲侯

廿世紀璽印三-GY

〇騎部曲督

漢晉南北朝印風

〇部曲將印

廿世紀璽印三-GY

〇廣州部曲將印

歷代印匋封泥

〇曲成侯相

柿葉齋兩漢印萃

〇部曲將印

柿葉齋兩漢印萃

〇部曲將印

漢印文字徵

〇曲饒

柿葉齋兩漢印萃

〇軍曲侯印

漢印文字徵

○曲成侯尉

漢代官印選

○曲逆侯印

漢印文字徵

○宣曲喪吏

漢印文字徵

○曲昭私印

廿世紀璽印四-GY

○部曲督印

廿世紀璽印四-GY

○軍曲候印

漢晉南北朝印風

○部曲將印

漢晉南北朝印風

○钜鹿下曲陽張懿仲然

東漢・正直殘碑

西晉・郭槐柩記

○大原陽曲人也

北魏・李榘蘭誌

東魏・李顯族造像

○慈情曲接

北齊・石佛寺迦葉經碑

○曲躬恭敬而白佛言

【豐】

《説文》：，歃曲也。从曲玉聲。

【𠙻】

《説文》：，古器也。从曲舀聲。

甾部

【甾】

《説文》：，東楚名缶曰甾。象形。凡甾之屬皆从甾。

【甶】

《説文》：，古文。

【疀】

《説文》：，㪷也，古田器也。从甾疌聲。

【畚】

《説文》：，𤮵屬，蒲器也，所以盛穜。从甾弁聲。

【𤮵】

《説文》：，㼚也。从甾并聲。杜林以爲竹筥，楊雄以爲蒲器。讀若輧。

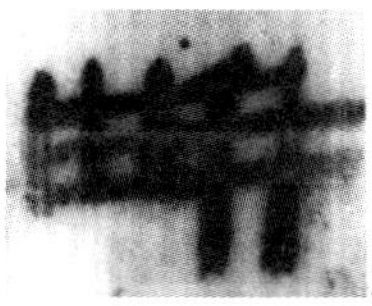
北壹・倉頡篇 63

○輪𤮵畚

【𠤮】

《説文》：，𤭛也。从甾虍聲。讀若盧同。

【𨯔】

《説文》：，篆文𠤮。

【𧇡】

《説文》：，籒文𠤮。

瓦部

【瓦】

《説文》：，土器已燒之總名。象形。凡瓦之屬皆从瓦。

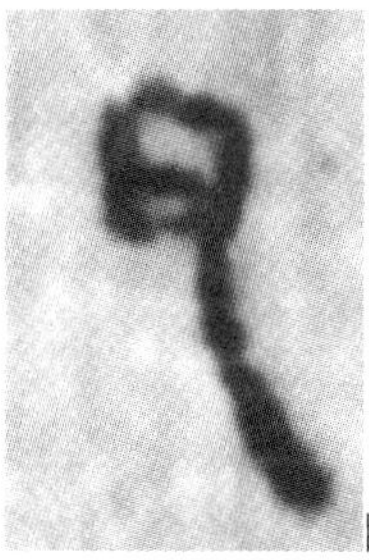
睡・秦律十八種 148

○毀折瓦器鐵器

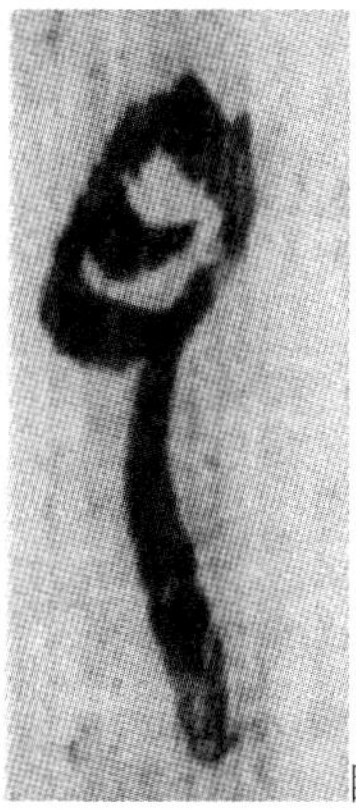
睡・日甲《盜者》74

○於瓦器下

關・病方 327

○前見坨（地）瓦操

里・第八層 135

○荆積瓦未歸船狼屬

馬貳 233_141

○筍瓦資一

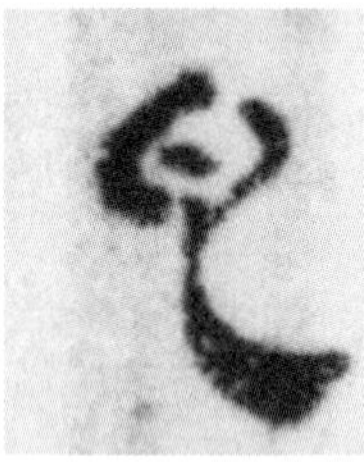
銀壹 812

○及毁瓦靈（瓴）

關沮・蕭・遣冊 24

○小瓦于（盂）

金關 T04:023B

○出瓦箕十枓

武・甲《少牢》27

○覩兩瓦豆

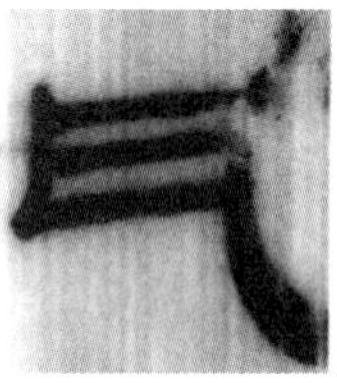
北壹・倉頡篇 34

○瓦蓋焚櫋

廿世紀璽印二-SP

○左司高瓦

歷代印匋封泥

○宗正宫瓦元延元年

漢印文字徵

○瓦間訢印

漢印文字徵

○瓦間吉

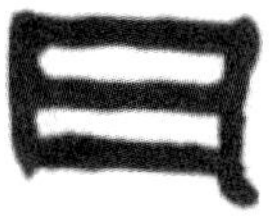
漢印文字徵

○瓦間安印

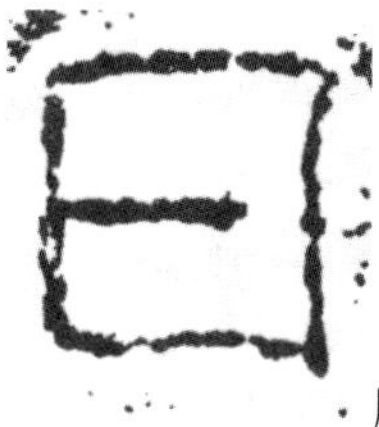
·歷代印匋封泥

○都元壽二年瓦

西漢·楚王墓塞石銘

○不布瓦鼎

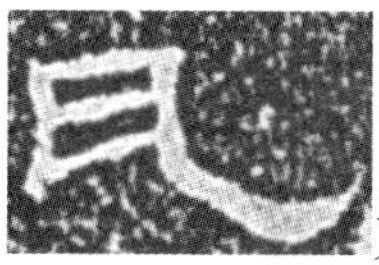
東漢·張景造土牛碑

○瓦屋二閒

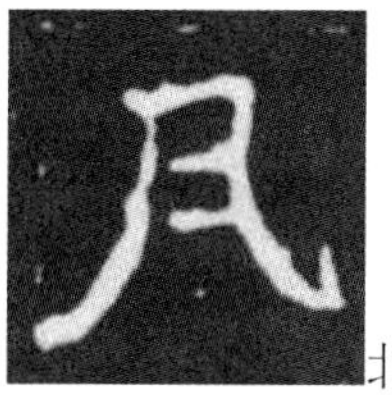
北魏·孟元華誌

○即時瓦盡

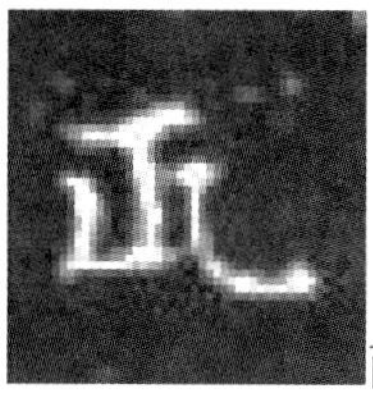
西魏·趙超宗妻誌

○雖跡非瓦飯

【瓬】

《說文》：，周家搏埴之工也。从瓦方聲。讀若抵破之抵。

【甄】

《說文》：，匋也。从瓦垔聲。

漢銘·乳釘紋壺

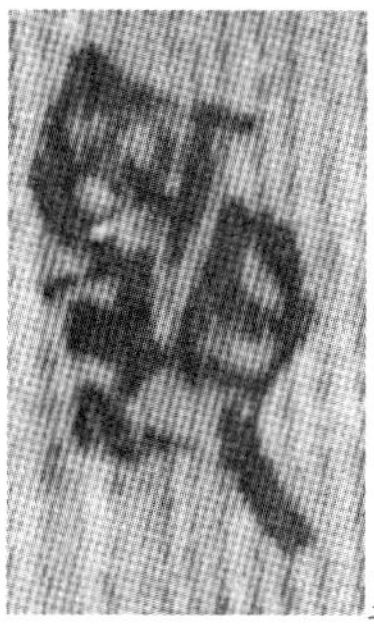
里·第八層 1143

○世人甄

張·秩律 460

○甄（鄄）城

張・引書 99

〇脈蛇甄以利距

武・甲《特牲》48

〇甄心舌皆去

武・甲《特牲》26

〇加于甄出

武・甲《少牢》29

〇加于甄尸

武・甲《少牢》28

〇加于甄衡

北壹・倉頡篇 15

〇害輟感甄設燔

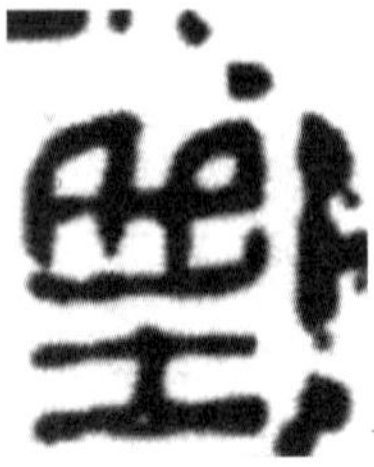
廿世紀璽印三-GP

〇甄城丞印

漢印文字徵

〇甄魁

漢印文字徵

〇甄遺

漢印文字徵

〇甄城馬丞印

漢印文字徵

〇甄監印

漢印文字徵

○甄莫如

漢印文字徵

○甄封

漢印文字徵

○甄段儒

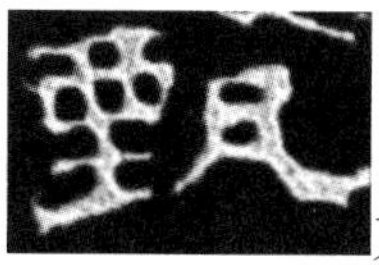
東漢・楊震碑

○博學甄微

北魏・元祐誌

○雖甄城之好士

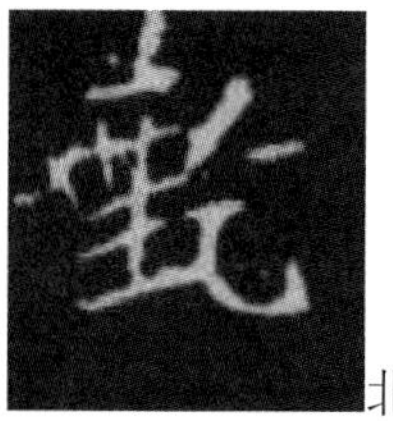
北魏・高廣誌

○而福善無甄

北魏・元澄妃誌

東魏・元睟誌

○甄城之居哀過禮

【甍】

《說文》：，屋棟也。从瓦，夢省聲。

漢印文字徵

○段甍

【甑】

《說文》：，甗也。从瓦曾聲。

【鬵】

《說文》：，籀文甑从鬵。

漢銘・御銅金雝甗

馬貳 37_55 下

張・奏讞書 51

○女子甑奴順

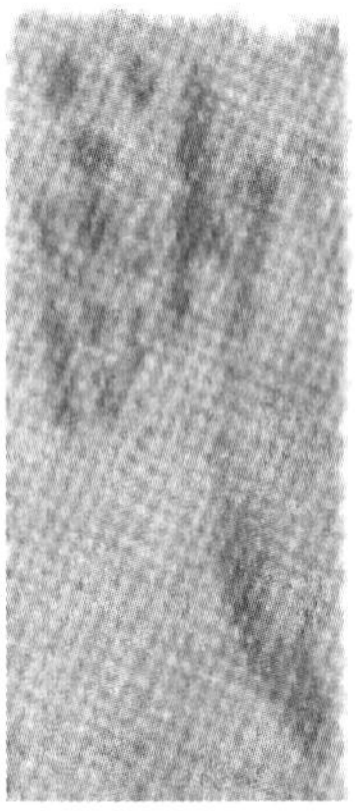
關沮・蕭・遣冊 28

○甑一具

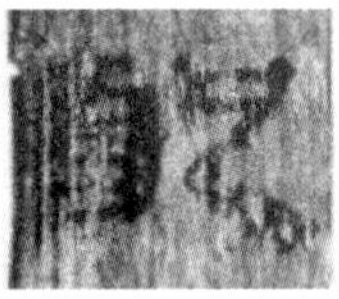
金關 T24:225

○□甑

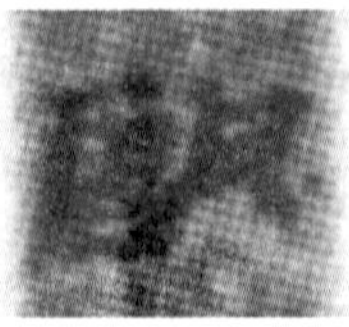
武・甲《少牢》7

○甑甗

東魏・元鷙妃公孫甑生誌

○妃姓公孫字甑生

北周・田元族造像

○爲亡息甑生

【甗】

《説文》：甗，甑也。一曰穿也。从瓦鬳聲。讀若言。

漢銘・孝文廟甗鍑

漢銘・御銅金雝甗

漢銘・御銅金雝甗

漢銘・平陽甗

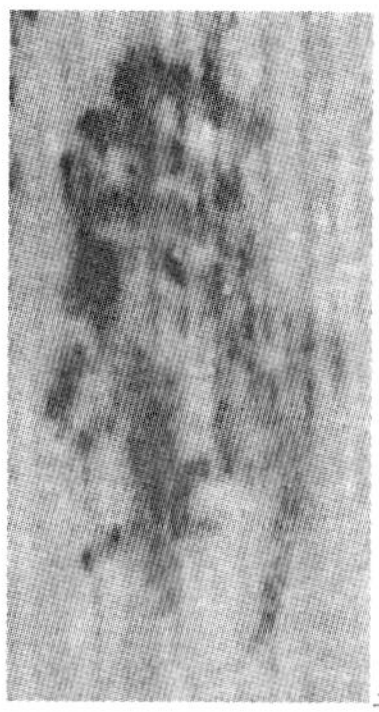
里·第八層 2246

○長利士五（伍）甗

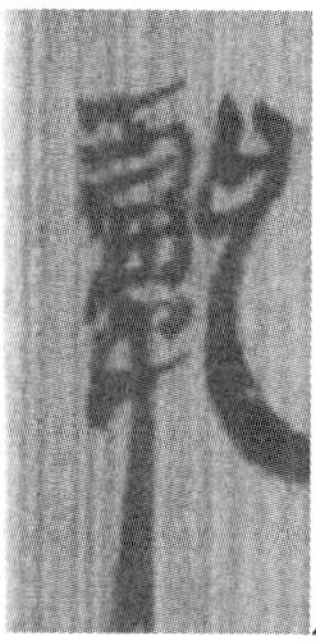
馬貳 241_222

○瓦簪（鬵）甗各錫塗

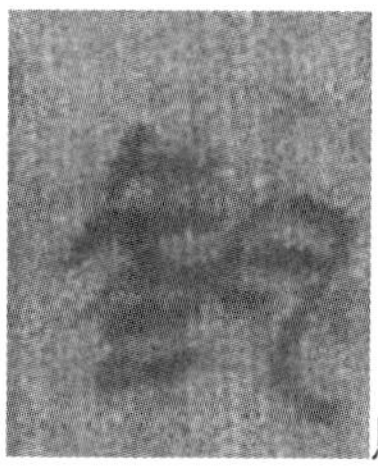
馬貳 130_41

○故瓦甗毋（無）津

張·遣策 31

○甗鍑各一

【瓵】

《説文》：，甌瓿謂之瓵。从瓦台聲。

敦煌簡 0153

○在甕盆必瓵案

【甞】

《説文》：，大盆也。从瓦尚聲。

北魏·冗從僕射造像

○內作大監甞法端

【甌】

《説文》：，小盆也。从瓦區聲。

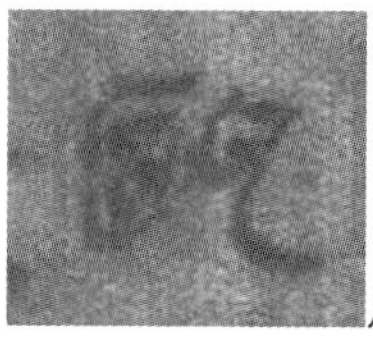
馬貳 130_42

○以瓦甌令虫

【瓮】

《説文》：，罌也。从瓦公聲。

【瓨】

《説文》：，似罌，長頸。受十升。讀若洪。从瓦工聲。

【㼝】

《説文》：，小盂也。从瓦夗聲。

【瓴】

《說文》：㼾，瓮，似瓶也。从瓦令聲。

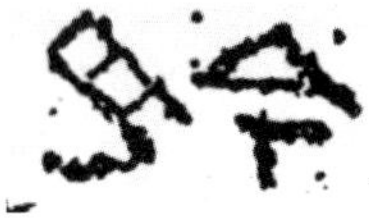
廿世紀璽印三-GP

〇霸陵氏㼾

漢印文字徵

〇㼾合成

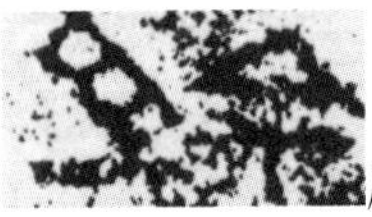
歷代印匋封泥

〇霸陵氏㼾

【㼲】

《說文》：㼲，罌謂之㼲。从瓦卑聲。

【㼪】

《說文》：㼪，似小瓿。大口而卑。用食。从瓦扁聲。

【瓿】

《說文》：瓿，㼪也。从瓦音聲。

【𤮍】

《說文》：𤮍，器也。从瓦容聲。

【甓】

《說文》：甓，㼾甓也。从瓦辟聲。《詩》曰："中唐有甓。"

【甃】

《說文》：甃，井壁也。从瓦秋聲。

東漢·熹平石經殘石五

〇井甃无咎

【甈】

《說文》：甈，康瓠，破罌。从瓦臬聲。

【𤮺】

《說文》：𤮺，甈或从埶。

【㼽】

《說文》：㼽，瑳垢瓦石。从瓦爽聲。

【㼱】

《說文》：㼱，蹈瓦聲。从瓦耎聲。

【㼤】

《說文》：㼤，治橐榦也。从瓦今聲。

【𤭢】

《說文》：𤭢，破也。从瓦卒聲。

【瓪】

《說文》：瓪，敗也。从瓦反聲。

【瓷】

《説文》：，瓦器。从瓦次聲。

【瓻】

《説文》：，酒器。从瓦，稀省聲。

〖瓮〗

漢印文字徵

○駱瓮

漢印文字徵

○駱瓮印信

北齊・五十人造像

○妻劉瓮子

〖甖〗

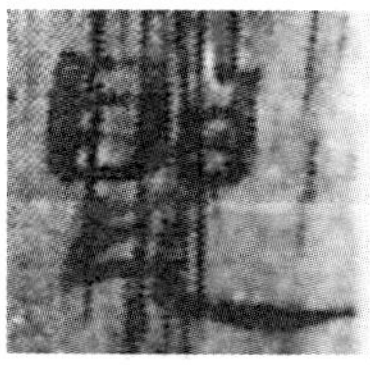
居・EPT6.27

○諸水甖三

居・EPT51.64

○辟取甖當時去告卒

弓部

【弓】

《説文》：，以近窮遠。象形。古者揮作弓。《周禮》六弓：王弓、弧弓以射甲革甚質；夾弓、庾弓以射干矦鳥獸；唐弓、大弓以授學射者。凡弓之屬皆从弓。

西晚・不其簋

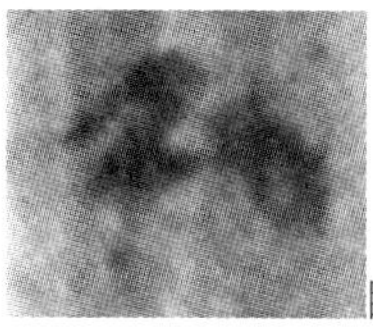
睡・日甲《詰》27

○桃爲弓

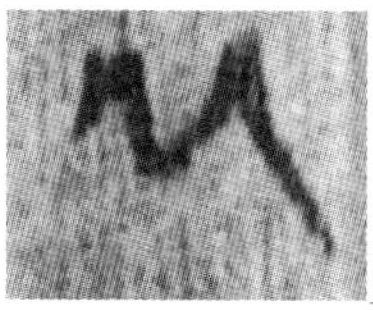
里・第八層 2200

○弓弩

馬壹 8_41 下

馬貳 262_47/68

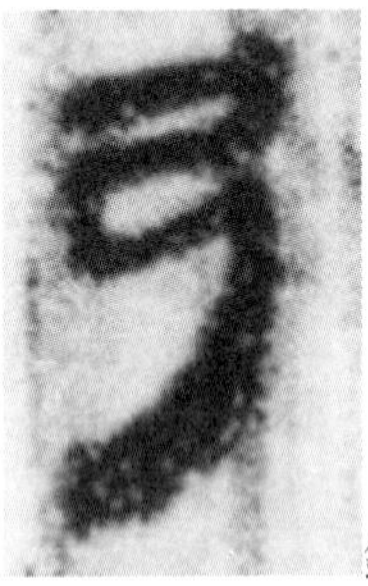
銀壹 624

北貳・老子 110

敦煌簡 0007A

金關 T10:279

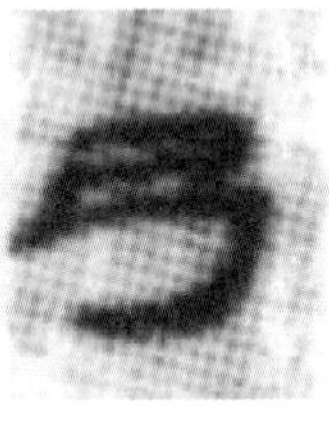
武・甲《泰射》48

秦代印風

廿世紀璽印三-SY

廿世紀璽印三-SY

漢印文字徵

漢印文字徵

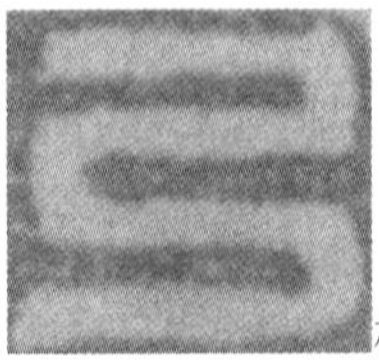
柿葉齋兩漢印萃

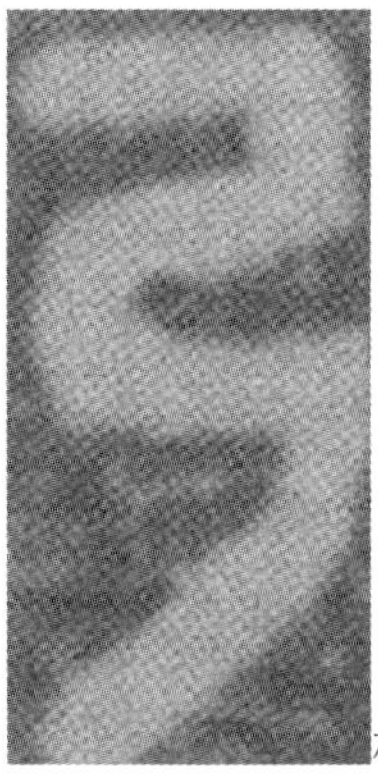
柿葉齋兩漢印萃

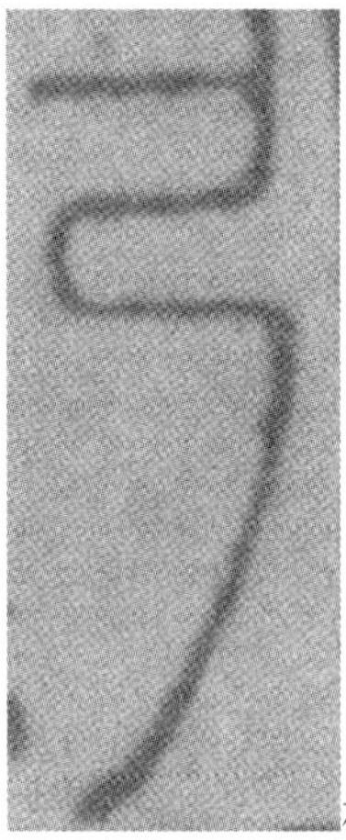
柿葉齋兩漢印萃

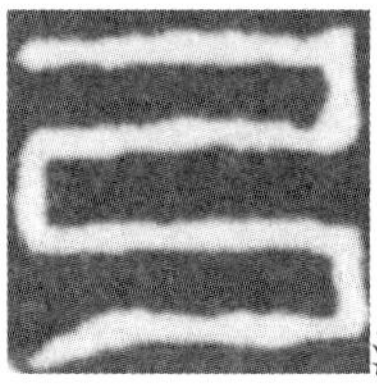
漢晉南北朝印風

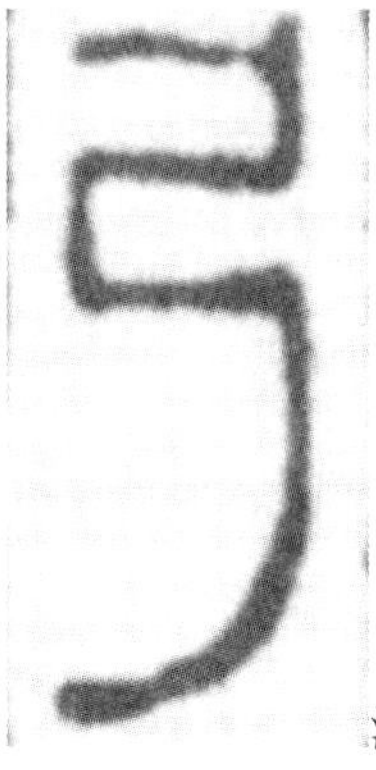
漢晉南北朝印風

石鼓・田車

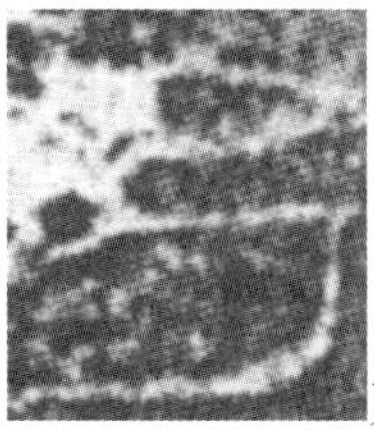
東漢・禮器碑陰

東漢・禮器碑陰

西晉・臨辟雍碑

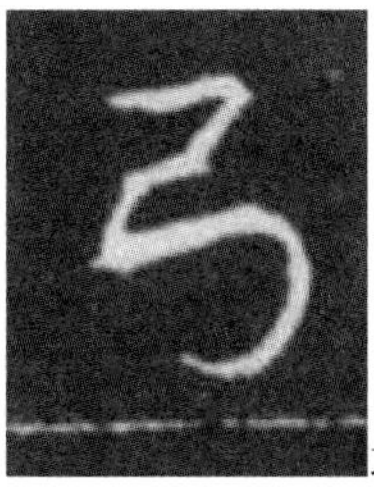
北魏・元信誌

北魏・元平誌

○好弓馬

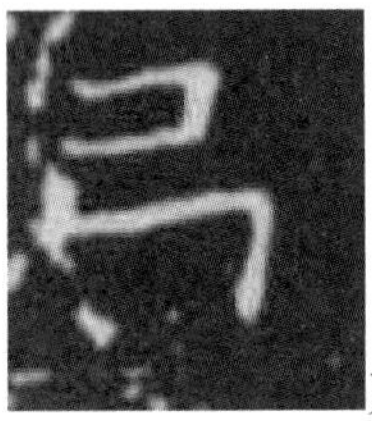
東魏・叔孫固誌

○良弓莫施

北齊・劉雙仁誌

○弓引六鈞

北齊・赫連子悅誌

【弴】

《說文》：，畫弓也。从弓𦎫聲。

【弭】

《說文》：，弓無緣，可以解轡紛者。从弓耳聲。

【⿰弓兒】

《說文》：，弭或从兒。

漢印文字徵

○弭園

漢晉南北朝印風

○弭佗私印

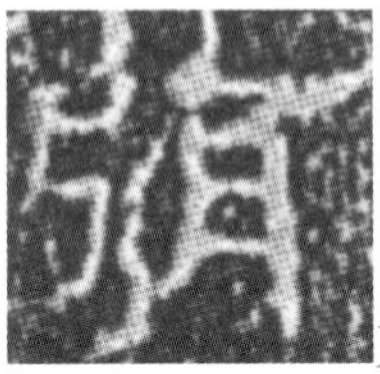
東漢・白石神君碑

○祈以弭害

北魏・元乂誌

東魏・廣陽元湛誌

【弲】

《說文》：，角弓也，洛陽名弩曰弲。从弓肙聲。

【弧】

《說文》：，木弓也。从弓瓜聲。一曰往體寡，來體多曰弧。

馬貳 38_70 上

○長而弧者

北魏・元天穆誌

○彎弧四石

北齊・薛懷儁誌

○彎弧盡屈申之妙，

北周・王德衡誌

○門慟桑弧

【弨】

《説文》：弨，弓反也。从弓召聲。《詩》曰："彤弓弨兮。"

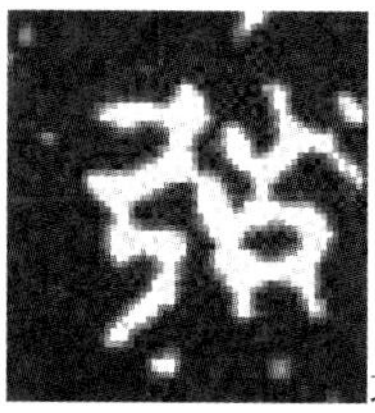
北齊・姜興紹造像

○即事弨心

【彏】

《説文》：彏，弓曲也。从弓雚聲。

【彄】

《説文》：彄，弓弩耑，弦所居也。从弓區聲。

【彇】

《説文》：彇，弓便利也。从弓繇聲。讀若燒。

【張】

《説文》：張，施弓弦也。从弓長聲。

戰晚・二年宜陽戈一

戰晚・王四年相邦張義戈

○張義（儀）

戰晚・二年宜陽戈二

漢銘・張壺

漢銘・張氏鼎蓋

漢銘・徐揚鐖

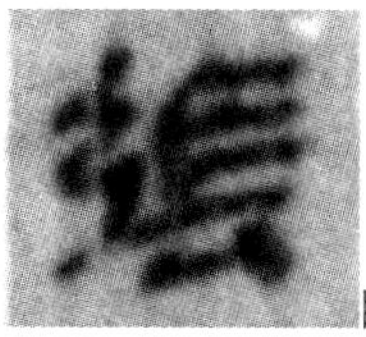
睡・日甲《玄戈》56

○七月張畢

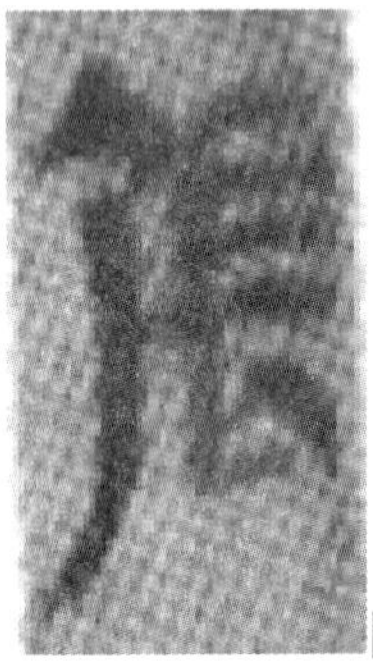
關・日書 132

○七月張此

里・第八層 95

馬壹 148_77/251 上

○張之

馬壹 90_256

○若因張羛（儀）

馬壹 242_2 上\10 上

張・奏讞書 166

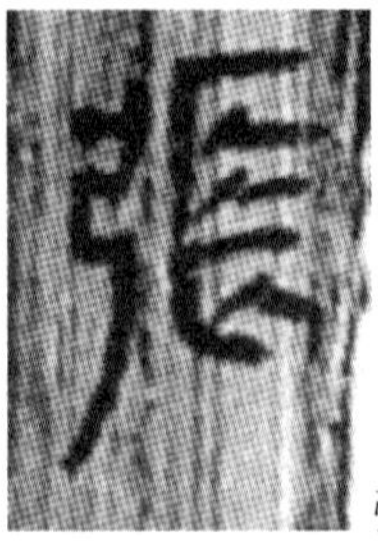
張・脈書 8

銀壹 800

北貳・老子 110

敦煌簡 0508

○五張

敦煌簡 1636

○汜里張賢三石具弩

金關 T09:098

○大夫張駿年卅五

金關 T05:076

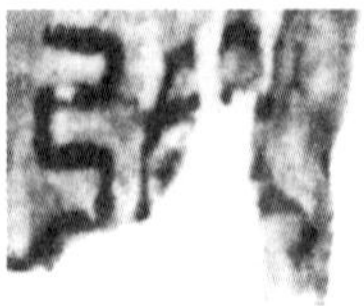
武・柩銘考釋 2

○事里張伯升

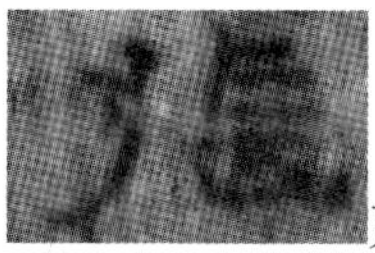
東牌樓 005

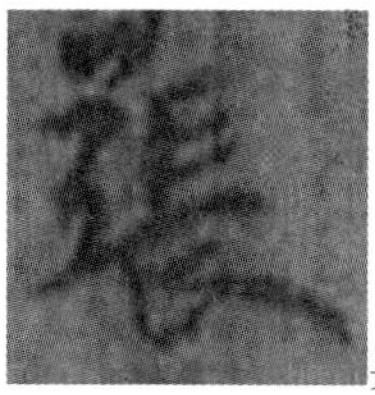
吳簡嘉禾・四・一四

吳簡嘉禾・五・六四一

○倉吏張曼周棟畢凡

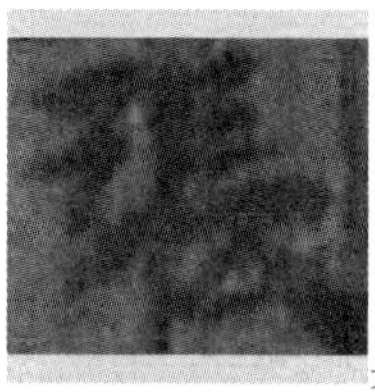
吳簡嘉禾・五・一六一

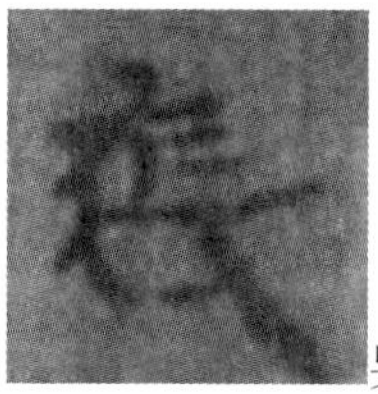
吳簡嘉禾・四・一三四

魏晉殘紙

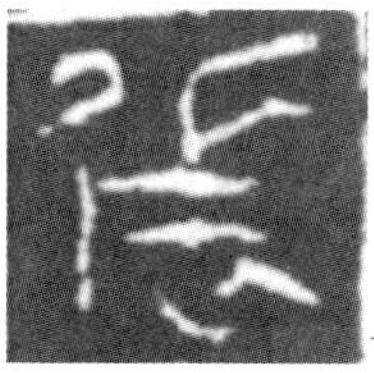
廿世紀璽印二-SY

○張沮

廿世紀璽印二-SY

○張罷

秦代印風

○張耳

秦代印風

○張義

秦代印風

○張雒

秦代印風

○張鍇

秦代印風

○張喜

秦代印風

○張和

秦代印風

○張洋

秦代印風

○張競

秦代印風

○張圉

秦代印風

○張禦

秦代印風

○張嬰

秦代印風

○張氏家印

廿世紀璽印三-SY

○張譚之印

廿世紀璽印三-GY

○張司馬

廿世紀璽印三-SY

○張安世印

廿世紀璽印三-SY

○張利之印

廿世紀璽印三-SY

○魏張

漢晉南北朝印風

○趣張司馬

廿世紀璽印三-SY

○張豎

歷代印匋封泥

○張相

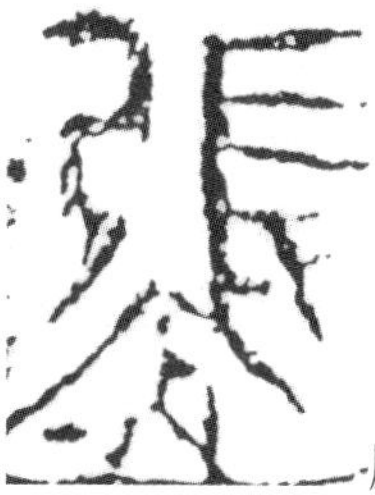
歷代印匋封泥

○八月二張□

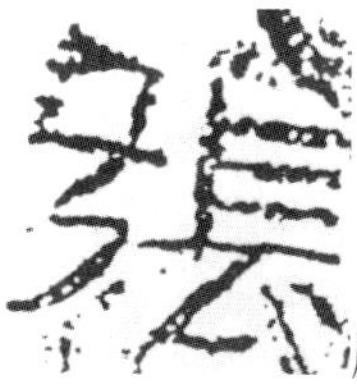
歷代印匋封泥

○張穆

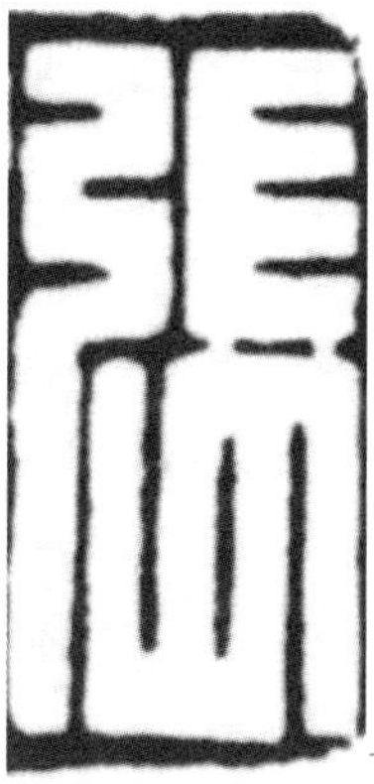
廿世紀璽印三-SY

○張毋巳

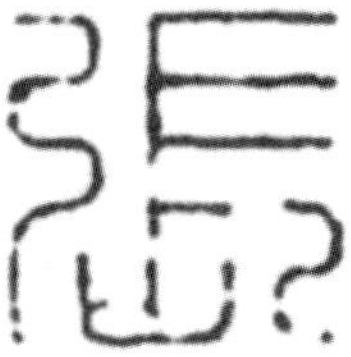
廿世紀璽印三-SY

○張雄印信

廿世紀璽印三-SY

廿世紀璽印三-SY

○張千万

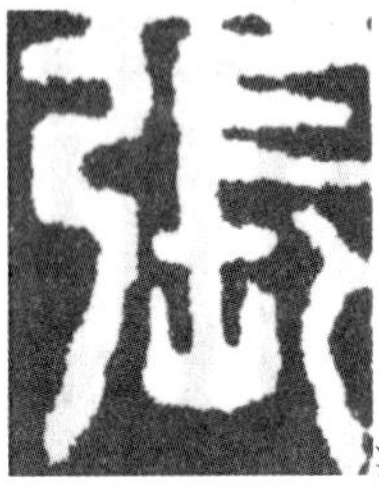
漢代官印選

○張掖太守章

歷代印匋封泥

○張壽門

歷代印匋封泥

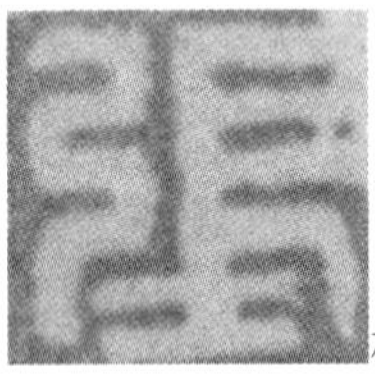
柿葉齋兩漢印萃

○張根之印

柿葉齋兩漢印萃

○張九

柿葉齋兩漢印萃

○江秋之印

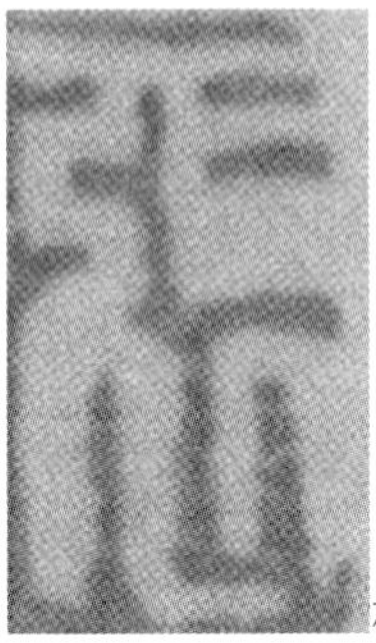
柿葉齋兩漢印萃

○張別

柿葉齋兩漢印萃

○張漢之印

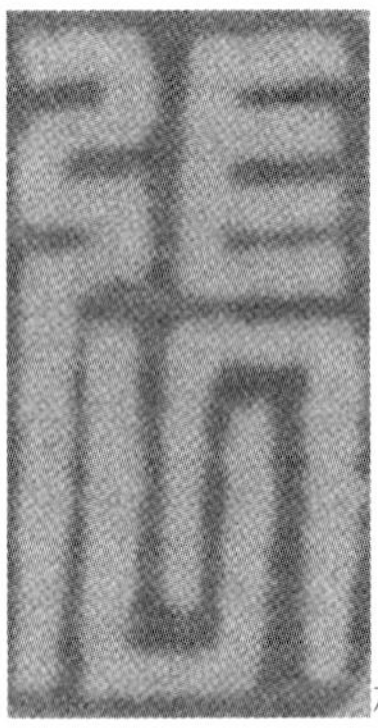
柿葉齋兩漢印萃

○張高

漢印文字徵

○張冬古

漢印文字徵

○周子張印

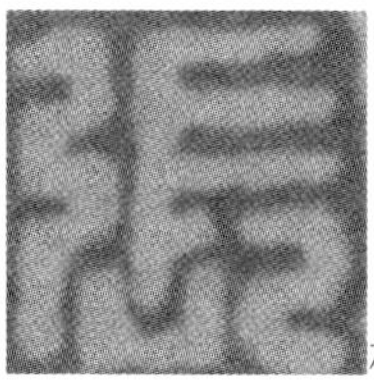
柿葉齋兩漢印萃

○張農私印

漢印文字徵

○張掖尉印

漢印文字徵

○張捐之印

漢印文字徵

○張震

漢印文字徵

○張賀

漢印文字徵

○張護私印

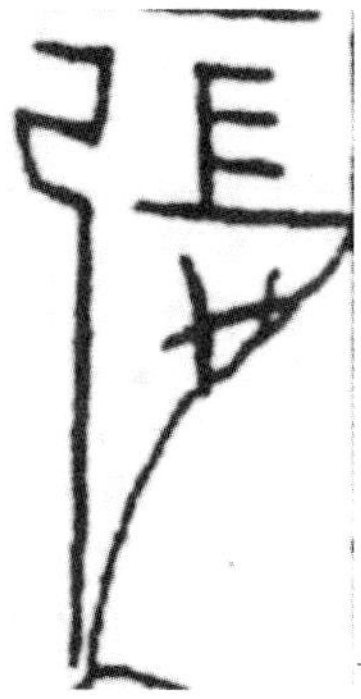
廿世紀璽印四-SY

○張畅

漢晉南北朝印風

○張頼

漢晉南北朝印風

○張鹹

漢晉南北朝印風

○張猛

漢晉南北朝印風

○張常之印

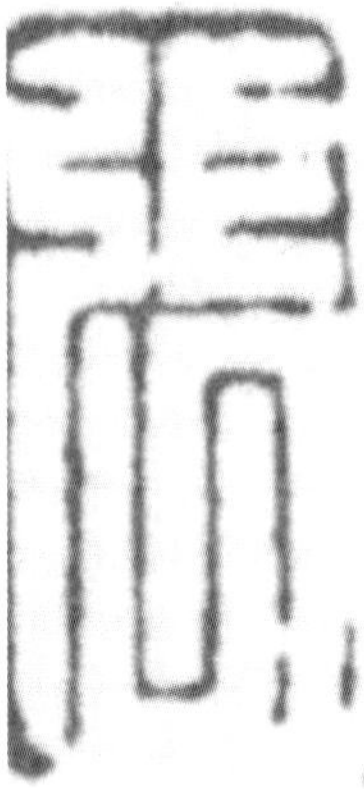
漢晉南北朝印風

○張安世

漢晉南北朝印風

○張應

漢晉南北朝印風

○張順印信

漢晉南北朝印風

○張震白疏

漢晉南北朝印風

○張仁私印

漢晉南北朝印風

○張虞人

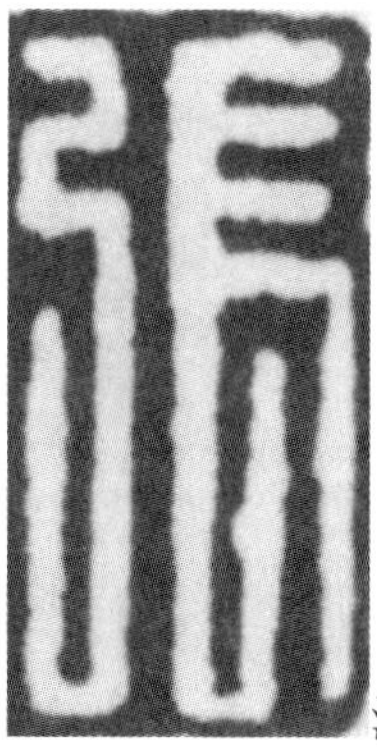
漢晉南北朝印風

○張絈

漢晉南北朝印風

○張護

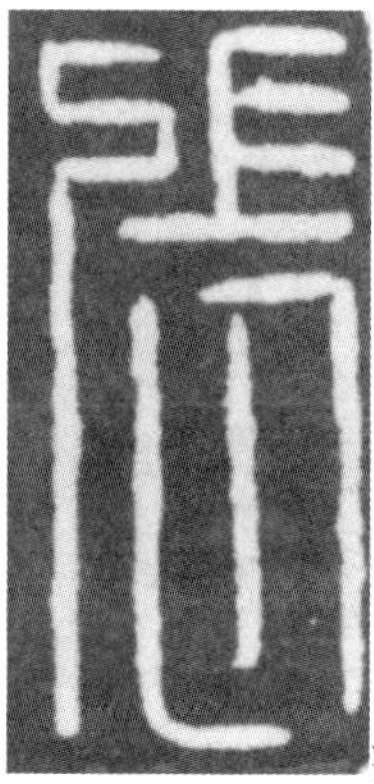
漢晉南北朝印風

○張疕

漢晉南北朝印風

○張強

漢晉南北朝印風

○張九

漢晉南北朝印風

○張圜

漢晉南北朝印風

○巨張千萬

廿世紀璽印四-SP

○張穆

漢晉南北朝印風

○張湞私印

漢晉南北朝印風

○張並私印

詛楚文・巫咸

○張矜意怒

東漢・張盛墓記

東漢・曹全碑陽

東漢・趙儀碑

東漢・曹全碑陽

晉・張纂誌蓋

三國魏・曹真殘碑

西晉・張朗誌蓋

北魏・韓顯宗誌

北魏・張整誌

北魏・元侔誌

北魏・元濬嬪耿氏誌

北魏・張猛隆碑

北魏・韓顯祖造像

北齊・張海翼誌蓋

○張君墓誌銘

北齊・張康張雙造像

北齊・張思文造像

北齊・張子昂造像

【彏】

《説文》：，弓急張也。从弓矍聲。

【弸】

《説文》：，弓彊皃。从弓朋聲。

【彊】

《説文》：，弓有力也。从弓畺聲。

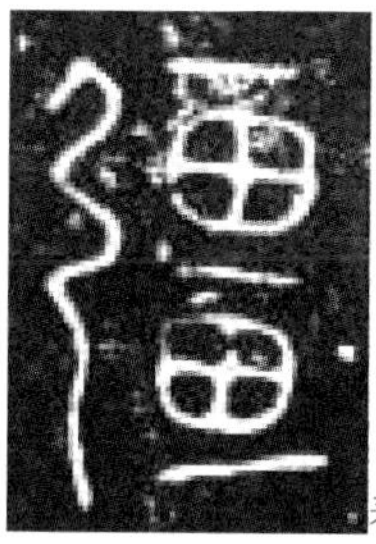
春早・秦公鎛

西晚・不其簋

漢銘・元延乘輿鼎一

睡・為吏37

〇彊良（梁）不得

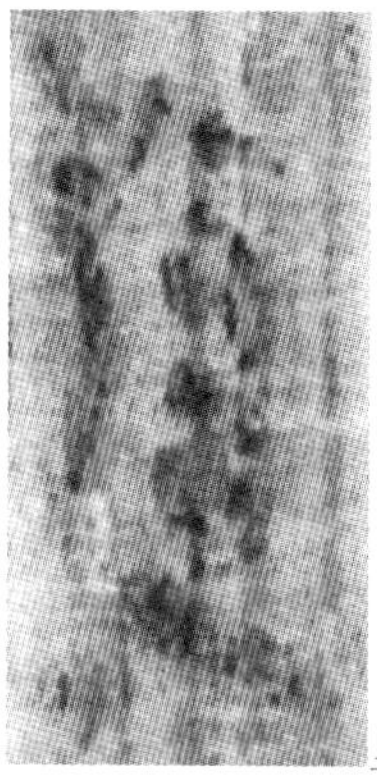
里・第八層585

〇大夫彊下

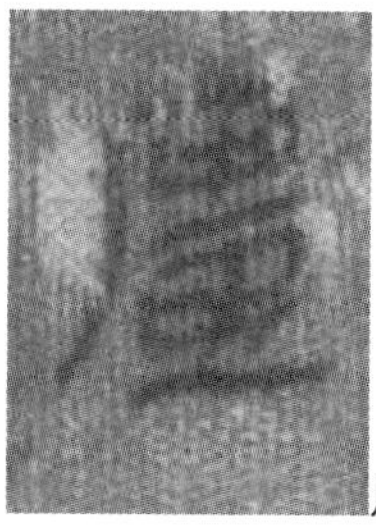
馬貳129_22

〇桂彊（薑）各一

金關T24:118

金關T21:429

〇長武彊兼行

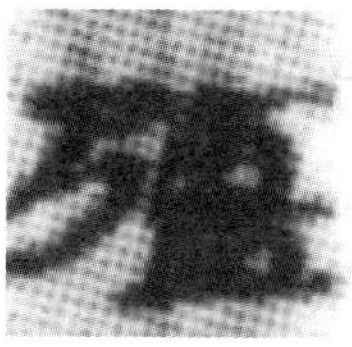
武・甲《少牢》33

北壹・倉頡篇 53

吳簡嘉禾・五・四九二

吳簡嘉禾・五・五〇〇

〇南彊丘男子聶儀佃

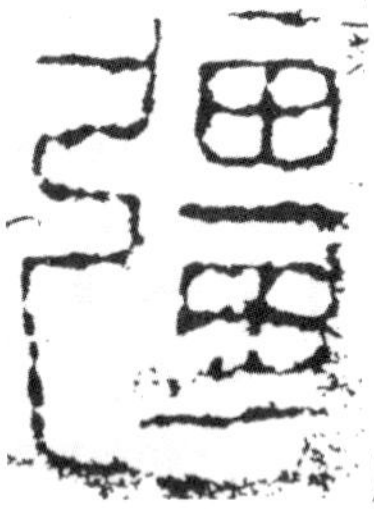
歷代印匋封泥

廿世紀璽印三-GP

廿世紀璽印三-SY

廿世紀璽印三-SY

廿世紀璽印三-SY

廿世紀璽印三-SY

漢印文字徵

漢印文字徵

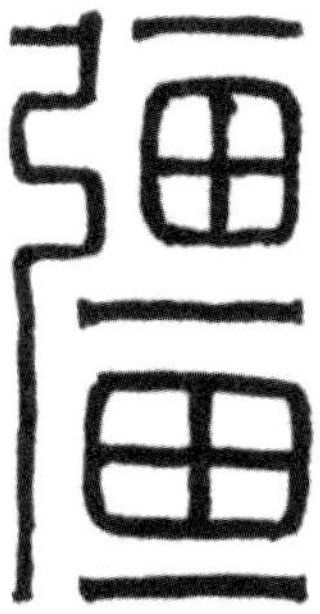
漢印文字徵

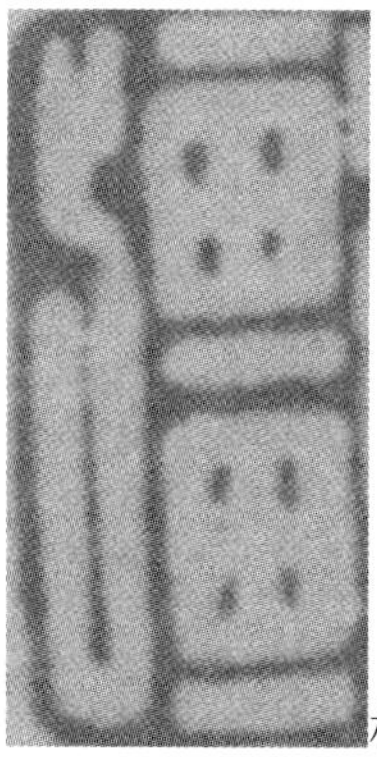
柿葉齋兩漢印萃

柿葉齋兩漢印萃

漢印文字徵

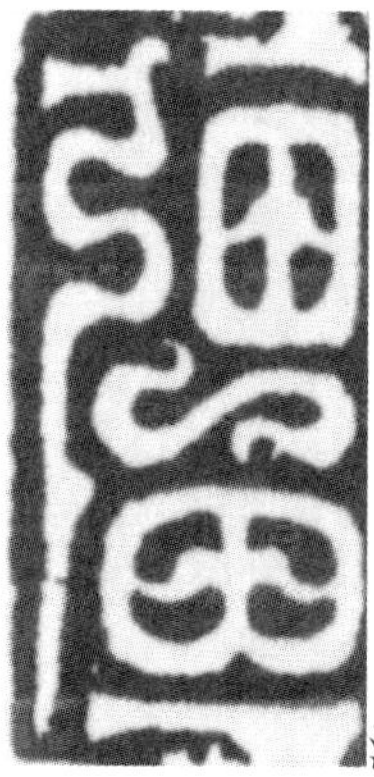
漢晉南北朝印風

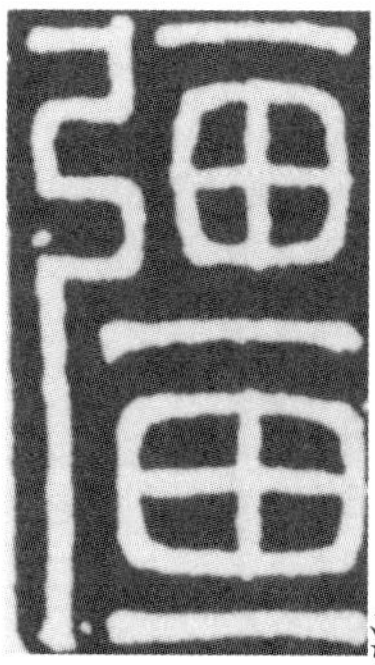
漢晉南北朝印風

漢晉南北朝印風

漢晉南北朝印風

漢晉南北朝印風

漢晉南北朝印風

漢晉南北朝印風

〇劉強之印

漢晉南北朝印風

東漢・石門頌

〇綏億衙彊

東漢・景君碑

〇彊不淩（凌）弱

東漢・張遷碑陽

【彎】

《説文》：彎，持弓關矢也。从弓䜌聲。

東魏・程哲碑

〇彎弓十石

東魏・侯海誌

〇彎弧騁馳之功

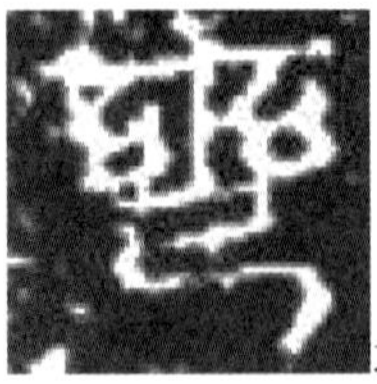
北齊・庫狄業誌

〇彎弧引矢

北周・李綸誌

〇彎弧命中

【引】

《説文》：引，開弓也。从弓、丨。

春晚・秦公簋

〇天高引

春晚・秦公鎛

〇 高引又(有)慶匍

睡・秦律雜抄 8

〇引強

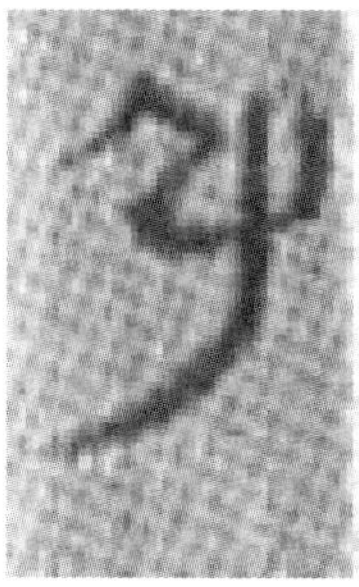
關・日書 244

○此直引也

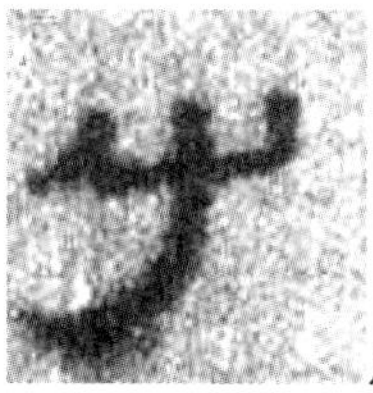
馬壹 121_1 下

○自引以繩然

馬貳 134_24/79

○蚯引（蚓）之矢

張・引書 33

○引瘴病之台

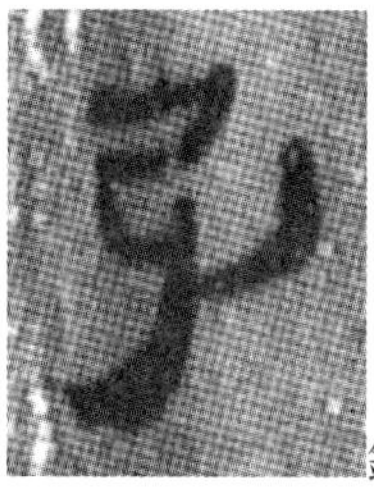
銀貳 1761

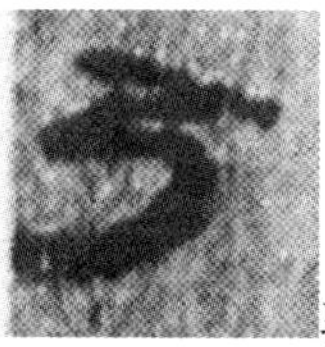
敦煌簡 2072

○普引弓射之

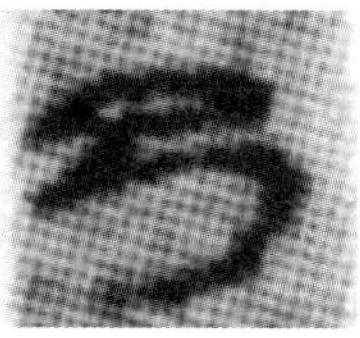
武・甲《少牢》33

○替引之

東漢・熹平石經殘石五

○引吉无咎

西晉・臨辟雍碑

西晉・石尠誌

北魏・元禮之誌

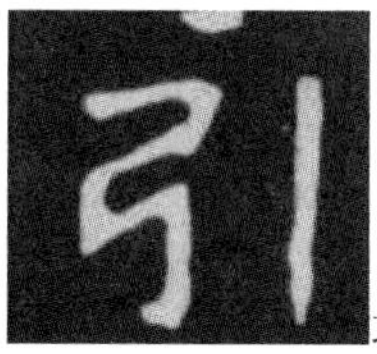
北魏・奚智誌

北魏・吐谷渾璣誌

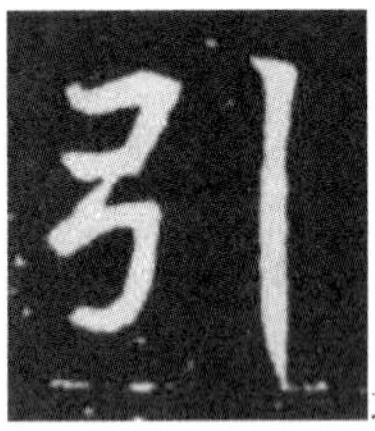
北魏·元引誌

北魏·元進誌

【弙】

《說文》：，滿弓有所鄉也。从弓于聲。

【弘】

《說文》：，弓聲也。从弓厶聲。厶，古文肱字。

漢銘·弘農宮銅方鑪

漢銘·西漢永光四年鐙

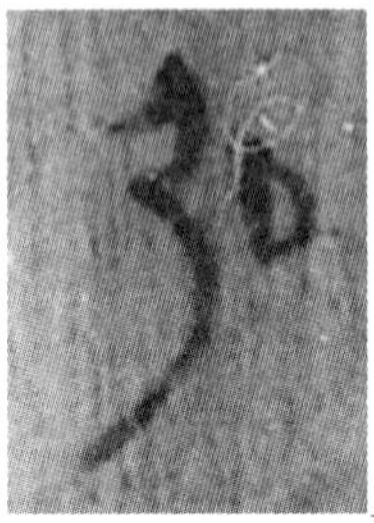
里·第八層 1554

馬壹 82_64

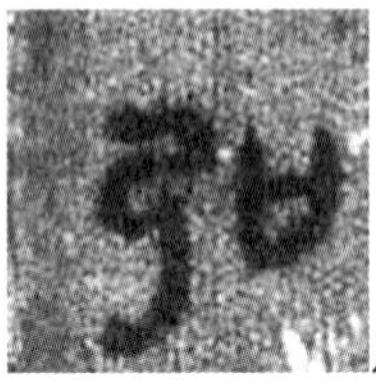
馬壹 77_78

張·奏讞書 184

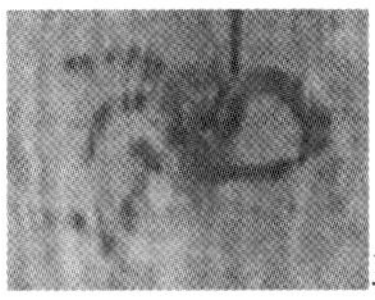
敦煌簡 1041

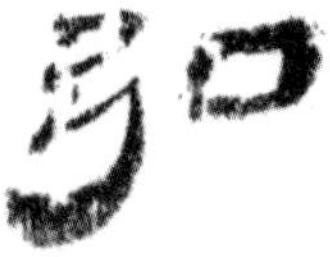
金關 T01:133

東牌樓 094 背

北壹·倉頡篇 60

廿世紀璽印三-SY

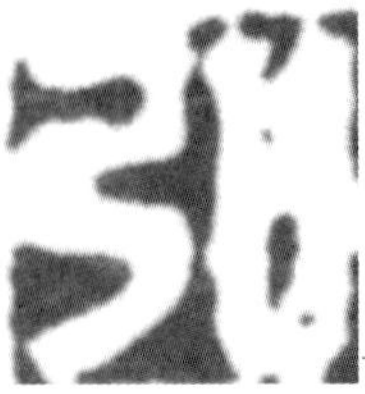
廿世紀璽印三-SY

漢晉南北朝印風

廿世紀璽印三-SY

漢代官印選

漢印文字徵

漢印文字徵

柿葉齋兩漢印萃

柿葉齋兩漢印萃

漢代官印選

漢印文字徵

歷代印匋封泥

〇弘農

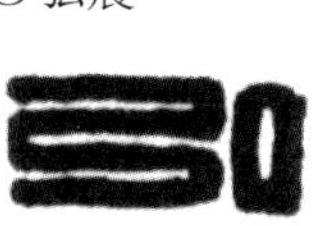
漢印文字徵

漢印文字徵

〇視弘之印

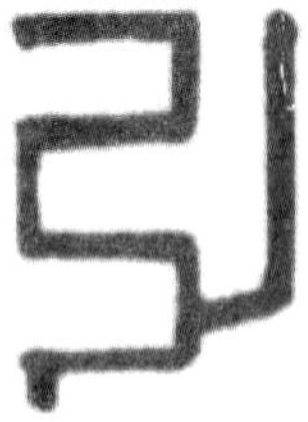
漢印文字徵

○上林弘南捕姦

漢印文字徵

漢晉南北朝印風

廿世紀璽印四-SY

廿世紀璽印四-GY

漢晉南北朝印風

漢晉南北朝印風

漢晉南北朝印風

漢晉南北朝印風

東漢・鮮於璜碑陰

東漢・石門頌

東漢・乙瑛碑

東漢・曹全碑陰

西晉・郭槐柩記

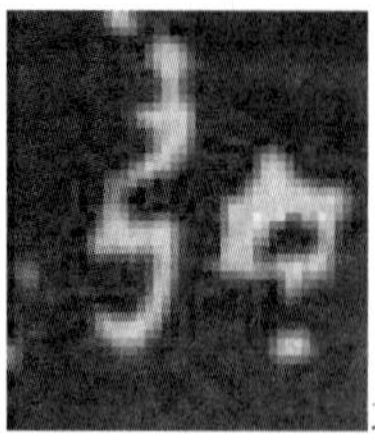
北魏・賈思伯碑

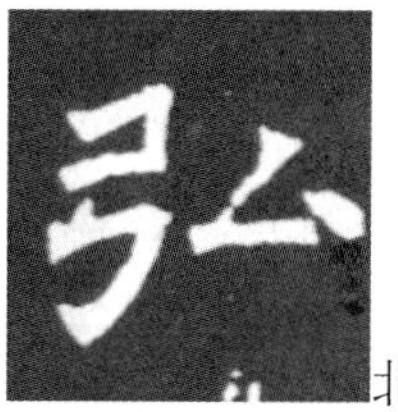
北魏・楊君妻崔氏誌

北魏・楊無醜誌蓋

北魏・楊範誌

北齊・高湝誌

【𢐗】

《説文》：𢐗，弛弓也。从弓璽聲。

【弛】

《説文》：弛，弓解也。从弓从也。

【㢮】

《説文》：㢮，弛或从虒。

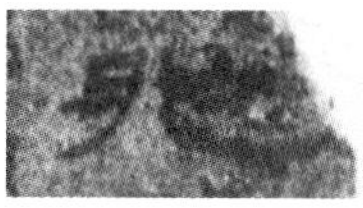
敦煌簡 2348A

○□習弛刑

東漢・桐柏淮源廟碑

○惟前廢弛

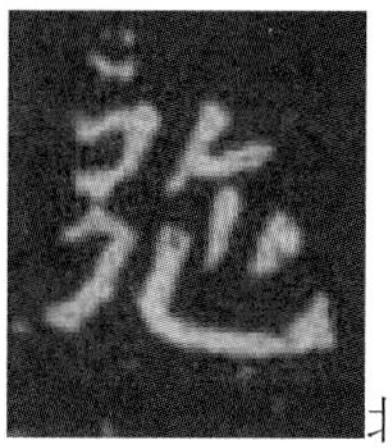
北魏・元寶月誌

○長乘弛禁

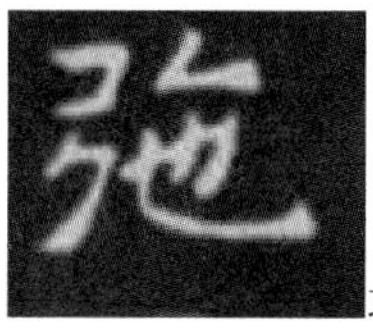
北魏・元顥誌

○天綱暫弛

東魏・司馬韶及妻侯氏誌

○弛搨求仁

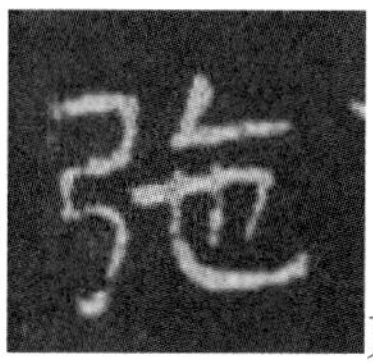
東魏・元均及妻杜氏誌

○臨戎弛柝

【弢】

《説文》：弢，弓衣也。从弓从𡳿。𡳿，垂飾，與鼓同意。

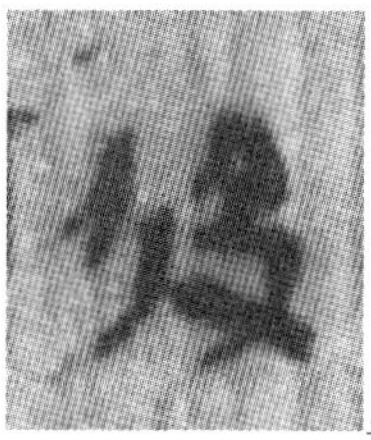
里・第八層 361

○角弢二

【弩】

《説文》：弩，弓有臂者。《周禮》四弩：夾弩、庾弩、唐弩、大弩。从弓奴聲。

漢銘・大僕鐖

漢銘・永平十八年鐖

漢銘・徐揚鐖

睡・秦律雜抄 2

○吏發弩嗇夫不如律

睡・日甲《詰》56

○故而弩（怒）也

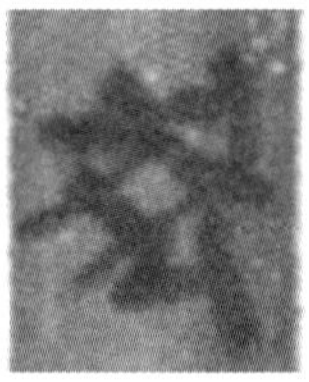
嶽・為吏 13

○孝發弩材官

嶽・暨過案 99

○亥（劾）弩言夬（决）

里・第八層 1234

○山發弩丞印亡謁更

里・第八層 151

○餘見弩臂

馬貳 279_236/35

○弩矢十二象族（鏃）

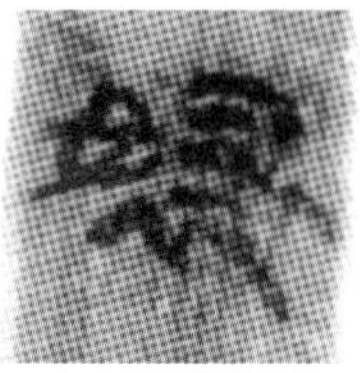
張・徭律 414

○之縣弩春秋射各旬

張・奏讞書 41

○受軍弩（奴）視

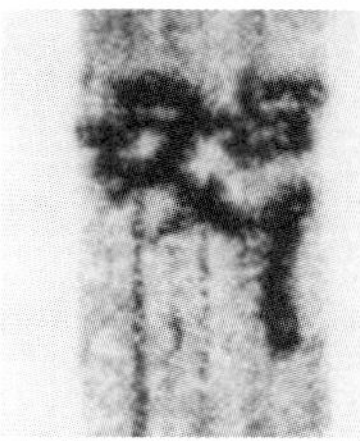
銀壹 479

○木弩如羊角

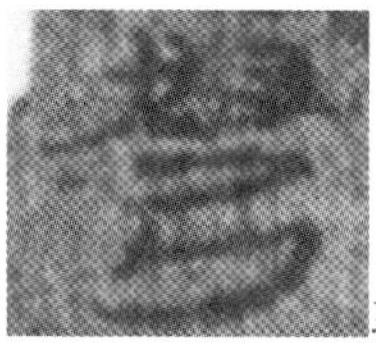
敦煌簡 0790

敦煌簡 1542A

敦煌簡 1041

○弩一完

金關 T06:019

東牌樓 012

○致弩委矢

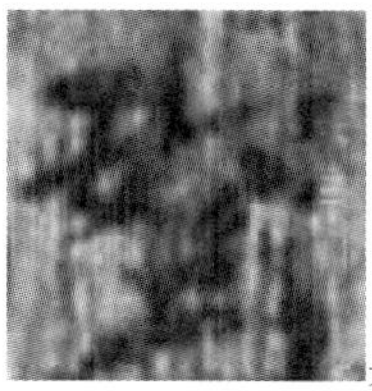
吳簡嘉禾・四・九九

○周弩佃田三町凡

廿世紀璽印三-GP

廿世紀璽印三-GP

廿世紀璽印三-GP

○弩工室印

歷代印匋封泥

秦代印風

○發弩

廿世紀璽印三-GY

○發弩

漢晉南北朝印風

漢晉南北朝印風

○發弩

漢晉南北朝印風

漢代官印選

漢晉南北朝印風

漢印文字徵

歷代印匋封泥

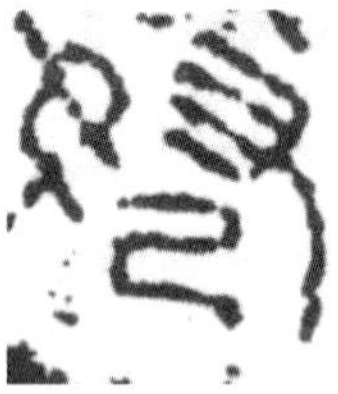
歷代印匋封泥

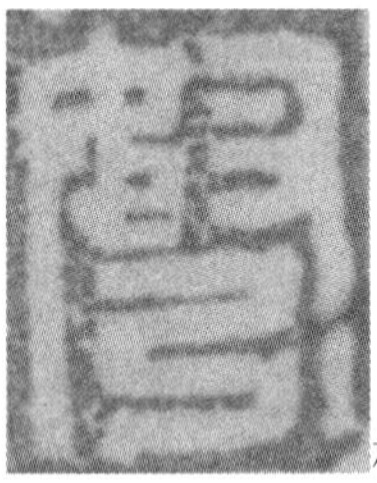
柿葉齋兩漢印萃

柿葉齋兩漢印萃

漢印文字徵

漢印文字徵

漢晉南北朝印風

○強弩將軍章

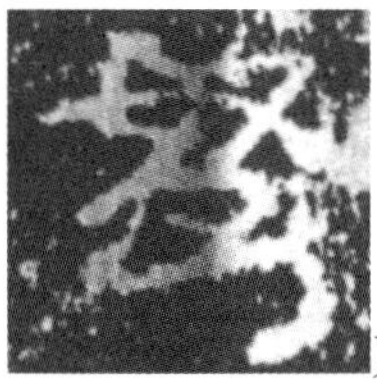
東漢‧元嘉元年畫像石題記一

北魏‧李端誌

東魏‧叔孫固誌

北齊‧暴誕誌

北周‧獨孤信誌

【彀】

《説文》：，張弩也。从弓𣪊聲。

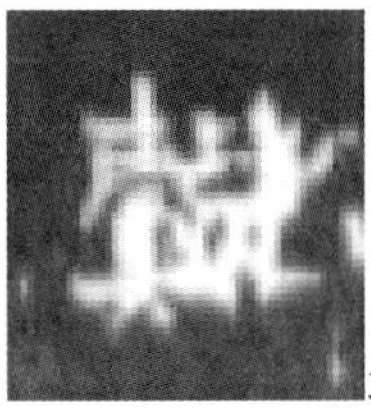
北周‧李綸誌

○涼州推彀

【彍】

《説文》：，弩滿也。从弓黃聲。讀若郭。

【彃】

《説文》：，䠶也。从弓畢聲。《楚詞》曰：“芎焉彃日。”

【彈】

《説文》：，行丸也。从弓單聲。

【弦】

《説文》：，彈或从弓持丸。

馬壹 98_79

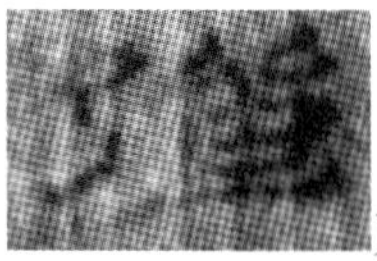
東牌樓 005

○畀付彈處罪

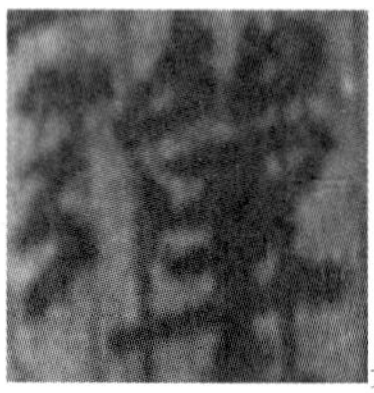
吳簡嘉禾・五・九五二

吳簡嘉禾・五・九五七

漢晉南北朝印風

漢印文字徵

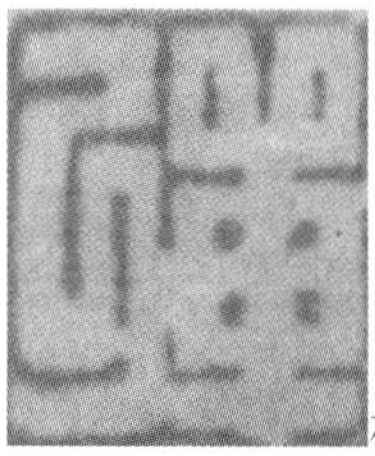
柿葉齋兩漢印萃

東漢・黨錮殘碑

東漢・尚博殘碑

北魏・張寧誌

○彈冠問世

北魏・陳天寶造像

北齊・姜纂造像

【發】

《說文》：，䠶發也。从弓癹聲。

漢銘・元初二年鐖

睡・為吏 13

關・日書 238

嶽・癸瑣案 14

里・第五層 6

○東曹發它如律令□

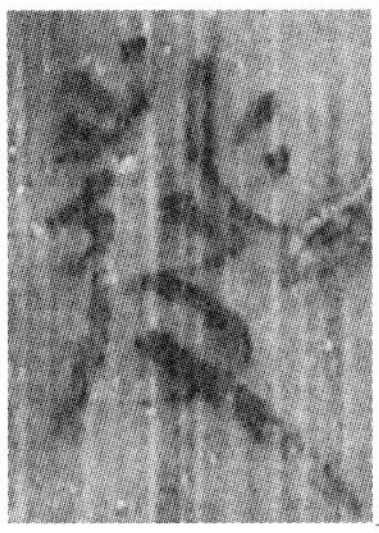
里・第八層 52

○主吏發

里・第八層背 65

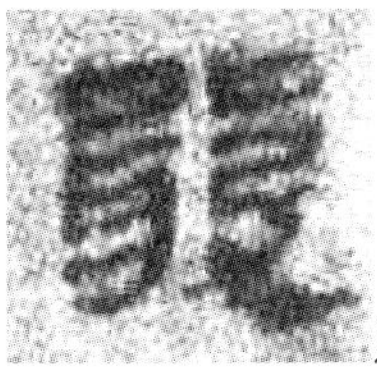
馬壹 9_63 上

○赤發（紱）

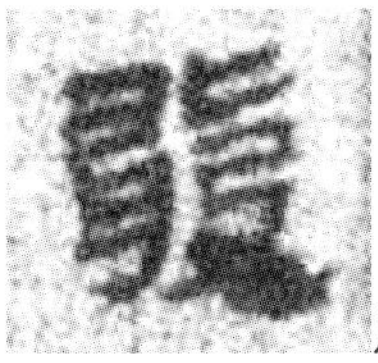
馬壹 5_26 上

○發勿遂（逐）

馬貳 294_407/407

○物不發

馬貳 214_27/128

張・徭律 413

○粟乃發公

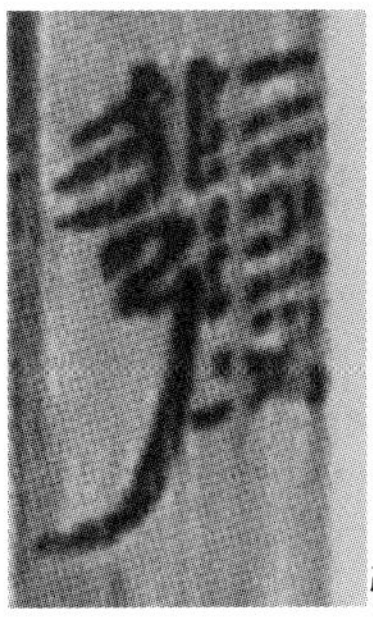
張・奏讞書 1

○戊子發弩

張・引書 100

○而勿發以利口撫心

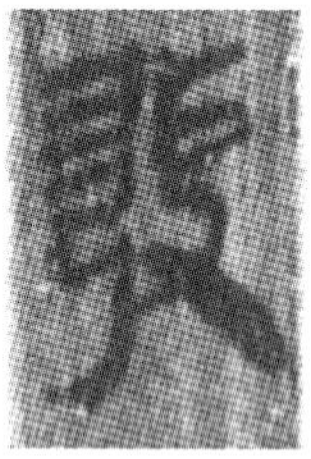
銀貳 1813

○發令不行

北貳・老子 202

○而毋發（伐）果

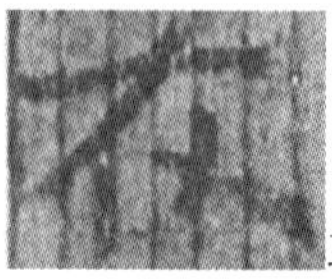
敦煌簡 0055

○發軍未出

敦煌簡 1255

○惡其發

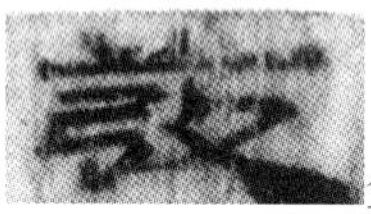
金關 T31:128

○發故彊落

金關 T04:050

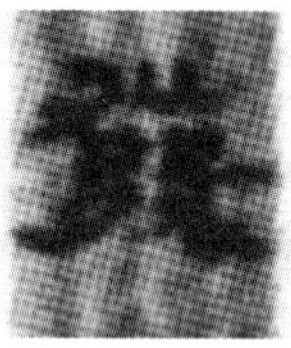
武・甲《泰射》45

○侯再發卒

東牌樓 007

○張姓發民

北壹・倉頡篇 6

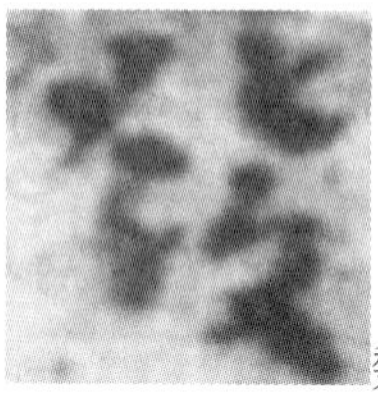
魏晉殘紙

○奉發

秦代印風

廿世紀璽印三-GP

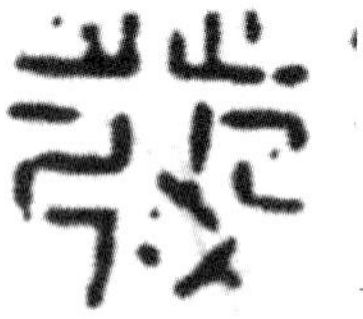
廿世紀璽印三-GP

秦代印風

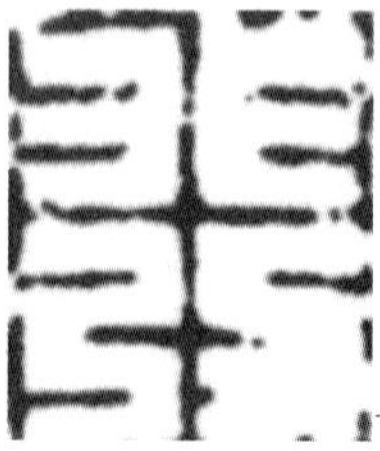
廿世紀璽印三-SY

○公孫發印

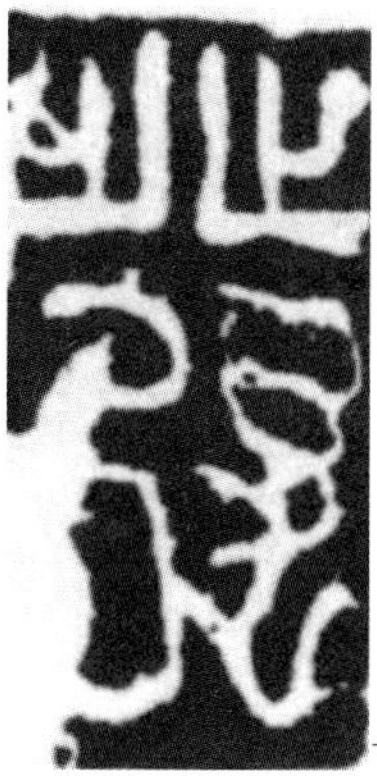
廿世紀璽印三-GY

○發弩

漢晉南北朝印風

廿世紀璽印三-SY

○自發印信封完

漢印文字徵

漢印文字徵

○封完請發

漢印文字徵

歷代印匋封泥

漢印文字徵

歷代印匋封泥

○發弩

漢印文字徵

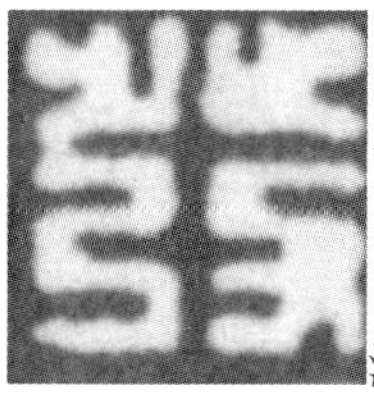
漢晉南北朝印風

漢晉南北朝印風

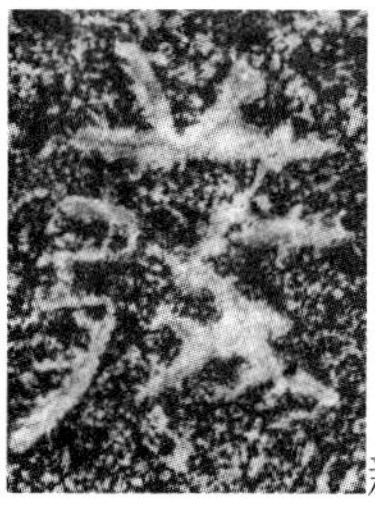
新莽・禳盜刻石

○諸敢發我丘

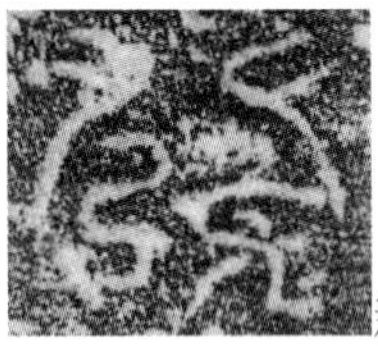
新莽・馮孺人題記

○千歲不發

東漢・元嘉元年畫像石題記二

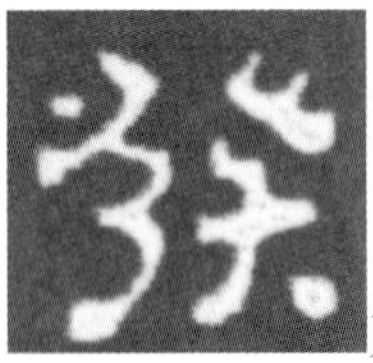
東漢・楊著碑額

○孝烝內發

東漢・肥致碑

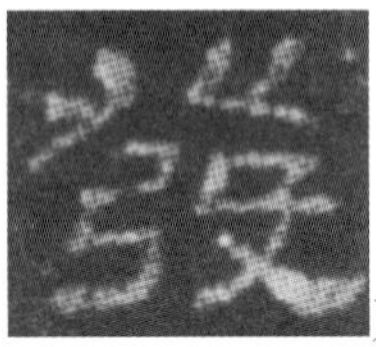
東漢・肥致碑

東漢・趙菿殘碑

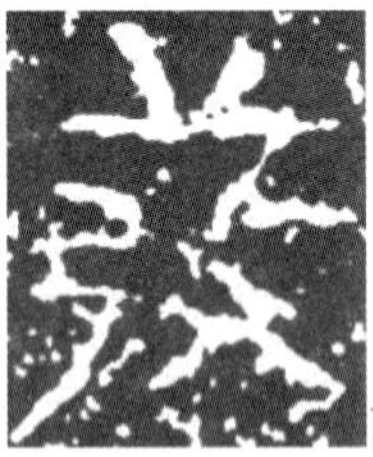
西漢・山東金鄉漢墓鎮墓文

○諸敢發我丘者

東漢・武氏前石室畫像題字

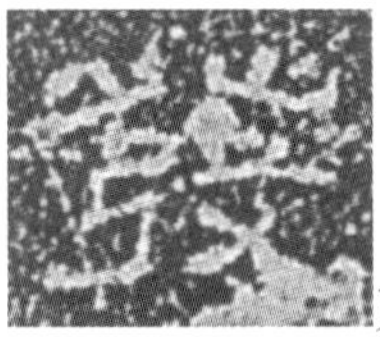
東漢・張景造土牛碑

三國魏・張君殘碑

北魏・馮邕妻元氏誌

北魏・侯愔誌

北魏・元鑽遠誌

北魏・寇猛誌

○英發天彰

北魏・元頊誌

北魏・塔基石函銘刻

○乃親發至願

北魏・元恪嬪李氏誌

○發自天真

北魏・檀賓誌

○發翠魏都

北魏・王誦妻元妃誌

○祥發樞電

北魏・山公寺碑頌

○遂發誠心

北魏・元澄妃誌

○英發前輝

北魏・韓顯宗誌

○仁孝發表

北魏・元楨誌

○秀發蘭坰

北魏・暉福寺碑

○長發其祥

北魏・元顥誌

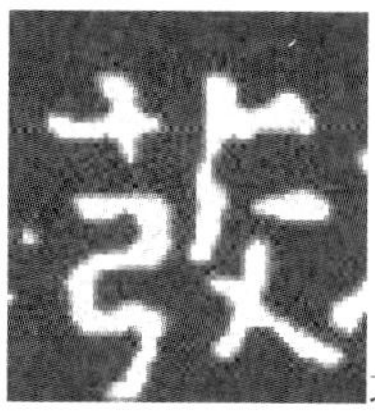
北齊・道明誌

○善捨外發

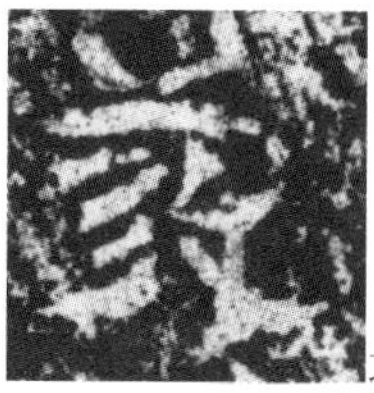
北齊・法暈造像

○同發菩提

北齊・唐邕刻經記

北齊・赫連子悅誌

北齊・無量義經二

北周・董道生造像

○先發洪

北周・寇嶠妻誌

【𢏚】

《説文》：𢏚，帝嚳䠶官，夏少康滅之。从弓幵聲。《論語》曰：“𢏚善䠶。”

〖㢱〗

銀壹 686

○狼將㢱（逸）弭（戢）耳

〖弫〗

秦代印風

○橋弫

〖弳〗

馬貳 279_241/17

○弳三

漢印文字徵

〖弜〗

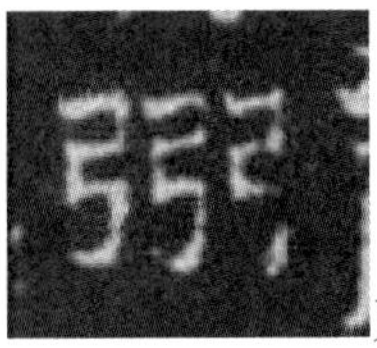
東魏・道寶碑記

○育弜不並

〖弭〗

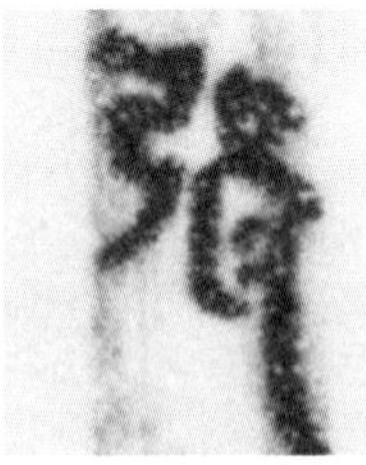
銀壹 686

○狼將㢱（逸）弭（戢）耳

〖彌〗

敦煌簡 0486

○小昆彌卑爰

金關 T26:027

○綏彌縣常利里

東漢・乙瑛碑

西晉・臨辟雍碑

北魏・盧令媛誌

○遣疾彌留

北魏・趙□造像

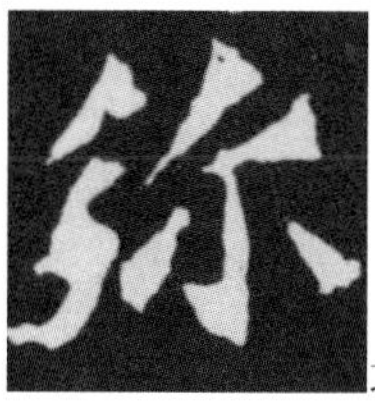
北魏・謝伯達造像

○造彌勒像一軀

北魏・張整誌

○冠冕彌光

北魏・高思雍造像

○遇彌勒佛

北魏・馬□造像

○彌姐馬□

北魏・堯遵誌

○長彌玉振

北魏・耿壽姬誌

○被旨除彌寇將

北魏・王遺女誌

○執志彌純

北魏・馮邕妻元氏誌

○中路彌甚

北魏・元爽誌

○德音彌振

北魏・和醜仁誌

〇其道彌新

北魏・寇憑誌

〇將立彌仰

北齊・唐邕刻經記

北齊・唐邕刻經記

北齊・馬天祥造像

〇洪闡彌廓

北周・惠暉摩崖

〇彌勒尊佛

北周・惠暉摩崖

〇阿彌陀佛

〖彌〗

馬壹 95_20

〇亓（其）出也彌（彌）遠

馬貳 32_5 上

〇心氣彌靳靳

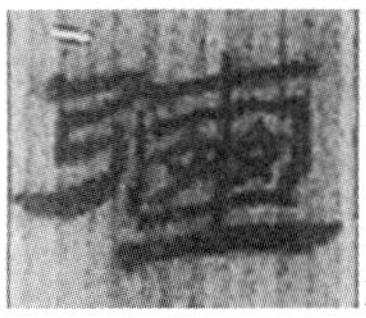
北貳・老子 27

〇其出彌（彌）遠

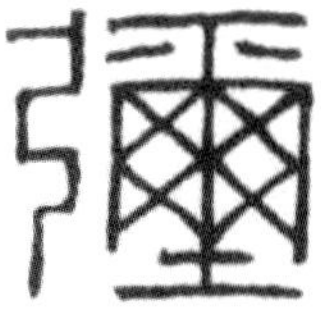
漢印文字徵

東漢・成陽靈臺碑

〇德彌（彌）大兮

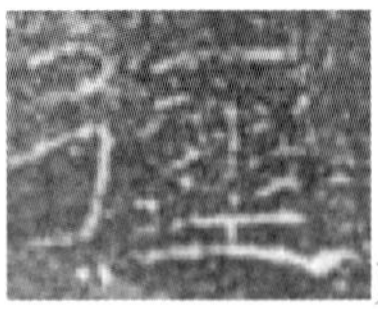
東漢・禮器碑

〇違彌（爾）之思

弜部

【弜】

《説文》：弜，彊也。从二弓。凡弜之屬皆从弜。

【弻（弼）】

《説文》：，輔也。重也。从弜丙聲。

【弼】

《説文》：，弻或如此。

【㢸】

《説文》：，並古文弻。

【㢶】

《説文》：，並古文弻。

東牌樓 048 正

○史范弻奉君誠惶誠

吳簡嘉禾・五・八八六

○子殷弻佃田二町凡

漢印文字徵

漢晉南北朝印風

○丁良弻印

東漢・楊淮表記

○伯邳從弟諱弻

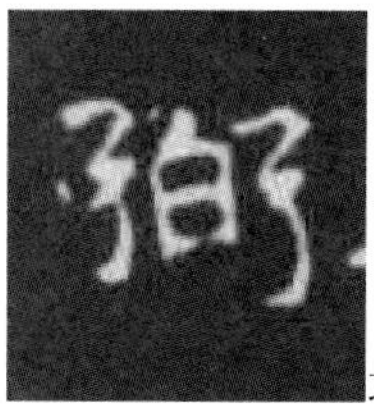
北魏・于纂誌

○弻諧蕃岳

北魏・寇憑誌

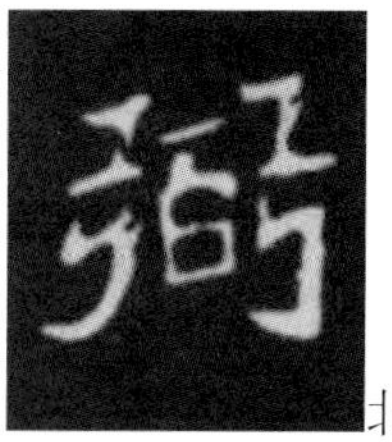
北魏・寇猛誌

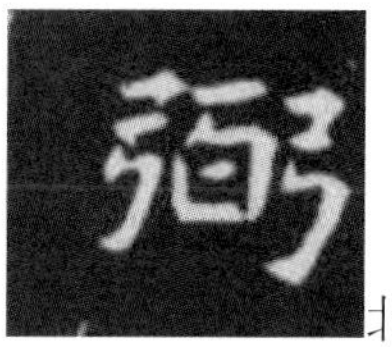
北魏・元弻誌

東魏・劉幼妃誌

○弻諧鼎業

東魏・元顯誌

弦部

【弦】

《説文》：，弓弦也。从弓，象絲軫之形。凡弦之屬皆从弦。

里・第八層 458

○弦千八百一

馬貳 224_36

○弦（胘）脯一笥

張・奏讞書 128

○除弦（元）伏

敦煌簡 1856B

○黄承弦一

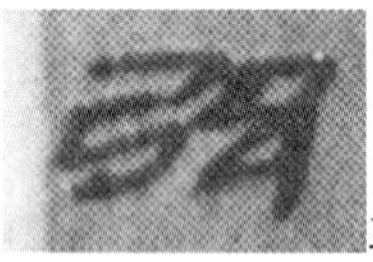
敦煌簡 1272

○承弦二

金關 T23:145

○承弦二完

武・甲《泰射》36

○首內弦汙（挎）

吳簡嘉禾・五・四六七

○弦丘大女潘銀佃田

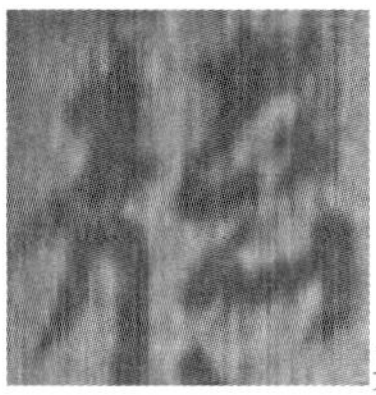
吳簡嘉禾・五・四四○

○弦丘男子胡健佃田

吳簡嘉禾・五・四五六

○弦丘男子蔡邠佃田

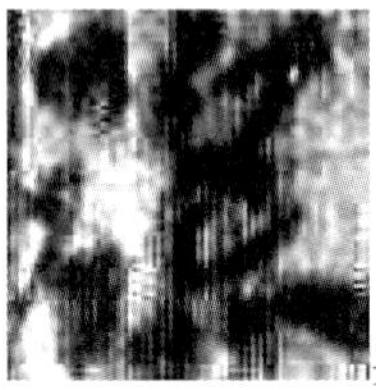
吳簡嘉禾・五・四三八

○弦丘縣卒朱使田

漢印文字徵

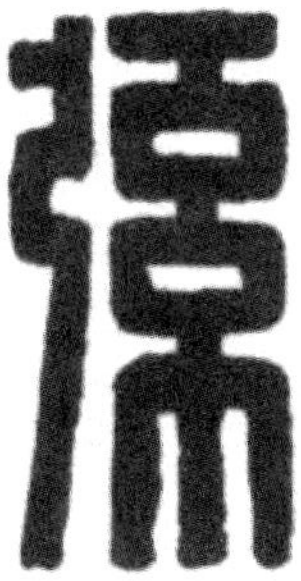
漢印文字徵

漢印文字徵

漢印文字徵
○弦安成

東漢・張遷碑陽
○西門帶弦

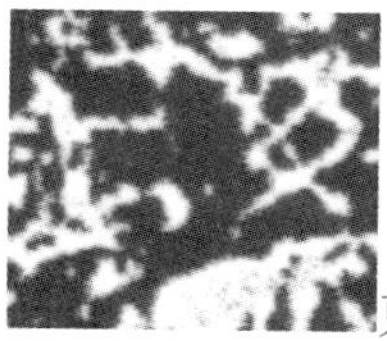
東漢・北海相景君碑陽
○或敷頌於管弦

東漢・趙寬碑
○音流管弦

北魏・元悅誌

北魏・寇憑誌

北魏・寇憑誌

北魏・元瑑誌

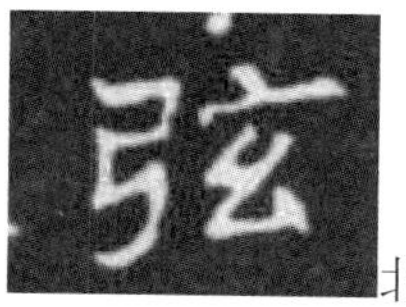
北魏・王基誌

【盭】

《說文》：盭，弼戾也。从弦省，从盩。讀若戾。

馬貳 294_407/407

○縿𥁕（線）穀

【玅】

《說文》：玅，急戾也。从弦省，少聲。

【竭】

《說文》：竭，不成，遂急戾也。从弦省，曷聲。讀若瘞葬。

系部

【系】

《說文》：系，繫也。从糸丿聲。凡系之屬皆从系。

【轚】

《說文》：轚，系或从毄、處。

【𦃃】

《說文》：𦃃，籀文系从爪、絲。

銀壹 432

○之教系（奚）如

敦煌簡 2241B

○系承弦一完

歷代印匋封泥

○宮系

北魏・郭定興誌

○氏系之由

北魏・王誦妻元氏誌

○遥源遠系

北魏・元誘妻馮氏誌

○本系莨楊

北魏・元楨誌

○系玉層城

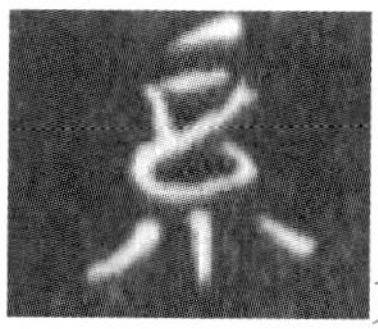
東魏・劉幼妃誌

○豢龍系緒

北齊・堯峻誌

○系流玄扈

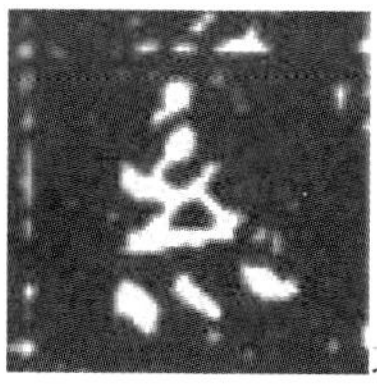
北齊・獨孤思男誌

○發系御龍

北齊・賀拔昌誌

○綿系星質

【孫】

《説文》：，子之子曰孫。从子从系。系，續也。

西晚・不其簋

春早・秦子簋蓋

漢銘・新嘉量一

漢銘・孫氏家鐎

漢銘・富昌宜侯王洗

漢銘・富貴長宜子孫洗

漢銘・嚴氏宜侯王洗

漢銘・宜子孫鈴一

漢銘・宜子孫鈴二

漢銘・新衡杆

漢銘・嚴氏造作洗

漢銘・新嘉量二

漢銘・宜子孫鹿鑪鐙

漢銘・新宜子孫熨斗一

漢銘・長宜子孫熨斗一

漢銘・大吉利熨斗

漢銘・大富貴鈴

漢銘・新銅丈

漢銘・蜀郡嚴氏富昌洗

睡・日甲《啻》100

○外垣孫子死筑

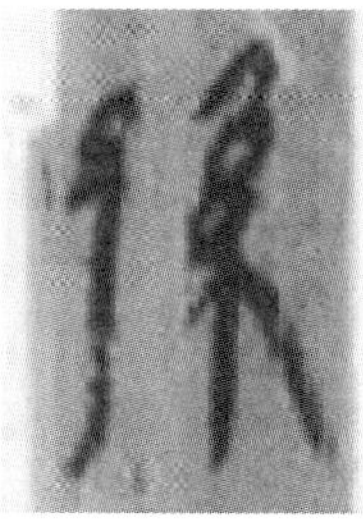
嶽・芮盜案 83

〇孫故爲兄妻有子兄

里・第八層 2101

〇園壹孫

馬壹 72_4

馬壹 87_184

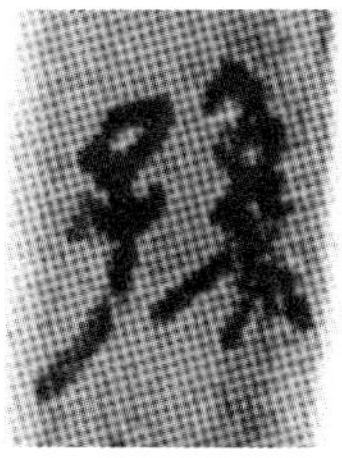
張・具律 82

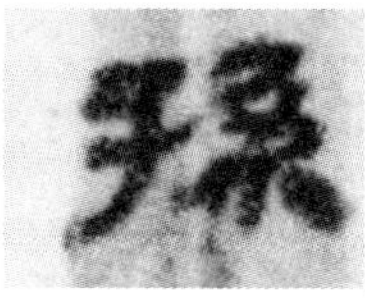
銀壹 292

北貳・老子 45

敦煌簡 0537

〇候長孫并使之敦煌

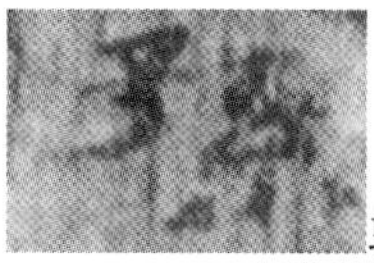
敦煌簡 0798

金關 T07:005

金關 T24:269B

〇卒史孫畢以來

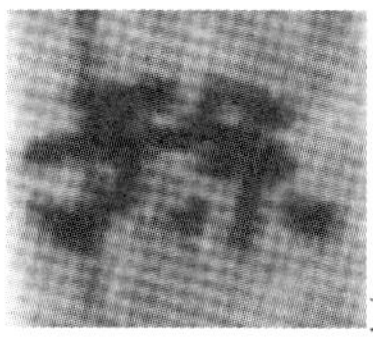
武・儀禮甲《服傳》18

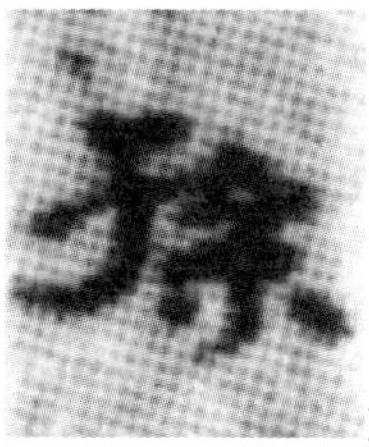
武・甲《少牢》33

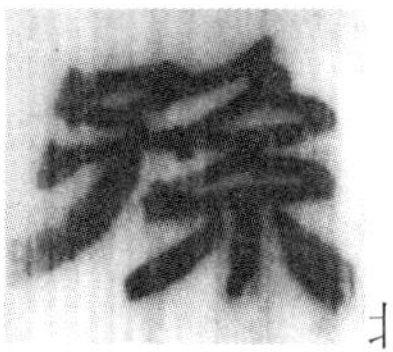
北壹・倉頡篇 2

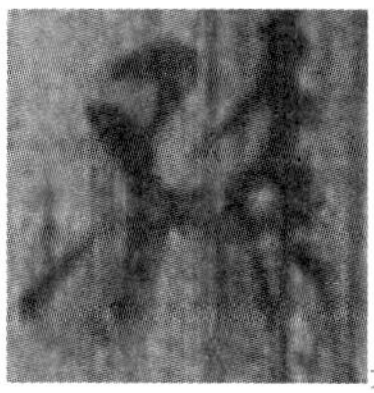
吳簡嘉禾・五・一一三

〇付掾孫儀凡爲布一

吳簡嘉禾・五・三〇七

〇州掾孫儀凡爲布二

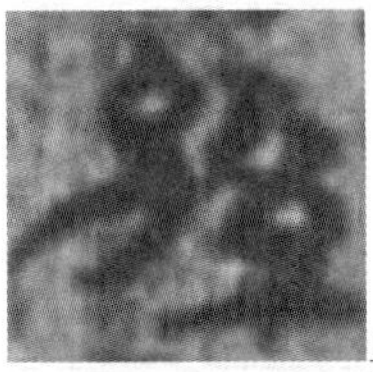
吴簡嘉禾・五・二三四

吴簡嘉禾・五・一〇七四

○州掾孫儀凡爲布十

歷代印匋封泥

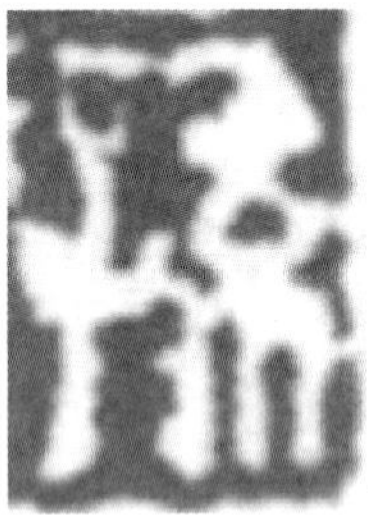
廿世紀璽印二-SY

廿世紀璽印二-SY

○公孫舉

秦代印風

秦代印風

秦代印風

○公孫徒得

廿世紀璽印三-SP

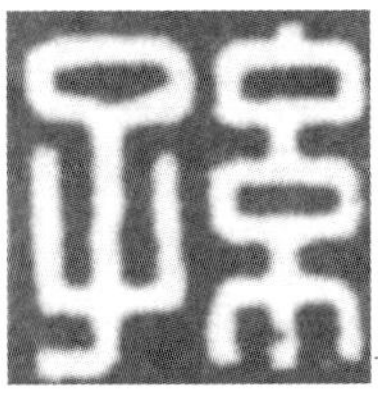
廿世紀璽印三-SY

廿世紀璽印三-SY

廿世紀璽印三-SY

廿世紀璽印三-SY

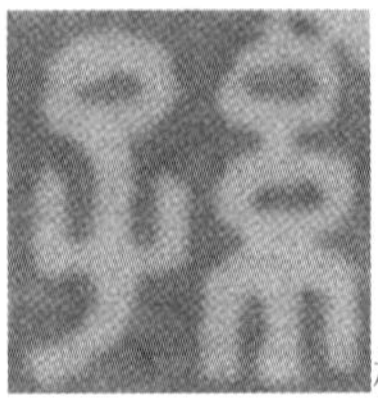
柿葉齋兩漢印萃

歷代印匋封泥

歷代印匋封泥

歷代印匋封泥

歷代印匋封泥

〇公孫取

漢印文字徵

柿葉齋兩漢印萃

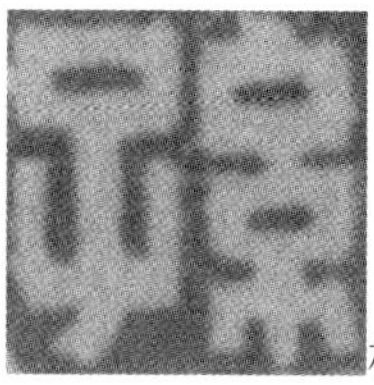
柿葉齋兩漢印萃

柿葉齋兩漢印萃

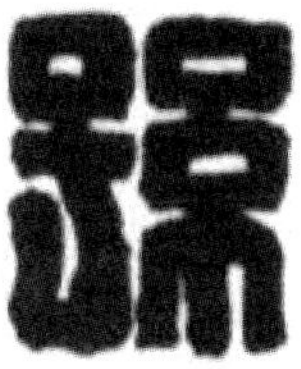
漢印文字徵

漢印文字徵

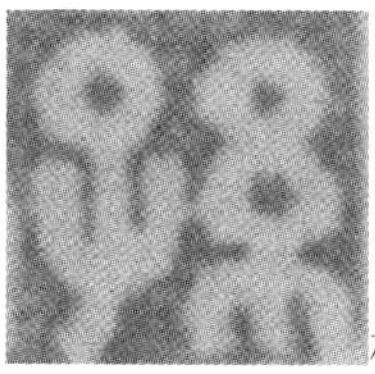
柿葉齋兩漢印萃

漢印文字徵

漢印文字徵

○賁長孫

漢印文字徵

廿世紀璽印四-SY

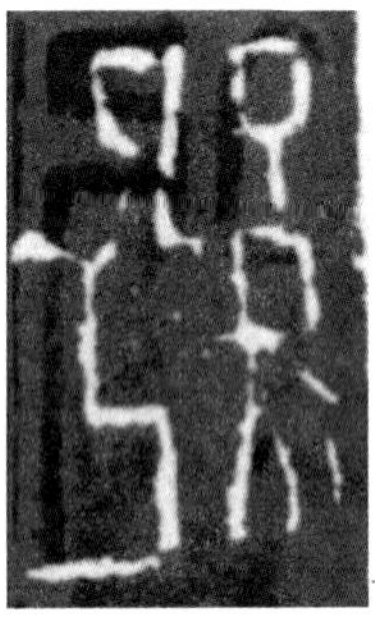
廿世紀璽印四-SY

○孫藥

漢晉南北朝印風

漢晉南北朝印風

漢晉南北朝印風

漢晉南北朝印風

漢晉南北朝印風

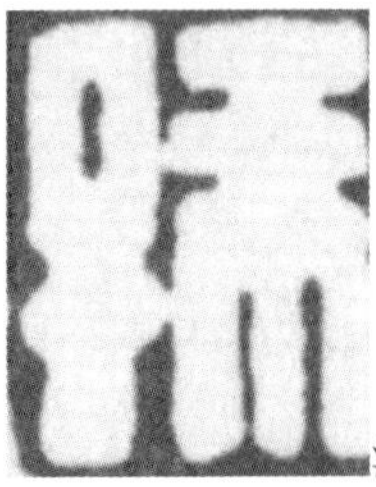
漢晉南北朝印風

○字少□

漢晉南北朝印風

漢晉南北朝印風

漢晉南北朝印風

漢晉南北朝印風

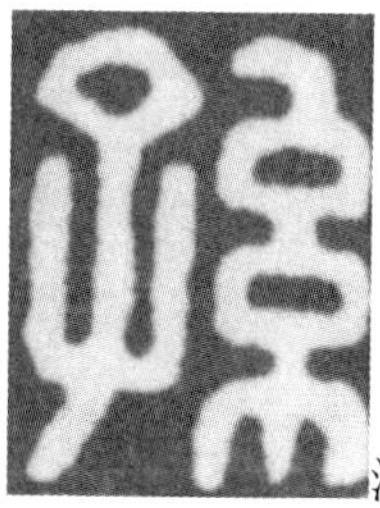
漢晉南北朝印風

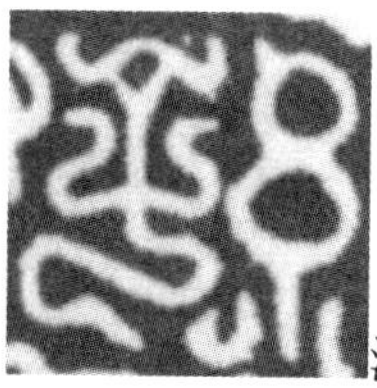
漢晉南北朝印風

○孫駿私印

漢晉南北朝印風

漢晉南北朝印風

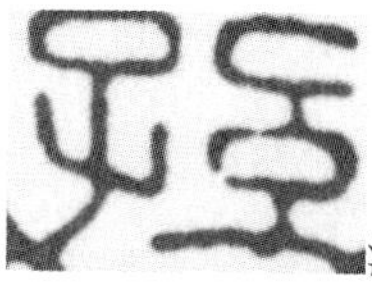
漢晉南北朝印風

漢晉南北朝印風

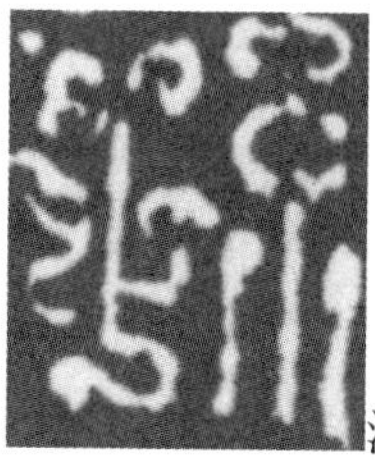
漢晉南北朝印風

○閭丘長孫

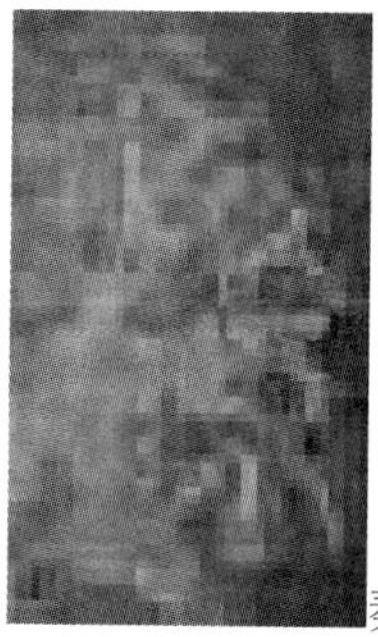
秦駰玉版

○秦曾孫

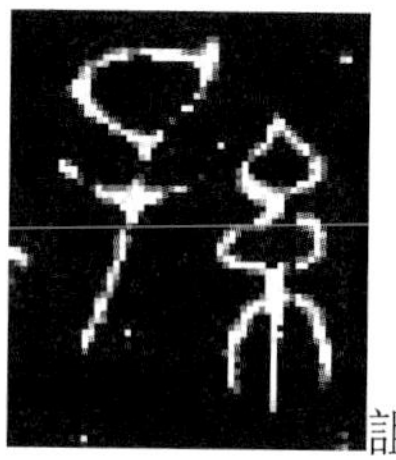
詛楚文・亞駝

東漢・張遷碑陰

○故吏孫升高錢五百

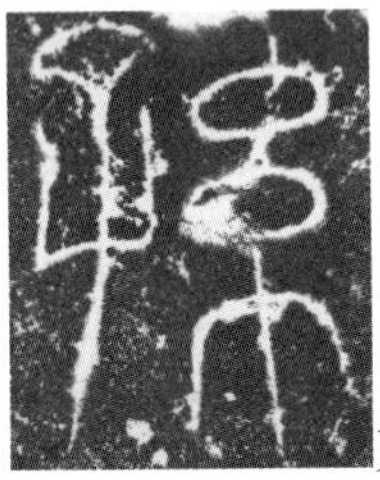
東漢・孫大壽碑額

東漢・皇女殘碑

東漢・曹全碑陽

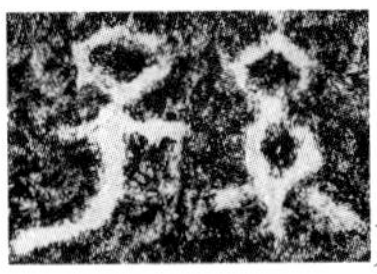
東漢・任城王墓黃腸石

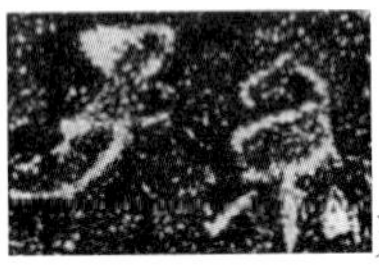
東漢・石門闕銘

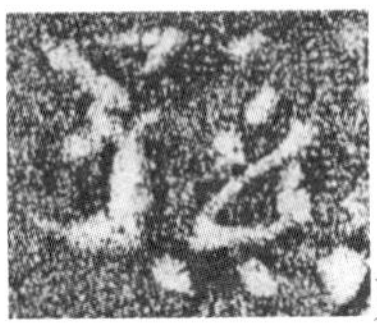
東漢・孫琮畫像石墓題記
○孫琮字咸石之郭藏

東漢・肥致碑

東漢・夏承碑

東漢・皇女殘碑

東漢・孔褒碑

晉・鄭舒妻劉氏殘誌

三國魏・三體石經春秋・古文

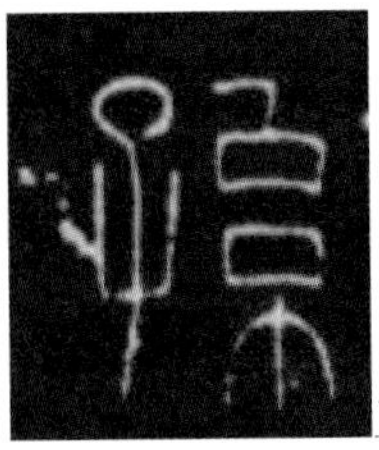
三國魏・三體石經春秋・篆文

三國魏・三體石經春秋・隸書

西晉・孫氏碑額

西晉・孫松女誌

西晉・石定誌

北魏・鮮于仲兒誌

〇子孫詵詵

東魏・長孫冏碑額

〇魏故大中正長孫公墓銘

東魏・元鸞妃公孫甑生誌

〇故公孫氏墓誌銘

東魏・趙秋唐吳造像

北齊・崔頠誌

【緜（綿）】

《說文》：緜，聯微也。从系从帛。

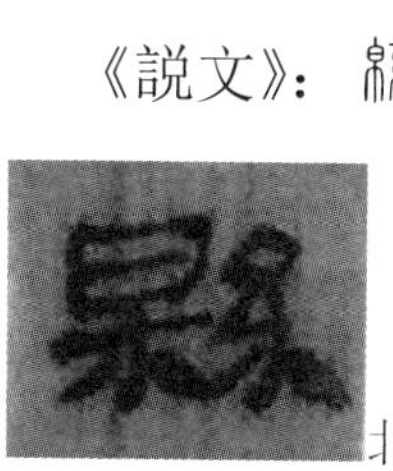
北貳・老子 138

〇緜虖若存

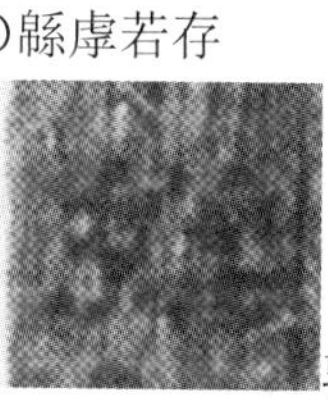
敦煌簡 1043

〇緜被

廿世紀璽印三-GP

〇緜諸丞印

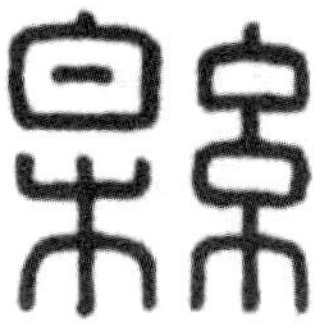
漢印文字徵

漢印文字徵

〇程綿

東漢・少室石闕銘

〇緜日月而

東漢・伯興妻殘碑

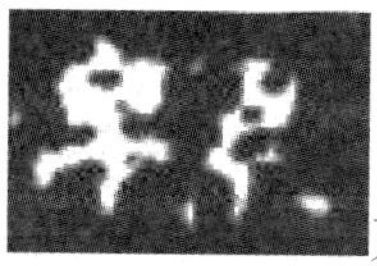
東漢・東漢・婁壽碑陽

〇緜之日月

北魏・韓顯宗誌

北魏・嚴震誌

○綿綿世胄

北魏・嚴震誌

○綿綿世胄

北魏・劉氏誌

北魏・東堪石室銘

○淵綿言想

北魏・元彬誌

○綿基崇越

北魏・元進誌

○地境綿邈

北魏・寇臻誌

○承綿華蔭

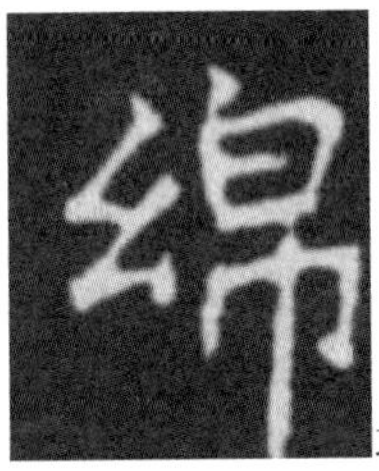
北魏・山暉誌

○綿基代朔

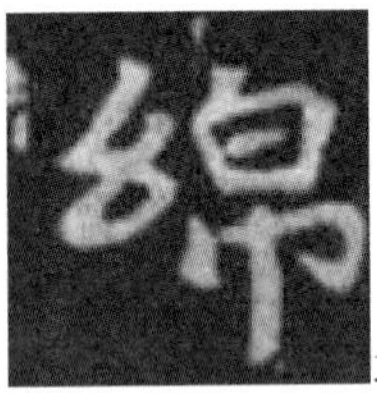
北魏・李榘蘭誌

○慶緒邈綿

北魏・馮邕妻元氏誌

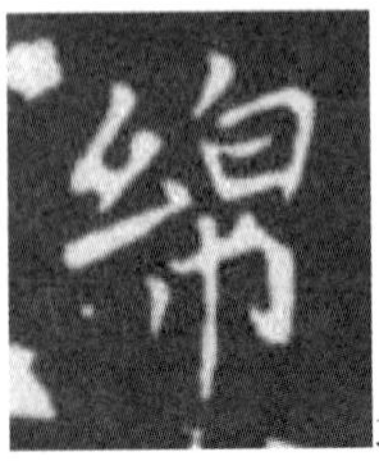
北魏・奚真誌

○綿弈部民

北魏・元秀誌

北魏・元斌誌

○帝緒綿邈

北魏・元謐誌

北魏・元誘誌

北魏・元悛誌

北魏・源延伯誌

北魏・元信誌

北魏・元弼誌

北魏・元珍誌

○綿綿不已

東魏・王令媛誌

【繇（䌛）】

《説文》：䌛，隨從也。从系䚻聲。臣鉉等曰：今俗从䍃。

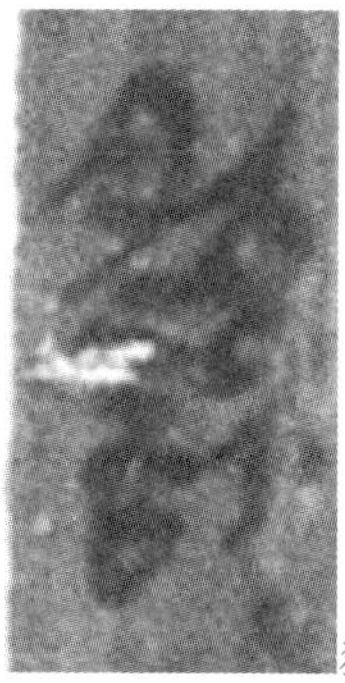
嶽・為吏 74

○繇（徭）奴繇（徭）役

里・第八層 1539

○繇（徭）計二牒

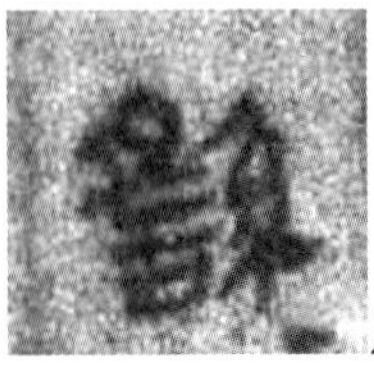
馬壹 134_52 上/129 上

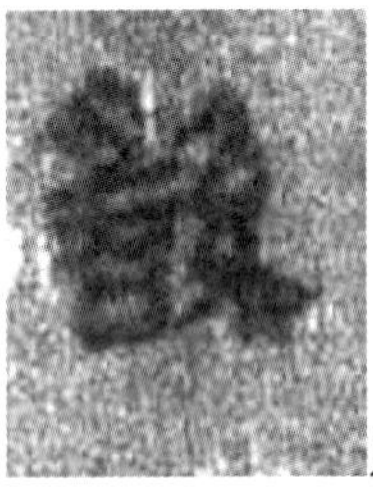
馬壹 131_21 下\98 下

馬壹 109_137\306

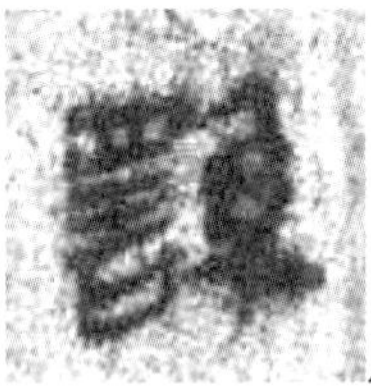
馬壹 16_14 下\107 下

○用所繇（由）

金關 T24:134

○給更繇算賦

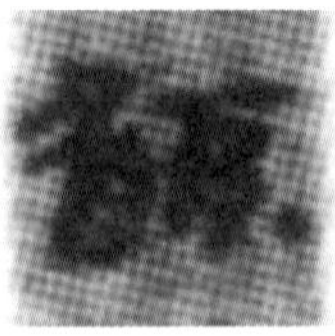
武・甲《少牢》2

○繇（抽）下犢（韇）

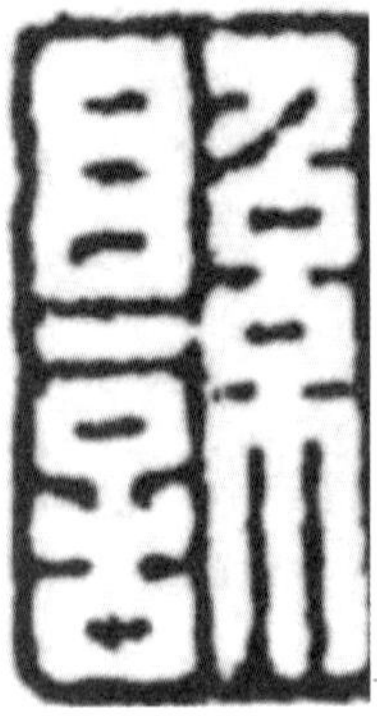
廿世紀璽印三-SY

○侍其繇

漢印文字徵

○侍其繇

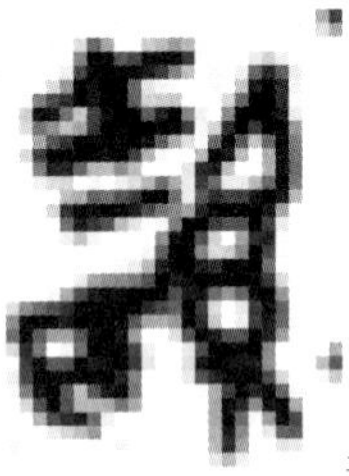
秦駰玉版

○及羊繇

東漢・西狹頌

○因常繇道徒

東漢・張景造土牛碑

○徵發小繇

東晉・筆陣圖

北齊・李難勝誌

〖蠹〗

北魏・元子正誌

○加黃屋左蠹

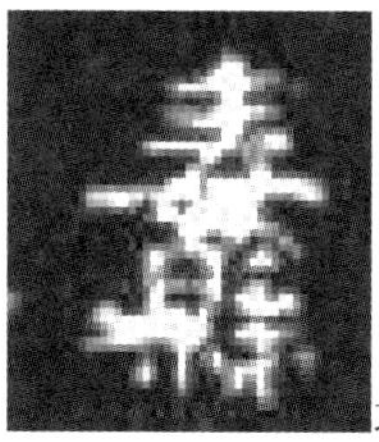
北魏・元懌誌

○其黃屋左蠹